读者

# 名人名篇 ①

读者杂志社　编

读者出版社

**图书在版编目（CIP）数据**

《读者》名人名篇 ：全4册 / 读者杂志社编. -- 兰
州 ：读者出版社，2023.9
ISBN 978-7-5527-0763-2

Ⅰ. ①读… Ⅱ. ①读… Ⅲ. ①文摘－世界 Ⅳ.
①Z89

中国国家版本馆CIP数据核字（2023）第173711号

**《读者》名人名篇**

读者杂志社　编

责任编辑　房金蓉
策划编辑　李　霞　王书哲
助理编辑　葛韶然
封面设计　朱日能　李艳凌

出版发行　读者出版社
地　　址　兰州市城关区读者大道568号(730030)
邮　　箱　readerpress@163.com
电　　话　0931-2131529(编辑部)　0931-2131507(发行部)

印　　刷　北京盛通印刷股份有限公司
规　　格　开本 787 毫米×1092 毫米　1/16
　　　　　印张 32　字数 525 千
版　　次　2023 年 9 月第 1 版
　　　　　2023 年 9 月第 1 次印刷
书　　号　ISBN 978-7-5527-0763-2
定　　价　100.00元（全4册）

# 目 录

## 心灵

## 情感

## 人生

# 笔墨童年

作者　余秋雨

在山水萧瑟、岁月荒寒的家乡，我度过了非常美丽的童年。

千般美丽中，有一半，竟与笔墨有关。那个冬天太冷了，河结了冰，湖结了冰，连家里的水缸也结了冰。就在这样的日子，小学要进行期末考试了。

破旧的教室里，每个孩子都在用心磨墨。磨得快的，已经把毛笔在砚台上蘸来蘸去，准备答卷。那年月，铅笔、钢笔都还没有传到这个僻远的山村。

磨墨要用水，教室门口有一个小水桶，孩子们平日上课时天天取用。但今天，那水桶也结了冰，刚刚还是用半块碎砖砸开冰面，才哆哆嗦嗦将水舀到砚台上的。孩子们都在担心，考到一半，砚台结冰了怎么办？

这时，一位乐呵呵的男老师走进教室。他从棉衣襟里取出一瓶白酒，给每个孩子的砚台上都倒几滴，说："这就不会结冰了，放心写吧！"

于是，教室里酒香阵阵，答卷上也酒香阵阵。我们的毛笔字，从一开始就有了李白余韵。其实岂止是李白。长大后才知道，就在我们小学的西面，比李白早四百年，一群人已经在蘸酒写字了，领头的那个人叫王羲之，写出的答卷叫《兰亭集序》。

后来，学校里有了一个图书馆。由于书很少，老师规定，用一页小楷，借一本书。不久又加码，提高为两页小楷借一本书。就在那时，我初次听到老师把毛笔字说成"书法"，因此立即产生误会，以为"书法"就是"借书的方法"。这个误会，倒是不错。

当时，学校外面识字的人很少。但毕竟是王阳明、黄宗羲的家乡，民间有一个规矩，路上见到一片写过字的纸，哪怕只是小小一角，哪怕已经污损，也万不可踩踏。过路的农夫见了，都会弯下腰去，恭恭敬敬地捡起来，用手掌捧着，向吴山庙走去。庙门边上，有一个石炉，上刻四个字：敬惜字纸。石炉里还有余烬，把字纸放进去，有时有一簇小火，有时没有火，只见字纸慢慢变得焦黄，最终化为灰烬。

家乡近海，有不少渔民。哪一个季节，如果发愿要到远海打鱼，船主一定会步行几里地，找一个读书人，用一篮鸡蛋、一捆鱼干，换得一叠字纸。他们相信，天下最重的，是这些黑森森的毛笔字。只有把一叠字纸压在舱底，才敢破浪远航。

那些在路上捡字纸的农夫，以及把字纸压在舱底的渔民，都不识字。不识字的人尊重文字，就像我们崇拜从未谋面的神明，是为世间之礼、天地之敬。

这是我的起点。起点对我，多有佑护。笔墨为杖，行至今日。

# 怀旧的滋味与品位

作者　王　蒙

和老友在一起，有一件有味道的事，就是怀旧。

老友是最值得珍惜的，没有他们，谁能与你共同回忆往日的朋友、往日的激情、往日的笑话、往日的趣闻、往日的经历？

与老友一起怀旧，使你感觉到此生的实在，此生没有白过，此生并非孤家寡人，毕竟还有友人与你共享旧时的悲悲喜喜。往者已矣，尚有记忆，尚有可回想、可为之一恸一笑者也。

有一种廉价的怀旧，就是认为只有自己的青年时代是最伟大、最高尚的，是最无怨无悔的，是献身的、诗意的，自己这一代人是空前绝后的，是有思想的，等等。这也无大碍，只能说明你到老也长不大。简单的今是而昨非，或者同样简单的昨是而今非，都太通俗也太幼稚，太简易也太快餐化了。

能不能做到，怀旧的结果是怀旧者变得聪明一些，而不是更糊涂、更脱离现实、更自吹自擂和将错就错呢？

# 孤独温暖的旅程

作者　铁凝

有一个冬天，在京西宾馆开会，好像是吃过饭出了餐厅，一位个子不高、身着灰色棉衣的老人向我们走来。旁边有人告诉我，这便是汪曾祺老。当时我没有迎上去打招呼的想法。越是自己敬佩的作家，似乎就越不愿意突兀地认识。但这位灰衣老人却招呼了我。他走到我的跟前，笑着，慢悠悠地说："铁凝，你的脑门上怎么一点儿头发也不留呀？"他打量着我的脑门，仿佛我是他认识已久的一个孩子。这样的问话令我感到刚才我那顾忌的多余。我还发现汪曾祺的目光温和而又剔透，正如同他对于人类和生活的一些看法。

不久之后，我有机会去了一趟位于坝上草原的河北省沽源县。去那里本是参加当地的一个文学活动，但是使我对沽源产生兴趣的却是汪曾祺的一段经历。

他曾经被下放到这个县劳动过，在一个马铃薯研究站。他在这个研究马铃薯的机构，除却日复一日的劳动，还施展着另一种不为人知的天才：描绘各式各样的马铃薯图谱——画土豆。汪曾祺从未在文字里对那儿的生活有过大声疾呼的控诉，他只是自嘲地描写过，他如何从对于圆头圆脑的马铃薯无从下笔，到后来竟然达到一种"想画不像都不行"的熟练程度。他描绘着它们，又吃着它们，他还在文字中自豪地告诉我们，全中国像他那样吃过这么多品种的马铃薯的人，怕是不多见呢。我去沽源县是在夏天，走在虽然凉快但略显光秃的县城街道上，我想象着当冬日来临，塞外蛮横的风雪是如何在这里肆虐，而汪曾祺又是怎样挨过他的时光。我甚至向当地文学青年打听了有没有一个叫马铃薯研究站的地方，他们茫然地摇着头。马铃薯和文学有着多么遥远的距离呀。我却仍然体味着：一个连马铃薯都不忍心敷衍的作家，对生活该多有耐心和爱。

1989年春天，我的小说《玫瑰门》讨论会在京召开，汪曾祺是被邀请的老作家之一。会上谌容告诉我，上午8点半开会，汪曾祺6点钟就起床收拾整齐，等待作协的车来接了。在这个会上他对《玫瑰门》谈了许多真诚而细致的意见，没有应付，也不是无端地说好。在这里，我不能用感激两个字来回报这些意见，我只是不断地想起一位著名艺术家的一本回忆录。这位艺术家在回忆录里写到当老之将至，他害怕变成两种老人，一种是俨然以师长面目出现，动不动就以教训青年为乐事的老人；另一种是唯恐被旁人称"老"，便没有名堂地奉迎青年，以证实自己青春常在的老人。汪曾祺不是上述两种老人，也不是其他什么人，他就是他自己，一个从容地"东张西望"着，走在自己的路上的可爱老头。这个老头，安然迎送着每一段或寂寥、或热闹的时光，用自己诚实而温暖的文字，用那些平凡而充满灵性的故事，抚慰着常常焦躁不安的世界。

我常想，汪曾祺在沽源创造出的"热闹"日子，是为了排遣孤独，还是一种难以排遣的孤独感使他觉得世界更需要人去抚慰呢？前不久读到他为一个年轻人的小说集所作的序，序中他借着评价那个年轻人的小说，道出了一句"人是孤儿"。

我相信他是多么不乐意人是孤儿啊。他在另一篇散文中记述了他在沽源的另一件事：有一天他采到一朵大蘑菇，他把它带回宿舍，精心晾干（可能他还有一种独到的晾制方法）收藏起来。待到年节回京与家人短暂团聚时，他将这朵蘑菇背回了北京，并亲手为家人烹制了一锅鲜美无比的汤，那汤给全家带来了意外的欢乐。

于是我又常想，一位囊中背着一朵蘑菇的老人，收藏起一切孤独，从塞外凛冽的寒风中快乐地朝自己的家走着，难道仅仅是为了叫家人盛赞他的蘑菇汤？

这使我始终相信，这世界上一些孤独而优秀的灵魂之所以孤独，是因为他们将温馨与欢乐不求回报地赠予了世人，用文学，或者用蘑菇。

# 你还在这里

作者　木　心

初来美国之际，对纽约有个错觉，以为此地正值高速发展时期，地处世界金融中心，一定是瞬息万变，每天都"所遇无故物"，作为卜居曼哈顿的纽约客，当然要"焉得不速老"了。

半年过去，事实并非如此。

路上的匆匆行人是记不住面目的，摩天楼、巴士站、商店招牌，我知道不会每天变样。但流浪人，总是浪而流之稍纵即逝的吧，不料每天上街，来来回回就那几位眼熟的"星宿"。

一个矮小的老妪，酒糟大鼻、眯细眼、裸露的小腿，过宽的高跟鞋，有时涂了口红、挂起项链。冬日逐阳光而立，入夏坐在阴影里，固定的微笑，褴褛的衣裙，竭力求取端正，一旦醉倒，四肢摊开，也就将仪态置之度外了。早晨她多半是清醒的，难为她已认识了我，总是行礼招呼。不理她呢，实在过意不去；还之以礼呢，又怕别人以为我与之有何干系。只有两种办法：一是低头疾走，二是绕道而行。二者都不高明，最好是送她一点东西，要求她忘掉我。就怕她因此而更礼貌有加、扈从如仪，那就逼得我非离开曼哈顿不可。

另一个高大和善的老汉，衣着称得上干净，一把劣等六弦琴与他的躯体比，显得很小。脚边有扩音器，然而弹出来的音乐还是极轻极轻，曲调简单到使我相信这是他的创作，不过与他的淡发淡眉淡胡子很是相称。白衬衫旧了就是浅灰色，牛仔裤洗久褪成鱼肚色——路人感觉不到他的存在。他得不到钱币，也不知改变方式，这怎么行呢？

这两个老人总是逗留在中央公园西边的百老汇大街上。第8街与第57区交道口则有另一种风格的乞丐：中年男子身材魁梧、须发浓密，手拿空罐，唱的是歌剧中的咏叹调。他全力以赴，声泪俱下，可能是疯了，所以也没人布施。他也失策，把罐子当作道具用，像擎着一个圣杯，忽上忽下，忽左忽右，即便我有心布施，也难将钱币投入罐中，只能理解为他在为歌剧而歌剧：音量之宏，隔两条街已使人感到歌剧开幕了。

乞丐、流浪人、卖艺者、游手好闲分子似乎模式繁多，最差劲的是上来向你讨支烟的。正牌的乞丐是讨钱不讨烟的。流浪人则不乞讨，都是沉默如黑影，拖着不算少的衣物，一辈子睡眠不足似的蜷缩在树下的长椅上，浑身脏得不能再脏了，有时在地铁车厢中劈面相对，其臭气之辛烈，简直是个奇迹。

卖艺者确实各有千秋：一个青年，将木偶置于膝上。木偶向围观者打趣，即兴挑逗，妙语横生，大家很乐意投钱，有的被木偶挖苦调侃了一阵，反而高高兴兴走过去撒了很多钱。我觉得那木偶的面相很讨厌，扁扁的，戴一副黑框眼镜，鸭舌帽盖到了眉毛，嘴巴特别阔，按发声而开合。那操纵人天生一张忠厚温和的脸，毫无表情，以极小的声音，通过手持的扩音器，变出一种响亮的古怪声调，与木偶的面容十分相配，像是

木偶独当一面与人舌战。大家被逗乐了时，操纵人也笑，笑木偶真聪明、真俏皮，应对自如——有这样的智力，为何从事这个行当……忽然大家朝着我笑了，木偶在嘲弄我，因为我凝视操纵人的脸，想找出他干这个行当的原因——他的智力除了用在可笑的地方，还会用在可怕的地方，白天在这纪念碑下的小广场上出现，黑夜他在哪里？

就在这小广场上，常有一个黑人，中年，瘦，赤膊，牛仔裤的阔皮带上吊着些轻便武器，足蹬高跟黄皮马靴。他不弹不唱不耍木偶，光凭一张嘴，滔滔不绝，几乎不用换气，其流畅、其铿锵，颇能使行人止步，特别是黑人最欣赏他的辩才，旁白帮腔，煞是热闹。某次同场另有一个矮胖的红皮肤演说家，两相争雄，掀起声浪，滚瓜烂熟地各逞其能，黑脖子和红脖子的筋脉条条绽出，我感到悲惨，走去小亭买纸烟了——奇怪的是围着的听众出了神，忘了扔钱。得意扬扬的那个，如果他的目的在于自尊心的满足，自尊心也真是多种多样了。

与此相反的是一个卷发的年轻人，演奏电吉他，很抒情。今天穿一身白，额头上扎的也是白带子；明天换一身黑，额上扎的也必是黑带子。微弓着背，进几步，退几步。头低累了就仰面，脖子

酸了便摇摇头。似乎一直沉醉在自己的琴声中，天长日久，旁若无人。他的脸是正方形的，嘴唇曲线分明，双目饱含着红葡萄酒似的浓情，好不容易才瞟人一眼。围观的女人连忙接住眼波，他却淡然闭目，径自弹他的琴。其形象、姿态、神色，与琴声协调。很多人将硬币、纸币投在那打开的琴匣里。夏季的阳光下，他汗涔涔的，听众也很着迷，女孩子越来越多，卖艺的卷发人始终不浪费他深情的眼波……我的好奇心不在于他，而在于设想女孩子们的心态，她们投钱，

她们呆等那红葡萄酒似的一瞥，越是难得越是想得到，那街头音乐家倒真像悟了道似的，也许是伪装的多情，女孩子们却会说，即使是伪装的也好。

夏季将尽，秋天时还是这几个人点缀在曼哈顿的繁华中心吗？匆匆的路人我记不住，这几个不同风格者，常常相遇，已乏味了。然而如果其中一个长期不见，又会感到若有所失——走了吗，死了吗？一旦重现，我会很高兴，心里说：你好，你还在这里。

# 一张书桌

作者　叶圣陶

寄居乡下的时候，我曾经托一个老木匠做过一张书桌。我并不认识这个老木匠，向当地人打听，大家一致推荐他，我就找了他。

过了二十多天，不见他把新书桌送来，我等不及了，特地跑去问他。他指着靠在阴暗屋角里的一排木板，说这些就是我那新书桌的材料。我不免疑惑，二十多天工夫，只把一段木头解了开来？

他看出我的疑怪，就用教师般的神情开导我，说整段木头虽然干了，解了开来，里面未免还有点儿潮，如果马上拿来做家伙，不久就会出毛病，或是裂一道缝，或是接榫处松了。他怕我不相信，又列出当地的一些人家来。某家新造花厅添置桌椅，某家小姐出阁准备嫁妆，木料解了开来，都搁在那里等待半

年八个月再上手呢。"先生，你要是有工夫，不妨到他们家里去看看，我做的家伙是不容它出毛病的。"他说到"我做的家伙"时，黄浊的眼睛放射出闪耀的光芒，宛如文人朗诵他得意作品时的模样。

又过了一个月，我走过他门前，顺便进去看看。一张新书桌立在墙边了，老木匠正弯着腰，几个手指头抵着一张砂纸，打磨那安抽屉的长方孔的边缘。

此后下了五六天的雨。又过了十多天，老木匠带着他的徒弟把新书桌抬来了。书桌是栗壳色，油油地发着光亮，一些陈旧的家具和它一比更显得黯淡失色了。老木匠问明了我，就跟徒弟把书桌安放在我指定的地方。只恐徒弟不当心，让桌子跟什么东西碰撞，擦掉一点儿漆或是划上一道纹路，他连声发出"小心呀""小心呀"的警告。直到安放停当，

他才松了口气，站远一点儿，用一只手摸着长着灰色短须的下巴，悠然地欣赏他的新作品。最后，他说："先生，你用用看，用上些时候，你自然会相信我做的家伙是可以传子孙的。"

他说到"我做的家伙"时，闪耀的光芒又从他那黄浊的眼睛里放射出来。

# 春风长者

作者　王开林

陈之藩撰文《在春风里》，卒章显志："并不是我偏爱他，没有人不爱春风的，没有人在春风中不陶醉的。"文中的"春风"特指胡适，这样的春风乃是长者之风。

北大教授温源宁作名人小传，称赞胡适，上课时总记得为衣裳单薄的女生关紧教室的窗户，以免她们着凉。这个细节很细微，却彰显了胡适的绅士风度。

1948 年，胡适将自己珍藏的《红楼梦》甲戌本借给燕大学生周汝昌，他对周汝昌的品行一无所知，借后从未索还。周汝昌与其兄周祜昌录下副本，然后写信告诉胡适，胡适欣然赞同。周汝昌要做更深入的研究，为曹雪芹的原著恢复本来面目，胡适仍鼎力支持，他又将珍藏的《红楼梦》戚蓼生序本借给周汝昌，周汝昌如虎添翼。

1954 年，张爱玲从香港邮寄长篇小说《秧歌》给胡适，不免忐忑。胡适读完后，通篇圈点且题写了扉页，将它寄还给张爱玲。她翻看时，"实在震动，感激得说不出话来"。张爱玲在美国定居之初，颇得胡适照拂。他们都喜欢《海上花》中精彩绝伦的苏白（吴语白话），在文学上多有共鸣。胡适呵护晚辈，从不溺爱，而是慈中有严。女兵作家谢冰莹请胡适题词，胡适的哲语敲击心坎，鼓舞精神："种种从前都成今我，莫更思量莫更哀。从今后，要怎么收获，先怎么栽。"

胡适爱才，惜才，奖掖晚辈，提携后进，乐意做青年人的朋友，他常用易卜生的名言"最要紧的事情，就是把你自己铸造成器"来激励大家。"平生不解掩人善，到处逢人说项斯"，胡适对许多人都有知遇之恩，他不在意对方的政治立场，只留意他们的才华和学问。如季羡林、杨联陞、沈从文、毛子水、邓广铭、千家驹、罗尔纲……不少才俊经胡适栽培，成为国家栋梁、文化精英。

胡适性情温和，但他的主见很鲜明。叶公超说："有一时期，我们常常有所争论，但是他从不生气，不讥讽，不流入冷嘲热讽的意态。他似乎天生有一个正面的性格。有话要主动地说，当面说，当面争辩，绝不放暗箭，也不存心计……刻薄是与适之的性格距离最远的东西。他有一种很自然的醇厚，是朋友中不可多得的。"

帮助同行，是胡适的习惯作为。林语堂到哈佛进修，由于官费未及时发放，陷入困境。他打电报回国告急，胡适倾尽私囊汇寄两千美金，助其完成研究。林语堂回国后才知个中情形，自然很感动。

唐德刚称道胡适："他可以毫不客气地指导人家如何做学问，他有时也疾言厉色地教训人家如何处世为人。但他从无'程门立雪'那一派的臭道学气味，被他教训一顿，有时受教者还会觉得满室生春，心旷神怡！"好一个"满室生春"，

谁不受用？

胡适对台北街头关心政治的卖饼老人袁瓞语重心长地说："社会的改造是一点一滴累积起来的，只能有零售，不能有批发……许多人做事，目的热、方法盲，我们过去有许多人失败的原因，也是犯了有抱负而没有方法的毛病。"春风是爱物的，长者是爱人的，胡适爱人以德。

十二岁少年余序洋患有糖尿病，他读到陈存仁的《津津有味谭》，对名医陆仲安治好胡适糖尿病的故事颇感好奇，便写信去向胡适求证。胡适毫不怠慢，回信说明那个故事纯属谣传，不足取信。在写信和复信这一点上，若论热心程度，胡适与蔡元培难分伯仲。

健谈者多半好客。南宋理学家朱熹喜欢与客人聊天，虽在病中亦不改积习，弟子劝他少见人少讲话，他怒不可遏地说："你们懒惰，也教我懒惰！"胡适富有人情味，他比朱熹温和，在好客方面，则有过之而无不及。胡适不愿将人拒之门外，他有点像东晋名士和大臣王导，身上具备天然的亲和力，应对周旋游刃有余，来者皆喜，满座尽欢，无论对方是谁，居高位者如是，处底层者亦如是。

# 孤独的范本

作者　凌仕江

当下，好多人都喜欢说自己太孤独，而真正让他们说出孤独的原因，却没有一个靠谱的理由。在我看来，真正的孤独者是从不把"孤独"挂在嘴边的，他常常用行动一鸣惊人，让我们听见内心孤独的长啸，如旷野里的野兽般凶猛、唯美。这种隐形的力量看似微弱，却能成就无限的艺术质感，甚至影响更多的人！

真正的孤独者是在岁月的磨砺中，功夫到了力透纸背之人。

在一张过期的报纸上，我见到一位。这张报纸是被淮北师范学院一位七十有余的退休教师辗转千里带到成都拿给我看的。报上讲的是一位家住东坡故里的老先生，从八十四岁开始用毛笔小楷抄写《红楼梦》和《三国演义》，花费了整整四年时间才大功告成。而这位退休在家、同样喜欢写写画画的教师看到这则报道

是两年前的事，当时他无比吃惊，兴奋得想立即动身造访这位年长自己十几岁的老先生。他想得最多的是老先生拥有何等健康的身体和超强的毅力，才能完成如此令人羡慕的伟绩呀。书法拼的不仅是笔力功底，对于如此年迈的先生，两部加起来达百余万字的长篇巨著，要用蝇头小楷抄写，单是"坐功"就成了巨大的考验。由于身体原因，造访老先生的愿望被他搁置了两年。而此时，被称为"眉山第一抄人"的老先生已年满九十。

两年过去，老先生是否健在？没有详细住址，没有电话，如何才能找到老先生？一路上，他忐忑不安。

走出成都火车北站，他首先找到自己以前的学生。得知此事后，弟子便在电话中给我讲起了老师的荒唐举动，希望我能通过文化界的朋友打听老先生的

下落，了却老师的心愿。这是成人之美的事情，我立即向眉山的朋友发出信息。几番周折后，我们终于抵达老先生所在的社区。

"老先生……"他将旧报纸递到老先生眼前。老先生看了看报纸，点头，抬眼看他，两位老人四目相对。许久，他说："我两年前看了这则报道，就一直想来见您。这次不远千里来打扰，最想看一眼您横抄的《三国演义》。"老先生一直默默地望着他，不说话。站在旁边一直观察我们的老先生的儿子开始着急了，凑近父亲耳旁大声翻译。

老先生犹犹豫豫，低下头，慢吞吞地说："你们走吧，没什么好看的，我写得太差，拿不出手。"

见此尴尬情景，我给老先生解释："他是真诚崇拜您的壮举才来的。坐了两天火车，心跳至今不太稳定，还没好好休息就朝您这儿赶来了。"依偎在老先生身边的老伴也做起老先生的工作来。老先生不再坚持，晃晃悠悠地转过身，从房间里抱出渔网兜装起来的两个印有古代青花纹的硬纸盒，二十卷竖写的《红楼梦》和八卷横写的《三国演义》终于展现在我们眼前。

退休教师躬下身子，先是眼前一亮，然后站直了身子，久久鼓掌，继而小心翼翼地伸出手抚摸线装手抄本，用手指一页页摊开散发着墨香的宣纸，不停地说，太好了，太好了！随后他微笑着拍着老先生的背，激动无语，两人紧紧地抱在了一起……

事后，他弟子问我，你怎么会那么出神地看着他们拥抱？我什么也没回答。长时间里，我都在想，也许弟子还不懂得老师的孤独。我猜想，现在他已经坐在淮北国槐摇曳的窗前，手挥紫山羊毫，开始他漫长的孤独之旅了。走到三苏祠门外的毛笔批发店时，他把我拉到一边，悄悄地说："不怕你笑话，我也想用中国书法抄一部长卷，但我不抄名著，我想抄我自己创作的一部五十余万字的长篇爱情小说，写的是我周围朋友的爱情经历，还加入了我自己的经历。"

"出版了吗？"我惊讶地看着他。

"没有出版，但我计划用两年时间将它抄写完毕，这比出版更有意义。我真是太佩服那位老先生的身体了，真担心我的身体吃不消呀。"

我沉默良久。这位退休教师一定懂得老先生的孤独，在他奔向未来的孤独生涯中，他已经找到孤独的范本。他们的孤独，还有伴随孤独岁月的《红楼梦》和《三国演义》，在我眼里，都是孤独的范本，无比神圣。

# 恰到好处

作者 〔日〕村上春树

我已经有了一定的年纪，但绝对不管自己叫"大叔"。是的，确实该叫"大叔"，或者该叫"老爹"了，毫无疑问就是已到了这样的年龄，可我自己不这么叫。若问什么缘故，那是因为当一个人自称"我已经是大叔啦"的时候，他就变成真正的大叔了。

女人也一样。当自己声称"我已经是大婶啦"的时候（哪怕是玩笑或者谦虚），她就变成真正的大婶了。话语一旦说出口，就拥有这样的力量，真的。

我认为，人与年龄相称，自然地活着就好，根本不必装年轻，但同时也没必要勉为其难，硬把自己弄成大叔大婶。关于年龄，我觉得最重要的就是尽量不去想，平时忘记它就可以。万不得已时，只要私下里在脑袋里回想一下就够了。

我每天早晨在盥洗间里洗脸刷牙，然后对着镜子观察自己的脸。每一次我都想：唔，糟糕，上年纪啦。然而同时又想：不过，年龄的确是在一天天增长。呃，也就是这么回事吧。再一寻思：这样不是恰到好处吗？

虽然不是那么频繁，但走在路上时偶尔有读者向我打招呼，要跟我握手，还告诉我："很高兴能见到您。"每一次我都想说："我每天早晨都对着镜子观察自己的脸，可每一次都厌烦到了极点。"他们在街角看到这样的面孔，有什么可高兴的呢？

话虽这么说，倒也并非全是这样。假如这个样子多少能让大家开心一点，我也非常开心。

总之，对我来说，"恰到好处"成了人生的一个关键词。长相不英俊，腿也不长，还五音不全，又不是天才，细想起来自己几乎一无是处。不过我自己倒觉得，"假如这样是恰到好处，那就是恰到好处啦"。

这不，要是大走桃花运的话，只怕人生就要搅成一团乱麻了；腿太长的话，只会显得飞机上的座位更狭窄；歌唱得好的话，就怕在卡拉 OK 里唱得太多，喉咙里长出息肉来；一不小心成了天才的话，又得担心有朝一日会不会才思枯竭……这么一想，就觉得眼下这个自己

不也很完美嘛，何况也没有什么特别不好的地方。

如果能不紧不慢地想到"这样便恰到好处"，那么自己是不是已经成了大叔大婶，就变得无关紧要了。不管多大年纪都无所谓，无非就是个"恰到好处"的人罢了。常常对自己的年龄左思右想的人，我觉得不妨这样思考。有时也许不容易做到，不过，让我们一起努力吧。

# 一个春日的下午

作者　席慕蓉

## 二

人生也许就只是一种不断的反复。

在前一刹那，心中还充满了一种混乱与狂热，必须要痛哭一场才能宣泄出的那种悲伤与失望，于是，就在疾驰的车中，在暮色四合的高速公路上，我一个人在方向盘后泪落如雨。

那是怎样炽烈的心，怎样滚烫的泪啊！

然后，那种感觉就开始出现了，在还流着泪的时候，那种感觉就已经细细致致地开始出现了。就好像在汹涌如注的瀑布之前，我们起先并不能听见其他的声音，除了隆隆的瀑声之外，我们起先什么也不能察觉。但是，站定了，听惯了之后，就会发现，有很多细微的声音其实是一直存在着的，只要我们定下

心来，就可以听得见。

而我开始听见了，那是我的另一颗心，永远站在旁边，每次都用那种悲悯的微笑注视着我的那一颗心，开始出现，开始轻言慢语地来安慰我了。

是啊，世间有多少无可奈何的安排，有多少令人心碎的遇合啊！哭吧！流泪总是好的。可是，也别忘了，别忘了来细细端详你的悲伤和失望，你会从这里面看到，上苍赏赐给你的，原来是怎样清澈与美丽的一种命运。

于是，在细细地品尝着我的得和我的失的同时，我就开始微笑了，眼里却仍含着刚才的泪水。

车子离开高速公路，弯到那一个在路旁种满了新茶的小镇上，我在花店前停下车，为我自己选了一棵白色的风

信子。

不为什么，只为那洁白的小花瓣上停着好多细细的晶莹的水珠，只为纪念那样一个春日的下午，那样一场非常短暂却总是不断反复着的迷与悟。

二

很小的时候，在南京住过两年。有一次，有人给了我一块石头，圆圆润润的一小颗，乳黄色里带有一种透明的光泽，很漂亮。那年大概是五岁的我，非常喜欢它，走出走进都带着，把它叫作是"我的宝石"。

有天傍晚，我一个人站在院子里，天色已经很暗了，我忽然起了一个念头，想把这颗石头抛出去，看看能不能把它找回来。

于是，我就把石头往我身后反抛出去了，石头就落在我身后的草丛里。奇怪的是，在抛出的那一刻我就已经开始后悔了，心里很清楚地知道自己正在做一件很愚笨的事，我一定找不回我的石头了。

我果然再也没能找回那颗小石头。草并不长，草坪地不算太大，可是，正如我所预知的那样，尽管我仔细翻寻了每一丛草根，搜遍了每一个它可能会在的角落，我始终没能再找回我的宝石。

这么多年过去了，我自然能记得院子里那一种昏黄的暮色和那个孤独的小女孩在草丛里搜寻时的慌乱与悔恨的心情。

这么多年过去了，我也走过不少地方，经历了不少事情，看过不少石头，家里也搜集了不少美丽的或者奇怪的矿石，但是，没有一颗可以替代，可以让我忘记我在五岁时丢失的那一颗。

我总会不时地想起它来，在我心里，它的圆润和美丽实在是无法替代的了。尤其是因为过错是由我自己造成的，是我亲手把它抛弃的，所以，那样的憾恨总是无法弥补。也因此，那一颗小小的原本并不足为奇的石头，竟然真的变成了我心里的一颗宝石了。

当然，有的时候，我也知道这一种执迷本身实在是很幼稚和很可笑的。不是吗？想一想，当年的我若是能在那个傍晚找回那颗石头，在小小的五岁孩童的手中又能保留多久呢？还不是也会和那些早已被我毁坏被我丢弃的童年时的玩具一样，彻彻底底地从我的记忆里消失，一丝痕迹也不会留下来吗？事实不是就应该只是如此而已吗？

可是，就是因为那天的我始终没能把它找回来，它因此反而始终不会消失，始终停留在我的心里，变成了我心中最深处的一种模糊的憾恨，而它的形象也因为这一种憾恨的衬托反而变得更为清晰与美丽了。

因此，得与失之间，实在是不能只从表面来衡量来判断的了，不是吗？

三

不是吗？世间有很多事都可以从不同的角度来观看的，不是吗？

就拿"离别"这件事来说吧。

离别在人生的种种滋味里，应该永远是褶归到悲秋与苦涩那一类里面去的。可是，如果在离别之后，却能够得到一种在相聚时无法得到的心情，那么，又何妨微笑地来面对这种命运呢？

让我向你道别吧，如果真有离别的时刻，如果万物真有终始，那么，让我来向你道别吧。

要怎样道别呢？尽管依依不舍，手总要有从你掌中抽出的时刻，你的掌心那样温热，可是，总要有下定决心的那一刹那吧。

那么，微笑地与你就再见了，把你留在街角，尽管频频回顾，你的不动的身影仍然会在暮色中逐渐模糊，就算我一直不停地回头，一直不停地挥手，总会在最后有一个转角将你遮住，将我们从此隔绝，从那以后，就是离别了。

然而，真有离别吗？

真有离别吗？如果，如果在离别之后，一切的记忆反而更加清晰，所以在相聚时被忽略了的细节也都一一想起，并且在心里反复地温习。你所说的每一句话在回溯时都有了一层更深的含义，每一段景物的变化在回首之时也都有了一层更温柔的光泽，那么，离别又有什么不好呢？

离别又有什么不好呢？如果从此以后，你的笑容在每一个月色清朗的夜里都会重新出现，你的悲哀也会随着逐渐加深的暮色侵蚀进我的心里。所有过去的岁月竟然像是一张蚀刻的铜版，把每一划的划痕都记录下来了，有深有浅，有满盈也有空白，然后，在每次回顾的时候，它都可以给你复印出一张完全一样的画面出来。

那么，果真能够如此的话，离别又有什么不好呢？

四

那么，如果世事都能这样看过去的话，我实在也不必对我所有的那些"挫折"与"失败"耿耿于怀了吧。

我实在也不必那样手忙脚乱地，一定强要把眼前的美景留到我的画布上来了吧。

我原来可以从从容容地度过一个美丽的下午的啊!

可是,当我站在那个高高的长满了芒草的山坡上时,当我俯瞰着近处郁绿的淡水和关渡,远处闪着金光的台湾海峡时,河水与海水在下午的阳光中变得那样亮,观音山变得那样暗。在那个时候,每一根线条,每一种颜色都让我心动,我实在没有办法抗拒那一种诱惑,那一种"一定要把它画下来"的渴望啊!

于是,我就开始手忙脚乱地画起来了。天已近傍晚,山风好大,猎猎地直吹过来,我的画布几乎无法固定。而且,那些就在我眼前的,那样眩目的光与影也每分每秒都在变化,所有的颜色虽然都让我心动,但是,没有一种肯出现到我的笔下来,我的每一笔、每一种努力都好像是一种失败。

是的,在夕阳终于黯淡了以后,在所有的景象都失去了那层诱人的光泽以后,在我的眼前,也只剩下两张都没能来得及画完的画而已,两张都显得很粗糙,和我心里所希望的那种画面完全不一样。

我颓然地坐在芒草丛中,有一种悲伤和无能为力的感觉。我浪费了怎样难得的一个下午!原来,原来画了二十多年的我,也不过是一个有限的人而已;

原来,这世间有多少无限是我所永远无法得到,也永远无法把握住的啊!

所以,在回去的路途上,才会那样狠狠地哭了一场,在疾驰的车中,在暮色四合的高速公路上,我一个人在方向盘后泪落如雨。

那是怎样炽烈的心,怎样滚烫的泪啊!

## 五

而今夜,孩子都睡熟了以后,在我的画室里,在灯下,我重新拿出那两张画来观看,忽然之间,我的心里有些什么开始苏醒起来了。

是啊!我怎么一直没有发觉呢?我怎么一直不能看清楚呢?

我怎么一直都不知道呢?

我一直没能知道,世间所有的事物在最初时原来都并没有分别,造成它们以后的分别的,只是我们自己不同的命运而已。

是的,有限与无限的分别,应该就只是由我们自己的命运所造成的而已。就是说,一切我所能得到的,我所能拥有的,在我得到和拥有的那一刹那里,都终于只能成为一种有限的幸福与快乐而已。

而那些,那一切我所不能得到的,

不能拥有的，却反而因此能永远在我的眼前，展露着一种眩目的、无法企及的美丽。在我整整的一生里，不断地引诱着我，引诱着我去追求，去探索，去走上那一条永远无法到达也无法终止的长长的路。

六

是不是这样呢？生命是不是就只是一种不断反复而已呢？

有谁能告诉我？

有谁？有谁能为我拭去那反复流下的泪水？为我消除那反复出现的悲伤？

为什么我昨天错了，今天又会再错？为什么我一定要一次一次地自己去试、自己去问、自己去碰，然后才能逐渐而缓慢地知道该怎样去面对、去生活？

我多希望，有人能微笑地前来，并且温柔地为我早早解开这有限与无限之间的谜题。

我多希望，有人能陪我走上那长满了芒草的山坡，教我学习一种安静的捕捉，捕捉那些不断地变化着的水光与山色，那些不断地变化着的云彩与生命。

我多希望啊！有人能与我共度那样一个美丽的春日的下午。

可是，我又有一点害怕，害怕那原本是无限的美丽，如果真有一天能让我得到，是不是，也会等于，等于一种永远的失去？

# 雨中的猫

作者 〔美〕海明威

两位美国客人住在这家旅店里。楼梯上人来人往，可都是陌生的面孔。他们的房间位于二楼，面向大海，正对着公共花园和战争纪念碑，花园里有高大的棕榈树和绿色长椅。若是天气晴朗，就常能见一个画家带着画架来写生，画家们喜欢棕榈树的姿态以及在花园和大海衬托下的旅店那明快的颜色。那些意大利人远道而来就是为了看看战争纪念碑，它由青铜制成，在雨中闪烁着光彩。雨还在下，淅淅沥沥的水滴从棕榈树上落下，碎石路上的水湾已被蓄满。海涛在雨幕之中一次又一次地扑上沙滩，随即又退去。战争纪念碑旁边广场里的汽车都已各奔东西。广场对面的咖啡馆里，一位侍者正站在门道上，眼瞅着空空荡荡的广场。

那位美国女士立在窗边，眺望外面的景色。窗户的正下方有一只猫，蜷缩在一个滴水的绿色桌子下面。那猫缩成一团，生怕被淋着。

"我要下去救救那只猫。"女士说道。

"还是我去吧。"她的丈夫躺在床上提出。

"不，我去。可怜的小猫正在桌下避雨呢。"

丈夫仍在读书，用床头上的两个枕头垫起来躺着。

"别淋湿了。"他说道。

女士下了楼，路过旅店的办公室时，店主便立起身来向她鞠躬施礼。他是一位高个头的老者，他的桌子放置在屋内的最里端。

"下雨啦。"女士说道。她喜欢这个店主。

"是，是，太太，坏天气。"

在昏暗的办公室里，店主站在桌子的后面。女士喜欢这个店主。她喜欢他接受任何怨言时那种严肃的风度，她喜欢他的服务礼节，她喜欢他那种良好的职业自豪感，她喜欢他那饱经沧桑的脸庞和大手。

像他一样，她推开门向外看。雨越下越大，一位男士穿着橡胶披肩正穿过广场，朝着咖啡馆走去。那只猫应该就在右边吧，可能沿着屋檐下便可以走过去。当她站在门道时，一把伞在她身后张开了，是她房间的女仆。

"您别淋湿了。"她笑道，用意大利语说着。显然，是店主派她来的。

女仆给她撑着伞，沿着那条碎石小路来到窗户下。桌子还在，在雨中被洗刷得特别绿，但猫不见了。她顿然大失所望，女仆看着她。

"您丢什么东西了，太太？"

"有一只猫。"女士说道。

"一只猫？"

"是，猫。"

"一只猫？"女仆笑道，"雨中之猫？"

"是，"她说道，"在桌子下面。"

然后说："我很想要它，我很想要只猫。"

当她说英语时，女仆变得有些紧张。

"来，太太，"她说道，"我们必须回去，您会被淋湿的。"

"我想也是。"女士说道。

她们沿着碎石小路回到旅店门口，女仆在外面将伞合上。当美国女士路过办公室时，店主便在桌子旁边向她鞠躬。一阵莫名的不适与紧张在她心头掠过。这位店主有时候让她感到很重要，有时候却让她感到那么渺小。瞬间，一种至高无上的感觉油然而生。她上了楼，推开房门，乔治还在床上读书。

"捉到猫了吗？"他问道，把书放下来。

"不见了。"

"想想它能跑到哪里去？"他边休息一下眼睛边说道。

她坐在床上。

"我很想要它。"她说道，"我不知道为什么这么想要它，我想要只猫，那只可怜的猫在雨中不会有什么好玩的。"

乔治又开始读书了。

她起身坐在梳妆台前，拿起镜子自我欣赏，欣赏自己的形象，从这一边到另一边，再转向后脑和脖颈。

"你不认为我留起头发来是一个好主意吗？"她问道，又投入了镜中自赏。

乔治抬起头看了看她脖子后面，她的头发修剪得像个男孩子。

"我喜欢你现在的样子。"

"我已经厌倦这个样子了。"她说道，"我不想再像个男孩。"乔治在床上移动了一下位置，自从她开始说话他就一直注视着她。

"你看起来很漂亮。"他说道。

她把镜子放在梳妆台上，走向窗子，举目远眺。天色暗下来了。

"我想把我的头发梳到背后，再打一个感觉舒服的结。"她说，"我想要一只猫，让它坐在我的腿上，摸一摸它，它就会咪咪地叫。"

"是吗？"乔治在床上说道。

"我还想用自己的银器用餐，而且要有蜡烛。我还想一年四季如春，我可以在镜子前梳我的头发。猫和新衣服我也想要。"

"哦，别说了，还是去读点什么吧。"

乔治说着，又继续读他的书。

女士向窗外看去。天色已黑，仍在下雨。

"不管怎样，我想要只猫，"她说道，"我想要只猫，我现在就想要只猫。如果我不能留起长发或者有其他的快乐，我总可以有只猫吧？"

乔治没有注意听，他在读自己的书。妻子从窗口向广场上有灯光的地方看去。

有人敲门。

"请进。"乔治说着，从书中抬起头来。

门口站着女仆，她抱着一只龟壳花纹的大猫，那猫紧紧地缩在她的怀里，尾巴还在摇摆。"打扰一下，"她说，"店主叫我把这个带给太太。"

# 我想从天上看见

作者　阿　来

也许是因为年代过于久远，在这条陆路上行走时，已经没有人能找到一条清晰的脉络。历史中文化的传播与变迁，比现代物理学家建立的量子理论还要难以捉摸。物理学家描述他们的抽象理论时，运用了一种用可靠的数学语言表述的模型；而历史中大部分文化却在荒山野岭间湮灭，随着一代一代人的消失而被永远埋葬。

我想：也许从天上，像神灵一样俯瞰时可以看见。

于是，我在拉萨的贡嘎机场登机时特意要了一个临窗的位置，并祈愿这一路飞行，少有云雾的遮蔽。

事实是，我登上飞机时，拉萨正在下雨。雅鲁藏布江水溢出了河床，洪水漫进了河岸两边的青稞地，漫进了低矮的平顶土房组合而成的安静的村庄。地里的庄稼已经收割了，洪水浅浅地漫在地里，麦茬一簇簇露出水面。庄稼地与房舍之间，是一株株柳树，在雨中树叶显得分外碧绿。飞机越飞越高，那些淹没了土地的水像镜子一样反射着阳光。这真是一种奇异的景象：洪水成灾，但人们依然平静如常，没有人抢险，没有人惊慌失措，那些低矮的土屋安安静静的，都是很安于宿命的样子。土屋顶上冒着青烟，我想象得出来，围坐在火塘边的农人平静到有些漠然的脸。洪水与所有天气一样，或多或少和某种神灵的力量与意愿有关。

对于来自神灵或上天的力量，一个凡人往往只能用忍受来担待。所以，当外界的人看到一个无所欲求的农人而赞叹、而自怜的时候，我想告诉你，那是因为对生活年深日久的失望。不指望是因为从来都指望不上。所以，我才会在雅鲁藏布江洪水泛滥时，看到这么一幅平静的景象。

这种平静的景象里有一种病态的美感，病态的美感往往富有动人心魄的力量。

飞机继续爬升，穿过了饱含雨水的云层。云层掩去了下界的景象，满眼都是刺目的阳光。

虽然有云层阻隔，但我还是感觉到机翼下渐渐西去的高原那自西向东的倾斜。飞机每侧转一下机身，我就感觉到雄伟的高原正向东俯冲而下。闭上眼睛感觉，那是多么有力的俯冲啊！我当然知道，这种俯冲感是一种幻觉。飞机飞行得非常平稳。电视里正在播放平和的音乐。当气流导致飞机发生小小的震颤时，空姐柔美的声音便从扩音器里传来。

但我还是觉得大地在向下俯冲。

我说过，这是一种幻觉。

而且我不止一次产生过这样的幻觉。

譬如：当我最大限度地接近某一座雪山的顶峰时，坐在雪线之上，雪山上只要有一点大的动静，便看到风化的砾石水一样流下山坡；看到明亮的阳光落在山谷里、森林中，使得云雾蒸腾，我也会感觉到大地的俯冲。直到云雾散开，大地安安静静地呈现出它真实的面貌时，

这种幻觉便消失了。

飞机起飞不久，机翼下面的云层渐渐稀薄，云层下移动的大地便渐渐呈现在眼前了。

雪峰确乎呈南北向一列列排开在蓝天下，晶莹中透着无声的庄严……在这一列列的雪山之间，是一片片的高山草甸，草甸中间还点缀着一些小湖泊。湖泊边，有牧人的帐房。

雪山过后，这种山间牧场就更低，更窄小，直至完全消失，眼界里就只有顶部很尖、没有积雪的峭拔山峰了。这是一些钢青色的岩石山峰，一簇簇指向蓝天深处。山体周围是郁郁葱葱的森林。然后，这种美丽的峭拔渐渐化成了平缓的丘陵，丘陵又像长途俯冲后一声深长的叹息，化成一片平原。这声叹息已经不是藏语，而是一句好听的四川话了。

历经从平原到群山的阻隔与崎岖，登上高原后，那壮阔与辽远，是一声血性的呐喊。

而从高原下来，经历了大地一系列情节曲折的俯冲，化入平原，是一声疲惫而又满足的长叹。

而我更多的经历与故事，就深藏在这个过渡带上，那些群山深刻的皱褶中间。

# 艺术家

作者　马未都

大凡艺术家都假装不在意外形，可这外形大体只有两类：一类长发，一类秃头。长发的常寡言，秃头的都能"喷"。究其原因有二：一是艺术家自认为与众不同，内心与众不同谁都看不见，外形与众不同一目了然，所以艺术家很在乎外形；二是艺术家认为艺术本身不大众，难免高高在上，看他人如同与夏虫语冰、与井蛙话海，都有局限，艺术家难以与之为伍，便强调自己的外形予以区分。

长发艺术家大都年轻有为，艺术与长发一同飘然于世。我自幼对各类长发艺术家心向往之，以为长发之下必有思绪万千，否则艺术灵感怎能奔涌而出？我年轻的时候，男子留长发还十分另类，社会另眼相看，故令他们养成寡言之态，越寡言越厉害。

秃头艺术家则需要更上一层楼，一夜之间尽断三千烦恼丝，抛却万丈红尘梦。入乡随俗地将艺术包装放下，实际从内心推高，以秃头抗拒长发，表明自己是另类中的另类而已。我中年后遇到的秃头艺术家多属这类，图口舌之快者非"喷"字不能尽兴表达。

大艺术家则不然，与平民无异，不与头发较劲，混在人群中也不甚显眼，聊天饮酒与常人无异。只是谈及见解时你会发现，人与人之间的差距只在于思想的深度、认知的广度。

古人总结得特别好："形而上者谓之道，形而下者谓之器。"对于一般人，被人器重已是社会表彰，大器晚成算是社会嘉奖；小器、大器一字之差，却有天壤之别。至于"器宇轩昂"被后世俗化出"气宇"，是后人不知此"气"非彼"器"，外在的气量与内在的器量仅是音同，内涵却大不同。

# 生命是一个说故事的人

作者　朱光潜

有一年夏天，我到苏格兰西北海岸一个叫作爱约夏的地方去游历。那一带的风景仿佛日本内海，却更曲折多变。

走到一个海滨，我突然看见人山人海——男的、女的、老的、少的，穿深蓝、大红衣服的，步履蹒跚的，闹得喧天震地：原来那是一个有名的浴场。那是星期天，人们在城市里做了六天的牛马，来此尽情享受一日的欢乐。

和那一大群人一样，我也欣喜地赶了一场热闹。那一天算是没有虚度，却感觉空虚寂寞者在此，大家不过是机械地受到鼓动驱遣。太阳下去，各自回家，沙滩又恢复它本来的清寂，有如歌残筵散。推而广之，这世间的一切，何尝不都是如此?

孔子看流水，曾发出一个深永的感叹，他说："逝者如斯夫，不舍昼夜！"

生命本来就是流动的，单就"逝"的一方面来看，不免令人想到毁灭与空虚。但这并不是有去无来，该去的若不去，该来的就不会来，生生不息才能念念常新。

莎士比亚说生命"像一个白痴说的故事，满是声响和愤激，毫无意义"，一语中的。生命像在那沙滩所表现的，你跳进去扮演一个角色也好，站在旁边闲望也好，都可以令你兴高采烈。

生命是一个说故事的人，而每一刻的故事都是新鲜的。这一刻中有了新鲜有意义的故事，这一刻中我们心满意足了，这一刻的生命便不空虚。生命原是一刻接一刻地实现，好在它"不舍昼夜"，算起总账来，层层实数相加，绝不会等于零。

嫌人生短暂，于是设种种方法求永恒。秦皇汉武信方士、求神仙，以及后世道家炼丹养气，都是妄想所谓长生。

人渴望长生不朽，也渴望无生速朽。诗人济慈在《夜莺歌》里于欣赏一个极幽美的夜景之后，也表达过同样的愿望，他说："现在死相比任何时候都丰富。"他要趁生命最丰富的时候死。甚至于死本身，像鸟语和花香一样，也可成为生命中一种奢侈的享受。

冷静地分析想死的心理，我敢说它和想长生的道理一样，都是对生命的执着。想长生是爱着生命不肯放手，想死是怕生命轻易地溜走。要死得痛快才算活得痛快，死还是为了活，为活的时候心里的那一点快慰。

孔子说过："朝闻道，夕死可矣。"人难得的是这"闻道"。我们谁不自信聪明，自以为比旁人高一着？但是谁的眼睛能跳开他那"小我"的圈子向四面八方看一看？每个人都被一个密不透风的"障"包围着。

我们在这世界里大半是"盲人骑瞎马"，横冲直撞，怎能不闯祸！所以说来说去，人生最要紧的事是"明"，是"觉"，是佛家所说的"大圆镜智"。法国人说"了解一切，就是宽恕一切"，我们可以补上一句，"了解一切，就是解决一切"。

生命对于我们还有问题，就因为我们对它还没全然了解。既没有了解生命，我们凭什么对付生命呢？于是我想到这世间纷纷扰攘的人们。

# 因为寻常，由是独特

作者　梁文道

　　我一直没有拍照的习惯，尤其不喜欢在旅行的时候照相。要知道在这个人人拍照、时时拍照、影像已然泛滥的年代之前，摄影对大部分人而言是一种非日常的活动，一般人并不会一天到晚带着相机随手抓拍；相反的，它是一套具有纪念性质的仪式，通常只在某些特别值得"留影"为念的场合出现，比如说结婚、毕业、家庭聚会，当然还有旅行。说它是仪式，因为它的拍摄程序很固定，常常由父亲、丈夫安排摆位和掌镜，而且画面构图也都大同小异，高矮远近前后一一自动站位，渐渐形成一种模式。

　　旅行尤其必须拍照，因为现代的旅游景点以及受欢迎的大城市，几乎是为带着相机的游客而生。例如巴黎，自从豪斯曼的大改造之后，这座光明之城就有了今人熟悉的样貌。笔直的林荫大道，

辐射状的线条，两侧窗饰华美的拱廊街以及路旁的露天咖啡馆。当游人带回来的照片越来越多，大家在还没去过巴黎之前就已无数遍地看过巴黎，这座大城市的性质也就变了。它仿佛不再是一个让人居住、生活和交易的城市，而是一个生下来就要让人用眼睛去注视的片场。每一个配备着现代摄影器材的游客都在该处寻找最上镜的地点，最合宜的角度，乃至最符合印象中记忆里那些有"巴黎味"的风貌。条条大道通向凯旋门，于是大家沿街观看、拍摄，一路走下去就自然走到了凯旋门，然后按下快门，把被拍过无数遍的凯旋门再拍一遍——殊途同归。也就是说，巴黎是一连串景点的聚合体，去过巴黎的意思便是拍过这些景点（同时也与景点合照）。广而言之，当代无有一座大城、无有一处景点不是

如此被游览拍摄，甚至要为了游览和拍摄而被重新规划。看看今天中国的城市建设，那些拔地而起的高楼和地标性建筑，那些大到只可远观而不可亲近的广场，你便明白它们不是让人使用的空间，而是供人观看及拍摄的布景。

所以我不在旅行的时候拍照，反正要拍的东西都有人拍过了，不是吗？如果说旅行摄影是为了保存记忆，那么我宁愿把记忆存放脑中。正如摄影大师杉山博司所言："摄影不是记忆，它只是记录。"不过，又有朋友告诉我，拍照这种有意识的行动可以让你看见一些不一样的东西，透过取景框能够发现肉眼所不及的事物。如此说来，旅行时照相竟然还能另辟蹊径，逃出被规划的视线？这

是什么意思呢？会不会就像亚东（张亚东，著名音乐人——编者注）的视觉游记，去了巴黎，但完全不见想必应该见到的巴黎？亚东几近刻意地回避了现代旅游的训令，不管是巴黎还是旧金山，他都只想让我们看看小孩，看看天线，顶多加上一片大海。去了著名的旅游胜地，拍的却是日常不过的生活，于非日常中日常，这岂不也是非常的手段？在他的作品里头，那些地点的个性被压抑到最低的程度，不加标记，你很难辨认得出他到底在拍什么地方。有趣的是，旅游景点的个性往往却是至为俗滥的东西。所以这是试图为旅游重新翻出个性的吊诡尝试——因为寻常，由是独特。

# 泥土的形状

作者　贾平凹

2004年8月，有人送我一个土彩罐，唐代的，朱砂底色，罐身绘牡丹等花，很是艳丽。我把它放在案几上。一日上午，我在书房，一股风从窗子进来，土彩罐里竟有响声，"呜呜呜"，像吹口哨。风过罐口会有响动，土彩罐发出的声音幽细有致，我就盯着它看。词典里有一个词叫"御风"，这词虽好，但有些霸气，我还是喜欢陕西的一个县名——扶风。这日我又读到《西京杂记》上的一段话，还是说到风，我就把它抄写了下来：

乐游苑自生玫瑰树，树下多苜蓿。风在其间常萧萧然。日照其花，有光彩，故名苜蓿为怀风。

《西京杂记》的话刚写完，土彩罐就响，土彩罐应该也叫"怀风"。土彩罐是谁家曾经用过，又埋在了谁的墓里，这些我都不知道。它贯穿了阳间和阴间，肯定有着许多故事。

每个人出生的时候是自己在哭，死亡的时候又是别人在哭。这些事土彩罐一定知道。但是，每个人都是在父母的爱里出生，一生又都是在爱的纠缠中度过，这些事土彩罐也一定知道。土彩罐从谁的家里、墓里来到我这里？它是来采集我的故事的吗？

土彩罐还在"呜呜呜"地响，像吹口哨。我走过去关了窗子，从窗子看出去，外边下着雨，街上有无数的人，我看见无数的人在雨中走着走着就"化"了。

人是从泥土里来的，终究又会变为泥土。御风也罢，扶风也罢，怀风也罢，只有这风，是泥土捏的东西的灵魂。

情感

# 姻缘备忘录

作者　梁晓声

我自幼家贫，28岁时家里仍很穷，还有一个生病的哥哥长年住在医院里。我觉得我可以38岁时再结婚，却不能不在28岁时以自己的方式报答父母的养育之恩。对老父亲、老母亲我总有一种深深的负疚感——总认为28岁了才开始报答他们（也不过就是每月寄给他们20元钱）已实在是太晚了，方式也太简单了……

我在期待中由28岁到32岁，但奇迹并没有发生，"缘"也并没到来。我依然行为检束，单身汉生活中没半点儿浪漫色彩。

4年中我难却师长们和阿姨们的好意，见过两三个姑娘，她们的家境都不错，有的甚至很好。但我那时忽然生出调回哈尔滨市，能在老父母身旁尽孝的念头，结果当然是没"进行"恋，也没"进行"爱……

调动的念头终于打消，我为自己"相中"了一个姑娘，缺乏"自由恋爱"的实践经验，开始和结束前后不到半个小时。人家考验我，而我不能理解为什么对我还需要考验（又不是入党）。误会在半小时内打了一个结，后来我知道是误会，却已由痛苦而渐渐索然。

于是我现在的妻子在某一天走入了我的生活，她单纯得有点儿发傻，26岁了却决然不谙世故。说她是大姑娘未免"抬举"她，充其量只能说她是一个大女孩儿，也许与她在农村长到十四五岁不无关系……她是我们文学部当年的一位党支部副书记"推荐"给我的。那时我正在写一部儿童电影剧本，我说悠悠万事，唯此为大，待我写完了剧本再考虑。

一个月后，我把这件事都淡忘了。可是"党"没有忘记，依然关心着我呢。

某天"党"郑重地对我说："晓声啊，你剧本写完了，也决定发表了，那件事儿，该提到日程上来了吧？"

我突然觉得我以前真傻，"恋爱"不一定非要结婚嘛！既然我的单身汉生活里需要一些柔情和温馨，何必非要拒绝"恋爱"的机会呢！

于是我的单身汉宿舍里，隔三岔五地便有一个剪短发的大眼睛女孩儿"轰轰烈烈"而至，"轰轰烈烈"而辞。我的意思是，当年她生气勃勃，走起路来快得我跟不上。我的单身宿舍在筒子楼里，家家户户都在走廊里做饭。她来来往往于晚上——下班回家绕个弯儿路过。一听那上楼的很响的脚步声，我在宿舍里就知道是她来了。没多久，左邻右舍也熟悉了她的脚步声，往往就向我通报："哎，你的那位来啦！"

我想，"你的那位"不就是人们所谓之"对象"的另一种说法吗？我还不打算承认这个事实呢！于是我向人们解释，那是我"表妹"，亲戚。人们觉得不像是"表妹"，不信。我又说是我一位兵团战友的妹妹，只不过到我这儿来玩的。人们说凡是"搞对象"的，最初都强调对方不过是来自己这儿玩玩的……

而她自己却俨然以我的"对象"自居了。邻居跟她聊天儿，说以后木材要涨价了，家具该贵了。她听了真往心里去，当着邻居的面对我说："那咱们凑钱先买一个大衣柜吧！"

搞得我这位"表哥"没法儿再装。于是，似乎从第一面之后，她已是我的"对象"了。非但已是我的"对象"了，简直就是我的未婚妻了。有次她又来，我去食堂打饭的工夫，回到宿舍发现，我压在桌子玻璃下的几位女知青战友、大学女同学的照片，竟一张都不见了。我问她那些照片呢？她说替我"处理"了，说下次她会替我带几张她自己的照片来，而纸篓里多了些"处理"的碎片……她吃着我买回的饺子，坦然又天真。显然，她没有丝毫恶意，仿佛只不过认为，一个未来家庭的女主人，已到了该在玻璃下预告她的理所当然的地位的时候了。我想，我得跟她好好地谈一谈了。于是我向她讲我小时候是一个怎样的穷孩子，如今仍是一个怎样的穷光蛋，以及身体多么不好，有胃病、肝病、早期心脏病等等。并且，我的家庭包袱实在是重啊！而以为这样的一个男人也是将就着可以做丈夫的，那意味着在犯一种多么糟糕、多么严重的错误啊！一个女孩子在这种事上是绝对将就不得、凑合不得、马虎不得的。但是嘛，如果做一个一般意义上的好朋友，我还是很有情义的。

我曾以这种颇虚伪也颇狡猾的方式，成功地吓退过几个我认为与我没"缘"的姑娘。

然而事与愿违，她被深深地感动了，哭了。仿佛一个善良的姑娘被一个穷牧羊人的故事感动了——就像童话里常常描写的那样……

10个月后，我们结婚了。我陪我的新娘拎着大包小包乘公共汽车光临我们的家，那年在下32岁，没请她下过一次馆子。

她在我11平方米的单身宿舍里生下了我们的儿子。3年后，我们的居住条件有所改善，转移到了同一幢筒子楼的一间13平方米的居室里……

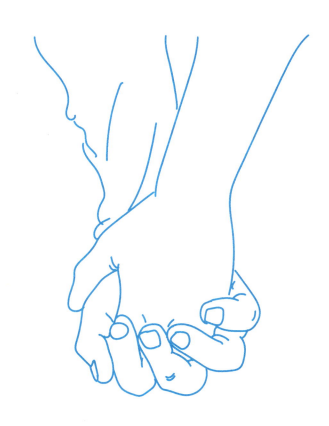

# 命定的事

作者　阎连科

总以为，我和妻子的婚姻是命定的事。

争吵是命定的事，妥协、相安也都是命定的事。

我和妻子在1984年结婚。结婚时我26岁。因为从小渴望逃离土地，以至于在城里成家立业，成为一代人甚至几代人的梦想，一如《红与黑》中于连的渴望和奋斗。对于"吃商品粮"和"市民户口"的理解，就如行乞者想象天堂的模样。这就是我人生的开端，是我写作之初想要达到的目的。在自己发表了一些作品，成了一名军官，以为有了找个城里对象的本钱时，却在短短的两年里，被五六个城里姑娘嗤之以鼻后断然拒绝，甚至连"婉拒"那样的安慰都没有得到。于是，一种自作的绝望，化为于连式沉默的苦痛，日日都在我的青春里蒸煮和煎

熬。我没有对城市和城里人产生仇恨与愤懑，反而更加向往和努力地追求。也就在这个时候，1983年的岁末，我的妻子以对象的名义，被朋友介绍到了我的眼前。她不仅是个城里人（开封人），而且比我以前相亲见过的所有姑娘，都更为漂亮和娴静，也更为犹豫、默认我们间往来的可能。我们都在犹豫和默认之中。在她，我不知她犹豫什么和默认我的什么；而在我，犹豫是因为她的父母明确地提出一个条件：他们家有三个儿子，只有这一个女儿，待我从部队转业之后，一定要留在开封，而不能把他们的女儿带回到洛阳或我山区的老家。

然而，我虽然自幼想要逃往城市，但真正渴望扎根的地方，却是十几岁就已选定的豫西洛阳——那个离我老家60公里的古都老城，而不是"背井离乡"的

遥远的豫东开封。就这么犹豫着，默认着，彼此迟疑在人生的路上，如一股有来向、无去向的风，盘旋在人生鬼打墙的路口。

也就在这个时候，1984年的一天，我哥哥突然给我所在的河南商丘的军营打了一个长途电话，说几天前父亲再次病重，把哥哥叫到他的床前，对哥哥说，他预感着多年不愈的哮喘，会让他难以熬过这年冬天的冷寒。说他一生辛劳努力，四个子女中有三个都已成家，只有老小连科，还未结婚。他说，倘是能看着连科结婚，就是冬天果真离去，心里也会踏实许多。

哥哥在电话的那头，我在电话的这头，相距几百公里。他说完后，我们彼此在电话中沉默不语，而我能听到哥哥在那头伤悲而无奈的喘息。大约，哥哥在豫西嵩县邮电局的某间电话房里，也是可以听到他的弟弟在遥远豫东的营房中沉默的无奈。于是，待沉默久了，到沉默将要炸开的时候，哥哥缓解着说了一句："看看吧，去和人家商量一下，有可能了就结婚——为了父亲，而且你的年龄，也那么大了。"

然后，哥哥放下了电话。我在这头，河南商丘部队的一间办公室里，听到哥哥放下电话的声音，如同看到一个农人无力地把他用了一天的锄头，放在了收工回家后无人的田野。当我放下电话从那间机关办公室里走出来时，感到有一种宿命的压力。一种来自命运的力量，正朝我围过来，我觉得自己如果不迎上去，定会铸成终生的大错。去食堂集合吃饭的哨音正连续地在我的头顶吹响，而我，没有去吃饭。

我没有去宿舍取什么和准备什么，只是抬头看了看浩瀚的天空，看看被红砖围墙隔着的豫东平原，取出口袋里牛皮纸叠的一个钱包，点数了一下里边的钱，就朝火车站的方向去了——我要结婚。

我要去开封古都，对我那在默认和犹豫间的对象说："请你和我结婚。我年内必须结婚！"这是命运的安排，是我父亲的生命给我命定的事情。甚至我想说："现在结婚，我们就是人世间的一对夫妻；如果你不应不结，我们就将各奔东西，我们的过往就只是路人在途中的一次相遇。"

那时，我没有想到啥叫自私，没有想到我的决断是否对她造成一种威胁，我只是怀着命运的使命，果决地朝那个老旧的商丘火车站急急地奔去。从军营里出来，赶上了公共汽车；从公共汽车上下来，赶上了一点多的火车。

从商丘到开封，那时火车的行驶时间，是将近四个小时。是绿皮火车，车座是被人坐得油光结实的木条凳。我买的是站票，就在那火车上站了几个小时。记不得火车驶过河南东部旷野沙地时我想了什么，也记不得经过著名的兰考县馒头般的沙丘地带时，我对饥饿、贫穷、逃离与奋斗的感受。虽然那时我已读过许多的名著，对《红与黑》中于连印象的深刻，如同在农村老家割麦时，镰刀留在我身心上的疤痕，但还是觉得，于连的命运，远远地好于自己。而自己，也永远不会成为那个曾经成功过的于连。因为，那个遥不可及的巴黎，简直是我永生无法抵达的圣地；那里的繁华与贵族的生活，也是我们无法想象和触摸的高高挂在天空中的金丝绒窗帘。而我，以及和我一样通过各种途径，从农村奔往城市的一代一代的人，只是想要逃离土地，想要有个城市户口和一间城里的房屋，在内心的深处，并不渴望那种巴黎式的生活。所以，并没有想到自己的血液中，原来是有着于连的脉动，有着于连对人生与命运的谙解……我就那么到了开封，到了在落日中在熙攘间的大相国寺边安静的胡同口，依时依点地等着对象下班，等着她骑车回来时我去摊牌和请求。

那条胡同我至今记忆犹新。它如同我命运中总在跳动的一根神经，狭窄、曲长，地上是不知何年何月铺就、现在已碎裂的砖块。胡同两侧老平房的院墙屋壁，全都砖粉剥落，涂着的白灰，显出岁月的灰黑。斜立在墙边的几根水泥电线杆上，东来西去的电线，把胡同的上空切割为一块一块的蓝色，很像春天飘浮在头顶上的田野。我就在那儿等她，如期地等到了她的到来。她骑着一辆半旧的自行车，从车水马龙的鼓楼大街，拐进了这条宁静沉闷的胡同。

看见我时，她在车上怔了一下，刹车下来。她问了两句很平常的话：

"你又出差？"

"收到我给你写的信没？"

我没有回答她的问话。我按早已想好的计划，就在那胡同的口上，离她两步远近，说了我父亲的病情，然后说了我想结婚，说了为了父亲我必须结婚的想法和安排。

那时她就站在我的对面，我们中间隔着她那辆可行可止的自行车，我看不出她脸上有什么惊讶、不安、愉快或者不愉快。她在开封的电瓶车厂上班，是那厂里的车工。她身上制服式样的工装，是那种灰蓝的颜色，可以与黄昏和蓝天融在一起而不分彼此。就那么站了一会儿，就那么闷着想了一会儿，她对我自然而得体地说道："我得回去跟我爸妈商量商量。"

她推着自行车离开我时，脚步很慢，一直那么推着，再也没有骑上。我在后边盯着她高挑的背影，待她走出十几步时，又追着大声唤道："我就在这儿等你回话啊！"我不知道那大声的呼唤，是不是一种逼婚，但我知道，我的唤声给她传递了非此即彼、不合便分的清晰的信息。她听到了我的话，扭头看了看我，没有点头，也没有说啥，就又那么慢慢走了，像走在一段钢丝绳上，那样缓慢，那样谨慎，她在平衡思量着她的一生。

那天的中饭和晚饭，我是合在一起在那个叫吹鼓台街的胡同口吃的，是一碗我爱吃的烩面。从买票、排队，到端上一海碗烩面坐在靠近路边的窗口，大约用了三十分钟。而就在这三十分钟之后，她从她家走了出来，在那小馆门前找到了我，默站一会儿，才涨红着脸说，她爸妈同意我们结婚，并说如果我父亲真的不在了，就把我母亲接到城里来一块住，也好对老人有个照顾。说完，她并不等我说句啥，看看左右，就又慢慢地转身走了——好像我在这胡同口"逼婚"的等待，会惹出什么事端一样；又好像，她是偷着出来告诉我这个可以结婚的消息，那些话只是为了安慰我而说的假话一样。总之，在那小馆的路边，她慢慢地说了，又急急地走了。可在她走了之后，我再次望着那条胡同，再次望着她的背影时，真不知如何表达我对她的感激和对命运的感谢。

她走后，我的泪水哗哗地流了下来。

就在那年，1984年的10月，我们结婚了。

就在那年的冬天，我父亲在我们结婚后不久，到底如他预感的一样，离开了我们。

# 我和祖父的园子

作者　萧　红

呼兰河这小城里边住着我的祖父。

我出生的时候，祖父已经六十多岁了，我长到四五岁，祖父就快七十了。

我家有一个大花园，这花园里蜂子、蝴蝶、蜻蜓、蚂蚱，样样都有。蝴蝶有白蝴蝶、黄蝴蝶。这种蝴蝶极小，不太好看。好看的是大红蝴蝶，满身带着金粉。

蜻蜓是金的，蚂蚱是绿的。蜂子则嗡嗡地飞着，满身绒毛，落到一朵花上，胖圆圆的就和一个小毛球似的不动了。

花园里边明晃晃的，红的红，绿的绿，新鲜漂亮。

据说这花园，从前是一个果园。祖母喜欢吃果子，就种了果树。祖母又喜欢养羊，羊就把果树给啃了，于是果树都死了。到我有记忆的时候，园子里就只有一棵樱桃树、一棵李子树，因为樱桃和李子都不大结果子，所以觉得它们

是并不存在的。

小的时候，只觉得园子里有一棵大榆树。

这榆树在园子的西北角上，来了风，这榆树先啸；来了雨，这榆树就先冒烟了。太阳一出来，大榆树的叶子就发光了，它们闪烁得和沙滩上的蚌壳一样。

祖父整天都在后园里边，我也跟着祖父在后园里边。祖父戴一个大草帽，我戴一个小草帽；祖父栽花，我就栽花；祖父拔草，我就拔草。当祖父下种，种小白菜的时候，我就跟在后边，把那下了种的土窝，用脚一个一个地溜平，哪里会溜得准，东一脚、西一脚地瞎闹。有的菜种不但没被土盖上，反而被我踢飞了。

小白菜长得非常之快，没有几天就冒了芽，一转眼就可以拔下来吃了。

祖父铲地，我也铲地。因为我太小，

拿不动那锄头杆，祖父就把锄头杆拔下来，让我单拿着那个锄头的"头"来铲。其实哪里是铲，也不过趴在地上，用锄头乱勾一阵就是了。也认不得哪个是苗，哪个是草，往往把韭菜当成野草一起割掉，把狗尾草当成谷穗留着。

等祖父发现我铲的那块地留着一片狗尾草，他就问我："这是什么？"

我说："谷子。"

祖父大笑起来，笑够了，把草摘下来问我："你每天吃的就是这个吗？"

我说："是的。"

我看着祖父还在笑，就说："你不信，我到屋里拿来你看。"

我跑到屋里拿了鸟笼上的一头谷穗，远远地抛给祖父，说："这不是一样的吗？"

祖父把我叫过去，讲给我听，说谷子是有芒针的。狗尾草则没有，只是毛嘟嘟的真像狗尾巴。

祖父虽然教我，我也并不细看，不过马马虎虎承认下来就是了。

一抬头看见一个黄瓜长大了，跑过去摘下来，我又去吃黄瓜了。

黄瓜也许没有吃完，又看见一个大蜻蜓从旁飞过，于是丢了黄瓜又去追蜻蜓了。

采一个倭瓜花心，捉一个大绿豆青蚂蚱，把蚂蚱腿用线绑上。绑了一会儿，也许把蚂蚱腿绑掉了，线头上只拴了一条腿，而不见了蚂蚱。

玩腻了，我又跑到祖父那里去乱闹一阵。祖父浇菜，我也抢过来浇，奇怪的是并不往菜上浇，而是拿着水瓢，拼尽了力气，把水往天空里一扬，大喊着："下雨了，下雨了。"

凡在太阳下的，都是健康的、漂亮的，拍一拍连大树都会发响，叫一叫就连站在对面的土墙都会回答似的。

花开了，就像花睡醒了似的。鸟飞了，就像鸟上天了似的。虫子叫了，就像虫子在说话似的。

一切都活了，都有无限的本领，要做什么，就做什么。要怎么样，就怎么样，都是自由的。倭瓜愿意爬上架就爬上架，愿意爬上房就爬上房。黄瓜愿意开一个谎花（植株的雄性花，不结果的花），就开一个谎花；愿意结一个黄瓜，就结一个黄瓜。若都不愿意，就是一个黄瓜也不结，一朵花也不开，也没有人问它。

只是天空蓝悠悠的，又高又远。白云来了的时候，那大团的白云，好像撒了花的白银似的，从祖父的头上经过，好像要压到祖父的草帽。

我玩累了，就在房子底下找个阴凉的地方睡了。不用枕头，不用席子，就把草帽遮在脸上睡了。

# 清水洗尘

作者　迟子建

天灶觉得人在年关洗澡跟给死猪燎毛一样没什么区别。猪被刮下粗硬的毛后显露出又白又嫩的皮，而人搓下满身的尘垢后也显得又白又嫩。不同的是猪被分割后成为了人口中的美餐。

母亲历年洗澡都洗得很漫长，起码要一个钟头。说是要泡透了，才能把身上的灰全部搓掉。然而今年她只洗了半个小时就出来了。她见到天灶便急切地问："你爸还没回来？"

"没。"天灶说。

"去了这么长时间，"母亲忧戚地说，"十个澡盆都补好了。"

天灶提起脏水桶正打算把母亲用过的水倒掉，母亲说："你爸还没回来，我今年洗的时间又短，你就着妈的水洗吧。"

天灶坚决地说："不！"

母亲有些意外地看了眼天灶，然后说："那我就着水先洗两件衣裳，这么好的水倒掉可惜了。"

母亲就提着两件脏衣服去洗了。天灶听见衣服在洗衣板上被激烈地揉搓的声音，就像饿极了的猪吃食一样。天灶想，如果父亲不及时赶回家中，这两件衣服非要被洗碎不可。

然而这两件衣服并不红颜薄命，就在洗衣声变得有些凄厉的时候，父亲一身寒气地推门而至了。他神色慌张，脸上印满黑灰，像是京剧中老生的脸谱。

"该到我了吧？"他问天灶。

天灶"嗯"了一声。这时母亲手上沾满肥皂泡从里面出来，她看了一眼自己的男人，眼眉一挑，说："哟，修了这么长时间，还修了一脸的灰，那漏儿堵上了吧？"

"堵上了。"父亲张口结舌地说。

"堵得好?"母亲从牙缝中迸出三个字。

"好。"父亲茫然答道。

母亲哼了一声,父亲便连忙红着脸补充说:"是澡盆的漏儿堵得好。"

"她没赏你一盆水洗洗脸?"母亲依然冷嘲热讽着。

父亲用手抹了一下脸,岂料手上的黑灰比脸上的还多,这一抹使脸更加花哨了。他十分委屈地说:"我只帮她干活,没喝她一口水,没抽她一根烟,连脸都没敢在她家洗。"

"哟,够顾家的。"母亲说,"你这一脸的灰怎么弄的?钻她家的炕洞了吧?"

父亲就像一个做错了事的孩子似的仍然站在原处,他毕恭毕敬的,好像面对的不是妻子,而是长辈。他说:"我一进她家,就被烟呛得直淌眼泪。她也够可怜的了,都三年了没打过火墙。火是得天天烧,你想那灰还不全挂在烟洞里?一烧火炉子就往出燎烟,什么人受得了?难怪她天天黑着眼圈。我帮她补好澡盆,想着她一个寡妇这么过年太可怜,就帮她掏了掏火墙。"

"火墙热着你就敢掏?"母亲不信地问。

"所以说只打了三块砖,只掏一点灰,烟道就畅了。先让她将就过个年,等开春时再帮她彻底掏一回。"父亲傻里傻气地如实相告。

"她可真有福,"母亲故作笑容说,"不花钱就能请小工。"

母亲说完就唤天灶把水倒了,她的衣裳洗完了。天灶便提着脏水桶,绕过仍然惶惶不安的父亲去倒脏水。等他回来时,父亲已经把脸上的黑灰洗掉了。脸盆里的水仿佛被乌贼鱼给搅扰了个尽兴,一派墨色。母亲觑了一眼,说:"这水让天灶带到学校刷黑板吧。"

父亲说:"看你,别这么说不行吗?我不过是帮她干了点活。"

"我又没说你不能帮她干活。"母亲显然是醋意大发了,"你就是住过去我也没意见。"

父亲不再说什么,因为说什么也无济于事了。天灶连忙为他准备洗澡水。天灶想父亲一旦进屋洗澡了,母亲的牢骚就会止息,父亲的尴尬才能解除。果然,当一盆温热而清爽的洗澡水摆在天灶的屋子里,母亲提着两件洗好的衣裳抽身而出。父亲在关上门的一瞬小声问自己女人:"一会儿帮我搓搓背吧?"

"自己凑合着搓吧。"母亲仍然怒气冲天地说。

天灶不由暗自笑了,他想父亲真是

可怜，不过帮蛇寡妇多干了一样活，回来就一副低眉顺眼的样子。往年母亲都要在父亲洗澡时进去一刻，帮他搓搓背，看来今年这个享受要像艳阳天一样离父亲而去了。

天灶把锅里的水再次添满，然后又饶有兴致地往灶炕里添柴。这时母亲走过来问他："还烧水做什么？"

"给我自己用。"

"你不用你爸爸的水？"

"我要用清水。"天灶强调说。

锅里的水开始热情洋溢地唱歌了。柴禾也烧得噼啪有声。母亲回到她与天灶父亲所住的屋子，她在叠前日洗好晾干的衣服。然而她显得心神不定，每隔几分钟就要从屋门探出头来问天灶："什么响？"

"没什么响。"天灶说。

"可我听见动静了。"母亲说，"不是你爸爸在叫我吧？"

"不是。"天灶如实说。

母亲便有些泄气地收回头。然而没过多久她又探出头问："什么响？"而且手里提着她上次探头时叠着的衣裳。

天灶明白母亲的心思了，他说："是爸爸在叫你。"

"他叫我？"母亲的眼睛亮了一下，继而又摇了一下头说，"我才不去呢。"

"他一个人没法搓背。"天灶知道母亲等待他的鼓励，"到时他会一天就把新背心穿脏了。"

母亲嘟囔了一句"真是前世欠他的"，然后甜蜜地叹口气，丢下衣服进了"浴室"。天灶先是听见母亲的一阵埋怨声，接着便是由冷转暖的嗔怪，最后则是低低的软语了。后来软语也消失了，只有清脆的撩水声传来，这种声音非常动听，使天灶的内心有一种发痒的感觉，他就势把一块木板垫在屁股底下，抱着头打起盹来。他在要进入梦乡的时候听见自己的清水在锅里引吭高歌，而他的脑海中则浮现着粉红色的云霓。天灶不知不觉睡着了。他在梦中看见了一条金光灿灿的龙，它在银河畔洗浴。这条龙很调皮，它常常用尾去拍银河的水，溅起一阵灿烂的水花。后来这龙大约把尾拍在了天灶的头上，他觉得头疼，当他睁开眼睛时，发觉自己磕在了灶台上。锅里的水早已沸了，水蒸气袅袅弥漫着。父母还没有出来，天灶不明白搓个背怎么会花这么长时间。他刚要起身去催促一下，突然发现一股极细的水流悄无声息地朝他蛇形游来。他寻着它逆流而上，发现它的源头在"浴室"。有一种温柔的呢喃声细雨一样隐约传来。父母一定是同在澡盆中，才会使水膨胀而外溢。水依然汩汩顺着门缝宁静地流着，天灶听见了搅水的声音，同时也听到了铁质澡盆被碰撞后间或发出的震颤声。天灶便红了脸，连忙穿上棉袄推开门到户外去望天。

夜深深的了，头顶的星星离他仿佛越来越远了。天灶大口大口地呼吸着寒冷的空气，因为他怕体内不断升腾的热气会把他烧焦。他很想哼一首儿歌，可他一首歌词也回忆不起来，又没有姐姐天云那样的禀赋可以随意编词。天灶便哼儿歌的旋律，一边哼一边在院子中旋转着，寂静的夜使旋律变得格外动人，真仿佛是天籁之音环绕着他。天灶突然间被自己感动了，他从来没有体会过自己的声音是如此美妙。他为此几乎要落泪了。这时屋门"吱扭"一声响了，跟着响起的是母亲喜悦的声音："天灶，该你洗了！"

天灶发现父母面色红润，他们的眼神既幸福又羞怯，好像猫刚刚偷吃了美食，有些愧对主人一样。他们不敢看天灶，只是很殷勤地帮助天灶把脏水倒了，然后又清洗干净了澡盆，把清水一瓢瓢地倾倒在澡盆中。

# 父与子

作者　郑渊洁

### 父篇

我是一只羊。我活到了应该当父亲的年龄。世界真奇妙，到了这个年龄，我的思维里就产生了一种激情，还伴随着身体里的一股原始冲动。这大概就是生命得以延续的接力棒。

我渴望当父亲，渴望让生命中的一个单元通过我继续。

在我们这儿，不是你是什么就得生什么，而是逢什么年生什么。比如2006年，不管你是羊是兔还是马，生的孩子都是狗。狗的爸爸妈妈也不一定是狗，可能是兔子。

2007年生的孩子都是猪。于是就有了这么一头小猪成为我的儿子。这是我们的缘分。不管他是什么，我都爱他，他的血管里流着我的血。尽管我是羊，他是猪。

我们这儿有的爸爸可不这样，他们总希望自己的孩子不是现在这个样子。就拿我的邻居牛来说吧，他的儿子是一条蛇，他怎么看都不顺眼，整天对儿子吹胡子瞪眼。我问他为什么虐待亲生儿子，他说他的儿子应该是只虎，起码也得是头牛。他的儿子真不幸，摊上了这样的爸爸。

做父亲的对待孩子只能做一件事：爱。

我的儿子是一头小猪，这就足够了。我不羡慕别人的猛虎儿子，也不嫉妒人家的千里马儿子，这个世界上绝了哪种生命形式都会导致地球毁灭。蚂蚁和狮子一样伟大。我斗胆说一句话，你看人类在地球上横不横？可从生态平衡的角度看，小草和人类一样重要。

不明白这个道理，就不是合格的爸爸。

我是羊，我生了一头小猪，我感到幸福和惬意。如果在这个世界上，羊只能生羊，马只能生马，那该成什么样子了？

我爱我的小猪儿子。如果他是鸡或是蛇或是兔或是老鼠，我也一样爱他，一样让他成为世界上最幸福的孩子——因为我是他爸爸。

## 子篇

我是一头小猪，我爸爸是一只羊。

从我出生那天起，我就发现爸爸和我不一样。后来，我还发现别的孩子的爸爸和我的爸爸也不一样。

就拿邻居那头小猪来说吧，她爸爸是一只猛虎。再说隔壁的小兔，他爸爸是一匹骏马。相比之下，我的爸爸显得弱小不起眼，可我最爱我爸爸。我觉得爸爸是什么并不重要，重要的是他是不是一个真正的男子汉。有的爸爸虽然是老虎，但他不是男子汉。我见过一只老鼠爸爸，那可真算得上是一个地道的男子汉。

什么是男子汉？我觉得，他首先应该全身心地爱自己的孩子，和孩子平等相处。打骂孩子的爸爸都不是男子汉，是懦夫。其次他不应该嫌弃孩子，不管孩子是什么，他都应该爱孩子。孩子是你生的，如果你不满意，就打自己。打孩子算什么？又不是孩子非要让你把他生出来的。

我的爸爸虽然是一只羊，但他是一个男子汉，他知道怎么爱我。我要让他成为世界上最幸福的爸爸。

我有时偷偷想，假如我的爸爸是老鼠或是鸡或是蛇呢？我一准儿照样爱他，照样自豪——因为我是他的儿子。

# 赋得永久的悔

作者　季羡林

题目是韩小蕙小姐出的，所以名之曰"赋得"。但文章是我心甘情愿作的，所以不是八股。我为什么心甘情愿作这样一篇文章呢？一言以蔽之，题目出得好，不但实获我心，而且先获我心：我早就想写这样一篇东西了。

我已经到了望九之年。在过去的七八十年中，从乡下到城里；从国内到国外；从小学、中学、大学到洋研究院；从"志于学"到超过"从心所欲不逾矩"，曲曲折折，坎坎坷坷，既走过阳关大道，也走过独木小桥；既经过"山重水复疑无路"，又看到"柳暗花明又一村"，喜悦与忧伤并驾，失望与希望齐飞，我的经历可谓多矣。要讲后悔之事，那是俯拾皆是。要选其中最深切、最真实、最难忘的悔，也就是永久的悔，那也是唾手可得，因为它片刻也没有离开过我的心。

我这永久的悔就是：不该离开故乡，离开母亲。

我出生在鲁西北一个极端贫困的村庄里。我祖父母早亡，留下了我父亲等兄弟三个，孤苦伶仃，无依无靠。最小的叔叔送了人。我父亲和九叔背井离乡，盲流到济南去谋生。此时他俩也不过十几二十岁。在举目无亲的大城市里，必然是经过千辛万苦，九叔在济南落住了脚。于是我父亲就回到了故乡，说是农民，但又无田可耕。又必然是经过千辛万苦，九叔从济南有时寄点钱回家，父亲赖以生活。不知怎么一来，竟然寻上了媳妇，她就是我的母亲。

后来我听说，我们家确实也"阔"过一阵。大概在清末民初，九叔在东三省用口袋里剩下的最后五角钱，买了十分之一的湖北水灾奖券，中了奖。兄弟俩商量，要"富贵而归故乡"，回家扬一下眉，吐一下气。于是把钱运回家，九叔仍然留在城里，乡里的事由父亲一手张罗。他用荒唐离奇的价钱，买了砖瓦，盖了房子。又用荒唐离奇的价钱，置了一块带一口水井的田地。一时兴会淋漓，真正扬眉吐气了。可惜好景不长，我父亲又用荒唐离奇的方式，仿佛宋江一样，豁达大度，招待四方朋友。转瞬间，盖成的瓦房又拆了卖砖、卖瓦。有水井的田地也改变了主人。全家又回归到原来的情况。我就是在这个时候，在这样的情况下降生到人间来的。

母亲当然亲身经历了这个巨大的变化。可惜，当我同母亲住在一起的时候，我只有几岁，告诉我，我也不懂。所以，我们家这一次陡然上升，又陡然下降，只像是昙花一现，我到现在也不完全明白。这恐怕要成为永远的谜了。

家里日子是怎样过的，我年龄太小，说不清楚。反正吃得极坏，这个我是懂得的。按照当时的标准，吃"白的"（指麦子面）最高，其次是吃小米面或棒子面饼子（黄的），最次是吃红高粱饼子，颜色是红的，像猪肝一样。"白的"与我们家无缘。"黄的"与我们缘分也不大。终日为伍者只有"红的"。这"红的"又苦又涩，真是难以下咽。但不吃又害饿，

我真有点谈"红"色变了。

但是，小孩子也有小孩子的办法。我祖父的堂兄是一个举人，他的夫人我喊她奶奶。他们这一支是有钱有地的。虽然举人死了，但我这一位大奶奶仍然健在。家境依然很好。她的亲孙子早亡，所以把全部的钟爱都倾注到我身上来。她是整个官庄能够吃"白的"的仅有的几个人之一。她不但自己吃，而且每天都给我留出半个或者四分之一个白面馍馍来。我每天早晨一睁眼，立即跳下炕跑到大奶奶跟前，清脆甜美地喊上一声："奶奶！"她立即笑得合不上嘴，把手缩回到肥大的袖子，从口袋里掏出一小块馍馍，递给我，这是我一天中最幸福的时刻。

此外，我也偶尔能够吃一点"白的"，这是我自己用劳动换来的。一到夏天麦收季节，我们家根本没有什么麦子可收。对门住的宁家大婶子和大姑——她们家也穷得够呛——就带我到本村或外村富人的地里去"拾麦子"。所谓"拾麦子"就是别家的长工割过麦子，总还会剩下那么一点点麦穗，这些都是不值得一捡的，我们这些穷人就来"拾"。因为剩下的决不会多，我们拾上半天，也不过拾半篮子；然而对我们来说，这已经是如获至宝了。一定是大婶和大姑对我

特别照顾，一个四五岁、五六岁的孩子，拾上一个夏天，也能拾上十斤八斤麦粒。这些都是母亲亲手搓出来的。为了对我加以奖励，麦季过后，母亲便把麦子磨成面，蒸成馍馍，或贴成白面饼子，让我解馋。我于是就大块朵颐了。

记得有一年，我拾麦子的成绩也许是有点"超常"。到了中秋节——农民嘴里叫"八月十五"——母亲不知从哪里弄了点月饼，给我掰了一块，我就蹲在一块石头旁边，大吃起来。在当时，对我来说，月饼可真是神奇的好东西，龙肝凤髓也难以比得上的，我难得吃上一次。我当时并没有注意，母亲是否也在吃。现在回想起来，她根本一口也没有吃。不但是月饼，连其他"白的"，母亲从来都没有尝过，都留给我吃了。她大概是毕生就与红色的高粱饼子为伍。到了灾年，连这个也吃不上，那就只有吃野菜了。

至于肉类，吃的回忆似乎是一片空白。我老娘家隔壁是一家卖煮牛肉的作坊。给农民劳苦耕耘了一辈子的老黄牛，到了老年，耕不动了，几个农民便以极其低的价钱买来，用极其野蛮的办法杀死，把肉煮烂，然后卖掉。老牛肉难煮，实在没有办法，农民就在肉锅里小便一通，这样肉就好烂了。农民心肠好，有

了这种情况，就昭告四邻："今天的肉你们别买！"老娘家穷，虽然极其疼爱我这个外孙，也只能用土罐子，花几个制钱，装一罐子牛肉汤，聊胜于无。记得有一次，罐子里多了一块牛肚子。这就成了我的专利。我舍不得一气吃掉，就用生了锈的小铁刀，一块一块地割着吃，慢慢地吃。这一块牛肚真可以同月饼媲美了。

"白的"、月饼和牛肚难得，"黄的"怎样呢？"黄的"也同样难得。但是，尽管我只有几岁，我却也想出了办法。到了春、夏、秋三个季节，庄外的草和庄稼都长起来了。我就到庄外去割草，或者到人家高粱地里去劈高粱叶。劈高粱叶，田主不但不禁止，而且还欢迎，因为叶子一劈，通风情况就能改进，高粱长得就能更好，粮食打得就能更多。草和高粱叶都是喂牛用的。我们家穷，从来没有养过牛。我二大爷家是有地的，经常养着两头大牛。我这草和高粱叶就是给它们准备的。每当我这个不到三块豆腐干高的孩子背着一大捆草或高粱叶走进二大爷的大门，我心里有所恃而不恐，把草放在牛圈里，赖着不走，总能蹭上一顿"黄的"吃。到了过年的时候，自己心里觉得，在过去的一年里，自己喂牛立了功，又有勇气到二大爷家里赖

着吃黄面糕。黄面糕是用黄米面加上枣蒸成的。颜色虽黄，却位列"白的"之上，因为一年只在过年时吃一次，物以稀为贵，于是黄面糕就贵了起来。

我上面讲的全是吃的东西。为什么一讲到母亲就讲起吃的东西来了呢？原因并不复杂。第一，我作为一个孩子容易关心吃的东西。第二，所有我在上面提到的好吃的东西，几乎都与母亲无缘。除了"黄的"以外，其余她都不沾边儿。我在她身边只待到6岁，以后两次奔丧回家，待的时间也很短。现在我回忆起来，连母亲的面影都是迷离模糊的，没有一个清晰的轮廓。特别有一点，让我难解而又易解：我无论如何也回忆不起母亲的笑容来，她好像是一辈子都没有笑过。家境贫困，儿子远离，她受尽了苦难，笑容从何而来呢？有一次我回家听对面的宁大婶子告诉我说："你娘经常说：'早知道送出去回不来，我怎么也不会放他走的！'"简短的一句话里面含着多少辛酸、多少悲伤啊！母亲不知有多少日日夜夜，眼望远方，盼望自己的儿子回来啊！然而这个儿子却始终没有归去，一直到母亲离开这个世界。

对于这个情况，我最初懵懵懂懂，理解得并不深刻。到上了高中的时候，自己大了几岁，逐渐理解了。但是自己寄人篱下，经济不能独立，空有雄心壮志，怎奈无法实现。我暗暗地下定了决心，立下了誓愿：一旦大学毕业，自己找到工作，立即迎养母亲。然而没有等到我大学毕业，母亲就离开我走了，永远永远地走了。古人说："树欲静而风不止，子欲养而亲不待"，这话正应到我身上。我不忍想象母亲临终时思念爱子的情况；一想到，我就会心肝俱裂，眼泪盈眶。当我从北平赶回济南，又从济南赶回清平奔丧的时候，看到了母亲的棺材，看到那简陋的屋子，我真想一头撞死在棺材上，随母亲于地下。我后悔，我真后悔，我千不该万不该离开了母亲。世界上无论什么名誉，什么地位，什么幸福，什么尊荣，都比不上呆在母亲身边，即使她一字也不识，即使整天吃"红的"。

这就是我的"永久的悔"。

# 青铜葵花

作者　曹文轩

开镰了，收割了，新稻登场了。

青铜的爸爸赶着拖着石磙的牛，碾着稻子。稻粒不像麦粒那样容易从禾秆上碾下，碾一场稻子，常常需要七八个小时。所有的稻子，几乎是一起成熟的，秋天又爱下雨，因此，全村的劳力，都必须被发动起来，不停地收割，不停地装运，不停地碾场。

深夜，爸爸的号子声在清凉、潮湿的空气中飘荡着，显得有点儿凄凉。

碾上几圈儿，就要将地上的稻子翻个身再碾。通知大家来翻场的，是锣声。

锣一响，大家就拿了翻场的叉子往场上跑。

夜里，疲倦沉重的人们一时醒不来，那锣声就会长久地响着，直到人们一个个哈欠连天地走来。

第一场稻子碾下来，很快就按人口分到了各户。当天晚上，人们就吃上了新米。

那新米有一层淡绿色的皮，亮亮的，像涂了油，煮出来的无论是粥还是干饭，都香喷喷的。

面黄肌瘦的大麦地人，吃了几天新米，脸上又有了红润，身上又有了力气。

这一天晚上，奶奶对全家人说："我该走了。"

奶奶是要去东海边她的妹妹那儿。奶奶有这个想法，已有很长一段时间了。奶奶说，她活不了太久，趁还能走动，她要去会一会妹妹。她就只有这么一个妹妹了。

爸爸妈妈倒也同意。但是，他们没有想到奶奶去东海边还有更重要的原因。过去的这段日子里，青铜家借了别人家不少粮食，等将这些粮食还了，青铜家的粮食又很紧张了。奶奶想，她去她妹妹家住上一段时间，就会省出一个人的口粮。妹妹家那边相对富裕。还有，妹妹家那边，是一个大棉区，每到采摘棉花的季节，就会雇很多人采摘棉花，工钱是钱或是棉花。她想弄些棉花回来，给青铜和葵花做棉袄、棉裤，马上就要过冬了。日子过得这么清贫，这两个小的，却一个劲地蹿个儿，原先的棉袄、棉裤，即使没有破破烂烂，也太短了，胳膊和腿，去年冬天就有一大截露在了外面，让人心疼。

然而，奶奶只说去看看她的妹妹。

这天，大麦地有只船要去东海边装胡萝卜，奶奶正好可以搭个顺船。青铜和葵花，都到河边送行。

葵花哭起来了。

奶奶说："这孩子，哭什么呀？奶奶也不是不回来了。"

银发飘飘，船载着奶奶走了。

奶奶走后，青铜一家人，心里总是空空落落的。

过了半个月，奶奶没有回来，也没有一点儿音信。

妈妈开始对爸爸抱怨："你不该让她走的。"

爸爸说："她一定要去，你拦得住吗？"

妈妈说："就是该拦住她。她那么大年纪，不能出远门了。"

爸爸很心烦，说："再等些日子吧，再不回来，我就去接她回来。"

又过了半个月，爸爸托人捎信到海边，让奶奶早日回家。那边捎话过来，说奶奶在那边挺好的，再过个把月，就回来了。

不出半个月，海边却用船将奶奶送回来了。船是夜里到的。陪奶奶回来的，是爸爸的表兄。他是背着奶奶敲响青铜家门的。

全家人都起来了。

爸爸打开门，见到这番情景，忙问表兄："这是怎么啦？"

表兄说："进屋再说。"

全家人都觉得，奶奶变得又瘦又小。奶奶却微笑着，竭力显出一副轻松的样子。

爸爸从表兄的背上将奶奶抱起，放到妈妈铺好的床上。爸爸抱起奶奶时，心里咯噔一下：奶奶轻得像一张纸！

一家人开始忙碌起来。

奶奶说："天不早了，一个个赶紧睡吧，我没事的。"

爸爸的表兄说："她老人家在那边已经病倒十多天了。我们本想早点儿告诉你们的，但她老人家不肯。我们想：那就等她好些吧，好些，再通知你们。没想到，她的病非但不见好转，倒一天一天地加重了。"他回头看了一眼床上的奶奶，声音有点儿颤抖，"她是累倒的。"

"她到了我家后，也就歇了两天，就去棉花田摘棉花了。别人无论怎么劝她别去摘，她就是不听。直到有一天中午，她晕倒在棉花地里。幸亏被人看到了，把她送了回来。从那一天起，她就再也

没有能起床……"

青铜和葵花一直守候在奶奶的床边。

奶奶的脸似乎缩小了一圈儿，头发白得像寒冷的雪。

她伸出颤抖的手，抚摸着青铜和葵花。

青铜和葵花觉得奶奶的手凉丝丝的……

# 炕和猫

作者 张 炜

"狗在地上，猫在炕上"，这是外祖母常说的一句话。她的意思是，猫和狗是两种不同的动物，对待它们要有原则，不能乱来。比如说狗上了炕，她会马上严厉地斥责，让它快些到地上去，不然就打它了。猫蜷在炕上，她从来没有不满意过，有时还主动地把它抱到炕上。

有一段时间，我从学校或林子里回家，第一件事就是看看炕上有没有猫。因为它蜷在炕上的模样早已让人习惯了，觉得那样才是正常的。其实猫也有自己的事情，它常常不在家里，而是去林子里或其他地方做点什么。它主要是贪玩，其次是要了解外面的世界。

我发现猫喜欢的地方与我们一帮朋友大致相似，比如林子、园艺场和村子等。它如果不按时到这些地方去转一转，就会寂寞。它还会与另一些猫在一起打架什么的，这与我们也差不多。

不过猫一定会按时回家，待在炕上。那时候它很正经，好像从来没有胡闹过似的，表情十分严肃。我有时与它一块儿待在炕上，长时间看着它严肃甚至还有些忧愁的小脸，用力忍住才不会笑出来。它在思考什么大事？它沉重的表情让我不好意思将其抱起来戏耍。

当它低头思索的时候，我们所有人都得承认：它的心事太多了，它也许正思索着全世界的大问题呢。它真的像一位智慧老人，长了两撇胡须，永远皱着眉头。我伏在炕上，与它面对面看。这时它完全不理我，只偶尔半睁眼睛看看我，然后重新闭目思考。

可是我不会容忍它一直这样严肃下去。我要和它玩，无论它愿意与否。我捏捏它的鼻子，亲亲它的额头，握住它又软又小的一对巴掌。在这个世界上，哪种动物的鼻子长得比猫的更好看？圆圆的、直直的，还有一层细细的茸毛，摸一摸有一种美妙的手感。如果把嘴巴贴在这个小鼻子上，会有一种痒丝丝的感觉。

它偶尔也会停止思考，和我玩一会儿。但是它如果正想着某件大事，就一定会千方百计挣脱我，去另一个地方待着。它从炕的一头挪到另一头，有时干脆冲出屋子，跑到灌木丛中，或者爬上高高的树杈，趴在那儿思考。

猫是所有动物——包括人——当中最善于思考、思考时间最长的一种。当然它不会透露自己思考了什么，这一点也跟我们差不多：平时谁也不会将自己思考的内容公布出来，除非是写作文。

我在炕上写作文，然后读给猫听。它听得很认真，一字不漏。读完了，我抚着它的头，想知道它的意见。它先要安静一会儿，接着就舔起了巴掌，一下一下洗脸。我明白，它的这种动作是对

我表示最高的赞美。

随着冬天的临近，猫在炕上待的时间越来越长了。炕洞里有热气，炕上热乎乎的，它伏在炕角打着呼噜。一家人都坐在炕上，抽烟，吃地瓜糖，讲故事。如果有串门的人，也一定请他脱了鞋子上炕，和全家围坐在一起。这时炕上的猫不再独自思考，而是用心听着每一个人讲话。它大概听得懂所有话，一会儿看看这个，一会儿看看那个。

它最爱去的地方是外祖母的怀抱。她抱着它，一会儿抚摸，一会儿拍打，有时还要往胸口那儿拢一下。

母亲说："猫跟你姥姥最好，关系最近。"

我问："它和我怎样？"

母亲说："差多了。它不喜欢你。"

我心里有些委屈。因为全家人谁也没有我在它身上花的时间多，我总是和它玩啊玩啊。

"为什么啊？"我问。

母亲说："你不让它清闲。"

# 娶新娘的车

作者 〔日〕川端康成

下雪天，一只鹿从后院的竹林跌到小学校的院子里了。学校的孩子们把它活捉之后养了起来——就凭这件事，你应该大体上明白了这个温泉村的山如何青、人如何美了吧。

这个村子里只有一辆人力车，而且很滑稽。

看起来足有150斤重的一个大汉坐在车上，一个豆大的小个子家庭妇女摇摇晃晃地拉着车走。

"这可不是笑话。大叔腿有毛病，所以大婶只好那么拉着他去洗温泉。"

家长虽然这么斥责，可是孩子们对于这可笑的事儿还是不能不笑。有的孩子不仅仅笑，还要干些淘气的事。

孩子们跟着那个滑稽的人力车，不离左右，吵吵嚷嚷地喊：

"喂，瘫子胜五郎！"

"这不是蚂蚁拉着讨厌鬼吗？"

开头，主妇还有些难为情，脸还红一阵，会觉得遗憾而悄悄地流眼泪，但是习惯了之后就毫不在乎了。因为每天都是这个样子，总不能为了这个每回都生气吧。

这主妇每天早晨和傍晚让丈夫坐在车上拉着他去洗温泉。

丈夫是在抬着本村山上伐的木材往山外运的半路上，从崖上跌下来，挫伤了腰。外伤不久就好了，但是腿站不起来。洗温泉能见好吧……但是到达山溪边上那个温泉总有一公里之远，这么一个高大的汉子，既不能把他抱去也不能背去。

因此，她从遥远的火车站所在地的街上买了这辆旧人力车回来。

不仅温泉能去了，即使丈夫说要去

看看以往自己种过的地，主妇也能拖着分量很重的车把他拉去。

小学校发生了很大的骚动。大概是因为碰上了山溪也快要干涸的炎热天气了吧，小学二年级的女生晕倒在操场上了，经过急救醒过来了，但是必须带她去医生那里，所以得先送她回家。这就需要门板啦，抬的人啦，但是哪里也找不到门板。

"这事好办极了！"主妇赶到学校来这么说，"坐我的车去不就行了吗？"

"不错，真是个好主意。谢谢！顺便找一个男的给帮忙拉车好不好？"

"求一个男的？我可不是说大话，能拉人力车的，这个村只有我一个人！"她很神气地这么说。

而且，把那病女孩放在车上之后，她居然开始小跑起来。

确实如这位主妇所说，从她的角度来说，拉个女孩子根本不算回事。自从这件事以后，纯洁的孩子们很受震动，再没有一个人笑她拉人力车了。

不仅如此，后来孩子们有个什么事的时候，学校一定会求她出一趟车，因此，孩子们对这辆人力车更加感到亲切了。

因为温泉的疗效，她丈夫的疼痛止住了，但是挫伤的腿却永远也不能活动自如了。农活全靠这位主妇和她的女儿，丈夫就专门在家里编竹篮什么的。

三年五载之后，随着丈夫的竹编手工越来越精，能在生活上有些帮助，但是主妇却必须干两个人的活，而且还得用车拉着他去温泉，所以她的负担的确够重了。况且，好不容易把姑娘抚养大，能干活了，可是又不能不嫁出去。姑娘有一个弟弟，可是还小呢。

这姑娘出嫁的形式却奇妙绝伦。女儿完完全全是新嫁娘打扮，坐上人力车，她母亲亲自拉着车送去。村民们当然笑口大开。不过这次的笑和以前的笑不同，没有一丝一毫嘲笑的意思，而是满怀祝贺之意的兴高采烈之笑。

这支送亲队伍——在这古老的山村，充满淳朴的母女之爱的送亲队伍，恐怕不会有第二个了吧。村民深为感动的佐证便是，从此之后，结婚的人家总是求主妇帮忙，用她的人力车迎娶新娘。

所以，不知不觉间，人们为主妇那辆古老的人力车起了一个很美的名字："娶新娘的车。"

它的全部功能还不止娶新娘，有闹病的或受伤的孩子，全是用主妇那辆车往家送。如今他们都大了，有的年轻人就说：

"大婶老了不能动了时，我就让她坐上我的车，带她去温泉，作为我们对她的回报。"

# 不能爱你的理由

作者　施立松

人世间有很多令人羡慕的爱情，但未必就有令人满意的相爱理由。很多中途夭折的爱情让人欷歔不已，但那些拒绝爱情的理由更让人难以忘怀。

最令人费解的，是瑞典女王克里斯蒂娜拒绝表哥的爱情。这位集智慧与美貌于一身的女人，17世纪曾给瑞典带来无数的荣耀，对欧洲的历史和文化产生了重大影响。但她天生畏惧婚姻，"与其让我结婚，毋宁让我死"。17岁那年，她疯狂地爱上了英俊潇洒的表哥卡尔，一天当中，两位年轻人要交换好几次写满秘密的小纸条。最终，她还是关上了爱情这扇大门，拒绝嫁给卡尔。她无比悲伤地对他说："我不得不坦率地告诉你，我不会与你结合，但是我也可以许诺，我也决不同别人结婚。"亲政10年后，她为了信仰而放弃了王位。在数万

人哀求的目光的注视下，她微笑着从头上取下了王冠，然后戴在曾经的心上人卡尔的头上。

最朴实的，是军阀吴佩孚拒绝德国美女露娜的爱情。20世纪20年代，吴佩孚是威风八面的"孚威上将军"，成为首位登上美国《时代》封面的中国人。他是军阀中的另类，能诗善画，赢得了当时德国大使馆翻译露娜的芳心。露娜从北京跑到洛阳，亲手将一封热情洋溢的求爱信面交吴佩孚。露娜正当妙龄，金发碧眼，高挑性感，风度不凡，说一口流利的汉语，让"秀才军阀"吴佩孚怦然心动。挣扎了好几天的吴佩孚，在给露娜的回信中写了"老妻尚在"4个大字，婉拒了爱情。

最令人动容的，是梁启超拒绝被自己称为"天涯知己"的何蕙珍的爱情。

"百日维新"失败后，梁启超逃亡海外。在美国，他邂逅了侨商的女儿何蕙珍。何蕙珍学识广博，谈吐优雅，是他的狂热崇拜者，对他的著述尤其熟稔。很快，两人交往渐多，她担任他的英语老师。她是一个大胆的追求者，多次当面向梁启超表白感情。一年后，梁启超也坠入情网，几近痴迷，陆续写了24首情诗，表达了对她的赞美、思念和无奈之情，甚至告诉妻子打算纳她为妾。最终，梁启超以理智锁住情感，结束了这份爱情。他在给她的分手信中写道："我敬你爱你，也特别思念你，但是梁某已有妻子，昔时我曾与谭嗣同君创办'一夫一妻世界会'，我不能自食其言；再说我一颗头颅早已被清廷悬以十万之赏，连与妻子都聚少散多，怎么能再去连累你这样一个好女子呢？"后来，梁启超对何蕙珍很"薄情"。他回国后，何蕙珍不远万里从美国赶来探望，他连一顿饭也没留她吃。

最凄美的，是吕碧城拒绝普天下男人的爱情。吕碧城出身书香门第，家有藏书3万卷。她12岁时已有很高的诗词书画造诣，20岁时主笔《大公报》，23岁时出任北洋女子师范学堂的校长。她不仅是大才女，而且是大美人，时人有诗为赞："绛帷独拥人争羡，到处咸推吕碧城。"但风华绝代的吕碧城在爱情上是失败者，她终生未婚。她曾被父母订下娃娃亲，但因太能干而遭到"夫家"退婚。那个年代，女子被退婚是奇耻大辱。这段痛苦的经历在她心里留下了刻骨铭心的烙印，成为吕碧城终生难以抚平的创伤。吕碧城成为知名人士后，各种聚会上常有她的丽影芳踪。名流们纷纷追捧她，她却心如止水，拒绝了著名诗人樊增祥的苦恋，拒绝了李鸿章的侄子李经羲的求爱。后来，追求她的人太多，她干脆公开自己的择偶宣言：生平可称许的男人不多，梁启超早有家室，汪精卫太年轻，汪荣宝人不错，但也已结婚。这番话看起来心高气傲，实际是昭示天下，她的人生放弃了爱情。

# 这也是一种坚韧和伟大

作者 钱理群

周作人在一篇文章里谈到，他读了清人笔记《双节堂庸训》里的一段记载："吾母寡言笑……终日织作无他语。"不禁黯然，因为他的祖母就是这样"忍苦守礼""生平不见笑容"。周作人的这段话同样引起了我的共鸣：在我的记忆里，母亲也是这样，坐在那张破旧的藤椅上，"终日织作无他语"，并且不见笑容。

我的母亲不是周作人祖母那样的封建大家庭的旧式妇女。外祖父项兰生先生是杭州著名的维新派人物，除了开办新式学堂、办白话报，还专门请了老师教自己的长女从小习读英语。母亲至少也算是半新半旧的女性，她应该有不同于周作人祖母的命运。而且，我知道，母亲的本性也不是如此，她是喜欢热闹的。

然而，从我懂事时起，母亲留给我唯一的印象，又确乎是这样"终日织作无他语"，也无笑容。

这是在 1949 年——历史翻开了新的一页——以后，父亲一人到了海峡那一边，把母亲和年龄较小的 3 个子女一起留在南京武夷路 22 号那栋空空荡荡的大楼房里。

一夜之间，母亲由一位受人尊敬的夫人变成了反动官僚的家属，成了人人都用怀疑甚至敌视的眼光望着的"不可接触的人"——这是历史巨变必然带来的个人命运、地位的变化。

母亲以惊人的决断与毅力迅速地适应了这种变化。她主动上缴了留在身边的父亲的"反动证件"，以及一切可以让人联想起父亲的东西（但她仍然留下了她与父亲结婚时的合影，并且一直保存到她生命的最后一刻）。她长长地叹了一口气，环顾四周，选定了那把破旧的藤椅，坐在上面，开始编织毛线、缝补衣物，并且再也不动了。

从此她不再和任何人谈论父亲，也不再谈论与父亲相关联的家庭的、她个人的历史。尽管她内心深处仍时时备受煎熬，那是对于父亲和远在太平洋彼岸的两个儿子的思念。开始，每逢过年，她都要多摆上几副碗筷，用这无言的行动表达自己无言的思念。后来，外部压力越来越大，这样的仪式也取消了，于是，思念也变得了无痕迹。本来她满可以借某种倾诉减轻内心的重负，但她守口如瓶：既然人们已经宣布那是一段罪恶的历史，那么，她的口就是那道关住罪恶的闸门，而且一关就是几十年，至死也没有开。

她小心而顽固地断绝了与海峡彼岸的一切联系。20世纪60年代，在美国的三哥辗转托人带来口信，表示愿意对家庭有所资助，这显然有父亲的意思，母亲却断然拒绝。70年代中美建交后，三哥又托人登门看望，请母亲在录音带里留下几句话，母亲依然一口回绝——她宁愿沉默到底。

但她却以极其谦和的态度对待周围的一切人。无论是谁的要求，包括邻居的孩子对她提出的一切要求，她都全部

满足。政府的、居委会的一切号召，从为灾民捐赠衣物，到"大跃进"时献铜献铁，她都一律响应。后来居委会要求借我们家的汽车间开办学习班，家人都不赞成，母亲却二话没说，表示同意，自己也去旁听，跟着邻里的老老少少学唱革命歌曲。后来居委会又提出，周围居民住房紧张，希望我们将楼下的客厅、餐厅全部让出，母亲依然满口答应。住户搬进来后，每月计算水电费，母亲总是以自己多出钱为原则。在日常生活中，凡有争执，她无不退让了事。我多次责怪母亲过分小心，大可不必，母亲总是默默地看我一眼，不做任何辩解。

几十年的风风雨雨，总算平安过去。当那场史无前例的风暴掀天动地而来时，全家人都认定这回在劫难逃，惶惶不可终日。母亲依然坐在那把藤椅上，织作不歇，仿佛一切都在预料之中，她显得比我们还要镇定。最后一切都没有发生，我们居然逃过了抄家之灾。在那个横扫一切的年代，这真算是个奇迹。后来，有人悄悄告诉我们，是居委会的老工人师傅劝退了红卫兵，保护了"老太"（这是邻居们对母亲的昵称）。

但母亲的身体越来越衰弱，她终于挺不住，病倒在床上。我清楚地记得，在那个寒冷的冬夜，母亲拥被而坐，咳

喘不止，对着从数千里之外赶回探视的儿子，断断续续地说道："这几十……年来……总算……没有……连累……你们。"说完凄然、坦然一笑，又沉默了……我的灵魂却受到猛地一击。啊，母亲几十年如一日地默默不言，忍苦守礼、守法，全是出于对她的子女刻骨铭心的爱！我凝望着因习惯于无语而显得麻木的母亲那张石刻般的脸，突然醒悟：

在这场历史的大风暴中，正是母亲用她那瘦弱的肩膀独自承受了一切，默默地保护着她的每一个子女，这是怎样伟大的母爱啊！我无言，不由自主地低下了头。

我愿意永远地俯首于这幅"圣母图"前，想着母亲端坐在藤椅里，终日织作无他语，也无笑容。

人生

# 人生三步骤

作者　钱　穆

## 一

每个人的生命发展过程都应该有三个层次，或者说三个阶段。

第一阶段为生活。衣食住行的意义与价值是维持生命的存在。先讲讲食和衣。

所谓食前方丈，一丈见方的很多食品同颜渊的一箪食、一瓢饮，实质上没有什么区别。大布之衣，大帛之袍，同锦衣狐裘的作用也差不多。饮食为御饥渴，衣着为御寒冷。

同样，颜渊居陋巷，在贫民窟里；诸葛亮卧草庐，在一间茅草房里。从表面上看双方好像不一样，其实在生命的意义与价值上还是差不多的。

再讲到行。孔子出游一车两马，老子出函谷关只骑一头牛，普通人就只好徒步跋涉了。

今天科学发达，物质文明日新月异，我们的衣食住行同古代的人绝不相同，但从生命的意义与价值的角度看，衣还是衣，食还是食，住还是住，行还是行，生活还只处于第一阶段。

动植物亦有它们的生活，有它们维持生命的手段，所以生命的第一层次即生活方面比较接近自然。可以说人同其他动植物的生活相差得不太远。孟子的"人之异于禽兽者几希"，即是此意。

进一步说，我们是为了维持我们的生命才有生活，并不是我们的生命就是为了生活。生活应该在外层，生命则在内部。生命是主，生活是从。生命是主人，生活是跟班，来帮主人的忙。

生命不是表现在生活上，应该另有作用。这就是我们要讲的生命发展过程中的第二个层次，即人的行为。换句话讲，人的生命价值应该体现在事业上。

二

我们来到这个世界上，不是只为吃饭、穿衣、住房子、行路的。除了衣食住行以外，我们应该还有人生的行为和事业，这才是人生的主体。

今天不少人工作都是为了谋生。为了解决衣食住行问题才谋一个职业，拿工作来满足自我生活需要。工作当然也可以说是一种行为，实际上应该有另一种更高尚的行为，按照古人所讲，就是修身齐家治国平天下。

一个人只要肯有所不为——不讲我不想讲的话、不做我不想做的事，不论他是大总统、大统帅、大企业家，还是农民、工人，从行为上讲都是平等的。他们的区别只是生活质量，但做人的精神是平等的。讲平等要从这种地方讲。如只从生活质量上看，人与人怎能平等呢？整个世界的人都不平等！

有的事富贵的人可以做，贫贱的人却不能做；有的事贫贱的人能做，富贵的人却不能做。只有我们讲的修身，这

种精神行为，才是平等的、自由的。可见古人所谓的修身，到今天仍旧有意义有价值。再过上300年、3000年，这种意义与价值还会继续存在。

第二步是齐家。每个人都有一个家。父慈子孝，兄友弟恭，夫妇好合，这样的生活才有意义。

天下哪有完全大公无私的事呢？吃饭，一口一口吃，这是私的。穿衣，穿在我身上，也是私的。房子自己住，还是私的。哪有不私的事呢？

修身齐家不是个人主义，不能只讲自己。没有父母，你又是从哪里来的呢？修身齐家亦不是社会主义，身与家都有私。

修身齐家是一种行为道德，是公私兼顾的。尽自己的能力来修身齐家，这是你应该做的。我应该修身齐家，你也应该修身齐家，大家是平等的。

第三个层次就是治国平天下。

个人、家庭、国家是一体相通的。古人对人生看得很通达很透彻，才会有此想法。

一个人最多不过有100年的寿命，能活到八十九十的就很少了。过了100年，一个家里的人就完全换了，正所谓人生无常。

世界上各大宗教，无论耶稣教、伊

斯兰教，还是佛教都在讨论这个问题；唯有中国人不喜欢讨论此问题，中国人习惯在人生无常的现实下安下心来。

三

我们为什么要修身？为什么要齐家？为什么要杀身成仁舍生取义？现在讲到人生的第三个阶段了，这就是人生的归宿。

人生有开始，自然也该有个归宿。诸位在此听演讲，听完了，各人有各人的归宿，或者回宿舍，或者回家。我们的人生也该有个归宿。

中国人讲归宿同宗教的讲法不同。宗教说人死了灵魂上天堂或者下地狱。中国人不说对，亦不说不对，把此问题搁置不论。中国人讲人生的归宿在人性。

每个生物都有自己的天性。老鼠有老鼠的天性，小白兔有小白兔的天性，那么我们人呢？人和动物不同的地方就在于人的天性高过其他动物，不容易发现。不仅别人不知道，自己或许也不知道。人的一切行为都应合乎自己的天性。正所谓各有所好。

如我摆两个菜：一个鸡，一个鱼。你喜欢吃鸡还是吃鱼？一下就可以知道，这很简单。若你是学文学的，究竟喜欢诗歌还是散文，就不是一下就可以知道了。散文中，你喜欢韩文还是柳文，更不易知道。这些都该用些力气才知晓。人的其他行为也是如此。总之，人的行为要合乎自己的天性。

如能令自我天性得到满足，自会将安乐二字放在人生的最后归宿上。我天性就是这样，只有这样做，我才心安，才会感到快乐。

那么我请问诸位，我们的人生除了安与乐之外还有第三个要求吗？吃要吃得安，穿要穿得安，安是人生中第一个重要的字。安了才会乐。看看社会上大富大贵的人，或许他不安不乐，而极其贫贱的，或许反而安乐。

诸位应该争取富贵还是安于贫贱呢？富贵贫贱只是人生的一种境遇，而我们要的是安与乐。只要我们的行为合乎我们的天性，完全可以不问境遇自得其乐。

我们中国人常言德性。什么叫德？韩愈说："足于己，无待于外，之谓德。"可见德就是性。自己的内部本来就充足，不必讲外部条件。

譬如说喜欢，喜欢是人的天性，不需要外部条件。快乐亦是天性，不需要外部条件。哀伤也是。人遇到哀伤的事若不哀伤，便无法安乐。如父母死了，不哭你的心便不安，那还怎么安乐！怒也是人的天性。发怒得当，也会感觉内心安乐。

我不识一个字，但我也有喜怒哀乐。诸位看街上不识字的人多得很，或许他们的喜怒哀乐比我们更天真、更自然，发泄得更恰当、更圆满。人生的最后归宿就要归在德性上。性就是德，德就是性，古人亦谓之性命，我们要圆满地发展它。

表现出恰当而圆满的喜怒哀乐，可做别人的榜样与标准的，我们称其为圣人或天人。与天，与上帝，与大自然合一。人生若能达到这个阶段，就可以死而无憾了。

做人第一要讲生活，这是物质文明。第二要讲行为与事业，修身齐家治国平天下，这是人文精神。最高的人生哲学讲的则是德性。德性是个人的，同时也是古今人类共同的。人生的归宿也应在此。

# 方便面和酒都是人生

作者 宗璞

我喜欢酒的好味道，却不善饮。我喜欢黄酒，因它需加热饮用，独具一种东方风格。只是我因多次手术，已不能喝。

在清华读书时，曾和要好的同学在校园中夜饮。酒从东门外常三小馆买来，我们坐在生物馆的台阶上，细品美酒，作上下古今谈，觉得很是浪漫——对自己浪漫色彩的兴趣其实比对酒的大得多。若无酒，则谈不上浪漫了。

另一次印象深刻的饮酒，在我下放农村劳动锻炼一年期满准备回京之时。当时公社为我们饯行，喝的是高粱酒，度数很高。到农村确实增长了见识，但若说长期留下锻炼，怕是谁也不愿意。饯行宴使人如释重负，何况还带有公社赠送的大红锦旗，证明了我们锻炼的成绩。高兴之余，每人又有这一年不尽相同的经历和感受，喝起酒来，味道便复杂多了。

据说一位词人有云："明日重携残酒，来寻陌上花钿。"君王见了一笑，说："何必携残酒？"提笔改作"明日重扶残醉，来寻陌上花钿"。果然清灵多了。这是因为皇帝不在乎残酒，那词人就显出知识分子的寒酸气了。

寒酸的知识分子，免不了操持柴米油盐。先勿论酒且说吃饭，这真是个大题目。有时开不出饭来应付一家老小，便搬出方便面。所以我到处歌颂方便面，认为其发明者的大智慧不亚于酒的发明者。

那时我去上班，来不及预备饭，午餐便会是一包方便面。几个人围坐，我总要称赞方便面不但方便，而且好吃。"我就爱吃方便面。"我边吃边说。"那是因为你不常吃。"一位同事不客气地说。我愕然。

我一直觉得，贫寒的人生需要方便面，酒则可有可无。直到那次，我一连吃了约十天的方便面，才知道无论何等名目的佐料，放入面中，其效果都差不多。"因为你不常吃"这话很有道理。常吃的结果是，所需量日渐减少。无怪嫦娥耐不住人间清寂，奔往月宫去饮桂花酒了。

人生需要方便面充饥，也需要酒的浪漫。什么时候，我要好好饮一次黄酒。

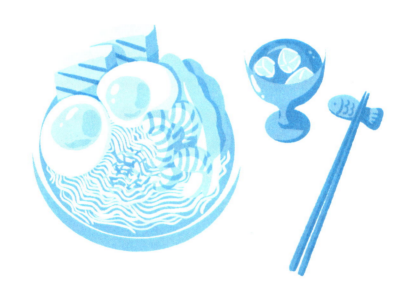

# 论命运

作者 冯友兰

世上有许多所谓的"大哲学家"也谈命运，不过他们所谈的命运是指"先定"，既有"先定"，就有人要"先知"它，以便从中获利。例如预先知道某种物品将要涨价，就大量买进，便可赚钱；知道某种物品将要跌价，就去卖出，便不亏本。因此使得他们大发其财，无怪乎"大哲学家"们都生意兴隆了。

其实"先定"是没有的，即使有，也无须先知。如果有先定的命，命中注定你将来要发财，到时自然会发财；命定你要做官，将来自然会做官；命定了将来要讨饭，自然要讨饭。先知了也不能更改、不能转变，又何必要预先知道呢！

我说的"命运"和他们所说的不同。孔子、孟子等也谈命，如孔子说："知天命。"庄子说："知其不可奈何而安之若命。"孟子说："莫之为而为者，天也；莫之致而至者，命也。"荀子说："节遇之谓命。"我说的"命"就是他们所说的"命"。"莫之致而至"是不想它来而来；"节遇"是无意中的遭遇。

命和运不同：运是一个人在某一时期的遭遇，命是一个人在一生中的遭遇。某人今年中了特等奖券，是他今年的"运"好，但是他的"命"好不好，还不一定，因为他将来如何尚不得而知。在一时期中，幸的遭遇比不幸的遭遇多，是运好；在一生中，幸的遭遇比不幸的遭遇多，是命好。

所谓努力能战胜"命运"，我以为这个"命运"是指环境而言。环境是努力可以改变的，至于"命运"，照定义讲，人力不能战胜，否则就不成其为"命运"。

人生所能有的成就有三：学问、事

功、道德，即古人所谓立言、立功、立德。而成功的要素亦有三：才、命、力，即天资、命运、努力。学问的成就需要才的成分大，事功的成就需要命运的成分大，道德的成就需要努力的成分大。

要成为大学问家，必须有天资，即才。俗话说："酒有别肠，诗有别才。"一个人在身体机构上有了能喝酒的底子，再加上练习，就能成为一个会喝酒的人。如果身体机构上没有喝酒的底子，一喝就吐，怎样练习得会呢？作诗也是一样，有的人从未学过作诗，但是他作起诗来，形式上虽然不好，却有几个字很好，或有几句很好，这种人是可以学作诗的，因为他有作诗的才。有的人写起诗来，形式整整齐齐，平仄合韵，可是一读之后，毫无诗味，这种人就不必作诗。一个人的才的分量是一定的，有几分就只有几分，学力不能加以增减。譬如写字，你能有几笔写得好，就只能有几笔写得好。学力只不过将原来不好的稍加润饰，来陪衬好的，它只能增加量而不能提高质。不过诸位不要灰心，以为自己没有才便不努力。你有没有才，现在还不晓得，到时自能表现出来，所谓"自有仙才自不知"，或许你大器晚成呢！既有天才，再加学力，就能在学问上有所成就。

至于事功的建立，则是"命运"的

成分多。历史上最成功的人是历朝的太祖高皇帝。刘邦因为项羽的不行而成功，如果项羽比他更行，他绝不会成功。学问是个人之事，成功则与他人有关。康德能够成为大哲学家，并不是因为英国没有大哲学家。而希特勒能够横行，却是英国的纵容和法国的疏忽所致。历史上有些人实在配称英雄，可是碰到比他更厉害的人却失败了。有的人原很不行，可是碰着比他更不行的人反能成功，所谓"时无英雄，竖子成名"，所以，事功方面的成就靠命运的成分大。"卫青不败由天幸，李广无功缘数奇"，我们不应以成败论英雄。

道德方面的成就则需要努力，和天资、命运的关系小，因为完成道德，不必做与众不同的事，只要就其所居之位，做自己应该做的事，尽伦尽职即可。人伦是社会中人与人之间的关系，一个人在社会上必须和别人发生关系，而且必须做事。能尽自己和别人的关系，做自己应该做的事，就是道德，和自己的地位高下、事业大小都没关系。不论何人，只要尽心竭力，对社会的价值是没有分别的。命运的好坏对于道德的完成也没有关系。文天祥和史可法都兵败身死，可算不幸，但是即使他们能存来救明，他们在道德方面的成就也不会再增加一些。他们虽然失败，道德的成就也不因之减少一些。不但如此，有的道德反要在不幸的遭遇下才能表现，如疾风劲草、乱世忠臣。孟子说："富贵不能淫，贫贱不能移。"终身富贵的人，最多能做到前者。做官发财是"求之有道，得之有命"，唯有道德是"求则得之，舍则失之"，做不做的全在自己。

有的人常常说我立志要做大学问家，或立志要做大政治家，这种人有可能会失望。因为如果才不够，便不能成为大学问家；命运欠好，便不能成为大政治家。惟立志为圣贤，则只要自己努力，便一定可以成功。普通人以为，圣贤需要在事功文学方面有特别的天才，那是错误的。孔子和孟子成为圣贤和他们的才干没有关系，王阳明并不是因为他能带兵而成贤人。所以学问的成就需要才，事功的成就需要幸运，道德的成就只要努力。

# 给对方海阔天空的自由

作者 蒋 勋

爱的问题真的很复杂，如果要下一个结论，我想，真正的爱是智慧。

一张法律见证、双方盖了章的婚约是一种限制，两个人一起发誓说海枯石烂也是一种限制，但是这两种限制都不是真正的限制，因为在现实中，有人背叛了婚约，有人背叛了誓言。真正能限制爱情的方法，就是彻底拿掉限制，让对方海阔天空，而你，相信自己本身就具有强大的吸引力，你的爱、你的才华、你的宽容，都是让对方离不开的原因。

父母对子女也是如此。我听到很多爸爸妈妈说："为什么我的孩子老是不回家？"他为什么不回家？因为他回家只会受到限制，他是不被了解、不能沟通的，他在家里感到痛苦，所以逃掉了。如果不能改善这个部分，让家对孩子产生吸引力，那他永远都不想回家。

我常常觉得，爱应该给对方海阔天空的自由，然后让他愿意回来、喜欢回来。你要把爱人当作鸽子，每天放他出去飞，等着他回来；绝对不是当作狗，在脖子上加项圈、加绳子，时时刻刻拉在手上，怕他跑掉。而爱情的本体是自己，自己永远不应该放弃自己，你要相信自己是美的、是有智慧的、是上进的、是有道德的、是有包容力的。如此一来，别人会离开你吗？

不会的，赶都赶不走。

# 关切的眼神和好奇心

作者 〔日〕大江健三郎

谁都会有好奇心，关切的眼神却在净化着这种好奇心

我在文章里经常写到大儿子光患有智障，写到我们全家因他创作的音乐而快乐，并设法宁静地生活至今。之所以说设法，是因为我们总是在超越接连不断出现的困难。

从今年（2006年）年初开始，我和光每天进行一小时的步行训练。我们居住在小山坡上，通往平地的那条长长的下坡道上，有一条用栅栏围着的散步道路，下行到平地后，便沿着运河的那同一条散步道路延伸而去。

光今年四十二岁，医生提醒说，光身上已经出现成人病的若干迹象。考虑到他的肥胖，我便想要与他共同行走。这也只是基本的步行训练。

他还存在视觉障碍，无法跑动，脚部也有不算严重的问题，因而在乘坐轻轨列车或是前往音乐会的时候，我或妻子总要握住他的手臂。

这是外行人制订的步行训练计划，指望光借助这个步行训练终将能够独立行走。具体方法是：放开他的手臂，只是贴近他的身体步行。为了解决他在行走时鞋底蹭擦地面的毛病，我想办法让他走动时摆动双臂，与腿部的动作协调起来。

光做起事来非常认真，在步行训练期间他并不说话，我便思考正读着的书或是想着其他事情。

光抬不起腿脚就容易绊倒，经常因此而引发癫痫轻微发作。每当此时，我便紧紧抱住他，让他在地面坐下来，一动不动地保持那种姿势大约十五分钟。在此期间，由于我需要支撑光的头部，

即便周围有人招呼我们，我也无法应答，曾有多次惹得对方心头火起。

且说在这次的步行训练中，正当我的头脑不知不觉被散漫的思绪占据时，光被路面上的一块石头绊住脚，摔倒在地。由于这不是癫痫发作，光的意识很清醒，反而让我为之惊慌，我为自己未尽到责任而自责。

我所能做的，就是抱住远比自己身体沉重的光的上半身，将其倚靠在散步道路旁的栅栏上，检查他摔倒时是否伤及头部。在别人看来，我们两人慢腾腾的动作一定显得无依无靠。

一位中年妇女骑着自行车来到近前，她跳下车便招呼道："没问题吧？"同时将手搭在光的肩头。光最不喜欢的，就是被陌生人触摸身体，再就是狗对着他吠叫。在这种时候，我明知自己会表现得非常粗野，却仍然强硬地说道："请你先把手挪开！"

那位妇女愤怒地起身离去后，我发现一位高中生模样的少女，在距我们一段距离的地方停下自行车，一动不动地注视着我们。她从衣袋里露出手机，却并不完全掏出来，只是让我略微注意到那手机，同时她凝神注视着我们。

光站起身来，我站在他身旁并回头望去，只见那位少女颔首致意后，便轻灵地骑上自行车离去了。我由此领会到的是这样一种信息：我就在这里守护着你们，如果需要联系急救车或是亲属的话，就用这手机帮助你们！我无法忘却在我们离去之际看到的少女那颔首致意的微笑。

法国哲学家西蒙娜·韦伊说过一句话——对于不幸之人，要怀着深切关问上一句："您哪儿不舒服吗？"是否具有问候这句话的能力，关乎是否具有做人的资质。

韦伊对于不幸之人的定义是独特的，突然摔倒在地并因此而惊慌的我们，在这种场合也算是不幸之人。那位妇女积极表现出我们难以接受的善意，她也是韦伊予以积极评价的对象。可以说，必须改变的是在这种时刻仍然拘泥于本人情感的自己。

但是，在这个对不幸之人只抱有强烈好奇心的社会里，从那位少女关切且适度的举止中，我发现了业已适应生活的新一代人所抱持的态度。谁都会有好奇心，关切的眼神却在净化着这种好奇心。

# 天赋让你乐在其中

作者 〔美〕斯蒂芬·金

我儿子欧文大约7岁的时候，爱上了布鲁斯·斯普林斯汀的东大街乐队，尤其爱乐队里那位魁梧的萨克斯演奏家克拉伦斯·克莱蒙斯。欧文决定要学着像克拉伦斯那样演奏萨克斯。我和老婆都为他的这种雄心壮志感到高兴又好玩。同样，我们也像一般家长那样满怀希望，希望自家孩子能有天分、成气候，甚至是个神童。我们送给欧文一支低音萨克斯作为圣诞礼物，还给他请了一位本地音乐家做老师。然后我们就祈求一切顺利，准备静候佳音。

7个月后，我对老婆建议说：如果欧文赞成的话，是时候终止他的萨克斯课程了。欧文果然同意，明显他也松了一口气——他不想主动提出终止上课，毕竟是他先提出来要买萨克斯的，但是7个月的时间足以让他明白，虽然他很

喜欢听克拉伦斯·克莱蒙斯潇洒的演奏，但他自己终究不是演奏萨克斯的那块料——老天没赋予他这种特别的天分。

我看出这一点并非因为欧文停止了练习，而是因为他只在伯伊老师规定的时间练习演奏：每周四天，放学后练半个钟头，周末再练一个钟头。欧文掌握了音阶与读谱——他的记忆力没问题，肺活量够用，手眼也能协调——但我们从未听到他摆脱乐谱即兴吹出一曲新调子，让自己也喜出望外一次。并且一旦规定的练习时间结束，他就马上把萨克斯放回盒子，跟喇叭摆在一起，直到下一次上课或者是下一次练习时才拿出来。

在我看来，我儿子跟萨克斯真的是玩不到一处；他永远都是在练习、排练，没有真正的演出时段。这样不成。如果你不能乐在其中，就不能成器，还是趁

早探索其他领域，也许还有更高的天赋有待发掘，收获的乐趣也会更多。

　　天赋问题使得练习这回事完全失去了意义。如果你发现在某件事上你天赋异禀，你就会主动去做（不管是什么事），直到你手指流血，眼睛都要从眼眶里掉出来为止。即便没有人听你演奏（或是读你写的东西、看你的表演），你每次的出手也都是一场炫技表演，因为你作为创作者会感到快乐，甚至是狂喜。这

种说法适用于读书、写作，同样也适用于玩乐器、打球，或者跑马拉松。

　　如果你乐在其中，并且有这方面的天赋，那么我倡导的这种刻苦阅读和写作的模式——每天 4 到 6 个小时，天天如此——就不会显得太艰苦；事实上很可能你已经在这么做了。但是，如果你觉得需要某种许可，才可以这么畅快地读书、写作，我在此衷心赋予你这种权力，放手去做就好。

# 说金庸

作者　二月河

金庸的书好看，我是知道的。

我的书有人爱看，我是知道的。

我的读者没有金庸的读者多，我也是知道的。

金庸是个天才。

大约在 2005 年，香港、深圳和南阳三地联合拍摄了我和金庸先生的对话。

那次论坛选址在深圳，是有原因的。南阳离沿海城市较远，对话的社会效果不易张扬。金庸先生已逾八旬，不宜远道前来河南，我则身体不佳，到香港又觉得太远。最后，在中间路上选了深圳。

会面时，我谈到喜欢读金庸的书。金庸先生客气，说喜欢阅读我的"康、雍、乾系列"历史小说。我又讲金庸先生的书也有我不太喜欢的，如《雪山飞狐》《碧血剑》。我也坦陈了我的看法：金庸先生是天才。

我说他是天才，并非在这里逢场作戏，这是我的真心话。

中国的武侠文学，如果追着根去，可以追到《史记》里的《游侠列传》。该列传可以看作是武侠小说门类中的纪实文学作品。也可以说，从西汉时，中国的武侠和游侠已经走进了社会。这个时期过后，便产生了"红线女""风尘三侠""柳毅传书"等江湖侠义传奇，这又是一个漫长的历史时期。到了明清时期，尤其到了清代，继冯梦龙的"三言二拍"之后，又出现了《彭公案》《施公案》之类的市民传本小说，却也是侠义小说。到《三侠五义》，可以说是达到了侠义小说的顶峰。

这么说来，要好几百年，侠义小说才能完成一个轮回，进入一个新的境界，才可能产生一种质的变化。

如《红线女》等作品，表现的是当时作家头脑中为伸张正义而不计后果、不虑私利的社会意识。为弱者申诉、为受辱者呼吁，通过杀伐决斗昭示社会对正义的渴望与诉求，到了明清时期，这与西方的骑士小说有某种相通的地方。西方的游侠身处冷兵器时代，一群或某个拥有搏击实力的人保护一位公主、美女、显赫家族的落魄淑女……种种如是。在中国，同样是类似的冷兵器高手，却单人或联众护佑一位肯为弱势群体或求告无门的底层平民伸张曲直、辩白冤诬的廉洁敢为的官员。而从文学艺术史的角度讲，东西方这两群人相继出现在人类社会的不同地域，似乎连"商量""约定"的联系也没有。

从明清小说开始，中国的武侠几百年来没有什么质的变化。

但到了现代，又出现了金庸、古龙、梁羽生等作家的武侠小说，金庸毋庸置疑是主将之一。他们数年之间便风靡全国，让武侠小说普及到平民家庭，成为青少年喜爱的文学体裁，这里头金庸先生的作用是不可低估的。

……

金庸的影响力，可以说是全民性的。我在这里并不是想将那个作家与金庸进行实质性的比较，我是说武侠小说在中国文学史上的地位，被金庸等人拔高到何种程度。在中国的读者群体中，金庸的小说既涵盖高层领导，也吸引引车卖浆为生的贩夫走卒，从大学生到小学生，几乎一谈起武侠小说，共同的话题便是金庸、古龙、梁羽生这几位作家。

我称金庸先生是天才，就是这个原因。这些以金庸为代表的新武侠小说大师彻底摆脱了侠客保卫清官的旧套路，在武侠中注入了人文性。他们捍卫的不再是哪个人，而是一种理念，人性理念。除了追求人与人之间的平等、和平与爱，他们的武侠还涉及一些我们传统旧武侠中所没有、所忽略的社会问题。但捍卫人性自由、追求平等意识，恐怕是社会共同的阅读需求。

从西汉游侠开始到唐人传奇，到明清武侠，再到当代，几百年才发生一次质的变革，我没有理由不认为金庸是个天才。而天才，我们无法指定或要求，上天必须每多少年赐予我们一个。因此我还要说：我不指望上天在一百年内，还能再给我们一个"金庸"。

在我和金庸谈话时，金庸问我，最爱读的是他的哪一部小说，我说是《神雕侠侣》。他又问："为什么呢？"我当即答："杨过本身是一个无依无靠、无后援的苦孩子，生活在郭靖、黄蓉家，郭、黄也不是坏人，但郭家就是不能容纳杨过。师母提防他，师姐很骄傲，师弟也欺负她，郭靖无奈，送杨过到终南山。终南山的道士们又与杨过过不去，逼来逼去，将杨过逼到古墓中，还不肯罢手，必欲将其置之死地而后快。杨过就这样漂泊江湖，与各种人打交道，学了一身本领，又来报答郭靖等人，并百死不悔地爱着小龙女。那么多的好人伙同坏人共同与杨过为敌，原因只有一个，杨过的父亲杨康不是好人！杨过越受欺负，本领越大，终于压倒众人，成了战无不胜的英雄，故事的哲理性始终在书中等待读者领悟，成了牵引众多读者的暗存主线，好就好在这里。"

郑渊洁先生也到过我家，他问了一个同样的问题，我回答说："就是你写的那两只小老鼠的故事，仅仅因为一出生就是只老鼠，便遭受社会和人类的歧视，这不是一个普遍性的问题吗？比如一个地主的孩子，升学无望，参加工作无望，推荐选拔无望，进城务工亦无望，你教他怎么办？那就到童话里去寻觅力量吧。"

金庸的书不是被称作"大人的童话"吗？读者于是蜂拥而至，形成这样浩大的势态。

人哪，渴望什么就会拥有什么样的许愿与承诺。

作为作家，岂可不勉之矣！

# 吃　客

作者　古　龙

吃客不但要能吃，还得好吃、会吃、敢吃。

听到某地有好吃的东西，立刻喜心翻倒、眉飞色舞，恨不得插翅飞去吃个痛快，这无疑是做吃客的必备条件之一。

有些人即便美食当前，也打不起精神来，不管吃多好吃的东西，都好像吃毒药一样，让别人的食欲也受到影响，这种人当然是不够资格做吃客的。

"会吃"更是一种学问，"三代为官，才懂得穿衣吃饭"，这并不是夸张的话，连袁子才的《随园食单》，有时还不免被人讥为纸上谈兵的书生之见。

大千居士的吃，虽然也如他的画一样名满天下，倪匡却说他只会吃"用复杂的方法做出来的菜"。

这句话的确说得很妙。菜肴之中，的确有很多种是要用最简单的做法，才能保持它的原色原味。尤其是海鲜，有的生吃最妙。日本的生鱼片、江浙的"满台飞"（活炝虾），大千居士的肠胃，就未必能消受得起了。

谭厨的"畏公豆腐"，大风堂的"干烧鳇翅""清汤牛腩"和"鸡肉狮子头"，才是适于老人口味的菜。做这种菜的学问，当然比做生鱼片大得多，可是生鱼片的滋味，也是不容抹杀的。

会做菜的人，自己并不一定讲究吃，"谭派"（此二字借用谭伯羽先生的"发明"）的彭长贵就是一例，他喝多了酒时，固然从不动筷子，平时也只用些清汤泡碗白饭，再胡乱吃点泡菜就够了。我看他吃饭，总觉得他是在虐待自己的肚子。

讲究吃的人通常都会做菜，至少懂得怎么做。怎样发鲍翅，怎样切肉、斩肉，都是学问，刀法、火候、配料，都是一丝也错不得的。

据说大千夫人发鲍翅的法子，就像是武侠小说中的家传武功绝技一样，传媳不传女，以免落入外姓人手里。名厨们在炒菜时，也是门禁森严，就像太极陈在练武时一样，要避免杨露蝉那样的人去偷学。

会吃虽然已不容易，敢吃却更难！

吃客也要有吃胆，不管是蜗牛也好，老鼠也好，乌龟也好，蝗虫也好，一概能照吃不误，而且吃得津津有味。

要能被称为吃客，绝不是件容易的事，我就绝不够资格。我认识的人之中，够资格的人也不多，倪匡可以算作一个，看见他吃东西，总会令人觉得，人生还是美好的。他看起来虽然文质彬彬，可是好友在座，美食当前，他从来不甘人后。

诸葛青云更是一位大吃客，不但吃得好，吃得多，而且吃起来旁若无人，大闸蟹一顿随随便便就可以吃七八只。

李翰祥虽然也精于饮食，可是他更喜欢喝酒聊天，吃的时候难免注意力分散。至于恂恂君子如金庸，几乎已到了"以不吃为吃"的境界，就更不是我们这些人所能领略到的了。

# 种了芭蕉，又怨芭蕉

作者　南怀瑾

学宗教的人都很迷信的，讲有魔啊、有鬼啊，讲什么"道高一尺，魔高一丈"，说得像真的一样。实际上魔在哪里？魔都在你心中，是你自己捣鬼。所以说起心动念就叫作"天魔"，如你硬压下念头，不起心动念就是"阴魔"。或起不起，有时有念，有时又好像无念，就是"烦恼魔"。

什么是或起不起？就是"剪不断，理还乱，是离愁，别有一番滋味在心头"。清代有个文人叫蒋坦，有天听见雨打芭蕉，心绪凄迷，就在花园的芭蕉叶上写了一个句子："是谁多事种芭蕉？早也潇潇，晚也潇潇。"他的妻子看到了，就接着写："是君心绪太无聊，种了芭蕉，又怨芭蕉。"其实，不管出家的、在家的，人生境界都是"种了芭蕉，又怨芭蕉"，所以说一切都是自找的。

《西游记》中描写孙悟空头上被观世音菩萨束了个金箍，最怕唐僧念紧箍咒，一念咒孙悟空就头痛，只好听话。最后到了西天，唐僧也取到了经，孙悟空一想，头上的金箍还没取下，就跑去找如来佛，请佛祖帮他取下来。佛祖就笑了，问他："猴子，是谁给你戴上这个金箍的啊？"孙悟空答："是观世音菩萨啊！"佛要他摸摸自己的头上是否还有金箍，孙悟空一摸，真的，本来就没有戴上。这就是"种了芭蕉，又怨芭蕉"。孙悟空因此大悟，猴子就成佛了。

人生这些叫人头痛的圈圈都是自己戴上的。有的人没事还要想个办法，找个圈圈戴到头上。戴上之后，头痛极了，好烦恼啊！然后想尽办法把这圈圈脱掉，还告诉别人自己本事多大，能脱掉这个圈圈。脱掉不到三天，头不痛了，人就

不舒服了，又找来一个圈圈套到头上。

讲回到降魔。哪里有魔？你以为打坐时看到的可怕的鬼就是魔吗？那些魔都不可怕，就算那个魔要吃你，你被它吃下肚，两手一抠，不就能抠个窟窿出来了吗？孙悟空最惯用这个办法，被吃下去，一捅就出来了。被鬼弄死了也没什么嘛！死了变鬼找他打一架。这些都没什么可怕的，最可怕的是自己心中之魔——烦恼魔。唉！种了芭蕉，又怨芭蕉。这个很难办，所以维摩诘居士说"降魔是道场"。什么是真降魔？就是不动念，"不倾动故"。你不去种芭蕉，当然就不怨芭蕉了嘛！

# 闹市闲民

作者 汪曾祺

我每天在西四倒101路公共汽车回甘家口，直对101站牌有一户人家，一间屋，一个老人。天天见面，很熟了。有时车老不来，老人就搬出一个马扎儿来："车还得等会子，坐会儿。"

屋里陈设非常简单（除了大冬天，他的门总是开着），一张小方桌、一个方杌凳、三个马扎儿、一张床，一目了然。

老人七十八岁了，看起来顶多七十岁，气色很好。他经常戴一副老式圆镜片的浅茶晶的养目镜——这副眼镜大概是他身上唯一值钱的东西。他眼睛很大，没有一点混浊，眼角有深深的鱼尾纹，跟人说话时总带着一点笑意，眼神如一个天真的孩子。上唇留了一撮疏疏的胡子，花白了。他的人中很长，唇髭不短，但是遮不住他微厚而柔软的下唇——相书上说人中长者多长寿，信然。他的头

发也花白了，向后梳得很整齐。他常年穿一套很宽大的蓝制服，天凉时套一件黑色粗毛线的很长的背心；圆口布鞋，草绿色线袜。

从攀谈中我大概知道了他的身世。他原来在一个中学当工友，早就退休了。他有家，有老伴。儿子在石景山钢铁厂当车间主任，孙子已经上初中了，老伴跟儿子住。他不愿跟他们一起过，说是"乱"，他愿意一个人。他的女儿出嫁了，外孙也大了。儿子有时进城办事，来看看他，给他带两包点心，说会子话。儿媳妇、女儿隔几个月给他拆洗拆洗被褥。平常，他和亲属很少来往。

他的生活非常简单。早起扫扫地，扫他那间小屋，扫门前的人行道。一天三顿饭，早点是干馒头就咸菜喝白开水，中午、晚上吃面。一年三百六十五天，

天天如此。他不上粮店买切面，自己做。抻条，或是拨鱼儿。他的拨鱼儿真是一绝。小锅里坐上水，用一根削细了的筷子把稀面顺着碗口"赶"进锅里。他拨的鱼儿不断，一碗拨鱼儿是一根，而且粗细如一。我为看他拨鱼儿，宁可误一趟车。我跟他说："你这拨鱼儿真是个手艺！"他说："没什么，早一点把面和上，多搅搅。"我学着他的法子回家拨鱼儿，结果成了一锅面糊糊疙瘩汤。他吃的面总是一个味儿！浇炸酱，黄酱，很少一点肉末。黄瓜丝、小萝卜，一概不要，白菜下来时，切几丝白菜，这就是"菜码儿"。他饭量不小，一顿半斤面。吃完面，喝一碗面汤（他不大喝水），刷刷碗，坐在门前的马扎儿上，抱着膝盖看街。

我有时买点新鲜菜蔬，青蛤、海蛎子、鳝鱼、冬笋、木耳菜，他总要过来看看："这是什么？"我告诉他是什么，他摇摇头："没吃过，南方人会吃。"他是不会想到吃这样的东西的。

他不种花，不养鸟，也很少遛弯儿。他的活动范围很小，除了上粮店买面，上副食店买酱，很少出门。

他一生经历了很多大事。

然而这些都与他无关，没有在他身上留下多少痕迹。他每天还是吃炸酱面——只要粮店还有白面卖，且粮价长期稳定——坐在门口马扎儿上看街。

他平平静静，没有大喜大忧，没有烦恼，无欲望亦无追求，天然恬淡，每天只是吃抻条面、拨鱼儿，抱膝闲看，带着笑意，用孩子一样天真的眼睛。

这是一个活庄子。

# 当我们羡慕别人时

作者　王　朔

我们都很羡慕保罗，尤其当他穿着考究的西服坐在豪华的跑车上对我们微微一笑的时候。

他的笑容很真诚，绝不含有那种上层人士为了保持自己的风度而显示出的优越感。他的眼神清澈而温暖，当他看着你的时候，你觉得即使有天大的困难，只要你跟他说，他就一定会帮你。所以我们都很喜欢他，羡慕他，但从不嫉妒，呃……这个我也不太确定，但我自己肯定是这样的。

保罗出现在我们视野中的时候，总是穿戴得很得体，精致但不浮夸，让人眼前一亮且总是恰到好处，让人不由得打心眼儿里感叹"真是个极具魅力的人啊"。每次看他款款走来，我就会想：即使九级地震、世界大战，我们也绝不会看到保罗邋里邋遢、内裤外穿的形象。

保罗的脾气好得出奇，我从没见过他与人面红耳赤地争吵过什么，甚至连争论都没有，即使吃饭买单也没抢过，因为他很早就偷偷地付过账了。他似乎永远带着微笑，每句话都充满温情，但绝不做作，让你觉得虚情假意。他和你交谈时，也总把你护在内侧，让你觉得即使有三百把狙击枪瞄准你，他也能为你挡住所有子弹。

保罗从不错过和我们每一个人打招呼，即使他正讲着电话，他也会把他可爱的右眼调皮地眨一下。当有人慢步走在他闪亮的跑车前时，他从不摁喇叭，甚至连眉头都不会皱一下。当他的车位被别人占了，他也会二话不说开到一公里外去找别的车位。我想就算他的跑车被砸了，他也会很平静地打电话联系保险公司。当然我不会砸他的车，即使我曾经想砸世界上所有的豪车，但绝对不包括他的。

保罗的钱应该不少，关于他的财富永远是我们津津乐道的话题。据说他的婚礼就花了几百万，一顿饭至少上万，一套西服十几万，还有各种像我这种工薪阶层无法淡定面对的传说。曾经一度我对买彩票失去了信心——即使中个头奖，也不过人家结次婚的钱。

但保罗从不提及他的生意，被问多了也只淡淡地说："钱嘛，够花就行。"有时候，他也会说："其实像你这样也不错啊。"同时配上他温暖的笑容、清澈的眼神，瞬间让我觉得自己的人生还不是那么糟糕。

保罗从不给我们讲什么成功的经验，也很少讲什么奋斗啊努力啊，总是讲"这样挺好的""开心就好""做自己就好"之类的话。有些人不太满意，背着他嘀咕："他当然好了，什么都有！我有我也好！"我没有发表意见，但心里其实也有点不是滋味，究竟为什么我也说不清楚。当保罗对着我说那些话时，我感觉很好，但当他转身离去后，我感到一种莫名的空虚。

保罗有很多爱好而且学识渊博，跟他在一起从不会觉得无趣，并且能学到很多知识。他绝不会因为你看偶像剧而嘲笑你，反而会让你给他讲讲故事情节，顺便讨论一下女主角漂不漂亮；他也绝不会试图说服你去听古典音乐会，但如果恰巧你也对古典音乐感兴趣，那他会非常乐意请你喝杯咖啡并慢慢跟你聊聊莫扎特、巴赫、海顿作品的特色。

保罗特别喜欢旅游，足迹遍布这个星球，这也是我们最羡慕他的一点。旅游对我来说，主要是为了积累吹牛的资本，顺带展现一下个人的品位和身份。每当有人说什么新马泰的时候，我都会装作漫不经心地聊聊普罗旺斯的薰衣草、佛罗伦萨的美术馆。但有一次我看到了保罗的旅行单，从此学会了闭嘴。他从不会夸夸其谈所去之地如何高端大气上档次，聊的更多的是旅途中碰到的有趣的人。他常常说："其实去哪里不重要，重要的是和谁在一起。"

总之，保罗是如此完美，保罗的生活也是如此完美，我想我们注定要羡慕他，羡慕他一辈子，我一直都是这么想的，直到那一天。

那一天，保罗在家里用枪打爆了自己的头。

# 有了感觉就幸福

作者 海 岩

人活着，就是为了追求幸福。

可是幸福到底是什么？却似乎谁也说不清楚或者谁都说得清楚。

被病痛折磨的人说，健康就是幸福；为情所困的人说，有情人终成眷属就是幸福；渴望成功的人说，事业有成才是幸福。当然，还有更多的人认为拥有金钱就是幸福。

我想你我或许都会从以上答案中择一作答，所以，触动我们的是不一样的答案。

我一直对小时候的一位邻居印象深刻。那是一个女孩，每当她爸爸妈妈不在家的时候，她就老想给自己做吃的，今天煮点红豆，明天弄点山里红，煮啊加糖啊捣成泥啊地捣鼓，我看着就头大，她却乐此不疲，然后就特别兴高采烈，吃得非常开心！以前总不明白她哪来那

么大的劲头儿，现在想想，这似乎是一种本能的幸福，孩提时代，她就懂得把生活享受得如此恣意！

家里曾经来过一位保姆，快40岁了，是亲戚从老家的农村介绍过来的，当她第一次见识到大城市的风貌时，兴奋得不得了，犹如刘姥姥进了大观园。起初，我不放心她一个人出门买菜。有一天，我就开车带她去菜场，走过一座横跨三条马路的天桥时，遇到了红灯，车流全都阻塞在那里。保姆瞪大了略带惊恐的眼睛，探头探脑地往外面瞧，回过头来望着我呼出一大口气说："妈呀，你们这里的汽车怎么那么多啊，你看这大队排的，前不见头，后不见尾的，那么长哦。"我笑着问："你们那儿的汽车很少啊？""是哦，我们乡下，四个轮子的就是拖拉机啦，小车来一回人都稀罕

得不行。"

那天晚上，保姆拘谨地告诉我想给家里挂个电话，我赶忙告诉她没问题。

保姆对她老公说："你知道我今天看到什么了？""我看到了小汽车排队，好长好长的，望不到尾……""嘿嘿，就是啊，人还是要出来哩，大城市里很多东西，家里都没见过的。""等有钱了，你也来见识见识……"

我看着保姆那满足的神态，听着那近乎小孩子欢欣雀跃的语气，仿佛分享了她的幸福一样开心起来。

我问保姆："到城市这段时间还习惯吗？"她使劲点头："是哦，来到大城市认识了很多东西，所以很开心。"

"那在家乡，是不是过得不开心啊？"

"不是啊！"她想了一会儿，很肯定地说。

"家里那么穷，有什么值得开心的啊？"我疑惑地问。

"穷是穷，但也会穷开心啊！"她很快就回答了我，这勾起了我的好奇："比如说呢？"

"你看吧，我们家里四姐妹，就我能小学毕业，一是我读得辛苦，二是父母疼我，愿意供；还有就是我和我老公打小就认识，你知道农村自由恋爱多不容易啊，不过他还是把我给娶回家啦；

生了第一个孩子就是儿子，公婆对我也高看一眼；种的东西收成好啦；和老公打完架后他千方百计哄回我啦；儿子暑假帮我做买卖赚钱啦……说起来高兴的事情很多很多哦，哪能一下子都说得完呢？"

她的幸福对于我来说是这么简单和不可思议，但是望着她眼神里飘浮着的幸福，还有远望着窗外回忆时的专注，我相信她真的觉得幸福，没骗我！

幸福的临界点原来有这么多的，而我们总是从不同的起点去试图接近它。不是吗？谁能说清楚，小时候吃一块红烧肉的快乐和现在吃到一顿满汉全席得到的幸福感，哪种更强烈呢？

又想起一个让我思索了很久的笑话：有一位成功的商人带着儿子到一家餐馆用餐，餐馆里有一位琴师正在演奏，商人遗憾地说："当年我也练过琴，但后来选择了经商，如果选择了练琴，那么我今天就可以坐在钢琴边为大家演奏了。"儿子笑说："爸爸，如果你当年选择了练琴，那么你今天就没有机会坐在这里欣赏音乐了。"

不知道那位琴师心中会不会这样想：他当初要是选择经商有多好，现在就可以悠闲地坐在桌前一边享受美餐，一边聆听音乐了。

也许，幸福是什么的答案我们可以找到了：所谓幸福就是内心的一种感觉——相信自己是幸福的，珍惜自己所拥有的，不羡慕那些已经无法追逐到的或者是注定要失去的，珍惜此刻的，知道世间万物都是有可能给你带来快乐的……那么，幸福就一定会茂盛得如同春天那漫山遍野的花儿了。

# 黑暗的剪影

作者　林清玄

　　在新公园散步，看到一个"剪影"的中年人。他摆的摊子很小，工具也非常简单，只有一把小剪刀、几张纸，但是他剪影的技巧十分熟练，只要两三分钟就能把一个人的形象剪在纸上，而且大部分酷肖。仔细地看，他的剪影只有两三道线条，一个人的表情、五官就在那两三道线条中活生生跳跃出来。

　　那是一个冬日清冷的午后，即使在公园里，人也是稀少的，偶有路过的人好奇地望望剪影者的摊位，然后默默地离去。要等待好久，才有一些人抱着姑且一试的心理让他剪影，因为一张20元，比在照相馆拍张失败的照片还要廉价得多。我坐在剪影者对面的铁椅上，看到他生意清淡，不禁觉得他是一个人间的孤独者。他终日用剪刀和纸捕捉人们脸上的神采，而那些人像一条河从他身边匆匆流过。除了他摆在架子上的一些特别传神的、用来做样本的名人的侧影以外，他几乎一无所有。

　　走上前去，我让剪影者为我剪一张侧影。在他工作的时候，我淡淡地说："生意不太好呀！"没想到却引出剪影者一长串的牢骚。他说："自从摄影普及了以后，剪影的生意几乎做不下去了，因为摄影是彩色的，那么真实而明确；而剪影是黑白的，只有几道简单的线条。"

　　他又说："当人们太依赖摄影照片时，这个世界就少了一些可以想象的美感。不管一个人多么天真烂漫，他站在照相机的前面时，就变得虚假而不自在了。因此，摄影往往只留下一个人的形象，却不能真正反映一个人的神采。剪影不是这样，它只捕捉神采，不太注意形象。"我想，那位孤独的剪影者所说的话，有很深刻的道理，尤其是对于坐在照相馆灯下所拍的那种照片来说。

他很快剪好了我的影。我看着自己黑黑的侧影，感觉那个影是陌生的，带着一种连我自己都不敢相信的忧郁，因为他嘴角紧闭，眉头深锁。我询问剪影者，他说："我刚刚看你坐在对面的椅子上，就觉得你是个忧郁的人。你知道要剪出一个人的影像，技术固然重要，更重要的是观察。"

剪影者从事剪影行业已经有20年了，一直过着流浪的生活。以前是在各地的观光区为观光客剪影，那里后来也被照相师傅取代了，他只好从一个小镇到另一个小镇出卖自己的技艺。他的感慨不仅仅是针对自己生活境遇的，他说："我走的地方愈多，看过的人愈多，我剪影的技术就愈成熟，愈容易捕捉住人最传神的面貌。可惜我的生意却一天不如一天，有时在南部乡下，一天还不到10个人上门。"

作为一个剪影者，他最大的兴趣在于观察。早先是对人的观察，后来生意清淡了，他开始揣摩自然，剪花鸟树木，剪山光水色。"那不是和剪纸一样了吗？"我说。"剪影本来就是剪纸的一种，不同的是剪纸务求精细，色彩繁多，是中国的工笔画；剪影务求精简，只有黑白两色，就像是写意画。"

因为他夸说什么事物都可以剪影，我就请他剪一幅题名为"黑暗"的剪影。

剪影者用黑纸和剪刀，剪了一个小小的上弦月和几颗闪耀的星星。他告诉我："本来，真正的黑暗是没有月亮和星星的，但是世间没有真正的黑暗，我们总会在一些地方看到一线光明。如果没有光明，黑暗就不成其为黑暗了。"

我离开剪影者的时候，不禁反复地回味他说过的话。因为有光明的对照，黑暗才显得可怕；如果真的没有光明，黑暗又有什么可怕的呢？问题是，一个人处在最黑暗的时刻，如何还能保有对光明的向往。

现在这张名为"黑暗"的剪影正摆在我的书桌上，星月疏疏淡淡地埋在黑纸里，好像很不在意似的。光明也许正是如此，并不为某一个特定的对象照耀，而是每一个有心人都可以追求的。

后来我有几次到公园去，想找那位剪影的人，却再也没见他的踪迹。我知道他在某一个角落里继续过着漂泊的生活，捕捉精神明亮的或黑暗的人所显现的神采。也许他早就忘记曾经剪过我的影子，但这丝毫不重要，重要的是我们在一个悠闲的下午相遇，而他用20年的流浪经历告诉我：世间没有真正的黑暗，即使无人顾惜的剪影也是如此。

# 宴会之苦

作者　丰子恺

宴会，不知是谁发明的，是最不合理的一种恶作剧！突然要集许多互不相稔的人，在指定的地方，于指定的时间，一同喝酒吃饭，间或抗礼、谈判——这比上课讲演更吃力，比出庭对簿更凶！我过去参加过多次，痛定思痛，苦况历历在目。

接到请帖，先要记住时日与地点，将其写在日历上，或把请帖摆在座右，以防忘记。到了那一天早晨，我心上就有一件事——好比是有一课时的课，而且是讲最不欢喜教的课；好比是欠了人钱，而且是最大的一笔债。到了时间，我往往准时到场。可是这一准时，就把苦延长了。我只见主人，贵客们都没有到。主人要我坐着，遥遥无期地等候。吃了许多茶、吸了许多烟，吃得口干舌燥、饥肠辘辘，贵客们方始陆续降临。每来一位，我都要站起来迎迓一次、握手一次、寒暄一次。我好比受许多考官轮流口试，答话非常吃力。

入席以后，恶作剧的精彩节目来了。例如午宴，入席往往是下午两点钟，肚子饿得很了，但不得吃菜吃饭，得先拿起杯子站起身来，谢谢主人，喝一杯空肚酒，喝得头晕眼花。然后"请，请"，大家吃菜。圆桌很大，菜盆放在中央，十二三只手臂辐辏拢来，要各凭两根竹条去攫取一点自己爱吃的东西来吃，这实在需要高超的技术！有眼光、有腕力，看得清、夹得稳，方能出手表演。这好比一种合演的戏法！戏法人人会变，各自巧妙不同。我看见有几个人，技术非常巧妙。譬如一盆虾仁，吃到过半以后，

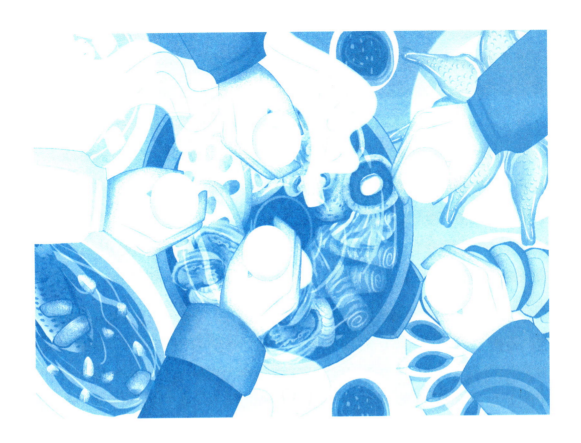

只剩盆底浅浅的一层。用瓢去取，虾仁不肯钻进瓢里，反被瓢推走。此时最好有外力帮助，从反方向来一股力，把虾仁推入瓢中。但在很讲究的席上，自己不便另用一只手去帮，叫别人来帮，更失了彬彬有礼的宴会体统，于是只得运用巧妙的技术。大约是先下观察功夫，看定了哪处有一"丘陵"，就对准哪处，以迅雷不及掩耳之势，用瓢一攫。技术高超的，可以攫得半瓢；技术差的，也总有两三粒虾仁入瓢，缩回手去的时候不伤面子。此种表演，为环桌十余双眼睛所共睹，而且有人会替你捏两把汗。如果你技术不高超，空瓢缩回，岂不要在大庭广众之下，颜面尽失呀！

# 胡适谈禅

作者 胡 适

胡适对禅学颇有研究，1934年12月，他曾以"中国禅学的发展"为总题目，在北平师范大学作了讲演，连续讲了四次：一、印度禅；二、中国禅宗的起源；三、中国禅宗的发展和演变；四、中国禅学的方法。胡适所以要从印度禅谈起，是因为"禅学来自印度，虽然中国禅与印度禅不同，不过要懂得中国禅，须懂得印度禅"。限于篇幅，这里选录的，也主要是他关于印度禅的论述，只是稍稍涉及一点中国禅。

——编者

佛教有三大法门：（一）戒，（二）定，（三）慧。"戒"是守戒，最高限度为十戒（按：根本五戒，沙弥加五为十戒），后又有和尚戒（比丘僧具足二百五十戒），尼姑戒（三百五十戒），居士戒（即菩萨戒，重十，轻四十八），从戒生律，于是成为律宗。次为"定"，就是禅，也就是古代"瑜伽"传下来的方法，使我们心能定住不向外跑。第三部分为"慧"，所谓"慧"，就是了解，用知识上的了解帮助我们去定。从表面上看，禅在第二，其实不然，禅实在能包括"定""慧"两部分。如说禅是打坐，那种禅很浅，用不着多说。因为要用"慧"来帮助"定"，"定"来帮助"慧"，所以有人合称"慧定"。在中国禅宗，"慧"包括"定"，"慧"的成分多，并且还包括"戒"；在印度，则"定"包括"慧"，"定"的成分多。

关于印度禅的方法，计有五种：第一个方法最浅显，便是"调息"，佛书中叫作"安般"法门。"安"（ana）是"入息"，"般"（Pana）是"出息"。"安般"的意思，就是用一定的方式——手和脚都有一定的方式，如盘膝打坐使人坐着舒服，以调和呼吸。这种调息的方法，又可分为四项：（一）"数"，就是从一到十来回地数着自己的呼吸，以避免四围环境的扰乱，使心能够专一。（二）"随"，便是心随鼻息跑，所谓念与息俱，使心不乱。（三）"止"，就是看鼻息停止在什么地方；中国道家向有所谓"视息丹田"，即此。（四）"观"，就是客观一点，把自己的元神提出来，看看自己到底怎样，比方牛在吃草，牧童却站在旁边看；又好像一个人站在门口，对于过路的人，某是张先生，某是李小姐，都能认识。总括一句，以上都是"安般"法门，其方法有"数""随""止""观"。

如果一天到晚，老是打坐，容易出乱子。譬如在打坐的时候，忽然设想某人欠我的债，或恋爱的事情，或可恶的人与可恶的事，心更不定了。在这时候，非数息所能为力，所以还要旁的方法来帮助，即靠"慧"——知识——来帮助。所以第二个方法叫作"不净观"。所谓"不净观"，就是用智慧想到一切都不干净。譬如当我们设想某某漂亮的小姐的时候，我们就要想到她身上是如何的不洁净，鼻子里都是鼻涕，嘴里都是唾沫，肚子里都是腥血等不洁之物；并且到她死后，桃色的脸庞也瘦成白皮夹腮了，乌云般的头发也干枯了，水汪汪的

眼睛也陷落了；到了尸体烂了之后，更是怎样的腐臭，怎样的变成骷髅。如此，我们也就不想她了。漂亮的小姐，金钱，地位，都作如是观，自然这些念头都会消除净尽。

第三个方法叫作"慈心观"。所谓"慈心观"，便是训练你自己，不但爱人还要爱一切物。如当不安定的时候——生气的时候，一作"慈心观"，便会不生气了。但有时还不能制止，所以又有第四个方法。

第四个方法就是"思维观"，就是凭我们理智的了解力来解决一切。常言道"无常一到，万事皆休"。由此，我们可以知道，任何物件，都是不能永久存在的，都不过是九十几种元素所凑成，将来都要还为元素的。比方有人骂我，当我们听到，自然很生气，非要和他拼命不可。要是拿我们的思维力来一分析：骂，到底是什么呢？不过是由空气传来的一种音浪；对于音浪，自然用不着生气。至于骂我的人呢？

依着化学的分析，也不过是几分之几的氢气氧气等等的化合物；而被骂的我呢？也是和骂我的人一样，几种元素的化合物而已。等到死后，大家都物归原所。如此，则所有骂詈，不过是一种气体的流动，两个机关打无线电而已，

有什么了不得？到此地步，就无人无我，四大皆空了。

以上均就知识略高的人说，至于知识太低的人，怎么办呢？就有一种"念佛法"，即第五个方法。所谓"念佛法"，就是想到佛的三十二种庄严相。"念"便是"想"，后来又念出声来，就成念书的"念"，从心中想而到口头上念。

从最低的数息，到最高的无常哲学，都是方法。一大部分属于"慧"，用"慧"帮助"定"，用"定"帮助"慧"，便是"瑜伽"。

上述五种，都是禅学的方法。现在讲印度禅的目的，即禅学的境界。此种境界，由各人自己去认识，其实都不一样；至于印度禅的究竟，谁也没有做到。

记得清初有一个大学者，颜习斋（元），他是保定府人，最初当蒙馆先生，学做圣人。他有一篇《柳下坐记》，叙述他自己在柳下打坐的情形。三百年前的圣人，在保定府打坐，到底到了什么境界呢？他说，在一个夏天，我坐在柳树之下，看着那柳叶，真变成了美丽的绿罗；太阳光从这绿罗似的柳叶透过来，都成了一颗一颗的珍珠；他听到苍蝇嗡嗡的声音，就好像听到尧舜时代所奏的九韶之乐一样。像他这样，可算到了他自己的理想境界了，却是到不了印度禅

的究竟境界。

印度禅的境界到底怎样呢？计算起来，有好几种的说法，现在略述其重要的：

第一是"四禅"，也叫作"四禅定"。即：最初用种种法门帮助你消除种种烦恼欲望，到无忧无欲的境界，便是初禅。但初禅还有思想，还要用脑，再把一切觉、观都除去，自然得到一种"欢喜"，便是第二禅。但第二禅还有欢喜。连欢喜也不要，只有一种心平气和、舒舒服服的"乐"的境界，便是第三禅。到了连这种舒舒服服的"乐"都没有了，即得"不动处"，只是一种"调"，即安稳调适，便到第四禅。

初禅还用思想，第二禅还要高兴，第三禅还觉舒服，第四禅则只有调和，要如何便如何，驾驭我们的心，好像马师之御良马，随所指挥，无不调适。

其次，四禅之外，还有四种境界，即"四念处"。此四处：

一、"空无边"，就是想到空处。如眼是空的，鼻是空的，一一地想，想到只有空，譬如藕，只想其孔，越想越大，全不见白的藕了。想到全世界，也作如是观。

二、"识无边"，"空无边"还有想，便是一种印象；想到末了，不但是空，

连这空的印象都没有了，便到"识无边"处。

三、"无所有"，一切都没有了，便到"无所有"处。

四、"非想非非想"，既到"无所有"处，你也没有了，我也没有了，连想都没有了，连"没有想"也没有了，此名为"非想非非想"处。常言说，"想入非非"，不是想，也不是非想，此理难说，只可意会，不可言传。

四禅是一种说法，四念处又是一种说法，并不是先经四禅，而后到四念处。

又其次便是"五神通"。所谓四禅和四念处，都是解放人的心灵，以便得到神通。神通计有五种，合称"五神通"：

一、天耳通，就是顺风耳。

二、天眼通，就是千里眼。上观三十三天，下观一十八层地狱，一切都可看见。想到哪里就看到哪里。

三、如意通，就是想变什么就变什么，好像孙悟空的七十二变一样。

四、他心通，就是他人心里所想的，我都可以知道。

五、宿命通，不但知道现在和未来，而且知道过去无量劫前生的事。

总起来说，印度的禅，不过如此。此是粗浅的说法。从数息到"空无边"处，都是"入定"，都是用一种催眠方法达到"入定"。

再讲两个故事。

印度相传有一个很有趣的故事，在纪元三世纪（晋朝），即已有人译成中文。这个故事的目的，在教人专心致志做一件事情。故事是这样的：

某时代，有一个国王，想找一个宰相。后来找到一个可以当宰相的人，先说要杀他，经人解说，于是要他用一个盘子，盛上满盘子油，从东城捧到西城，不准滴出一滴，否则杀头。这个条件，很不容易做到。他走到路上，有他的父母妻子哭他，他没有看见。有顶美的女人，从他身边走过，看的人不知有多少，他没有看见。后来忽然又来了一头疯象，吓得满街的人乱跑乱跳，可是他一心一意在盘子上，仍然没有看见。不久又遇到皇宫失火，一时救火抢火，闹得纷乱不堪，并且在殿梁上的一巢马蜂，被火烧出，到处飞着螫人，这人虽然被螫了几下，可是始终没有感觉到，仍然专心致志地捧着油盘往前走。最后，他竟达到了目的地，一滴油也没有滴下来。于是国王便拜他做宰相，以为一个人做事，能够这样专心，便是喜马拉雅山，也可以平下来，何况其他！

在十一世纪时，中国的法演和尚，也曾经讲了一个故事。其目的在教人自己找办法。故事是这样的：

五祖寺中有一个和尚，人问他禅是什么，他说："有两个贼：一个老贼，一个小贼。老贼年纪老了，有一天，他的儿子问他：'爸爸！您老了，告诉我找饭吃的法子吧！'老贼不好推却，便答应了。一到晚上老贼就把小贼带到一富人家，挖了一个洞，进到屋里。用百宝囊的钥匙。将一个大柜子的锁开开，打开柜门，叫他儿子进到里边。等他儿子进去之后，他又把柜子锁了，并且大喊："有贼！有贼！'他便走了。富人家听说有贼，赶急起来搜查，搜查结果，东西没丢，贼也没有看见，仍然睡去。这时锁在柜子里的小贼，不晓得他父亲什么用意，只想怎样才能逃出去。于是就学老鼠咬衣裳的声音，一会儿，里边太太听到，就叫丫环掌灯来看衣服。刚一开开柜子，这小贼一跃而出，一掌把丫环打倒，把灯吹灭，竟逃走了。富人家发觉后，又派人直追。追到河边，小贼情急智生，把一块大石头抛在河里，自己绕着道儿回去了。到得家里，看见他父亲正在喝酒，就埋怨他父亲为什么把他锁在柜子里。"他父亲只问他怎样出来的。他把经过说了之后，老贼便掀髯微笑道："你此后不愁没有饭吃了！"

从这两个故事，可以看出印度禅与中国禅的区别。因为印度禅是要专心，不受外界任何影响；中国禅是要运用智慧，从无办法中想出办法来，打破障碍，超脱一切。印度禅重在"定"；中国禅重在"慧"。

# 君子的尊严

作者　王小波

笔者是个学究，待人也算谦和有礼，自以为算个君子，实际上是不是，还要别人来评判。总的来说，君子是有文化、有道德的人，是士人，或称知识分子。按照中国的传统，君子是做人的典范。君子不言利，君子忍让不争，君子动口不动手，君子独善其身……这都是老辈人传下来的规矩，时至今日，以君子自居的人还是如此行事。我是宁做君子不做小人的，但我还是以为，君子身上有些缺点，不配作为人的典范——他太文弱、太窝囊、太受人欺。

君子既然不肯与人争利，就要安于清贫。但有时不是钱的问题，而是尊严的问题。前些时候在电视上看到北京的一位人大代表发言，说儿童医院的挂号费是一毛钱，公厕的收费是两毛钱。很显然，这样的收费标准有损医务工作者

的尊严。当然，发言的结尾是呼吁有关领导注意这个问题。有关领导点点头说："是呀，是呀，这个问题要重视。"我总觉得这位代表太君子，没把话讲清楚。直截了当的说法是："我们要收两块钱。谁要是觉得太贵，那你就还个价来。"这样三下五除二就切入了正题。这样说话比较能解决问题。

君子不与人争，就要受气。举例来说，我乘地铁时排队购票，总有些不三不四的人到前面加塞。说实在的，我有很多话要说：我排队，你为什么不排队？你忙，难道我就没有事？但是碍于君子的规范，讲不出口来。话憋在肚子里，难免要生气。有时气不过，就嚷嚷几句："排队，排队啊。"这种表达方式不够清晰，人家也不知是在说谁。正确的方式是，指着加塞者的鼻子，口齿清

楚地说道："先生，大家都在排队，请你也排队。"但这样一来，就陷入与人争论的境地，肯定不是君子了。

常在报纸上看到这样的消息：流氓横行不法，围观者如堵，无人上前制止。我敢断定，围观的都是君子，他们也很想制止，但怎么制止呢？难道上前和他打架吗？须知君子动口不动手啊。我知道英国有句俗话："绅士动拳头，小人动刀子。"假如在场的是英国绅士，就可以上前用拳头打流氓了。

既然扯到了绅士，就多说几句。有个英国人去澳大利亚旅行，过海关时，当地官员问他是干什么的，他答道："我是一个绅士。"因为历史的原因，澳大利亚人不喜欢听这句话，尤其不喜欢听到这句话从一个英国人嘴里说出来。那官员又问："你的职业是什么？"英国人答道："职业就是绅士。难道你们这里没有绅士吗？"这下澳大利亚人可火了，差点揍他，幸亏有人拉开了。在欧美，说某人不是绅士，是句骂人话。当然，在我们这里说谁不是君子，等于说他是小人，也是句骂人话。但君子和绅士不是一个概念。从表面上看，绅士是指温文有礼之人，其实远不止于此——绅士要保持个人的荣誉和尊严。坦白地说，他们有点狂傲自大。但真正的绅士决不在危险面前止步。世界大战期间，英国绅士大批开赴前线为国捐躯，甚至死在一般人前面。君子的标准里就不包括这一条。

中国的君子独善其身，这样就没有了尊严。这是因为尊严是属于个人的、不可压缩的空间，这个空间要靠自己来捍卫。捍卫的意思是指敢争、敢打官司、敢动手（勇斗歹徒）。我觉得人还是要有点尊严，否则就无法为人做事，更不要说做别人的典范了。

# 家 具

作者 北 岛
····································

## 一

1948 年 5 月，父母在上海结婚后来到北京，先住在东单多福巷，后搬到东交民巷。父亲在中央信托局工作，母亲在家，小日子过得挺红火，这从当时购置的家具就能看得出来：席梦思床、梳妆台、大衣柜和硬木餐桌椅等，带有浓厚的小资情调。

摇篮是我第一个住所，周围的家具又高大又庄严。我摇摇晃晃离开摇篮，穿过床腿、桌腿、椅腿，直到有一天踮脚从桌面看到了地平线。

从东交民巷搬到府前街，再搬到阜外大街，最后是三不老胡同 1 号。在迁徙途中，公用家具像陌生人一样闯进我们的生活——包括两张写字台，一张深棕色，带三个并排抽屉，一张浅黄色，

是那种带文件柜的"一头沉"，归父亲使用，锁住全家的最高机密；还有一个书架、两把椅子和两张床。公有财产以不容置疑的军事共产主义面貌，深入家家户户，钉着所属单位的铁皮标牌。父亲每月工资单中扣掉的那几分钱，就是租赁费。

公用家具从此扎下根来，带领私有家具一起穿越漫长的过渡时期，我们从中长大。没想到其貌不扬的公用家具如此坚固耐用，显示出顽强的生命力，而带小资情调的私有家具，转眼走向衰败。

首先密谋造反的是席梦思床垫里的弹簧，一个个从麻绳中挣脱出来，东奔西突。且不说睡觉硌腰硌腿，还彻夜吱嘎作响，如同音调不定的破琴。找人上门来修吧，正赶上困难时期，吃喝还没

着落呢。

经多方打听，据说有家小工厂收购弹簧，每个5块钱。父亲大喜过望，利用周末拆下总共28个弹簧，换上木板。从单位借来三轮车，他乘兴而去，败兴而归。原来信息有误，全部弹簧只值5块钱。只好把弹簧堆在阳台上，弹簧经风吹雨淋生了锈，最后被卖给隔壁废品收购站，换来几块水果糖，分给我们兄妹仨。

紧接着是4把餐椅的弹簧遥相呼应——或许跟席梦思床是同一厂家造的，到了使用期限。父亲找来五合板，连锯带钉，平息了一场"叛乱"。虽说五合板不怎么顺眼，但坐在上面踏实。还没来得及刷漆就赶上"文化大革命"，椅面一直裸着，而岁月按屁股的大致形状将其涂上暗色。

二

作为长子，我自幼学会干家务活儿，帮钱阿姨择菜、洗碗、生火、打扫厨房。让我困惑的是，那个旧餐具柜的玻璃拉门怎么擦洗都没用，湿布抹过有些透亮，可水渍一干就又乌了。我总想让父母下了班站在餐具柜前感到惊喜，甚至用肥皂水和去污粉一遍遍擦洗，均以失败告终。这严重影响了我的心情。后来才知

道这叫乌玻璃，就是遮蔽用的。很多年，我的心情就像这乌玻璃，怎么擦洗都没用。

上到初一，我终于有了自己的带锁的抽屉，那感觉真好——我有了自己的秘密。我早年的诗句"用抽屉锁住自己的秘密，在喜爱的书上留下批语"，写的正是这种狂喜。在我锁住的抽屉里，有攒下的零花钱、笔记本、成绩单、贺年卡和小说处女作，还有一张我暗恋的表姐的照片，其实只不过是北海公园九龙壁前家人的合影。

家具居然和人一样有生老病死。我上初中时，它们突然老了——五斗柜内掌折断，抽屉打开关不上；书架摇晃，承受不住经典著作的重量；椅子吱嘎作响，抱怨自己和人的命运；覆盖餐桌的厚玻璃破碎，父亲用胶布粘上，但胶布很快就失效了，还发出一股馊味。

塑胶贴面的出现具有革命性的意义，父亲是最早领悟到这一点的人，而遍及全国的装修潮流还远在地平线以外。一天，他从五金店买回几块塑胶贴面边角料，屎黄色，估计那是降价的原因。他用乳胶把几条边角料对接，用经典著作和瓶瓶罐罐压在上面，几个小时后，试验成功了。塑胶贴面远比玻璃经久耐用。父亲十分得意，又买来更多的塑胶贴面

边角料，五斗柜、餐具柜、床头柜、桌面，几乎全都被覆盖了。

父亲花25块钱，从郑方龙家引进了一个牛皮的单人沙发，大而无当，和现有的公私家具不成比例，如蜷缩的巨人，卡在衣橱和父母的床之间。这笔交易是可疑的：没过多久，一个弹簧从皮垫正中伸展出来，仿佛怒放的牵牛花，躲都躲不开，其他弹簧也纷纷探出头来，此起彼伏。包沙发的厚牛皮也开始脱落，像正在被剥皮的大橘子。

梳妆台几乎成了我家唯一多余的家具，它肯定诞生在我之前。在大镜子两侧各有一个小柜，其间是玻璃通道，像长方形鱼缸，上面的玻璃盖早就碎了，而梳妆凳也不翼而飞。大镜子因年久变得模糊，像得了遗忘症，它记住的恐怕只有母亲的青春。它背对时代，它的存在让我不安，让我羞惭。

父母去了干校。赶上工休，我借来三轮板车，把梳妆台拉到东单旧货店，卖了30块钱，如释重负。我用这笔钱请哥们儿在"老莫"（莫斯科餐厅）撮了一顿，纪念我们转瞬即逝的青春。

三

父母从干校回来，家里恢复了以往的生活秩序。而家具已像醉汉那样东倒西歪，除了修理加固，父亲继续用塑胶贴面到处打补丁。

我家买来全楼第一台黑白电视机，引发了一场静悄悄的娱乐革命。电视机放在外屋靠北墙五斗柜塑胶贴面的正中央，取代了毛主席半身石膏像。赶上放电影，邻居们拎着板凳、马扎蜂拥进来。那是集体共享的快乐时光。随着各家也纷纷添置了电视机，家里清静下来。

电视在改变我们的生活方式，首先是观看姿势——在椅子上坐久了腰酸背疼，于是挪到床上，以棉被为依托。正当脖颈僵硬、脊椎扭曲之时，小曲出现了。他住6号楼，是市政公司工人，夫人是电车售票员。他那典型的蒙古人的脸上总是笑呵呵的，眯缝着眼，好似透过风沙看到绿洲。他说时代变了，看电视就得坐沙发，提议帮我家打一对。我们参观了他自制的简易沙发，既舒适，成本又低。那是全国人民共用减法的年代，一改成加法，竟让我和父亲都有点儿眩晕。

我跟小曲到新街口五金店买来扁担、弹簧、麻绳、帆布及大小零碎。每天晚上小曲下了班就过来。人家心灵手巧，我只能打打下手。最后，他还顺手打了个茶几，放在两个沙发中间。

坐上简易沙发，不知怎的，竟会顿

生贪生怕死的念头，如坐在龙椅上的君王。有了沙发当然好处多，待客用不着像开会，既体面又有距离，关键是，我们与电视的关系变了。看来沙发与电视是现代生活中的对应物，不可或缺。那些家有电视的邻居纷纷来取经，这下可忙坏了小曲，他乐此不疲。由简易沙发带动的新浪潮，与电视一起改变了全楼的生活方式。

## 四

自打认识林大中那天起，我就更加自卑，虽说他贩卖的主要是 19 世纪俄国文艺理论。他口若悬河，词句随吞吐的烟雾沉浮。他穷时抽"大炮"，富时抽雪茄。

一天晚上在我家，他戴上别林斯基的面具，抽着古巴雪茄"罗密欧与朱丽叶"宣布，无论以美学还是以自由的名义，我家那些破烂家具早就该统统扔掉。他用一个优雅的手势平息了我的暴怒，指出要想力挽家族的颓势，出路只有一条，那就是打造一个书柜。我刚一指那摇摇欲坠的书架，就被一个坚定的手势制止。"我说的是体面的书柜，带玻璃拉门、具有现代形式感的那种，那才代表知识的尊严。"他说。

被他说服了，我继而说服了父母。

我家有几块厚木料，堆在过道，正好派上用场。林大中开始画图纸，量木料，但他事先声明，他是设计师，干活必须得找小工。那年头哥们儿有的是，闲人有的是，打架、盖房、做家具，随叫随到。我找来孙俊世和李三元，都是同一"沙龙"的哥们儿。林大中把图纸交代下来，抽着"大炮"转身消失了。

每天上午 10 点半左右，二位来我家上班。先沏茶伺候，开聊，他们正在同读原版的《动物农场》。11 点多钟才起身开工。第一步是要把木料锯成 8 厘米厚的木板。我跟着把木料搬到大院，绑在一棵树上，他俩拉开大锯，边锯边聊，从"所有动物都是同志"聊起，转眼已到中午。我赶紧下面条、炒菜，备上二锅头。二位胃口特别大，尤其李三元，能顶三个人的饭量。孙俊世一喝酒，白脸变红脸。聊到"所有动物生来平等，但有些动物比其他动物更平等"时，已下午 3 点多了，接荐儿干活。天擦黑前再喝两回茶。晚饭自然要多备几个下酒菜，当聊到"四条腿好，两条腿坏"时，孙俊世的脸膛已由红变紫。

林大中以监工身份偶尔露露面。他指出《动物农场》在"冷战"背景中的意识形态问题后，又没影儿了。

这些木板锯了半个多月，我们家眼

看快破产了——副食本上所有配给都用光了，油瓶也见底了，但工程似乎遥遥无期。母亲开始忧心忡忡，林大中安慰她说，现在已进入最后的工序。

那天，林大中带来一卷深褐色木纹纸，他挽起袖子，刷上乳胶，把一张张木纹纸贴好，再罩上清漆。第二天，在他的监督指挥下，书柜终于组装好，安上玻璃，堂堂正正立在那里。我们为知识的尊严干杯。

谁知道，这现代书柜竟以最快的速度衰亡：木纹纸起泡翘起，木板受潮变形，玻璃拉门被卡住——面目皆非。功能也随之发生变化，书被杂物和鞋帽取代，最后它被搬进厨房，装满锅碗瓢盆。不过这书柜在辗转漂泊中经住了考验，一直坚持到全国人民改用乘法的年代。

# 艺术的来源是消遣

作者  刘震云

德国德累斯顿的地标性建筑，是位于易北河畔的圣母大教堂。德累斯顿最大的博物馆是奥古斯特二世建成的茨温格尔宫。教堂也好，皇宫也好，皆是巴洛克式建筑，墙壁、塔身，已被岁月烟熏火燎成黑色，似有千百年的历史。但同行的德国朋友告诉我，皆是假的：1945年，盟军的大轰炸几乎把德累斯顿夷为平地，这些建筑皆是战后重修的。

茨温格尔宫拥有许多珍贵的藏品，如米开朗琪罗的雕塑、拉斐尔的画、鲁本斯的画。拉斐尔的《西斯廷圣母》，是该博物馆的镇馆之宝。圣母、圣子，皆望着远方，心事重重，神情忧伤，虽不同于《十字架上的基督》的悲怆，或《最后的晚餐》般的诡异，却也让人或更让人怦然心动。但解说员马上说，这画本也不属于他们，是前些年从拍卖会上买来，专门作为镇馆之用的。如此庄严的意境，突然和"拍卖会"联系在一起，令人啼笑皆非之外，也让我马上回到了现实。

这位解说员是位中年女性，也算快人快语。她接着把我们领到一幅鲁本斯的画前，这幅画画的是赫拉克勒斯。但他不是平日的英雄模样，而是喝醉了，旁边虽有人搀扶，却仍步履蹒跚，嘴里嘟囔着什么。酒精把一个人变成了另一个人，或一个人想借酒把自己变成另一个人，这是千百年来的常态。我正为这幅画感动时，解说员大姐马上又说，这幅画画好后，卖给了当时的一位贵族。这位贵族喜欢动物超过喜欢人，不管这人是常人还是英雄。他对鲁本斯说，要想让他买这幅画，得再给他往画上加12只小动物。鲁本斯为了卖掉这幅画，马上说："行。"于是，鲁本斯在这画的犄角旮旯处，又加了12只动物。如果解说员大姐不说，我还发现不了这些生灵；一待发现，此画马上显得不伦不类，让人啼笑皆非。

大姐又指着对面的一幅画说，这是刚说的那幅画的翻版，同样是鲁本斯画的。据说另一位贵族看到那幅画，喜欢，又找鲁本斯来画；但他不喜欢小动物，只喜欢上边的人，于是这些小动物便不见了。这位贵族还不喜欢赫拉克勒斯裸体上遮挡的白纱，想换成红纱，于是鲁本斯真把那白纱画成了红纱。

大姐又带我们走到一幅不知名画家的画作前，说这幅画本来是画一位年轻女人和一个孩子，待年轻女人画出后，一位贵族看这女子长得漂亮，便说，别画孩子了，画我，让她坐在我腿上。于是女子便坐在了这位贵族腿上。但从画上看，这位贵族长得实在太难看了，神似武大郎，这便应了中国一句老话，"鲜花插在了牛粪上"。本来他们身侧的另半面画布上，还画着日常的生活场景，有当时的桌椅板凳和盘子、碗。另一位贵族看到这幅画，也喜欢，但他喜欢的不是人，而是另一侧的盘子和碗。于是他便对第一个贵族说，你喜欢人，我喜欢盘子和碗，干脆，各出一半钱，一分为二。于是一刀下去，一幅画成了两幅画。只有画人的半边饱经岁月沧桑留了下来，女子一直坐在丑男人腿上，而另一半画盘子和碗的画则不知哪里去了。

大姐一口气讲完，回头看着我，我有些惶恐。她接着说了一句歌德式的哲言："艺术，就是这样，来源于消遣；是时间，把它们变严肃了。"

我半天不敢接话。

出了茨温格尔宫，擦了擦额头上的汗，我深以为然。

# 沉重之尘

作者　陈忠实

八年前，我在蓝田县城查阅县志。我已经开始了一部长篇小说的孕育和构思，我想较为系统地了解养育我的这块土地的昨天或者说历史。

翻阅线装的、残破且皱巴巴的县志时，感觉很奇怪，像是沿着一条幽深的墓道走向远古。当我查阅到连续三本的《贞妇烈女》卷时，又感到似乎从那条墓道进入一个空远无边、碑石林立的大坟场。头一本上记载着一大批有名有姓的贞妇烈女贞节守志的典型事迹，内容大同小异，文字也难免重复，然而绝对称得上字斟句酌、高度凝练、高度概括。列在头一名的贞妇最典型的事迹也不过七八行文字，随之从卷首到卷末不断递减到一人只有一行文字。第二本和第三本已经简化到没有一词一句的事迹介绍，只记着张王氏、李赵氏、陈刘氏的代号

了。我看这些连真实姓名都没有的代号干什么？

当我毫不犹豫地把这三本县志推开的一瞬，心头悸颤了一下。我突然为那些代号委屈起来，她们用自己活泼泼的肉体生命（其中肯定有不少身段、脸蛋都很标致的漂亮女人），坚守着一个"贞"字，终其一生在县志上争取到三厘米的位置，却没有几个人有耐心读响她们的名字，这是几重悲哀？

我重新把那三大本县志揽到眼下，翻开，一页一页翻过去，一行接着一行、一个代号接一个代号读下去，像是排长在点名。而我点着的却是一个个幽灵的名字，那些干枯的代号全被我点化成活泼泼的生命，在我的房间里舞蹈。她们一个个从如花似玉的花季萎缩成皱巴巴的抹布一样的女性，对她们来说，人只

有一次的生命是怎样痛苦煎熬到溘然长逝的……我庄严地念着，想让她们知道，多少多少年之后，有一个并不著名的作家向她们行了注目礼。

看着那三本县志，我深切地感受到什么叫历史的灰尘，又是怎样沉重的一种灰尘啊！我的脑海里瞬间又泛起一个女人偷情的故事。在乡村工作的二十年里，我听到过许多偷情的故事，有男人的，也有女人的。这种民间文学的脚本通常被称作"酸黄菜"，历久不衰。

官办的县志不惜工本记载贞妇烈女的代号和事迹，民间历久不衰流传的却是"酸黄菜"的故事……人们的面皮和内心的分裂由来已久。

我突然电击火迸一样产生了一种艺术的灵感，眼前就幻化出一个女人来，就是后来写成的长篇小说《白鹿原》里的田小娥。

# 小脚，辫子，英国诗

作者　李国文

　　辜鸿铭的名字曾经很响亮过的，至少他的怪癖，使他成为在 20 世纪一二十年代，京师轰动，举国侧目的一位人物。他用英文写成的《中国人的精神》一书，对于西方世界，也是产生过强烈反应的。罗曼·罗兰说他"在西方是很为有名的"，勃兰兑斯说他是"现代中国最重要的作家"，可见评价之高。

　　知道辜鸿铭这个名字的人，首先想到的，是他的那根在民国以后的北平知识界中，堪称独一无二的辫子。他在清廷，算是搞洋务的，按说是维新一派，但皇帝没了，竟比遗老还要遗老，这也是只有他才能做出的怪行径了。那时的他，戴瓜皮帽，穿方马褂，顶红缨辫，穿双脸鞋，踱着四方步，出入北大校园，在红楼的课堂上，大讲英国诗，据说是当时的京城一景。

　　他在北大教书，学期开始的第一堂，叫学生翻开 Page one（第一页），到学期结束，老先生走上讲台，还是 Page one。书本对他来讲，是有也可，无也可的。他讲授英国诗，举例诗人作品，脱口而出，不假思索，如翻开诗集对照，一句也不会错的，其记忆力之惊人，使所有人，包括反对他的，也不得不折服。据女作家凌淑华回忆，辜鸿铭到了晚年，还能一字不移地当众背出上千行弥尔顿的《失乐园》，证明他确实是个非凡的天才。

　　在课堂上的他，挥洒自如，海阔天空，旁征博引，东南西北，那长袍马褂的样子，不免滑稽突梯，但他的学问却是使人敬佩的。他讲课时，幽默诙谐，淋漓尽致，嬉笑怒骂，皆成文章。用中文来回答英文问题，用英文来回答中文之问，间或又插入拉丁文，法文，德文，学识之渊博，阅历之广泛，见解之独到，议论之锋锐，令问者只有瞠目结舌而已。因此，他的课极为叫座，课堂里总是挤坐得满满的。

他有许多幽默，也传诵一时，譬如：一位外国太太反对他赞成纳妾的主张，问他，既然你辜先生认为一个男人可以娶四个太太，那么一个女人，是不是也可以有四个丈夫呢？这个拖小辫子的老头子，对她说，尊敬的夫人，只有一个茶壶配四个茶杯，没有一个茶杯配四个茶壶的道理。譬如：他说蔡元培作了前清的翰林之后，就革命，一直到民国成立，到今天，还在革命，这很了不起。他说他自己，从给张之洞作幕僚之后，就保皇，一直到辛亥革命，到现在，还在保皇，也是很了不起的。因此，在中国，他说，就他们两个人堪为表率。

那时的北京大学，就是这位蔡元培先生任校长，他主张学术自由，主张开明精神，不光请这位拖辫子的遗老来讲课，也请胡适，陈独秀，周树人兄弟这些新派人物执教。这些新文化运动者，尽管不赞成辜鸿铭的保守的、落伍的主张，但对他的学问，却是敬重的。当时，学校里还有不少的外国教授，也是世界上的一流学者。这些洋教授们，在走廊里，若看到辜老先生走过来，总是远远地靠边站着，恭迎致候。而辜氏到了面前，见英国人，用英文骂英国不行，见德国人，用德文骂德国不好，见法国人，则用法文骂法国如何不堪，那些洋人无不被骂得个个心服。

光绪年间，他在张之洞幕府当洋务文书时，曾参与汉阳兵工厂的筹建。那时，这位湖广总督接受另一洋务派，也是大买办盛宣怀的建议，委托一个外国商人主持此事。辜鸿铭和他接触几次以后，封了一份厚礼，请他开路了。过了几天，张之洞想和这个洋人见见面，他的下属告诉他，那洋老爷早让辜师爷给打发了。他把辜鸿铭叫来责问，辜正色地对他说，不一定凡洋人都行，有行的，也有不行的，我们要造兵工厂，就得找真正行的。辜鸿铭遂委托他的德国朋友，请克虏伯工厂来建造，结果，汉阳兵工厂在各省军阀建造的同类厂中，是最好的。这个厂出品的步枪"汉阳造"，也是很有点名气的。

所以，他对于洋人，和那个时候普遍的先矮了半截的畏缩心理，完全相反，他是不大肯买外国人的账的。

有一次，一位新应聘而来北大的英国教授，在教员休息室坐着，见一位长袍马褂的老古董，挂着根手杖，坐在沙发上运气。因为不识此老，向教员室的侍役打听，这个拖着一根英国人蔑称为"pig tail"（猪尾巴）的老头是什么人？辜鸿铭对此一笑，听说他是教英国文学的，便用拉丁文与其交谈，这位教授对此颇为勉强，应对不上，不免有些尴尬，辜叹息道："连拉丁文都说不上来，如何教英国文学？唉！唉！"拂袖而去。

就这么一位怪老爷子，洋教授拿他有什么办法？

他的英文笔名叫 Amoy Ku（辜厦门）。1856 年生于槟榔屿一位贫苦华侨的家庭，才八九岁的光景，就随一位牧师到英国读书。得爱丁堡大学文学硕士时，才 21 岁。然后又到德、法、意、奥进修，获得文、哲、理、工、神学等博士学位，有 13 个之多。在中国人之中，这是少见的。他对于英、法、德、意、日、俄、希腊以及拉丁文，无不通晓，因此，他对西方文化的研究，具有极深湛的造诣。

他不仅是语言天才，也是精通中外的大师级的学者。那时候，这位老先生在东交民巷的六国饭店，用英文演讲他的《中国人的精神》，是要凭门票才能入内的。中国人演讲，从无卖票一说，老先生讲演，北京的外国人差不多都到场听讲的，因此他不但要卖票，而且票价还定得很昂贵，听一场要两块大洋。可

当时听梅兰芳的戏，最贵的票才一元二角。但他的学术讲座，比梅博士的《贵妃醉酒》还卖座，听众踊跃，座无虚席，可见当时中外文化人对这位大学者的重视。

辜鸿铭的一生，总是在逆反状态中度过。大家认可的，他反对；众人不喜欢的，他叫好；被崇拜的事物，他藐视；人人都不屑一为的，他偏要尝试。追求与众不同，不断对抗社会和环境，顶着风上，就成了他的快乐和骄傲。

慈禧做寿，万民颂德，他却公开指斥"万寿无疆，百姓遭殃"；辛亥革命，清帝逊位，他倒留起小辫，拜万寿牌位，做铁杆保皇党。袁贼称帝，势倾天下，他敢骂之为贱种；张勋复辟，人皆责之，他倒去当了两天外务部短命的官。后来，辫帅失意，闭门索居，他倒与之过从甚密，还送去一副"荷尽已无擎天盖，菊残犹有傲霜枝"的对联，以共有那"傲霜枝"猪尾巴为荣。五四运动，社会进步，他又和林琴南等一起，成为反对新文化，反对白话文的急先锋；但是他却应蔡元培之邀，到五四发源地的北大去当教授，讲英国诗。

诸如此类的奇谈怪论，不一而足的荒谬行径，连他自己都承认是 Crazy Ku（辜疯子）。这里，固然有他的偏执和激愤，也有他的做作和表演在内的。

因此，他的言论，嬉笑怒骂，耸人听闻，他的行径，滑稽突梯，荒诞不经，无不以怪而引人瞩目，成为满城人饭后茶余的谈资。他的喜闻小脚之臭，赞成妇女缠足，更是遭到世人诟病的地方。他也不在乎，还演讲宣扬小脚之美，说写不出文章，一捏小脚，灵感就来了，令人哭笑不得。不仅如此，他还公开主张纳妾，说妾是立和女两字组成，如椅子靠背一样，是让人休息的，所以，他的结论是要娶姨太太。完全是一个强词夺理的封建老朽形象。

正是这些哗众取宠之处，使辜鸿铭成为人所共知的一个怪人。当时人和后来人所看到的，全是他的这些虚夸的表象，一叶障目，而对他的中外文化的学识，他弘扬中国文化的努力，他在世界文化界的影响，也都给抹杀掉了。

其实，清末民初，中国人对于西方的认识，已由过去的妄自尊大变为自卑自轻，相当多的人甚至转而崇洋，这也是被列强欺压得快没有一点底气的表现。

由于辜鸿铭非常了解西方世界，又特别崇尚中国文化，所以才有力斥西方文化之非的言论，如"英国人博大而不精深，德国人精深而不博大，惟有中国既博大而又精深"；如"美国人研究中国文化，可以得到深奥的性质；英国人如果研究中国文化，可以得到宏伟的性质；德国人研究中国文化，可以得到朴素的性质；法国人研究中国文化，可以得到精微的性质。"对于中国文化的推崇，到了如此地步，姑且不对这种趋于极端的一家之言作出判断，但他在20世纪初，积弱的中国已经到了殖民地半殖民地的地步，能够说出这番中国文化优越论的话，也还是有其警世之义的。

当时，严复和林纾是把西方的文化，翻译和介绍到中国来，多多少少是带有一点倾倒于西方文明的情结，但是，这位辜老先生，却努力把中国的文化，向西方推广，或许是对这种膜拜风气的逆反行为吧？他翻译出去的《中庸》《论语》和他的著作《中国人的精神》，或译作《春秋大义》，在国外有很大的影响，德国，英国，甚至有专门研究他的俱乐部，不能不说是他对中华文化的杰出贡献。

当然，辜鸿铭的中国文化一切皆好论，连糟粕也视为精华，成为小脚，辫子，娶姨太太等腐朽事物的拥护者，是不足为训的。在政治上成为保皇党，成为五四运动的反对派，则更是倒行逆施。然而，这位老先生，对于洋人，对于洋学问，敢于睥睨一切，敢于分庭抗礼，从他身上看不出一丝奴婢气，这一点，作为一个中国人来说，应是十分要得的。

# 青春珍贵

作者　刘慈欣

曾看过一篇很短的科幻小说，题目忘了，说有这样一个时代，两个人之间可以借助某种技术，交换包括全部记忆在内的完整人格。但为了保证社会公平，法律规定，财产所有权只认人的身体而不认他（她）所拥有的人格。这一时期，人们发现富豪们普遍得了一种奇怪的病，他们被称为"人格寄存者"，他们每个人所拥有的人格频繁切换。

小说的主人公是一个50多岁的富豪，他平均每天换一种人格，并为此痛苦不已。发生这种事情的原因很简单：这个时代的年轻"屌丝"都有一个梦想——能够与一个大富豪交换人格，而许多年长的富豪也愿意以自己的全部财富为代价再获青春。

但几乎每一个与富豪交换人格的年轻人很快就后悔了，他们会立刻与另外

一个年轻人做人格交换，再换回一个年轻的身体。据统计，这种反悔后再交换的间隔平均不到一天时间，于是这些年长的富豪所拥有的人格频繁切换，像一个人格寄存器一样。

我对这篇小说的感觉一般，感兴趣的是人们对这种事情的看法。小说有深意的地方在于作者没有把主人公设定为一个八九十岁的老头，而是一个50多岁的男人，身体健康，精力充沛，他这时抛弃自己拥有的巨额财富，仅仅为了再获青春，这可能吗？我调查的结果在预料之中，年轻人一般都认为这篇小说不真实，他们大多认为这种交换很值，换了自己也不会后悔，有时还会反问一句："为什么不呢？"但50多岁的老男人们大都认同这个故事的设定。

所以，青春的珍贵，只有失去它的

人才能体会。

一位医生朋友说，这个故事中交换者双方的感觉，关键在于"突变"，或者说"切换"。一个人随着流逝的岁月渐渐走到50多岁，他（她）大概还不能深切体会到青春的流逝；但如果一个人瞬间从20多岁切换到50多岁，再切换回去，那他（她）对衰老的感觉将铭心刻骨，"就像大病一场一样"，即使这个50多岁的人像那个富豪一样身体健康、精力充沛，结果也一样。

但青春的真正珍贵之处还在于对世界的感觉，在青春的眼睛中，世界是最美妙的。之前的童年和少年对世界充满了好奇，但还没有足够的知识和经历去感受世界的美妙；而步入中年后，世界就像你长期居住的房间，即使装修得再华丽，每天都看，也麻木了。

我在一个偏僻的山谷工作了近30年，记得当初来报到的那天，我对周围那些高耸的山峰充满了向往和激情，当天下午就爬上了其中一座，那座山几乎没有路，我的衣服都让荆棘划破了。我决定以后每个星期爬上周围一座新的山峰。后来工作忙了起来，我就安慰自己，我可能要在这里度过一生，有的是时间去登那些山。现在，我永远离开了那里。走的那天，当列车开动时，我悲哀地发现在过去的29年中，自己再也没有爬过这里的第二座山。而当年那个年轻的我，在舟车劳顿后的那个炎热的下午，居然有兴致和精力去登上那样一座没有路的陌生的山峰，无论从理智上还是精神上，现在的我都百思不得其解。

回到那篇科幻小说，小说的结尾，又换到一个年轻身体的主人公坐在公园里，他一贫如洗，饥肠辘辘，却沉浸在从未有过的幸福中。他庆幸在一场人生的击鼓传花中及时把花丢给了下家。他由衷地对自己说："年轻真好！"

# 老子的智慧

作者　林语堂

老子所倡导的自然无为、柔弱不争、崇俭节欲的思想，在当代同样具有时代价值。

## 三件宝贝

老子说，我有三件宝贝，持有而珍重它。第一件叫慈爱，第二件叫节俭，第三件叫不敢处在众人之先。

老子认为，正是因为仁慈，所以才能做到英勇无畏；正是因为节俭，统治者的统治地位才能长久；正是因为谦和退让，才能成为万物的尊长。"慈""俭"

"不敢为天下先"这三宝，其力量与价值是无可估量的。

"慈"包含有柔和、爱惜之意，即爱心加上同情心。"慈"，不仅是要仁慈待人，而且还不可做害人之事，不说损人之话。

"慈"是三宝的首要原则。

"俭"的内涵一是节俭，二是收敛。老子要求人们不仅要节约人力、物力，还要聚敛精神，积蓄能量，等待时机。"俭"不仅仅只用于财产方面，一切事情均可用俭。

"不敢为天下先"也有两层含义：一是不争，谦让；二是退守，居下。老子身处乱世，深深地感受到治国安邦离不开这三宝。

## 舍弃虚名

老子说，华丽的色彩，容易使人的眼睛受到伤害；美妙的音乐，容易使人的耳朵受到麻醉；香美的食品，容易使人的口味变得挑剔；纵情打猎，容易使人的心不安定；稀有的贵重物品，会导致偷盗产生，败坏人的品德。

所以，圣贤的人只求能够果腹，而不追求外在的美观。

老子认为，眼睛是用来分辨真伪的，一旦为华丽的色彩所蒙蔽，就会失去分辨能力；耳朵是用来接纳圣贤教诲之言的，一旦被靡乱的音乐所干扰，就会丧失专一；人的口舌具有感知各种味道的能力，然而过多地品尝风味佳肴，就会使口舌麻木，丧失辨别味道的能力；而金银珠宝、华衣美食等稀世之珍，激起了人性的贪婪欲望，驱使人们钩心斗角、尔虞我诈，甚至草菅人命。

老子并不反对人们享受生活，他只是提醒我们，要抵制各种欲望的诱惑，保持内心清净，才能生活得自在快乐。

## 以柔克刚

老子认为，天下万物唯水最柔弱，但是，攻击坚硬强壮之物，又没有哪种事物能胜得过水，因而水其实是真正的强者，没有什么事物可以代替。柔弱能战胜刚强，弱小者能战胜强大者，这是天下都知道的道理，但是没有谁能真正做到。天下人仍旧要争先、争强，绝不肯示弱。

# 我也曾对这种力量一无所知

作者　韩　寒

经常有朋友问我，民间高手和职业运动员到底哪个厉害？作为某些运动的民间高手，又作为职业赛车手，我想说说自己的感受。

首先向大家介绍一下我的爱好之一——足球。我自认为脚法不错且身法灵活，从初中开始，班级联赛拿过全校冠军，在校队当过前锋和门将，"新民晚报杯"中学生足球赛进过区四强。我护球很像梅西，射门很像贝利，曾经一度觉得可以试试去踢职业赛。然而这一切都在某个下午幻灭了。

那是十几年前，我二十岁，正值当打之年。一个学生网站组织了一场慈善球赛，我和几个球友应邀参加，他们也都是上海各个高中校队的优秀球员。对手是上海一支职业球队的儿童预备队，都是五年级左右的学生。我们上海高中

名校联队去的时候欢声笑语，都彼此告诫要对小学生下手轻一点，毕竟人家是儿童。由于匆匆成军，彼此都记不住名字，决定大家喊各自球场上的外号，比如二中菲戈、附中克林斯曼、杨浦范巴斯滕、静安巴乔。

上半场结束时，我作为金山区齐达内只触球一次。你们没看错，我只触到了一次球，上半场二十分钟，我们就被灌了将近二十个球。后来裁判嫌麻烦，连进球后中圈开球都取消了，直接改为门将发球门球。我们进球零个，传球成功不到十次，其他时间都在被小学生们当狗遛。

半场结束，我们不好意思再称呼队友的外号，改为叫球衣背后的数字。队长把我们聚在一起，说："兄弟们，这样下去要输五十个球，要不下半场我

们就都站在门口堵门吧，力保丢球三十以内。"

最后这场比赛没有了下半场，对方教练终止了比赛，说不能和这样的对手踢球，会影响小队员们的心智健康。

从那次以后，每次和大家一起看球，看到职业球员踢了一场臭球以后，当身边的朋友们纷纷开骂，说自己公司的球队上去也能把申花、上港、国安、恒大或者国家队等队伍灭掉的时候，我总是笑而不语，心中荡漾起二十岁的那个下午，被小学生支配的恐惧。而我也曾对那种力量，一无所知。

然后向大家介绍一下我的职业生涯。中国赛车有两大历史最悠久的顶级职业联赛——中国汽车拉力锦标赛（CRC）和中国房车锦标赛（CTCC），我获得过两次 CTCC 年度车手总冠军，五次 CRC 年度车手总冠军。我参加职业赛车的十四年，一共获得七次年度车手总冠军，五次年度车手亚军。

我经常遇到来自出租车司机、专车司机和各种民间高手的挑战。这还不是在街上互相飙车，而是当我坐上他们车的时候，挑战就开始了。有些司机师傅认得我，常对我说要是他们去参加比赛的话，成绩也会不错，至少不输于我，因为他们在街上开了几十年，红灯起步、

抢位钻缝也经常力压百万级豪车。说着说着，司机师傅就情不自禁地开始飙起来。我总被吓成皮皮虾，司机就大笑起来："小兄弟，你职业赛车手这个胆子不行嘛！哈哈哈哈！"许多次去外地参加活动，那些别克商务车的司机一看我坐在车上，也是开得飞一般。除此以外，通过私信和朋友委托，直接向我下战书的也不少。

想听到火星撞地球的朋友们可能要失望了，我从来没有和民间高手、街道大神正面较量过，因为这不是一个数量级的事情。赛车和打乒乓球不一样，赛车有一定的危险，对自己、对他人都是。为了保护人民群众的生命财产安全，我不能随便和民间高手比试谁开车水平更高。

可能有人要笑话了，你怕是输不起吧！我只能告诉你，你对那种力量一无所知。千万别被"高手在民间"这句话催眠了，更别被电影和武侠小说忽悠了。人们乐意看到顶级格斗高手被民间摊饼大叔利用平时做煎饼所积累下来的技术打败，也普遍愿意相信这样的故事；更津津乐道于捡到一颗仙丹，看了一本奇书，三天速成干翻一代宗师。归根结底，还是这样的故事能愉悦大众，让大家产生一种"高人不过尔尔，说不定我也可

以"的满足感。可能在某些手艺活方面，的确高手在民间，但我相信那也是经过大量的学习与准专业训练，绝不是一朝一夕可以练就；另外一方面，在竞技体育以及科研、科技等领域，所谓的民间高手更不可能与专业人员抗衡。

我做过多次赛车驾照培训班的主教官，遇到不少有趣的学生。我能感受到他们有着非常高的心气，家境也不错，有一定的驾驶基础，开着超级跑车或改装车来考赛车执照。他们在上理论课的时候已经跃跃欲试，对教官讲述的内容也略显不耐烦。一般我们都是很保护学员的这种自信的，因为他们的自信心会在未来几天里被摧毁，从他们坐上助理教练开的车过第一个弯的时候开始。

有很多一开始抱着砸场的目的，中途又变成小白兔的学员，后来在职业生涯都取得了很好的成绩。因为他们既拥有敢于挑战的心，也拥有对自我认知调节的能力和学习的欲望。最关键的是，他们之后无一不是经过了大量的练习，从新手赛开始，一步一个脚印，成为优秀的职业车手。

经历了那场被小学生"团灭"的球赛以后，我觉得，可能我更适合一个人的运动吧，比如打台球。

于是我打了很多年的台球，球技日益成熟。作家圈公认的台球高手石康，在经过无数个夜晚的鏖战最终输给我以后，远走美国，一去不复返。身边能和我抗衡的人越来越少。我潇洒的出杆、奇妙的走位，折服了身边的朋友，他们给了我一个外号：赛车场丁俊晖。然而，我还是更喜欢一年多前，一个球馆老板叫我的那个名字——松江新城区奥沙利文。

就在前几天，我去和潘晓婷打球。我是这么想的，虽然我实力不如她，但凭借着赛车时练就的抗压能力，多年起起伏伏带来的强大心态，至少还是有一丝机会的。况且她也是人类，总会失误吧。

因为她是世界冠军，让她开球我基本就没有上场机会了，所以我们约定，输了的开球。潘晓婷把球摆好，说："你开球吧。"

"九球天后"为我摆球，我"松江奥沙利文"还不得好好表现一番。对于这次较量，我做好了应对的方案。我会多做防守，迫使潘晓婷尽量打远台进攻，等她失误时，我再一剑封喉，用我的智慧和心态，弥补实力上的差距。想到这里，我嘴角露出一丝诡异的笑容，慢慢起身，抄起杆，一个大力开球。

那个夜晚，我基本上只在干一件事情，就是开球。

名人名篇 ❷

读者杂志社 编

读者出版社

# 目　录

# 带着诗和香水离开

作者　冯　唐

我15岁的时候，青春叛逆，血液里禽兽飞舞。我觉得屈原很牛，宁为玉碎不为瓦全，于是立志非绝学不学，非班花不娶。我30岁的时候，见了些世事，也做了些世事，班花也都嫁给了别的中年男人。我认同"渔父"们有机会横刀立马就多做一点，因为无常即常，一朝天子一朝臣；没机会了，就收起雄心，爱古玉、古瓷，读《周易》，听春雨，不知春去几多时。

如今，我45岁，以两天一章的速度重读"渔父"们皓首穷经写成的《资治通鉴》。这一遍，渐渐不再在意那些"渔父"重点提示的帝王术，而是越来越贪看生死纠缠里面的荷尔蒙和人性。我时常想起屈原的句子，比如，"惟草木之零落兮，恐美人之迟暮"。在和世界产生巨大矛盾时，我越来越认同他的做法，保有精神和肉体的洁癖，不管时俗，不管天气，不再给傻子们任何时间，不再把欲望推给明天。带一具肉身、一本古老的诗集、一瓶浓醇的酒、一瓶来自遥远国度的香水，找一小时、一天、一周、一月的时间，找一条河、一个湖、一段公路、一座山，用诗罩心，用酒罩头，用香水罩身，暂时不在，如同死去。

星空之下，时间之外，从哪里来？到哪里去？一切必失，只有自在。

# 品质是工匠的脸面

作者 葛晨

3月底的一天，33岁的修书匠保罗·卡斯蒂廖内早上9点准时到达店铺"无名修书店"，依次打开店面的铁闸门、木门，擦拭器具，准备开工。在意大利东海岸城市里米尼，这样的日子保罗已经过了15年，但他仍然对每一天充满期待。

小城的另一边，70岁的梅伊·阿戈斯蒂诺也早早来到自己经营了30年的"罗马尼奥拉修书店"，在嘈杂的机器和沙沙作响的收音机的陪伴下修炼着手艺。他说，简单的事情重复做、用心做，匠人乐在其中。

意大利现有手工修书店大约100家。同在一座城，梅伊和保罗这一老一少两个同行是暗自较劲的对手，也是惺惺相惜的朋友，因为对修书这门手艺，他们有着同样的坚守。

意大利的修书店在中世纪时期是装订书籍的唯一选择，这与不少欧洲国家一样。工业时期到来后，大批量书籍装订逐渐由工厂承包，修书店的经营范围变为小批量、个性化装帧和旧书翻新。电子数码技术普及后，政府、律师等昔日的大客户转向无纸化办公，修书店如今完全走上精品道路。

"品质是工匠的脸面，一方面带来外部口碑，另一方面给自己前进的动力。"在从学徒到掌门的15年里，保罗不仅对修书的各个步骤掌握娴熟，也在一次次实践中总结出对顾客更为实用的经验。

做书首先要耐用，根据书页的不同特点确定好最耐用的缝制方法和用料材质，在这个基础上考虑如何呈现出书籍最美观的一面。以缝制书脊为例，梅伊一般会选用结实的布料打底，而不像一些大批量生产的工厂那样用纸板代替。梅伊说，这部分的材料顾客是看不见的，布料成本远超纸板，工艺也更为复杂，却是修书匠的责任心所在。

"顾客看不见，但我看得见，时间也看得见。"梅伊说。

"手艺人不会很富有，但是挣多少钱自己掌握，花多少时间精力就能挣多少钱，说起来挣的都是辛苦钱。"保罗说。比如他装订一本论文大约要花费1个小时到1.5个小时。根据材质的不同，装订一本论文的价格在10欧元至50欧元不等。

即便梅伊这样的老修书匠，产品也不会卖出天价，收入全靠一针一线地装订出来。"我需要付房屋贷款，人们需要装帧书籍，我凭着手艺养活自己，这就够了。"梅伊说，真正的满足不在于多挣钱，而在于亲眼见到零散的纸张经过自己的双手变成一本本精美的书籍，自己的劳动得到认可。

"以翻新旧书为例，旧书承载着主人的痕迹，可能翻新的费用高于买一本新书，但对主人来说只有自己的这一本才独一无二，因此他们对修书匠抱有很大的希望，期待能给这份专属的回忆带来新的生命，"梅伊说，"这种情况下做好一本旧书，顾客的满意就是对手艺人最大的回馈。"

从跟风去技校学修书到如今年逾古稀，梅伊做修书匠已50年。在他看来，这么多年来，修书的基本技术和步骤并无太大变化，表面看来只是一系列步骤的不断循环，需要耐心，但绝不无聊。

梅伊认为，把重复的事情做好并不简单，"就像照相一样，每个人拿着相机都能拍出照片，但即便面对同样的风景，拍出来的也不会是同一张照片"。

保罗还很年轻，他有更多的选择，但他从未动过转行挣大钱的念头。他说，每个人都有自己适合的位置，都有自己对成功的定义，而他的成功就是做着热爱的工作，和妻子、孩子在一起，衣食无忧地生活。

# 互联网孤独症候群

作者　谢　石

星期五的晚上，我的房间突然停电。在整整5分钟的时间里，应急灯让屋子里的一切看上去一如往常，桌子上的书依然摆在之前的位置，刚洗完的衣服还有水珠滴滴答答往下掉，但一切似乎天翻地覆——无法连接互联网，我掉线了。

房间突然变得异常安静。停电之前的生活多热闹，坐在房间里的我甚至还觉得有点吵。我的手机上有4个通信软件，iPad上有6个视频播放软件，微信上有1027位联系人和52个群聊小组，其中超过10个是频繁蹦出更新消息的500人大群。停电前的每一刻都有无数热闹涌入这个房间——手机上时不时蹦出来的新提醒，来自天南地北的五花八门的消息，视频网站正在播出的新节目，直播平台上看得到世界上另外一个困在房间里的人唠唠叨叨说些有的没的。互

联网塑造了一个抵御孤独的防空洞，涵盖了光纤所及的所有社交关系，借此抵御生活中真实的乏味。

我知道并不只有我一个人过着这样的生活，因为有很多像我一样的人造就了今天的互联网生态。这个庞大的孤独群体解释了为什么直播生意会如此兴隆。化解孤独大概是目前互联网最大的"用户需求"——作为群居动物的人类，在任何场合都想要寻找一种陪伴，希望有人陪着一起吃饭，一起打游戏，一起上班，一起过马路，一起看电视剧，一起听演唱会，一起天南地北地说些不着调的废话，哪怕只是在网线的另一端。

据统计数据，仅在中国就已经有超过200家在线直播平台，某个直播软件目前的下载量已经过亿，日活跃用户超过千万，而整个移动视频直播的市场规

模预估超过 300 亿美元。知道世界上此时此刻还有另一人在做同一件事，算是活在广阔世界的些许安慰。真实生活无法排解的孤单，就由技术来打破它。这大概是在弹幕网站的视频里，经常出现的弹幕语是"有人在吗？"的原因。

这个热闹体系之牢固，直到停电的时候才会惊觉，它其实只是一个空中楼阁。互联网是热闹的，但这种热闹到底属于谁？活在网络的热闹里，孤独就真的消失了吗？到头来，你和孤独之间，还不就只差了这一根网线的距离。

但在停电的空当里，我想起了另一种孤独——互联网造就的更特别的孤独——这种孤独恰恰属于站在网络热闹正中央的那个人。去年秋天，我看了一场演唱会，那是歌手周笔畅在直播平台现场的演出。如果按参加人数计算的话，那场演唱会算得上是周笔畅个人音乐生涯里规模最庞大的一次，在连续 3 天总计 3 个小时的演出中，超过 1000 万人次观看了她的演唱会，这人数相当于坐满了 100 个国家体育场（鸟巢）。

但如果你真的站在录制现场，感受到的恰恰是异乎寻常的冷清。尽管 1000 万人听了她的演唱会，但舞台上的歌手却无法在现场得到 1000 万人的回应。在占地 900 平方米的演播室里，周笔畅一个人站在舞台中央唱歌，现场只有不到 10 个人。每一首歌曲终了，尽管屏幕上互联网另一端的观众们点击着"鼓掌"，但歌手在现场只能听到稀稀拉拉地叫好，其中还包括没法为她鼓掌的摄像师和调音师。

过去的文章喜欢写艺术家获得的最高成就是表演到了极致时，黑压压的观众席传来"雷鸣般的掌声"，可是今天的直播模式恰恰消解了这种成就感。对一个歌手来说，练习是孤独的，创作是孤独的，本该是认同感达到顶峰的现场演唱会，如今又被技术颠覆了。观众对她的认同只出现在现场的软件对话框里，动画效果的手掌在屏幕上一开一合，播放着事先录制好的标准化掌声音效。对精彩演出的赞同总是隔着屏幕，无法如往日那样真实地传达给表演者。那一刻我在想，如果周笔畅没来得及看屏幕，这一切赞许，对她来说岂不是都无效了？

互联网未见得是孤独的解药，也许它本身就创造了更大的孤独。热闹和孤独共生在同一个地盘上，在极致喧哗的舞台中央，站立着一个极致孤独的个体，为屏幕另一端的一个个孤独个体唱歌。

就是因为这样，我特别喜欢我的传播学老师关于互联网改变生活的评价。

他说："基于社交媒体的账面社会资本扩增，很大程度上是通货膨胀。"我想这个道理大概也适用于互联网孤独症候群。互联网时代带给我们的一切社交红利，所有那些看上去热闹的日子，无非都是科技带来的通货膨胀，而孤独的绝对价值，其实从来没有改变过。更何况，我们的时代或许还创造发行了新形式的"孤独货币"，让热闹的创造者也持有独特的孤独。

所幸，这种掉线的痛苦只持续了5分钟。重新通电的路由器把网络带回来了，生活终于可以继续了。这段时间之难熬，导致我记住了停电的准确时长是4分48秒。不过我现在真实的孤独就要结束了，我要回到互联网的热闹世界里去。

就在重新打开直播软件的那一刻，我突然想到，如果此刻让人们回到真实人生的热闹里，大家会怎么选择呢？

其实我们也许早就有了答案。1996年，美国订票系统 Ticketmaster 卖出了第一张在线订购的门票，那是一张美国职业棒球大联盟西雅图水手队的比赛门票，以往主要依靠电话和实体店售票的公司对于新业务非常好奇，还打电话去问买主，为什么要在互联网上订票？

"因为我不想跟人说话。"电话一端冷冰冰的回答结束了对话，也从此开启了搭建在互联网之上的孤独生活。

# 所有的青春都是在为中年做准备

作者　吴晓波

立冬既过，窗外绿深红浅。顺手抓着一本陈从周的《说园》，录下一段文字：

"万顷之园难以紧凑，数亩之园难以宽绰。紧凑不觉其大，游无倦意；宽绰不觉局促，览之有物，故以静动观园，有缩地扩基之妙。而大胆落墨，小心收拾，更为要谛，使宽处可容走马，密处难以藏针。"

这段文字，抄下来就觉得很舒服。西湖边有一郭庄，据说是陈从周的最后一件作品，也是他最喜欢的园林。琼瑶的《烟雨蒙蒙》即取景此处。前些年，我常带人去那里喝茶。郭庄很小，却曲折从容，妙处无穷，深得"借"字真味。现在想来，正好比作一篇文章，傍着一个著名的西湖，却自营造出一份独属的景致。

好文章，好人生，亦当如是。

近年来，突然喜欢看建筑师、设计师的文字，因为我觉得他们的实用感是我们这些写文章的人需要学习的。房子是建来让人住的，服装是裁剪出让人穿的，所以，合体舒服是第一要义。写文章是让人读的，也应该这样。山本耀司是我非常喜欢的日本服装设计师，他很喜欢从老照片中汲取灵感，他说自己有很多关于20世纪初人像摄影的图书，喜欢那里面人与衣服之间的关系，人们穿的不是时尚，而是现实。或者换句话说，山本耀司希望他设计的服饰能够给穿它们的人这种感觉。我想，这是一种人们能够通过自己的穿着认识自己的感觉，当你照镜子的时候，你看到的是自己，而非衣服或时尚。

这样的体悟又岂仅与服装有关。大

抵造园、作画、裁衣、行文、做企业、为人，天下一理，若胸中格局足够，无论大小都不足惧，关键是大处能容天地，小处能觅细针，须控制事物发展的节奏。所谓"经验"二字，经是经过的事，验是得到印证的事，都与实际有关。

这些道理，都是在中年以后才慢慢体悟出来的。

董桥说，中年是一杯下午茶。我读到这句话的时候不过30岁，正在忧伤地听侯德健的《三十以后才明白》，从来没有想过中年离自己到底有多远。

几天前整理书橱，顺手拉过一本董桥的老书，一翻开就碰到这段眼熟的文字，竟突然有了白驹过隙的悚然。

林肯说，人到40岁，就该对自己的长相负责了。这样算来，我对自己负责的日子已经有些年份了……

还想到一个故事。美国诗人艾伦·金斯堡早年狂放不羁，是嬉皮士的精神领袖，过了40岁后，居然喜欢西装革履。有人不解地问他，这位老兄说："我以前不知道西装是这么好看，这么舒服嘛！"

人过了40岁，才突然开始享受寂寞。梁实秋说："我们在现实的泥溷中打转，寂寞是供人喘息几口的新空气，喘几口之后，还得耐心地低头钻进泥溷里去。最高境界的寂寞，是随缘偶得，无须强求。只要有一刻的寂寞，我便要好好享受。"写出《麦田里的守望者》的塞林格是我喜欢的一个作家，他曾经说："一个不成熟的男人是为了某种崇高的事业英勇地献身，一个成熟的男人是为了某种高尚的事业而卑贱地活着。"

所有的青春都是在为中年做准备。我今天讲这样的话，年轻的你未必会同意，但我经历过的事实正是如此，在这个中年的午后，你能够安心坐在有春光的草坪上喝一杯上好的龙井茶，你有足够的心境和学识读一本稍稍枯燥的书，有朋友愿意花时间陪你聊天，你可以把时间浪费在看戏、登山、旅游等诸多"无用"的美好事物上，这一切的一切都是有"成本"的，而它们的投资期无一不是在你的青春阶段。

——喝下午茶，对自己的长相负责，西装革履，卑微而平静地活着。

# 财富如何让快乐永恒

作者 俞敏洪

在加拿大的维多利亚岛上，有两个地方游客一般都会去参观，一个是世界著名的布查特花园，另一个是克雷格达罗克城堡。人们在参观完了这两个地方后，尤其知道了它们背后的故事后，都会发出很多感叹。

要去布查特花园很不方便。它位于维多利亚向北十几公里的山区。一走进花园，花的芬芳扑面而来，几百种花争奇斗艳。据说，它是世界上鲜花品种最多、也是每年游客最多的花园之一。

布查特花园原来只不过是一个水泥厂的废址。布查特夫妇在1904年建立了这个水泥厂。由于20世纪初北美工业建设的大规模发展，对水泥的需求量很大，布查特夫妇的水泥厂也就越开越大，因此财富的积累也越来越多。布查特夫人除了对水泥感兴趣以外，对园艺也特

别感兴趣，在自己家前后都种满了鲜花。后来，采石场用来烧水泥的石灰石被开采完毕，被开采过的荒山寸草不生，和周围郁郁葱葱的群山形成了强烈对比。面对荒芜的山梁和凹陷的废矿，他们总觉得留下了太多的遗憾；面对大自然身上留下的道道伤痕，他们总觉得内心有愧。难道就给子孙留下一笔金钱，留下一片荒废的回忆，就算是对得起这个世界了吗？布查特夫妇有一天终于下定决心，把开水泥厂挣的钱还给大自然。于是，一项新的工程开始了。水泥厂的工人变成了修建花园的园丁，他们用马车从很远的地方把肥沃的土运过来，铺在原本已经被挖得只剩下光秃秃石头的矿场中。他们走遍了世界的很多角落，几乎花光了自己所有的存款，只是为了寻找更多更美丽的鲜花，拿来种在他们的

花园里。日复一日，凹陷的矿井变成了美丽的花园，他们给这个花园取了一个美丽的名字叫"幽深花园"。

他们的花园对所有的老百姓免费开放，让大家来感受鲜花的美丽以及比鲜花更美丽的心灵。人们被这个故事所感动，从世界各地蜂拥而至，这个花园已经变成了全世界人民的花园。

到今天，人们依然能够在高大的树木背后看见比树木还要高大得多的废弃的烟囱，但人们再也不觉得烟囱难看了，静静耸立的烟囱在给人们讲述着一个无比美丽的故事，变成了无数人思考人生和财富意义的所在。

但是，维多利亚另外一个克雷格达罗克城堡的故事听起来就有点复杂和悲惨。克雷格达罗克城堡建成于1889年，是当时最富有的煤矿大王罗伯特·邓斯穆尔所建。罗伯特是一位来自苏格兰的移民，到达北美时几乎身无分文。他的故事是一个平民百姓一路奋斗到成功的故事。从苏格兰经过半年多的旅途劳顿到达维多利亚之后，他开始为一家煤矿公司打工，后来那家煤矿关了门，他凭着自己的吃苦精神和灵活头脑，从政府手里取得了一处煤矿的开采权，紧接着又获得了第二处煤矿的开采权。他有着坚韧不拔的精神，有着企业家的精明头脑，

和政府打交道得心应手，最后自己也变成了加拿大B.C.省政府立法院的一个成员。同时他和自己的合作者打交道也十分老练，不断地吸收拥有各种资源的人进入他的公司。短短20年，他就由一个穷光蛋变成了北美最富有的人之一。当然，在他财富的背后也有一些不光彩的故事，比如几百个煤矿工人都死在了他的矿井之中。不知道他有没有为这些人命内疚过，但在这些人命之上，他的财富越来越多却是大家都能看到的事实。他生了8个女儿和2个儿子，过着当时人人羡慕的富足生活。

如果故事到此为止，那他也会像无数富翁一样，慢慢和财富一起消失在历史的发展中，最终被人们永远遗忘。这个世界不会长久地记住有钱人，因为活着的更有钱的人会不断涌现，来代替那些已经死去的有钱人在人们心中的记忆。

罗伯特觉得有了钱总要花出去，于是他决定在维多利亚最美丽的地区，在一座小山的顶上造一座最壮观最美丽的城堡，城堡可以俯瞰整个维多利亚的美景，他可以和他的家人一起住在里面安享晚年。1887年，城堡开始建造，北美最好的设计师和建筑家都被请到了维多利亚，最好的石材和木材源源不断地从北美和全世界各地运到工地，最好的家

具从全世界订购，工匠们日夜奋战马不停蹄，一座壮观的城堡终于耸立在美丽的小山上，成了当时维多利亚最高的建筑。1889年，正当举家准备搬到城堡去居住的时候，罗伯特·邓斯穆尔不幸去世了，留下他的妻子琼和一大堆儿女。他的妻子搬进了城堡，他的大儿子詹姆斯继承了他的产业，母子俩为了财产开始闹矛盾，最后还进了法院，以至于当母亲在18年后去世时，詹姆斯差一点没有来参加母亲的葬礼。母亲去世后，家庭就变得四分五裂，女儿们都嫁出去了，另一个儿子很年轻就去世了。整个城堡以及里面的家具都被拍卖了出去，二十几户人家同时住进了城堡的各个房间。他的儿子詹姆斯这时还算有钱，搬到了另一个地方去住，也生了8个女儿和2个儿子，但不幸的是2个儿子没有结婚就都死掉了，到此为止，一家人再也没有了血脉相续，终于沉没在了历史的烟云之中。

后来城堡又被一个叫卡梅伦的人买走，结果这个人最后也破产了，于是城堡被抵押给了加拿大蒙特利尔银行，后来加拿大政府又从银行手里买回来，用来做军队医院，接着又成了维多利亚学院和维多利亚音乐学院的所在地。1959年，有一个也叫詹姆斯的人意识到了该城堡的历史价值，成立了一个叫克雷格达罗克城堡历史博物馆学会的非营利性学会，开始保护和维修已经十分破旧、并被严重毁坏的城堡。1979年，该协会开始正式接管城堡。到今天为止，城堡还在不断维修之中。每年有大概15万人到城堡去参观，整个城堡就靠参观者的门票收入来维护。很多人在参观时，除了欣赏城堡的宏伟和内部装修的精美之外，面对罗伯特的家族史和城堡的历史，人们有一种几乎没法用语言来表达的复杂感情。和布查特夫妇相比，罗伯特有更多的钱，但留给人们的回忆却要黯淡许多，除了留下一座自己没能住得进去的城堡，人们能够想起来的就是有关他的有点悲惨凄凉的家族史。

在黄昏中的城堡既像一座纪念碑，又像是对活着的人们，特别是对富有的人们的一种警告：原来财富是如此的沉重，如果一直把财富扛在自己的肩上，会把几代人都彻底压垮，会把人们对财富的想象力彻底压垮，更会把人品人格彻底压垮。

两个故事，两种结局，带来了两种不同的意义。说到底，布查特夫妇做着自己认为应该做的事情；罗伯特也在做着自己认为应该做的事情。但后代人是挑剔的，历史是挑剔的。我相信，当布查特夫妇在花园里种着各种鲜花的时候，他们一定知道，他们的后人会像他们一样的快乐，同时他们也能给世界上所有的人都带来快乐。而罗伯特打算建城堡时，只想到了他和家人那狭小的快乐，结果谁也没得到真正的快乐。

# 再聪明，也比不过真正热爱

作者　郝景芳

两年前，我应哈佛大学驻中国代表处的邀请，给一个青少年营做演讲。这个营的成员是从各个高中甄选出来的，都是尖子生。两场演讲我用了同一个题目：愿你一生勇敢，不负聪明。

我讲了聪明可能遇到的问题，也讲了我的建议并给予鼓励。两场演讲结束后，都有孩子来找我。第一场结束后，一个男孩跟我说："你说得对，我就是那种做什么都很快的人，也得过不少竞赛奖项，但我不知道怎么找到动力。"第二场结束后，有好几个孩子跑到后台，一个女孩说："我完全明白你在讲什么，我就是像你描述的那样，从小总当第一名，但很多时候内心会很脆弱。"

聪明是一种很容易被识别的特征，聪明的孩子也非常容易被周遭的人捧在掌心里。但也因为如此，聪明的孩子很

容易面临一些共同的问题。我算是从小到大一直都被人说"聪明"的：我没刷过题，却总是考第一；小学放学后先在户外玩到天黑，中学放学后先去打篮球；从小在学校做主持人，也做校园电视台，参与文艺演出，参加校学生会；学习也不需要父母督促。总而言之，我没有感受过学习有多辛苦。

我经历的真正困难，是在大学毕业，真正面临人生选择的时候，内心深处对于自我和事物的感知。我在大学时，有一段时间陷入了"自我怀疑"的困境：我的成绩和业余爱好都算不得出色，自己想要为之努力的写作也毫无进展。这种时候，我就不停地给自己制订"成就"目标，幻想自己在某些方面能大放异彩。可现实常常事与愿违，这让我十分焦虑。

直到过了好几年，我才慢慢发现症

结所在：我混淆了对"成功"的感觉和对事物本身的感觉。就拿游泳来说，如果我喜欢的是得第一名、站在领奖台上，那么游泳时想得更多的，是取得成功的步骤。但如果我喜欢的是游泳本身，那么游泳时更注重的可能就是身体接触水时的感觉，身体在水下奇妙的变化、手臂调动肌肉拨开水面时的触感，想的是更纯粹的关于身体和动作的细节。

吊诡的是，在人生的很多领域，前一种心态都不如后一种心态更能带来真正的成功。我第一次意识到这一点，是在一堂大提琴私教课上。当时我已经学了两三年，给自己订的目标是能在那年的年终聚会上演奏。但是有一次上课的时候，老师打断了我的演奏，直言不讳地问我："你是不是没有听你演奏的声音？你真的听不出音色本身的好坏吗？"我发现，我确实没有全身心地感受声音，我只关心练习曲的进度。

这件事带给我很大的刺激。我开始慢慢感受到，当其他人真正喜欢一件事时，他们是怎样全身心投入的。

跳舞的时候，专注于肌肉和身体的感觉；写作的时候，专注于记忆所引发的细微情绪；研究数学的时候，专注于方程式两边的意义。我羡慕他们那种发自内心的专注，他们能够每天沉浸其中，而不让随时随地的进度审查干扰心绪。

不能沉下心来感受事物，在任何领域都是阻碍人精进的最大障碍。

对我来说，从小到大那些轻易获得的成绩，让我误以为成就感就等于兴趣。我想尝试各种事情，其中有很多并不是因为我怀有深沉的爱，而是因为我喜欢给自己"打钩"：你看我又掌握了一项新技能，你看我这也好、那也好，什么都好。

而真正的人生成就，属于极致的深沉者。在更广阔的世界中，在更长久的人生里，是对一件事极致的敏感和热情，让一个人摸索出攀登的道路。就好像全世界只有他和他正在做的事情，那种专注，让内心澎湃如大海。

听一个音符，就像音符里包含宇宙；推演一个公式，愿意数十年如一日；写一行代码，就像全世界都安静下来……

想要在真实的世界里做出一些重要的事情，就需要将自己打碎，忘掉所有既往，找到从山脚开始攀登时的那种赤子之心。

这个世界上的高山太多了，攀登每一座高山都需要穷尽毕生的力气，一步一步地行进。如果内心没有热爱，根本无从谈选择。而如果没有敏感的自我意识，根本无从产生真正的热爱。

只有抛却聪明带给自己的所有包袱，回归初心，找到真正能让自己泪流满面的事物，才能获取支持生命的长久力量。愿你一生勇敢，不负聪明。

# 什么是"自己"

作者　罗振宇

日本设计师山本耀司有一段话，大意是说：

什么是"自己"？自己这个东西是看不见的。当自己的人性撞上一些别的什么，被反弹回来，让我们感知到了，我们才会了解自己。

所以，要去找那些很强、很可怕、水准很高的东西相互碰撞，然后才能知道"自己"是什么。

你看，这就是我喜欢的行动者的生活态度。

我就存在于我的行动中，我的行动不断产生结果，我再从这些结果中感知自己的存在，同时实现自我的提升。我和我的行动是一体的。

前些年流行一句话："脚步不要太快，要经常停一停，等你的灵魂赶上来。"我特别想反问："如果你的脚步停下来，你和世界的关系停止了，你确信自己还有灵魂吗？"

所以，不管是慢还是快，闲散还是忙碌，我更看重的是，千万不要把所谓的灵魂活没了。

从某种意义上来说，我们的一生，就是一个寻找自我的过程。

# 向死而生

作者　李开复

与病魔抗争了17个月后，李开复将他自2013年9月得知自己罹患淋巴癌以来，治疗过程中鲜为人知的故事和心路历程，以及从死亡线上回来后的人生思考与读者分享。

生病之前，我被美国《时代》周刊评选为"2013年全球最有影响力100人"之一，我意气风发地赴美受奖，自认为实至名归、当之无愧。然而，吊诡的是，领奖回来没几个月，我就发现自己生病了。我被赤裸裸地暴露在病痛的风暴中，再大的影响力、再高的知名度都帮不了忙；在诊疗间、病床上，我什么都不是，就是一个随时可能在呼吸之间失去所有的病人。

那时候，我常常怨天怨地，责怪老天爷对我不公平。我从内心深处发出呼喊："为什么是我？我做错了什么？这是因果报应吗？我是天之骄子啊！我有能力改变世界、造福人类，老天爷应该特别眷顾我，怎么可以把我抛在癌症的烂泥潭里，跟凡夫俗子一起在这里挣扎求生？"

朋友看我很痛苦，特地带我去拜见星云大师，并让我在佛光山小住几日。有一天，早课刚过，天还没全亮，我被安排跟大师一起用早斋。饭后，大师突然问我："开复，有没有想过，你的人生目标是什么？"

我不假思索地回答："'使影响力最大化''世界因我不同'！"这是我长久以来的人生信仰：一个人能在多大程度上改变世界，就看自己有多大的影响力；影响力越大，做出来的事情就越能够发挥效应……这个信念像肿瘤一样长在我身上，顽强、固执，而且快速扩张。我从来没有怀疑过它的正确性。

大师笑而不语，沉吟片刻后说："这样太危险了！"

"为什么？我不明白！"我太惊讶了！

"人是很渺小的，多一个我、少一个我，世界都不会有变化。你要'世界因我不同'，这就太狂妄了！"大师说得很轻、很慢，但一个字一个字说得清清楚楚。"什么是'影响力最大化'呢？一个人如果老想着扩大自己的影响力，你想想，那其实是在追求名利啊！问问自己的心吧！千万不要自己骗自己……"

听到这里，我简直如五雷轰顶，从来没有人这么直接、这么温和而又严厉地指出我的盲点。我愣在那里，久久没有答话。

"人生难得，人活一回太不容易了，不必想要改变世界，能做好自己就很不容易了。"大师略停了停，继续说，"要产生正能量，不要产生负能量。"他说的每一个字都落在我的心田里，"面对疾病，正能量是最有效的药。病痛最喜欢的就是担心、悲哀、沮丧，病痛最怕的就是平和、自信，以及对它视若无睹。我患糖尿病几十年了，但我无视它的存在，每天照样做我该做的事，我现在还不是活得好好的！"

那几天常听大师开示，我觉得自己过去坚信不疑的很多价值观、信念都是有缺陷的。我当时还带着很多因为身份、名望、地位而来的自负，大师的话语，我虽然记住了，可是我并没有完全明白，也没有完全接受，甚至还有点儿不服气。

有一天，我想到我时常在微博上针砭时弊，也曾对一些负面的社会现象口诛笔伐，于是请教大师要用什么样的态度去面对社会上的"恶"。没想到，大师还是以一贯平和的语气回应我："一个人倘若一心除恶，表示他看到的都是恶。如果一心行善，尤其是发自本心地行善，而不是想要借着行善来博取名声，才能引导社会，对社会产生正面的效应。"

"可是，如果看到贪婪、邪恶、自私等负面的现象，又该怎么办呢？"我想辩解。

大师说："要珍惜、尊重周遭的一切，不论善恶美丑，都有其存在的价值。就像一片生态完整的森林里，有大象、老虎，也一定有蟑螂和老鼠。完美与缺陷本来就是共存的，也是从人心产生的分别。如果没有邪恶，怎能彰显善的光芒？如果没有自私的狭隘，也无法看到慷慨无私的伟大。所以，真正有益于世界的做法不是除恶，而是行善；不是打击负能量，而是弘扬正能量。"

养病期间，大师的话语时常在我心中回荡。我想的最多的就是"影响力"这三个字。

那时候，我确实沉溺在各种浮躁的快感中，我是万众瞩目的焦点，走到哪儿都有粉丝围绕着我；我在微博上的影响力，让我能够轻易发起万人实名抵制某一档红火的电视节目；我认为自己是路见不平、仗义执言的大侠，丝毫未察觉自己已经越界。我坚信自己是在关心社会，但骨子里我已经被千万粉丝冲昏了头。每一个社会重大事件，粉丝都会期待我的表态，于是我陷入言论被转发与关注的热潮中，不能自已。甚至还运用我的专业知识，筛选最值得关注的微博，好让我的言论更具有影响力。

大师重重点醒了我，他说："追求影响力最大化，最后就会用影响力当借口，去追求名利。不承认的人，只是在骗自己。"为了追求更大的影响力，我像机器一样盲目地快速运转，我心中那只贪婪的野兽霸占了我的灵魂，各种堂而皇之的借口，遮蔽了我心中的明灯，让我失去准确的判断力。我告诉自己，有了影响力，我就可以伸张正义，做更多有意义的事。但我的身体很诚实，我长期睡不好、痛风、便秘，还患了几次带状疱疹。这些警示都太微弱了，无法撼动我那越来越强大的信念。人说"不到黄河心不死"，狂心难歇，最后身体只好用一场大病来警告我，把我逼到生命的最底层，让我看看自己的无知、脆弱、渺小，也让我从身体小宇宙的复杂多变，体会宇宙人生的深邃和奥妙。

身体病了，我才发现，其实我的心病得更严重！当我被迫将不停运转的机器停下来、不再依赖咖啡提神的时候，我的头脑终于可以保持清醒，并清楚地看到，追逐名利的人生是肤浅的，试图改变世界的人生是充满压力的。珍贵的生命旅程，应该抱着初学者的心态，对世界保持儿童般的好奇心，好好体验人生；让自己每天都比前一天有进步、有成长，不必改变别人，只要做事问心无愧，对人真诚平等，这就足够了。如果世界上每个人都能如此，世界就会更美好，不必等待任何一个救世主来拯救。

现在，之前汲汲营营追求的一切，在我心里都渐渐淡了。卸掉身上很多看不见的负担，我才有能力辨识，网上许多激昂、沸腾的讨论，常常都充满了负能量。

昨日种种，譬如昨日死；今日种种，譬如今日生。病中醒来，昏聩的心灵也醒过来了。我现在不太看网络消息，更不觉得自己需要在网上仗义执言。眼不见，心不烦，不见可欲，使人心不乱；不烦不乱，就不会给身心带来压力。压力是一切疾病之源，就算是对自己的健康负责，我也势必要远离过去的生活方式了。

# 我要用全身心的爱来迎接今天

作者 〔美〕奥格·曼狄诺

我要用全身心的爱来迎接今天。

因为，这是一切成功的最大秘密。强力能够劈开一块盾牌，甚至毁灭生命，但是只有爱才具有无与伦比的力量，使人们敞开心扉。在掌握爱的艺术之前，我只算商场上的无名小卒。我要让爱成为我最大的武器，没有人能抵挡它的威力。

我的理论，他们也许反对；我的言谈，他们也许怀疑；我的穿着，他们也许不赞成；我的长相，他们也许不喜欢；甚至我廉价出售的商品都可能使他们将信将疑，然而我的爱心一定能温暖他们，就像太阳的光芒能融化冰冷的冻土。

我要用全身心的爱来迎接今天。

我该怎样做呢？从今往后，我对一切都要满怀爱心，这样才能获得新生。我爱太阳，它温暖我的身体；我爱雨水，它洗净我的灵魂；我爱光明，它为我指引道路；我也爱黑夜，它让我看到星辰。我迎接快乐，它使我心胸开阔；我忍受悲伤，它升华我的灵魂；我接受报酬，因为我为此付出汗水；我不怕困难，因为它们给我挑战。

我要用全身心的爱来迎接今天。

我该怎样说呢？我赞美敌人，敌人于是成为朋友；我鼓励朋友，朋友于是成为手足。我要常想理由赞美别人，绝不搬弄是非，道人长短。想要批评人时，咬住舌头，想要赞美人时，高声表达。

飞鸟，清风，海浪，自然界的万物不都在用美妙动听的歌声赞美造物主吗？我也要用同样的歌声赞美她的儿女。从今往后，我要记住这个秘密。它将改变我的生活。

我要用全身心的爱来迎接今天。

我该怎样行动呢？我要爱每个人的言谈举止，因为人人都有值得钦佩的性格，虽然有时不易察觉。我要用爱摧毁困住人们心灵的高墙，那充满怀疑与仇恨的围墙。我要架一座通向人们心灵的桥梁。

我爱雄心勃勃的人，他们给我灵感；我爱失败的人，他们给我教训；我爱王侯将相，因为他们也是凡人；我爱谦恭之人，因为他们非凡；我爱富人，因为他们孤独；我爱穷人，因为穷人太多了；我爱少年，因为他们真诚；我爱长者，因为他们有智慧；我爱美丽的人，因为他们眼中流露着凄迷；我爱丑陋的人，因为他们有颗宁静的心。

我要用全身心的爱来迎接今天。

我该怎样回应他人的行为呢？用爱心。爱是我打开人们心扉的钥匙，也是我抵挡仇恨之箭与愤怒之矛的盾牌。爱使挫折变得如春雨般温和，它是我商场上的护身符：孤独时，给我支持；绝望时，使我振作；狂喜时，让我平静。这种爱心会一天天加强，越发具有保护力，直到有一天，我可以自然地面对芸芸众生，处之泰然。

我要用全身心的爱来迎接今天。

我该怎样面对遇到的每一个人呢？

只有一种办法，我要在心里默默地为他祝福。这无言的爱会闪现在我的眼神里，流露在我的眉宇间，让我嘴角挂上微笑，在我的声音里响起共鸣。在这无声的爱意里，他的心扉向我敞开了。他不再拒绝我推销的货物。

我要用全身心的爱来迎接今天。

最主要的，我要爱自己。只有这样，我才会认真检查进入我的身体、思想、精神、头脑、灵魂、心怀的一切东西。我绝不放纵肉体的需求，我要用清洁与节制来珍惜我的身体；我绝不让头脑受到邪恶与绝望的引诱，我要用智慧和知识使之升华；我绝不让灵魂陷入自满的状态，我要用沉思和祈祷来滋润它；我绝不让心怀狭窄，我要与人分享，使它成长，温暖整个世界。

我要用全身心的爱来迎接今天。

从今往后，我要爱所有的人，仇恨将从我的血管中流走。我没有时间去恨，只有时间去爱。现在，我迈出成为一个优秀的人的第一步。有了爱，我将成为伟大的推销员，即使才疏智短，也能以爱心获得成功；相反，如果没有爱，即使博学多识，也终将失败。

我要用全身心的爱来迎接今天。

# 不让人难堪

作者　罗振宇

曾国藩后半辈子共当了12年的总督。两江总督先后共当了10年，直隶总督两年，按照张宏杰的计算，这些年的总督生涯，他基本可以收入180万两白银。

但是曾国藩临死的时候，他的积蓄只有1.8万两，只为上述数字的1%。而且这1%，他本来是准备自己告老还乡之后用的，结果也没用上，因为他是在两江总督的任上死的。当然，最后这1.8万两也没剩下，办丧事给花得精光。因为他临死的时候交代自己的儿子，办丧事不准收礼。

因此严格来讲，曾国藩是一个没有留下遗产的人，除了在湘乡的一栋房子和里面的藏书。

曾国藩一辈子都对自己要求非常严格，吃饭就用一个瓦盆，见客人的时候穿着邋遢的破衣，因为他觉得没必要穿那么好。他一生穿的鞋袜衣服，都是自己的夫人和女儿亲自动手，自产自用。

当年他的夫人在老家一听说老公当总督了，就去投奔他，希望过上好日子。没想到到安庆一看，总督衙门破烂得一塌糊涂，老妈子只有两个。这么一大家子，家务怎么操持得过来呢？于是夫人就自作主张到街上去买了一个丫鬟。

曾国藩看见了就很生气，说咱家没必要花这个钱，有事自己做，最后逼着夫人把这个丫鬟给送人了。这不是什么廉洁，他就是觉得没必要。而且曾国藩有一个观念：不要给子孙留财物。他自己的生活也很清苦，比如说他有一个规定，"夜饭不荤"，就是说晚饭的时候不吃荤菜。

总而言之，曾国藩对自己的道德要

求非常高。但是，他对别人却不是这样。比如说同治七年（1868年），他因为调任直隶总督，要进京面圣，就随身带了2万两银子的银票，在北京就散光了，因为他要笼络京官。

曾国藩和中国传统小人的行为作风也完全不一样。典型的小人作风是律己宽、待人严，而曾国藩正好反过来，是律己严、待人宽。

曾国藩是一个清官，这没错，但他是一个非典型清官，因为他收礼。举个例子，他刚当上两江总督，去安庆上任的时候，地方官当然得巴结他了，给他置办公馆，送家具、被褥、细软。曾国藩一看，说不错，你们当差很谨慎，很用心，但这么多东西我不能收，我也不能全不收，我收下这七领草席就好了。

这就是给对方台阶下，让地方官也有面子，不至于在总督大人那儿碰一鼻子灰回去。

他手下有一员大将，叫鲍超，字春霆，带领着霆字营，是湘军当中战斗力非常强的一员猛将。鲍超是个粗人，会打仗，也会抢夺战利品，很快就发财了。有一次曾国藩过生日，鲍超带着16大包的礼物就来了。曾国藩一看，带的东西还真不少，就让鲍超打开看看都有什么

好东西。打开一看，金银细软、古玩字画，一大堆。

曾国藩就说，我也不能全不收，我只收一样，但是你让我自己挑好不好？然后他挑来挑去，挑中了一顶绣花小帽，剩下的完璧归赵。请注意，他没问鲍超这钱是怎么来的，也不训导他要廉洁，他只是将鲍超礼送出营而已。

再比如说，曾国藩有一个幕僚叫容闳，这个人可不得了，是中国首位留美学生，从耶鲁大学毕业后回国。容闳在曾国藩的幕府里跟曾国藩商量说，一定要搞洋务运动，引进外国的机器和技术。

曾国藩说，好，我给你6.8万两银子，你到美国去采购机器，我们自己造枪造炮。容闳揣着钱就走了。按照当时官场中的说法，只要碰了公款，这可就是美差。后来容闳回国的时候，曾国藩已经不在两江总督的任上，被调到直隶去了。但是他知道，容闳一定会来给他送礼，所以他就给自己的儿子曾纪泽写了一封信，说容闳上门，一定会送礼，你别不收，但也别多收，只收20两银子左右的礼物就好了。

这就是曾国藩的原则：不让他人难堪。

# 沉默的权利

作者 和菜头

有些人永远理解不了那些美好的事物，恐惧一切和自己不一样的人物。就像现在，有人攻击那些朋友圈干干净净的人，说那种干净下面隐藏着不可告人的深重心机。

不是每一个人都会开启朋友圈的，也不是每一个人开启朋友圈后都会更新的。这是常识，并不是奇闻。因为自己在做某件事，因此自然地认定别人也在做一样的事情，这叫作天真；因为自己在做某件事，因此理所当然地认定别人也应该做相同的事情，这叫作粗鄙。

在一个如此喧嚣的世界里，一个人退避而去，保持可贵的缄默，这并不是多么不可思议的事情。不去分享自己的生活，也不去观察别人的生活，这是一种个人选择，也是一种个人自由。对于某些人来说，展示自己的生活，同时观察他人的生活，这是他们生活的乐趣所在。那么，自然也就有人从这种展示和观察里退出，用一种消极避让的方式维护他们自己对生活的理解。

从2012年微信正式发布朋友圈功能以来，我的通讯录列表里没有开通朋友圈的人比比皆是，开了一段时间又关闭的也大有人在。还有相当一批人是"季更"，甚至是"年更"，以至于每次偶尔看到他们发出一张照片或者发出一句话来，都有一种喜出望外的感觉，跟帖里都是大呼小叫，感慨"原来你还活着"——他们当然都还活着，只是活法不大一样而已。

他们的朋友圈干干净净，没有多少内容。一般这样的人也很少在朋友圈里和别人互动，所以在点赞列表和跟帖里也很少能看到他们的名字。他们都是心机深沉之辈吗？我觉得说这样的话的人，未免太过于恭维自己。他们仿佛觉得自己是这个世界的中心一样，所有人的所有作为，目的都是指向他们。他们却没有想过另外一种可能：他们活得根本不值得别人动用心机，毫无被算计的价值。

许多人只在群里说话，或者单聊，不发朋友圈或者极少更新。我非常理解他们的做法，对于他们来说，聊天让他们感觉更为惬意自在。而更新朋友圈意味着更多压力，尤其是那些一开始就没有区分工作和生活的人，朋友圈里什么人都有，似乎发布什么内容都不合适。还有极少的一部分人，单是看朋友圈都觉得有莫大的压力——永远消除不完的红点，永远响应不完的请求，就像面对着一个无穷无尽向你索求的世界，你需要不断耗费精力去照顾和满足它的要求。

更多人是出于厌倦之情而退出。人生里总有那么一刻，当你浏览朋友圈的时候，会突然觉察到一切都是重复。日复一日，人们每天做着相同的事情，发表着相同的感慨，扮演着相同的角色。逆着时光，翻阅你的朋友圈，你会发现自己仿佛落入了时光的陷阱，被永远地囚禁在了某一天。人们每时每刻都在更新状态，但是他们都是在重复昨天的生活、昨天的自我，周而复始，无穷无尽。因此，有些人突然之间就沉默了，努力从这种循环里挣脱出来，从必须表达、必须点赞、必须跟帖里挣脱出来，而且不愿意再回去。

在这个世间，最为丰富的陈述是沉默。

对我而言，最为恐惧的就是试图打破这种沉默，让发声变成一种必须，甚至是强制。而这样做的人，理由只是因为，沉默让一个人显得与众不同；而沉默者的罪过只是因为，没有加入万众合唱。所以，要给沉默的人安一个罪名，指摘他们包藏某种祸心，在隐匿之处行阴谋之事。于是干干净净的朋友圈也成为一种罪证，要逼迫对方和自己完全一样才会心满意足。

在任何时候，一个人都有权保持沉默，都有权不受打搅地一个人待着。那么多人飞奔着逃离小村小镇，宁可在超级城市里从头打拼，甚至是去另一片大陆，活在一群陌生人之中，为的不过是这种沉默的权利和纯粹属于个人的生活。在那些长草萋萋、空无一人的荒野里，有生之年终于躲开"八仙桌"的追杀。

情感

# 如何与老妈愉快相处

作者 冯唐

生而为人，人生的每个阶段、每一年、每一天，似乎都要面对一些难题，小到明天穿什么，中到天理国法、江湖道义，大到如果人生没有终极意义明天为什么要醒来。这些难题也随着四季变换、年纪增长而变化，少年时担心过早兴奋，中年时担心过度兴奋，年岁大了或许会担心为什么一点都不兴奋。但是在我生而为人的每个阶段、每一年、每一天，自己的老妈都是一个巨大的难题，如何真诚地、持续地、不自残地、愉快地和老妈相处，似乎永远无解。

自从我有记忆，每次见老妈，我都觉得她蒸腾着热气，每一刻都在沸腾。我时常怀疑，英国人瓦特是不是也有这样一个老妈，所以发明了现代蒸汽机。我爸和她愉快相处的方式是装聋，

他全面借鉴了"酒肉穿肠过，佛祖心中坐"的禅宗心法。我问老爸如何和她生活了六十年，老爸喝了一口茶，从喉咙深处发出一句话："一耳入，一耳出，方证菩提。"老哥和她愉快相处的方式是忍耐。老哥最早是不能和她睡在一个房间，后来是不能睡在一套住宅，再后来是不能睡在一个小区，最后是不能睡在一个城市。我亲眼见到老哥陪老妈吃了一顿午饭，饭后吃了两片止痛药。离开老妈两小时后，他跟我说他头痛欲裂。尽管有老爸和老哥缓冲老妈的能量，从少年时代开始，我还是不得不塑造我和她愉快相处的方式，我的方式是逃亡。地理上的逃亡是住校，我从高一就开始住校，再难吃的食堂饭菜我都觉得比被我老妈用唠叨的方式摧毁"三观"强。心灵

上的逃亡是读书和做事，很早我就避免和老妈对骂，在这方面她有天赋，我即使天天在河边溜达，这辈子还是干不过她。老妈的古文水平一般，我高一就读"二十四史"；老妈的英文水平一般，我大一就读英文版《尤利西斯》。老妈能够被她触摸不到的事物所震慑，但是一直按捺不住祛魅的冲动，她会冷不丁地问我："你没杀过一个人，读得懂'二十四史'？你没去过爱尔兰，瞎看什么《尤利西斯》？"

我老妈活到八十岁前后，肉身的衰老明显甚于灵魂的衰老。她还是蒸腾着热气，但热气似乎不再四散，似乎都在头顶飘扬，肉身仿佛一个不动的耀州梅瓶，灵魂在瓶口张牙舞爪。老爸去天堂了，老哥远避他乡，只留下我和老妈在一座城市。我也不敢和她睡在一套住宅，甚至不敢和她睡在一个小区，我睡在她隔壁的小区——按北方的说法，在冬天，端一碗热汤面过去面不凉的距离。

我不得不重新塑造和她愉快相处的方式。

我尝试的第一种方式是讲道理。我自以为在麦肯锡小十年的工作经历练就了自己超常的逻辑思维，加上佛法，再加上卖萌，总能降服她。然而我错了。我反复和她讲宇宙之辽阔而无常，人生

之短促而无意义，为什么她每天还是那么多欲望和斗争。老妈认真听了一次又一次，最后说："你这都是放屁，如果我没了欲望，我那还是活着吗？"

我尝试的第二种方式是念咒语。我总结了一下禅宗式微的根本原因是过分执着于证悟，丧失了群众基础。但广大群众懂盘串和拜佛消灾，所以要有念珠和咒语。老妈说："每天睡前和醒后总有很多念头在脑袋里盘旋，可讨厌了，怎么办？"我说："我借您一串念珠，您每次念头盘旋时，就在心里默念一千遍'一切都是浮云'，记住，一千遍。"我再去看老妈，老妈对着我笑个不停。看我一脸蒙样儿，老妈说："念到一百遍的时候，我忽然意识到，一遍遍念这些有的没的，我又被你这个小兔崽子骗了。咒语，你收回。念珠，我留下。"

在我放弃努力之前，我尝试的最后一种方式是顺势疗法。老妈的"三观"已经形成七十年了，我怎么可能修正它们？既然养亲以得欢心为本，那就毫无原则地往死里夸。有一天，老妈在微信群里嘚瑟："我完全没有花销，有钱没什么了不起。"如果是在没想清楚这点之前，我一定会说："您是没花销，物业、水电、网络、保姆、吃喝、交通、旅游都是我们掏钱，您是没花销。"想清楚这

点之后，我是这么说的："勤俭是中华民族的传统美德，您是典范，我们怎么就没学会呢？没有您的勤俭持家，我们怎么能有今天？爱您！"老妈蒙了四秒钟，问："小兔崽子，你是在讽刺我吗？"我说："怎么敢！"老妈释然，接着说："就

是啊，如果没有我存钱，怎么有钱供你们读书、出国、找媳妇？还是你最懂我啊。万事都如甘蔗，哪有两头都甜？"

我想，既然我老爸能坚持六十年，我就替老爸用顺势疗法再坚持治疗我老妈，和她再愉快地相处六十年。

# 不能对外婆说的话

作者 刘同

连着几个周末都在外地工作，转眼就到了27号，想着之前对外婆承诺的"我一定每个月都回来看你一次"即将失效，心里满是愧疚。

给外婆拨电话，照例很快接起来，仍是大嗓门在话筒里问："哪位？"

我十分抱歉地对外婆说："外婆，最近周末都比较忙，这个月不能去看你了。"

外婆说："没关系，那你打算什么时候回来呢？"

"下个月一定回去看你。"

"今天几号啊？"

"27号了。"

"那你是1号还是2号回来啊？"外婆问得特别自然。

我突然那么一愣，说实话，对于外婆即时的反应，我常常分不清楚是她幽默感太强，还是她心里确实是那么想的。

外婆83岁那年来北京看我，我约了一大堆朋友吃饭，席间充斥着我和好朋友开的各种荤素不一的玩笑，常常是话音刚落，外婆就哈哈大笑起来。

头几次，大家以为外婆只是为了给我们这些晚辈捧场，后来听着听着感觉不妙，然后我试探性地问外婆："外婆，你每一次笑是为了捧场还是真的听懂了啊？"外婆特别自然地回答："本来就很好笑嘛。"

外婆刚到北京时我开车带着她四处兜风。她不愿意坐在后座上，一定要坐在副驾驶座上，说是离我近。

外婆坐在车里看着北京的一座座高楼，说："当年人那么少，房子那么少，我活得那样；现在人这么多，房子这么多，我还是活得一样。你说多这么多东西有什么用！"

外婆什么都问，什么都觉得好奇，好像我印象里的外婆一直是这样，她从来没有发过脾气，对我总是笑嘻嘻的。

那时，中国的钨矿业发达。外婆带着全家生活在大吉山钨矿，她是钨矿的一名选工。后来，外公当选了钨矿的党委书记，外婆就被调到了电话接线员的岗位上。

我父母是医务人员，常常夜里加班。我那时只有四岁，夜间醒来找不到他俩，就会哭着跑到医院，在走廊里大哭，谁都拦不住。父母没办法，便又把我扔回了外婆那儿。

知道我怕孤单，所以外婆上班就会带着我，绝不会扔下我一个人。外婆任我在电话接线间里胡来——比如我常常把各种线拔出来，插到不同的孔里，她仍是乐呵呵地看我把她的成果搞得一塌糊涂，然后再十分有耐心地把它们一一恢复原位。后来我就不让她看，而是让她转过身数20下，我乱弄一气，然后再看外婆把线插回正确的位置。现在想起来，这简直就是连连看游戏最早版本的最高境界嘛。

因为这样每天都和外婆在一起，所以谁都不能取代外婆在我心里的地位，当然我也绝对不允许别人取代我在外婆

心里的地位。后来表弟出生了，我很爱表弟，所以当外婆带他的时候，我也会一直在旁边跟着。外婆每次哄好表弟之后，就会回过头来和我对视一下，我便迅速扭头——我不想让她知道我那么在意她对我的关心，我也不想让她知道我在妒忌表弟所受到的关心。

有一次全家吃饭，我、表弟和邻居的孩子在院子里玩，外婆跑出来叫了一声表弟的名字，让他赶紧洗手吃饭。因为没有叫我，我故意不进屋。后来小舅出来喊我，我蛮不情愿地跟着进了屋，一整晚都处于极度的难受之中，我觉得外婆已经不在意我了。长辈们都问我怎么了，我只摇头，什么都不说。外婆走过来也问我怎么了，我把头扭过去，仍然什么都不说，两行眼泪流了出来，鼻涕也流出来了。

外婆看我什么都不说，默默地叹了一口气，准备转身去收拾餐桌。我突然从后面跑上去一把抱住她，把头埋在她的腰间，大哭了起来，然后反反复复说一句话："为什么表弟叫你奶奶，而我要叫你外婆？为什么我要叫你外婆？"全家人都愣住了，不明白我的意思。

"我不要叫外婆，我也要叫奶奶。因为外婆有个'外'字，我不要这个'外'字，我不是外面的！"我哭得上气不接下

气，说出这么一长串，却轰的一下把所有人的笑穴给点了。我一看他们笑得那么厉害，哭的声音就更大了。外婆蹲下来，抱着我，又好笑又心疼我，眼里也全是眼泪，她说："好好好，我不是外婆，以后你不要叫我外婆了，你叫婆婆、奶奶都行。"

这件事情是后来外婆告诉我的，我都不敢追问细节，因为任何追问都是对自己的讽刺啊。外婆回忆起来的时候眼里带着向往的闪烁，她说："小时候你一直跟着外婆，后来你去读大学了，又去北京工作了，现在我们一年都见不到两面，幸好那个时候我们一直在一起啊。"

我听得懂外婆的意思：我长大了，回到她身边的机会就更少了。我向她保证，我一定会争取更多的时间来陪她的。

三个月前的一天，妈妈给我打了一个电话，话还没说两句，就在电话里哭了起来。她说："你外婆脑血栓发作住院了。我给外婆家打电话打了几次都没人接，我觉得不对劲，就去外婆家找她，打开门才发现外婆脑血栓发作倒在客厅里，动也动不了……"说着泣不成声。

我心急如焚，连夜赶回了湖南。路上，往事一幕又一幕浮现，眼泪在眼眶里打着转，滴滴答答滑落在焦急的归途中。

还好，上次她来北京，去了长城，游了故宫，看了水立方。

想起那时，我问外婆："外婆，回去时我给你们买机票好吗？"

她问贵不贵，我说："不贵，打折后特别便宜，我担心的是你有高血压能不能坐啊，你恐高吗？"

她说："我没有坐过飞机，你让我坐我就坐。"她那样子像个孩子。

从长沙回郴州的路上，妈妈给我打电话，语气里有掩饰不住的兴奋："你外婆简直神了，不仅神志清醒，而且说话也恢复了。你等一下，外婆要跟你说几句。"

然后外婆的声音就在电话里出现了，依旧是大嗓门，只是语速变慢了很多，像随身听没电的感觉。她在那头"汇报"她的病情，让我不要担心，我在这边握着电话无声地落泪。

"不要担心"四个字是我从外婆口中听到的最多的话。小时候带我，她对我的父母说不要担心我；等我读完大学开始北漂之后，她总对我说不要担心她。

有时候，不要担心确实是一种安慰；有时候，不要担心只是不想添麻烦。我知道外婆不想给我添麻烦。

她喜欢每天打开电视，到处找我负责制作的节目。

她从不主动给我打电话，但每次我一打电话，铃声还没响完一下，她就接起电话。

每次我给她打完电话，我妈就会打电话过来表扬我，说外婆特别开心，又不知道如何是好，只能给我妈打电话分享喜悦。

外婆的身体恢复神速，我便承诺之后每个月都一定要回湖南看她一次。因为这样的近距离接触，我才更了解外婆了。

一次回去的时候，我问照顾她的阿姨她在哪儿，阿姨说外婆在卫生间洗澡。我看卫生间是黑的，正在纳闷，阿姨说外婆洗澡的时候从来不开灯，怕浪费电。

我的火蹭上来了，立刻在外面把卫生间的灯打开，然后用命令式的口吻对里面说："外婆，如果以后你洗澡再不开灯，我就不来看你了。"

里面沉默了大概一秒之后，立刻回答："好的好的，我开就是了。"

现在的我已经学会了如何威胁她。

如果不穿我买的新衣服，我就不去看她了。

如果夏天不开空调，我就不去看她了。

如果再吃剩菜剩饭，我就不去看她了。

其实，大概从她80岁开始，我又变成那个心里满是心思、只能自说自话的小男孩了。比如打电话时，我不敢说自己想她了，我怕她会更想我。比如她每一年过年给我的压岁钱我都留着，不敢拆。我怕拆了，她给我的最后一份压岁钱就没了。

# 父与子，在路上

作者　青衣佐刀

12岁到18岁，对一个少年来说，是其人格发育最关键的时期。这一阶段，我持续关注着儿子陈天成的成长。我不望子成龙，也从未有过要为儿子规划人生的想法，更不强迫他去做自己不喜欢做的事，但我还是想在这个阶段能为他做些什么。

## 2012年川藏线骑行

在他还很小的时候，我就想过要来一次川藏线骑行，后来考虑到高原路途的艰难和缺氧会伤害他，最终放弃了。转眼到2012年暑假，儿子14岁了，看着他1.76米的个头，我觉得该出发了。

当我们在川藏线骑行3天后，几十公里的艰难上坡让我原本拉伤的半月板终于碎裂，右膝关节内侧疼痛难忍，之所以还能坚持下来，其实，也是做给儿子看的。

否则，我早早就会放弃，而不必用冒着一条腿残废的风险来做此行的赌注。

那次骑行，我们有3个约定：第一，整个过程的食宿、线路安排都由儿子定，我只做顾问；第二，整个过程必须骑，再累都不能推着走；第三，骑到拉萨后，将我的稿酬和儿子的部分压岁钱，捐给西藏道布龙村完小的孩子们。

第一条约定是想培养孩子的综合素质，第二条是想让孩子经历磨难，培养他坚韧不拔的精神，第三条则是想在孩子的心里种下一颗爱与分享的种子。那个夏天，我与儿子并肩骑行了22天，经历了各种危险、磨难，也欣赏了沿途无数美丽的风景。其间，有争吵，但更多的是彼此的关心和鼓励，还有快乐和感动。

在拉萨只休整了一天，我们就坐上一辆中巴，晃晃荡荡地去了浪卡子县。

在完成了捐助后，中午，我俩在路边的一家小餐馆点了两菜一汤，我可以清楚地看到空气中、阳光里飘浮的尘埃。那一刻我的心里，竟产生了一种从未有过的充盈、愉悦、温暖、自由和满足的感觉，我明白了，帮助他人其实就是在救赎自己。

## 2013 年徒步尼泊尔

2013 年暑假，我俩去尼泊尔围绕海拔 8091 米、世界第 10 高峰的安纳普尔纳雪山重装徒步了 14 天，每天行程几十公里，到过的最高山口海拔为 5800 米。

这次旅程的起因可以追溯到儿子小学二年级时的一个夜晚。那时，我想让儿子参加英语课外辅导班的学习，开始他并没有同意。过了几天，我换了个角度对他说："老爸一直有个梦想，想去尼泊尔徒步，可是老爸英语很差，一直不敢出去。如果你能学好英语，等你初三毕业后，我们一起去尼泊尔徒步，你做老爸的翻译，好不好？"孩子想了想，答应了下来。

所以 2012 年我俩在川藏线骑行途中，就已经计划好了这次旅行的方法和目标：重装，不请背夫，所有的一切交给儿子去做。一是锻炼他的综合能力，二是锻炼他的交际、处事和口头表达能力。

环安纳普尔纳雪山线路，原本 21 天的行程，我计划压缩到 14 天内完成。于是，我们每天都要赶很长的路，而且要背 30 多斤的装备。第三天，儿子已经有些崩溃了，途中他对我说："老爸，太累了，我走不动了，我真想回家看书。"

攀登那个 5800 米的山口时，两天的路并成了一天，这让我们走得极其受挫。途中突然起了风雪，天色急速黯淡下来。最后 200 米的上坡路，我站在高处，看着儿子走两步歇一下的样子，心疼极了。我差点准备下去帮他背包，可最终还是忍住了，只是在风雪中不断为他加油。后来，他上来时，嘴唇已经被冻紫，还低声对我嘟囔道："老爸，对不起，我实在走不动了。"我却感动得大声叫道："儿子，你太棒了！"

最后一天，因为天热，又加上一路遭受蚂蟥的袭扰，使我很恼火。晚上回到客栈后被告知，没有事先说好的热水可供洗澡，我的火"噌"的一下就蹿了上来。我冲着伙计大吼起来，围拢在门口看热闹的人越来越多，老板也来了，儿子站在门口不断向外面的人解释、道歉。

等围观的人散去，儿子一字一句地对我说："老爸，你今天根本不像我的老爸，你让我看不起。如果你真是这么想别人的，就说明你才是那样的人。我不屑再和你一起走了，今天晚上，要么我走，要么你走。"他说得斩钉截铁，眼泛泪花。

那一刻，我差愧无比。我立马认错，对儿子说："儿子，对不起，是我不对，请你原谅。我下次再也不这样说话了，好不好？别让我离开就行。"

儿子想了想，沉默着径直走到床边，和衣面朝里躺下。尽管那晚他没再理我，我却因为拥有了一份从未有过的自豪感而窃喜。

## 2014 年攀登雀儿山

2014 年的暑假，我们一起攀登海拔6168 米的雀儿山。在一号营地，他因为过长时间地穿着漏水的登山鞋，被冻感冒了，晚上开始发高烧。翌日，当我们到达二号营地时，他已经烧到40 度，血氧含量最低时只有40 多，躺下后便开始说胡话。后来吃了药，全身出汗，将羽绒睡袋都弄潮了。早晨醒来，我问他是否还能继续攀登，他说："老爸，没事。"

第三天，从二号营地到三号营地要攀上一个约100 米高的雪壁，当他攀登到四分之三处时，本来松软得只有四五十度的雪坡陡然变成了将近70 度的坚硬的雪壁。在此之前，他只参加过在一号营地里进行的不到一小时的攀冰训练，所以，那天我一直与他并肩攀登。

攀登时，我注意到他每次踢冰时都极其费力，有几次差点滑坠。终于，他崩溃了，我看见他双手吊着冰镐，双膝跪靠在雪壁上，转过头，用一种近乎绝望的口吻对我说："老爸，我不行了，我肯定上不去了。"

那天，我最担心的就是他说出这样的话。那一刻，我的心里突然冒出一丝从未有过的恐惧。我提醒自己要镇定，想了想，最终做出一个决定，我大声对他说："陈天成，这时候，谁也救不了你，你只能靠自己了。"接着，我又补充了一句，"你试着用法式的方法攀登，借助上升器。"说完，我硬着心肠，头也不回地向上攀登而去——我不能留给他一点有可能得到帮助的想象空间。

最终，儿子成功了。我们到达顶峰时，风雪很急，我看到他的脸被冰块划破了十几道口子，嘴唇也被冻得乌紫，我很心疼，也很欣慰。

后来，攻顶下撤快到一号营地时，儿子突然对我说："老爸，这次真的感激你，如果没有你，我绝对上不去。"这是他第一次对我说"感激"两个字，那一刻，我觉得这些年的付出都值了。

人生的成功必须靠自己的努力，我所能做的就是尽量为他打开一扇窗，这很重要，因为窗里窗外，是两个境界。

# 读懂父爱

作者 陆 川

父爱一直伴随着我，只是父亲的爱含蓄而深沉，用心良苦。当读懂父爱时，我已经30多岁了。

小时候，看到别的父子像朋友一样相处，我既羡慕又忧伤。

我在一个家教很严的家庭里长大，父亲陆天明在外人眼里很温和，但对我从小就很严格。在我的记忆里，父亲总是一副忙忙碌碌的样子，回到家就扎进书房看书、写作，很少与我交流。从我的童年到青年时代，父亲与我沟通的次数屈指可数，淡淡的隔阂像薄纱一样，将我和父亲的心灵分隔在两个世界。

我从小酷爱文艺，梦想长大后能成为张艺谋那样的国际名导。高中毕业后，我准备报考北京电影学院导演系，但父亲坚决反对我的选择，认为我没有生活积淀和感受，拍不出什么好电影，还会沾染自高自大的毛病。他自作主张，为我填报了解放军国际关系学院的志愿。父亲掐断了我的梦想，为此我对他有了怨言。

大学毕业后，我在原国防科工委当了一名翻译。一次，我路过北京电影学院，发现海报栏里张贴着导演系招收研究生的简章，我沉睡的梦想再度被激活了。这次，我没有告诉父亲，就报考了导演系的研究生。入学考试时，电影学院一位教授是父亲的朋友，给父亲打去电话："导演系研究生很难考，你不替儿子活动活动？"父亲断然拒绝了："他行需要我活动吗？他不行拉关系又有什么用？"

虽然我以总分第一名的成绩被导演系录取，但父亲的"冷酷"还是让我心里很不舒服。我总觉得父亲有些自私，过分专注自己的事业，而忽视了我的发展。

几年后，我成为北京电影制片厂的专业导演，因为是新人，我整整3年时间没有导过一部电影。那时候，我整天无所事事，常常坐在街头，看着夕阳发呆。此时，父亲已经写出了《苍天在上》《大雪无痕》等颇有影响的剧本，我很希望父亲也能为我写一个剧本，再利用他的影响力为我寻找投资方。我委婉地暗示过父亲，但每次父亲都这样告诉我："你是个男人，自己的事情自己解决。"想到别人的父亲想方设法为子女牵线搭桥，而自己的父亲却对我的事业不闻不问，心里有种难以言说的滋味。

2001年，我的事业终于迎来了转机，我导演的电影《寻枪》荣获国际国内10多项大奖。我满以为父亲会表扬我几句，谁知，父亲从电视里看颁奖典礼时，只是淡淡地说："还行，但需要提高的地方还很多。"我回敬了父亲一句："在你眼里，我永远成不了气候。"因为话不投机，我与父亲吵了起来，很长时间谁也不搭理谁。

2004年9月，就在我执导的电影《可可西里》进行后期制作时，我年仅55岁的姑姑、著名作家陆星儿患癌症在上海去世。这给亲人们带来了巨大的悲痛，特别是父亲，他从小与姑姑感情很深，

仿佛一夜之间，苍老了很多。

料理完姑姑的后事，我陪着父亲回到北京，此时再看父亲，那个威严、冷酷的男人竟那么瘦弱无助，我内心五味杂陈……见父亲头发乱了，我打来热水为他洗头发。这一平常举动，竟让父亲老泪纵横："孩子，从小到大爸爸对你很严厉，你也许觉得爸爸很冷酷，但爸爸从来都把你的每一步成长放在心里。溺爱和纵容孩子，是一个父亲最大的失职"……

父亲的话让我的眼睛湿润了。母亲告诉我："你在青藏高原拍摄《可可西里》时，你爸爸听说你患上了严重的高原病，累得吐血，因担心你，整夜睡不着，一说起你就泪流满面。"原来父爱一直伴随着我，只是父亲的爱含蓄而深沉，用心良苦。当读懂父爱时，我已经30多岁了。

2009年4月16日，我呕心沥血4年拍摄出的史诗电影《南京！南京！》在央视电影频道举行首映式。记者现场连线远在上海养病的父亲。4年来，父亲知道我数次阑尾炎发作，昏倒在片场；知道我冒着零下30℃左右的严寒，一拍摄就是10多个小时……在显示屏上，我清晰地看到父亲嘴唇哆嗦、老泪纵横，几度哽咽难语："孩子，4年来你受的苦，我

和你妈都看在眼里。"我有太多的话想对父亲说，可又不知从何说起，只是向父亲深深地鞠了一躬……

这些年来，我一直有个心愿，想与父亲合作一部戏。前不久，我把自己的想法告诉了父亲，父亲高兴地说："孩子，咱们来个约定：爸爸给你写剧本，你要答应爸爸一个条件，把个人问题尽快解决好。"我们父子俩的手紧紧握在一起，我的心头奔涌着激动和幸福……

# 每个父亲都是一把钥匙

作者　徐百柯

我脑海里有3个故事，每每撞向坚硬的现实，弹起，又砸在柔软的心上。因为涉及4个父亲，尤其让人牵挂……

## 跳桥

许多年后，小李会怎样回忆起这一天？那是个萧瑟的冬日，父亲的最后一句话，是对着天空喊的："为什么我拼搏这么久，会落得今天的下场？"

此前一句，则是对着他喊的："这儿冷，你快回家！"

老李41岁，在重庆经营一家汽车销售公司，因生活压力过大，欲跳桥了断。家人带着他9岁的儿子赶到现场，小李跪着哭叫："求求你了，回来吧，我们一起回家！"老李吸了口烟，对着儿子和天空抛下两句话，然后翻身跃下。

他尽责，为家庭打拼；他尽责，怕儿子冷，让儿子回家。但他没有勇气再尽责，于是结束了生命。

除了这个极端的场景，我对李家的情况一无所知，因此对这个故事无从置喙。只愿小李获得安宁，愿老李在他心中，除了跃下的残破身影，还有可算丰满的温暖记忆。

## 吞枪

美国《克利夫兰报》记者康妮·斯葛茨在最近的一个场合，讲了她写的一篇报道中的故事。她把史蒂夫·帕克的遭遇写得"像契诃夫的短篇小说一样优美、哀伤"。

帕克是杰克逊镇上虔诚的基督徒，在工厂干活时，他吹的口哨都是赞美诗。小镇的支柱企业是固特异轮胎厂，厂子撤离后，在里面干了几十年的帕克失业了。他是家中唯一的经济支柱，不得不四处求职。超市物流中心的新工作让他觉得屈辱，51岁了还要被人呼来喝去。他陷入焦虑，寝食难安。

本该带全家去教堂的一个星期天，帕克却紧张性精神病发作。去医院的路上，他蜷缩在后排座椅上，不停念叨《圣经》里的一句话：不能养家的男人无异于异教徒。几天之后，他在丛林里用手枪结束了自己的生命。

康妮写道：帕克走了，像寂静的坟墓一样留在小镇中心的废弃工厂却无时无刻不在提醒人们，美国到处都有杰克逊这样的小镇，高度依赖某一产业，人们掌握的社会资源有限，任何一次失败对他们都是致命的打击。

## 立约

四川人何正文、何正武兄弟俩在北京打工，数年间见不着劳动合同的影子。因为没有签订合同，他们眼见工友拿不到工伤补偿，还挨打被辞无处说理；因为没有合同，他们自己的工资被克扣，却投诉无据。

46岁的哥哥和39岁的弟弟决定不再忍受下去，他们要诉诸法律，讨还劳动合同和公道。但底层人的勇气是卑微而敏感的，他们有极为现实的顾虑。于是在租住的简陋小屋，兄弟俩挤在一张床上（所谓床，不过是木板下垫了8层砖），定下"生死盟约"：一旦在维权过程中因遭报复而遇难，只要两人中任何一人有能力，须将对方的子女视如己出，抚养成人。

请允许我借用康妮·斯葛茨的表达：中国到处都有何氏兄弟所待的这样的工地，到处都有他们这样的打工者，到处都有他们这样的顾虑和恐惧。这些父亲掌握的社会资源极少。侵犯、漠视，对他们都有可能构成致命的打击——更不用说确实有现实的生命威胁。但他们仍旧是父亲，再残破的手掌也要抚摸儿女，再脆弱的胸膛也要庇护子女。

一个江西煤矿工人的孩子这样写道："爸爸，每天我都在心中暗自祈祷，希望您能平安回家。每当听到那熟悉的开门声，我都会满心欢喜，觉得那是世界上最美的音乐。"

每个父亲都是一把钥匙，为儿女开启生命，打开生活的大门。

# 再见，爸爸

作者　和菜头

今天父亲下葬。

电话在周一上午9点打来，我在上班的路上。铃声响起的时候，我知道该来的终于来了。在这一天到来之前，我祈祷过，幻想过，我甚至在街头尽可能避开一切花圈店、寿衣店。但是没有用，电话在周一上午响起，那不是家人会来电的时间。

我乘最早的一班飞机回到昆明，进了家，父亲已经变成了一张黑白照片。他严肃地看着我，像是在问：为什么又被老师留堂了？在过去十年间，他是客厅里坐在轮椅上的一个背影，无声隐没在电视节目斑斓的光影之中。现在，他成了某种以蜡烛、青香、鲜花为食的存在，终于转过脸来和我对视。

父亲生于1937年，属牛，白族，家在怒江地区松柏乡，是家族里第一个大学生。如果不是上大学的话，他会是村寨中一名出色的猎手。小时候，巫师为他打卦算命，说是将来会远离祖先的宅基地。奶奶非常担忧，巫师解释说，也许是去汉地。

他的第一站非常遥远。因为修的是物理系核物理专业，他一毕业就被征召入伍，前往新疆戈壁中的核物理研究所。记得他说过，新兵从西安集结出发，坐在闷罐列车里一路西行。没有人告诉他们要去哪里，也没有人告诉他们还要走多久，只知道每次下车休息的时候，景色越来越荒凉。最后，举目望去竟然四野无人。父亲说，有一次见到一根电线杆，上面还留有工人的油泥手印。那是进入戈壁之后唯一一次见到有人类活动过的痕迹，于是他抱着电线杆失声痛哭。

父亲从来不是一个坚强的人。

进入研究所不易，出来更难。他拒绝了由组织上介绍对象，坚持要回云南自己找。我猜想他没有一天喜欢过戈壁，他还是喜欢崇山峻岭、大江奔涌，喜欢将赤裸的脚板踏在熟悉的红土地上，所以，他坚决不肯断灭了回家乡的任何希望，哪怕因此要在戈壁里孤独很多年，哪怕在家属区炊烟袅袅的时候，独自返回单身宿舍楼自己做饭。

父亲在39岁那年有了我，我是头生子。

我出生不久，父亲就把我带去了戈壁，说是不放心母亲带。从此，他和我走遍大江南北。他到哪里，我就跟到哪里。在武汉，在北京，在西安，月台上多了一个抱着孩子的军官，一边肩膀上趴着一个皮猴一样的男孩子，另一边肩膀上挂着孩子喝奶用的奶粉、煤油炉。父亲回忆说，每次他去买票的时候，就让我在一边守着行李。每次回来的时候，就看见我死死守住行李，对周围叔叔阿姨的逗弄不假辞色，寸步不离，宛若忠狗。

今年我40岁，父亲在11月22日过完了78岁生日。那天的生日祝福，是妈妈转达的。他已经不会说话了，我多聪明啊，当时我是那么觉得的。

我见父亲哭过两次。第一次是我叔父去世，他哭着说自己对弟弟不够好，小时候骗弟弟去晒豆子的席子上，眼睁睁看着叔父跌跤。原因也很简单，他觉得奶奶爱叔父远甚于爱他。第二次是因为我，初中的时候，我满身出现紫癜，他以为我受了核辐射，得了白血病。我被送去陆军总医院做血检，他站在走廊一角向隅而泣。他以为我不知道，其实我都看到了。

他不知道其实我记得，那一天他冲进幼儿园，抱起三岁的我，冲到乌什塔拉小红山基地的四层楼顶，让我看蘑菇云在山那边升起，然后跳进楼里，让我看冲击波到来时疯狂震颤的窗户玻璃。他永远也不会知道，他给予了我对北方最早的记忆，让我在很多年前就相信，我一定会回到北方，再次看见雪花撒落在我的棉袄上。终于有一天，大雪在北京纷纷扬扬撒下。唯一的区别是，我身上穿的是自己买的羽绒衫，不是他一针一线为我缝的小棉袄。

父亲不会知道这一切，我们已经有十年不曾说过话。

我有许多理由不喜欢父亲。我不喜欢他性格中的柔软和悲观，我不喜欢他陷入人生低谷便不再振作，我不喜欢他沉溺于酒精和电视节目，对一切命运的安排逆来顺受，我不喜欢他所有的放弃。

我们争吵，我们敌视，我们分开后许久不见，我们再次相逢时无话可说。父亲默许了我的一切胡闹，他强烈地批评了我的每一次人生选择，却在我工作11年后辞职离开国企做个北漂时不发一言。他沉默如磐石，我变动如流水。而无论是磐石还是流水，从史前开始，无论时间之雨如何冲刷，从来寂静无言。

父亲从火化炉里出来时，只剩下雪白的灰。所有亲友都被我安排下山吃饭，当时只有我和他两个人。曾经我想过这一幕，于是浑身战栗，口干舌燥。我看着他被烧成灰烬，我等着他慢慢冷却，我站在一边等着入殓师把一米七五的他装殓进一个小小的花梨木盒子。我觉得这一切荒谬无比，正如我坐在火化车间外面等他，骨灰颗粒顺着烟气上升，又打落在我的头上，落在我的衣襟深处。我看见流云如奔马一样从头顶掠过，天空阴了又晴，觉得是他在轻轻敲打我的头。那一刻，我心底澄明，没有任何恐惧。

也许，我的批评是对的，父亲这一生随波逐流，从未争取过任何改变自己人生的机会，可是，我并不曾如他那样在丛林里做一名猎手，带着猎犬交错出击，追击50公里直至野猪倒地毙命。所以，我也无法理解一名19岁的山民突然被运送到戈壁时内心的震撼，对命运的敬畏，以及把返回家乡作为执念。在我们最亲近的时候，他带我踏遍基地周围的山岭，教我认识每一种植物和学习每一种求生的方法。那是记忆里他最快乐的时光，看着我一个人攀上绝壁，是他最骄傲的时刻。"那是我儿子。"我听见他在山脚下大声对同事说。

在整整七天里，我没有落过一滴眼泪。我的一位朋友告诉我，她也曾有过相同的经历——对自己父亲过世没有任何的情绪流露，如同操作一个具体的项目，入土为安，一切得体而妥当。一直到了很久之后，她在北京城里开着车，突然有那么一个时刻，在某个街角，悲伤毫无征兆地悄然袭来，一下子把她打得粉碎。她一脚刹车，一个人在车里失声痛哭。

爸爸，我在等着那个街角。

# 爸爸认识所有的鱼

作者 冯 唐

老爸走了，我赶去机场，回北京。

老爸10天前还能吃能喝，半盘卤肘子吃光，还能喝光一碗粥。两天前还在做饭炒蘑菇，今天上午还吃了半碗面条。今天下午5点，他就毫无痛苦地去了。他过完83岁生日还没多久。今天还是老妈的生日。

我忽然想到，每次见到老爸，他都不太说话，都给我倒一杯热茶。眼泪流下来，止不住。我知道，走得这么快、这么安详，像睡着了一样，这是老爸的福德，也是他一生修行的见证。可是，我还是觉得心里空了一大块，眼泪止不住。洗把脸，去机场，洗着洗着，哭着坐倒在洗手间的地上。

前一个月，安排老爸彻查身体，排除恶性病变。当时老爸体重不到40公斤，我搀着他，觉得他瘦小得像个孩子。

我小的时候，他也这样拽着我的手，去医院看病，去公园、去他单位玩耍。因为太瘦，老爸的静脉状况很差，做加强CT需要的留置针都安不住。我还和他开玩笑，如果真生病了，要静脉注射，您就真有罪受了。老爸进CT室之前，要卸下一切金属物品。他取下手表、钱包、钥匙、手机、戒指、手链、香烟、打火机、假牙，我拿他的帽子盛了这些物件，小小一堆物件，很无辜地聚集在一起。

他一点罪都没受，睡着就去了，和平时午睡一样，张着嘴，手放在电脑上，眼睛闭着。他从来没有超过1万块的存款。我想过给他换个新平板电脑，他说不要，他电脑里的斗地主游戏积累了很多分数，一换就都没了。他一直霸占着厨房，给周围的人做饭，认为任何厨神做的饭都没他做得好吃。他认为所有馆

子的菜都太贵。他认识所有的鱼。他说，天亮了，又赚了。

反正老爸一辈子都不太爱说话，他的小羽绒服还挂在门口的挂钩上，我认为他根本没走。老妈在老爸屋子里设了一个简单的灵堂。我去上了香，看到他的床空了，整整齐齐的，照片上的他笑得像以前一样无邪，手表、钱包、钥匙、手机、戒指、手链、香烟、打火机、假牙等摆在照片两边。眼泪又流了出来，流了一阵，擦干出去，在老妈面前不敢哭。

我见过的最接近佛的人圆寂了，留我一个人独自修行。圆寂不是离去，而是去了另一维空间。其实，人一起生活过一段时间，就没了生死的界限，除非彼此的爱意已经被彻底忘记。我这么爱老爸，他就走不了。其实，人比的不是谁能拥有更多，而是谁更能看开。老爸一直没拥有过什么，一直看得很开。我努力向他学习，争取做到他的万分之一。

我在这一维空间里祝他在另一维空间里一切安好，认识那里所有的鱼。

# 蕾蕾水饺二十年

作者　张军

## 1

至 2017 年，蕾蕾水饺店开了 20 年，我打算关门歇业。

关门前，我在门口贴了一张告示："蕾蕾水饺将于 2017 年 9 月 18 日关门。"周围的居民和一些老顾客听说后都赶过来吃，吃完再拎两袋生水饺回家。特别是 17 日那天，店里真是人山人海。

顾客都说，你不要关啊，你关了我们以后就吃不到这么干净好吃的食物了。

1997 年 7 月 8 日，我在建国南路开起第一家水饺店，取名"蕾蕾水饺"——一是"蕾蕾"是我女儿的名字；二是因为那时候店刚刚起步，就像一个待放的花蕾。

蕾蕾水饺在杭州良心经营了 20 年，我没有赚过一分昧心钱，就像我在包装袋上写的：质量是生命，卫生是保障。女儿在的时候，我是想做百年老店的。2013 年 4 月，我心爱的女儿蕾蕾因病离开了这个世界，我一直哭，哭得眼睛几乎看不见了。今年，我也快 70 岁了。

## 2

我先生是湖州人，很小就没了娘。我这辈子最幸运的，就是嫁给他。

我是山东人，跟中华人民共和国同龄，生下来一个月就跟着父亲来杭州。父亲是解放杭州时来的，后来又参加了抗美援朝。

我有 4 个弟妹，我是老大，从小病歪歪的。妈妈在杭州，爸爸抗美援朝去了，奶奶带着我山东、杭州两头跑，从小教我做面食。要上小学了，我才定居在杭州。

1969 年 1 月 8 日，我去临平农村插队，在农村待了 8 年，回来后进了杭州第三纺织厂，后经人介绍认识了我先生。

我们 1977 年 9 月认识，1978 年登记结婚。当时我身体就不好，胃出血，其他小毛病不断。1980 年，我们的女儿蕾蕾出生了。

1982 年 5 月初，我突然开始发烧，烧退后全身起疹子。5 月 4 日厂里开会，开完会，我突然站不起来了，后来被确诊为多发性肌炎。

我们的厂长非常善良，让我请长期病假。他说，你放心去治病，只要能治好病，不管花多少钱，厂里一定给你报销。我就想，如果有一天我做生意，一定要做个有情有义的人，绝不唯利是图。

我住在浙一（浙江大学医学院附属第一医院——编者注），我有个同学也住在浙一，他患的是脉管炎。我和浙一的张主任说，我的同学太可怜了，你一定要救救他。张主任说，你同学的病，我们还在研究；你的病，我们都没法研究。医院 20 年来只碰到 10 个这样的病例，死亡率 50%。

病发前我体重 108 斤、腰围 1 尺 9，生病后吃激素，体重一下增加到 158 斤。一发病就全身发炎，浑身都疼，疼得受

不了，就吃安眠药。

我发病时 31 岁，我先生才 29 岁。我想，我不能拖累他，我早点走了，他还能重新找一个。我就把安眠药攒起来，偷偷放在棉被下。

那天他帮我洗完澡，把我抱到外面去，收拾被子的时候，发现了安眠药。

我们认识以来，他第一次生气，问我想干什么。

我说，我不想活了，你还年轻，我们离婚，我去单位，单位会照顾我的，你另外找一个。

他说，你说我对你好，你还要自杀。你死了，别人会相信我对你好吗？你走了，女儿要过没娘的日子，我从小就没有娘，过够苦日子了。如果我没照顾好你，你告诉我，但你不要想不开。

我就想，是啊，与其每天哭哭啼啼地过生活，不如活一天我就开心 24 小时。从此，再难我都坚持。

### 3

医生说我活不过 10 年。

等身体稍微好一点了，我就想找个事情做。我的私心是，我好好做，攒点钱留给先生，他可以再讨个老婆。

我从来没做过生意，看有人摆摊卖饺子，我想我是山东人，也可以做饺子

去卖。

我在陕西和山西整整待了20天，看到饺子店我就进去尝，找差距，再自己琢磨着调味道。

我家附近的断河头农贸市场一个摊位一天5毛钱，我拿了10块钱就去摆摊了，卖生的手工水饺。

第一天卖了400个饺子，赚了两块多钱。每天做好，我自己先吃，满意了，我才出去卖。有人说，大姐，你的饺子真好吃，我就很高兴。

我每天回来都很累，但很开心，即便输液也不把自己当病人。我早上5点起来，去菜市场买菜买肉，先生在家揉面。20多斤肉，我拎不动，先生揉好面就来接我。我吃饭，他调馅，一起包好饺子后，他再把我送到菜场，菜场里已经有很多人在等我的饺子了。

我做的是敬客的饺子，对得起良心。我到超市里买最好的肉，把淋巴全部割掉。我的饺子有30多种，除牛肉馅、羊肉馅和三鲜馅的以外，其他的都不放生姜、大葱之类的调味品，所以肉的质量一定要好。

有一次，天气很热，卖剩下的几个饺子我带回去煮来吃，发现面酸了。我一晚上睡不着，先生晚上回来，问我怎么了。我说今天的饺子皮酸了，我想把今天所有卖的饺子钱退掉。他说可以。

第二天，我给菜场办公室说我要贴一个通知，昨天的面酸了，请买过饺子的人来退钱。办公室的人说，你想清楚了没有，这个通知贴出去，会砸牌子的；如果没有买过饺子的人也来找你退钱，你怎么办？

我说想清楚了。那张通知贴了一个星期，没有一个人来退钱。有些认识的，我要退钱给他们，他们坚决不要，说馅是好的，面酸了没关系，本来饺子都是要蘸醋吃的。

这以后，生意反而比以前更好了，最多时有人要排队两个小时。我因为经常生病，饺子来不及包，顾客就来和我一起包，他们擀皮，我包，包够自己的，拿走，下一个再来擀皮。

大家这么支持我，儿童节、重阳节，路过的老人和孩子我都送一份饺子。菜场的人都说，你这么点小本生意还送。我说，没有大家的光顾，我怎么能赚到钱？回馈是理所应当的。

4

有一次，市场科科长来市场检查，要进我的摊位，我赶紧拦住。我说，你不要进来，里面都是调好的饺子馅，你进来不卫生。

旁边的人说，他是工商局市场科科长。我说，市场科科长也不能进来。

冬天，我在菜场包饺子，两只手长满冻疮，还流血。居委会说，有一个11平方米的小房子可以租给我，一年几千块。我很高兴。办工商许可证，要先办环保许可证，环保部门不同意，说，这么小的店面不能炒菜，起码要20多平方米。

我说我只煮水饺，不炒菜。他们说，你们做生意的都是这样，现在什么都答应，等开业了就乱来。

过了几天，工商局通知我去一趟。我想，完了，店肯定开不成了。

到了那里，市场科科长把营业执照给我。原来他替我在局长那里担保了，说这个人很诚信，你给她办营业执照，要是她炒菜，我来负责。

1997年7月8日，第一家"蕾蕾水饺"在建国南路开张，11平方米。店里原有两张桌子，马路对面的交警给我弄了一张桌子，一共3张桌子。

我先生是做卫生防疫工作的，所以我一定要搞好卫生。菜要洗得很干净，一定要洗到洗菜水变清为止。有一次，工人没有把香菜洗干净，好几千个饺子我全部倒掉。

面团我全部用手揉，一锅10斤，我要揉八九遍，捏到面团在手里很沉了，才算醒透了。一年四季用的面粉都不一样，每次加的水量也都不一样，只能凭感觉，凭良心。

人家说，你卖饺子也能做到干一行爱一行。我说还可以更好。不管做什么，都要用心才能做好。

### 5

每年，只要有义务服务队来社区，我和另一家面条店的老板都会请服务队的人吃饭。

我们调馅都用纯净水，希望把我们的祝愿和爱都调在里面。包的时候，煮的时候，也要把祝福一并送到顾客手里。

对人的真心祝福，他们一定感觉得到。

我女儿刚走不久的那段时间，我一边流眼泪一边包饺子。顾客并不知道，可是都说，为什么最近你家的饺子吃起来是苦的。

我告诉员工，如果你今天心情不好，我同意你休息，但你不能带着不开心、带着怨气包饺子。

胃不好的顾客来，想吃韭菜馅儿的饺子，我会劝他不要吃，韭菜伤胃。想喝冰啤酒的，我会劝他不要喝，就喝热乎乎的饺子汤。

有一次，我在报纸上看到一个患白血病的孩子住在医院里，父母没有工作。儿童节那天，我想送点饺子给医院里的孩子们吃。我和工人带上锅，带了几千个饺子，去医院煮。医院的医生说，你们是不是卖不掉才拿过来的。

我说，你不要这么说，这些孩子啥时候走都不知道，我为什么要来骗他们呢？

有些孩子吃了，说能不能再给我们一点？我说管饱，照顾孩子的家人也可以吃。剩下的饺子，我全部煮给医生和护士吃。有个领导说，饺子这么好吃，是不是你今天特意做得这么好。

我说，顾客吃的都是一样的饺子。我能吃的，顾客才能吃；我不能吃的，也不给顾客吃。

### 6

1998 年，我在建国南路、佑圣观路、邮电路都有店，生意都很好。我想我要做百年老店，应该有一个固定的地方，不能总租房子。

我看到广告上说 3 万块钱就可以住现房，就跑去看。楼上 88.23 平方米，楼下 167 平方米，一共要 150 万，可我只有 6 万块钱。

我就带了 60 个水饺去了售楼部。我告诉售楼部的小姑娘，我想买你们的房子，可是只有 6 万块钱。我是买来开饺子店的，你们尝尝我的饺子，如果觉得好吃，相信我的饺子店能赚钱还你们，你们就卖给我。如果不好吃，我马上走。

我去的时候她们已经吃过午饭了。我煮好饺子，四五个小姑娘抢着吃了，又端了 20 个饺子跑到后面去找领导。领导听完汇报后，说你这个人有意思，这样，你的首付我帮你付，你什么时候有钱什么时候还我。

后来我才知道，他是康乐的开发商康省民。

超市卖肉的说，大姐，我给你垫付一年的肉钱。店里的员工说，老板娘，你不要发愁，店里包吃包住，我们也花不了多少钱，每个月给我们 300 元就可以了。

我的多发性肌炎时好时坏，发起病来痛得要命。房子按揭买下来，欠债 100 多万，加上 4 个店几十个员工的工资，压力很大。心急、失眠，又遇上更年期，我患了严重的抑郁症。

我每天只睡两个小时，早中晚的饭，包括夜宵都是我做。晚上我做素肠、春饼、花卷，做到早上 6 点去买菜，8 点工人来上班，我上楼睡一会儿，到了 10 点半下楼，又一直忙。蕾蕾高中毕业，在店里帮忙，每年儿童节和重阳节，她都会和我一起去请孤儿院的孩子、敬老院和社区的老人来吃饺子。

半年后，我去还康总30万的首付款。他说，你怎么这么快就来还了。我说，你借条都没有打，我当然要赶紧还给你啊。

后来，蕾蕾大了，我就想买套房子，就是我们现在住的这套。看好房子后，首付还差点，想想算了。过了几天，一个经常来店里吃饺子的客人问我们，房子买了没？我说，看好一套，但首付还差点，还是下次再买吧。

客人吃完饺子，也没说什么就走了。过了半个小时，他又回来了，从包里掏出10万元现金，问我够不够，如果不够，他再去取。他是西湖国宾馆的老总。

我很开心，也很感激，总想着把更多的爱传播出去。我的抑郁症不知不觉好了。

## 7

就在我计划着要把"蕾蕾水饺"开成百年老店的时候，我的女儿蕾蕾却病了。

2013年2月，蕾蕾刚生下儿子100天，就查出胃癌晚期。4月13日她就走了，才33岁。

临终时，医生问她，你还有什么遗愿和遗言？她沉默了一会儿说，既然我的病治不好了，那就让我把世间所有的病痛都带走，把健康和快乐留给大家。

她希望妈妈帮她实现3个愿望。第一，希望妈妈不要卖掉水饺店，要把水饺店做成健康、快乐的驿站，把店里的员工照顾好；第二，不能溺爱外孙子，要教他好好做人；第三，有条件的话，多资助有困难的人，善待身边的人。

蕾蕾临走的那天夜里，我守着她，她其他什么话都没有，只是一直不停地叫妈妈，叫了一夜，叫得隔壁那个人一直哭。我说妈妈带你回家，好不好？她说，嗯，我要回家，医院会送我到太平间，太可怕了。

那天她爸爸正好不在，我身体也不好，本来就没有什么力气，那一刻不知道是哪里来的力气，一下子就把她抱到担架上。救护车开得很慢，晚上两点多把女儿送到房间，早上8点15分她就走了。

我女儿临终想到的都是别人，发了大愿，作为妈妈的我还有什么放不下的。我要多做好事，不能给女儿丢脸。

我们做餐饮的，都做健康食品，做企业的，都不赚昧心钱，那么这个社会就会越来越好。

我现在眼睛不好，全靠我先生照顾

我，走到哪里他都拉着我。以前我们很穷，刚结婚的时候借了800元钱，还了6年才还完，但我们从来不为钱争吵。除了我要自杀那次，他一辈子没对我说过重话，有时候我都觉得他把我宠坏了。

前两年，他心疼我太累，提前退休回来帮我。

女儿走了6年了，她的同学每年给自己孩子买衣服，一定给我外孙也买。女儿的同事每年给员工发年货，也一定少不了我们的。我们何德何能，大家都对我们这么好。我没有理由整天哭哭啼啼的，活一天就要多帮助别人一天，这样活着才有意义。

2015年，蕾蕾水饺被评为"明码实价十佳示范店"。我说，餐饮协会有500多家餐厅，我们没有能力要求社会，但管好自己做的事情，总是可以的。让顾客吃上放心的食物，是我们的本分。

等到有缘人，我会把蕾蕾水饺继续开下去。

每年儿童节，我都把儿童福利院的孩子们接到店里，准备好蛋糕、礼物为他们庆祝。今年我给每个孩子准备了一个小书包、一双鞋，让小外孙也来帮忙。我希望外孙能从小接触公益，长大后也做一个乐于帮助他人的人。

# 异乡与故乡

作者 黄柯杰

认识5年，约徐哥喝的早茶照例在中午开始喝起，这是他的早餐。他笑着说，时差倒不回来。此乃客气话，晚上是美国的工作时间，徐哥还有一堆事情要在电脑上解决。

徐哥出生于宁波，7岁随家人到杭州，15岁转到上海，后来去北京读大学。毕业后出国，好不容易定居到加州，做海外投资基金的高管。前几年夫人调动工作到了日本东京，徐哥就带着两个孩子跟随而去。他自嘲说人生如旋转木马，搬家看尽人间繁华。

徐哥的求学和求爱经历也是一波三折。徐哥出身于丹青世家，耳濡目染，他从小练就一手画画的本领，按照他的话说，刚刚牙牙学语，就对着一堆光屁股的西洋画册"嗒嗒"地流口水，3岁握笔，5岁临摹，到小学三年级，就摊开作

业本把前排的小美女们挨个画下来，惹得小美女们争相给他抛媚眼。正当家人觉得他能继承家学时，徐哥却报考了工业设计专业。说起原因，他说当年看到日本的图片大受打击，觉得纸上绘画不过是奇淫之术，国家要富强还是要靠工业技术。

在北京读大学期间，徐哥巧遇同乡美女，情窦瞬开，忘记了富国理想，一番拼命苦追，小美女却毫不领情，批驳徐哥毫无情趣。痛定思痛，徐哥决定苦攻西方文学培养情趣，后来越陷越深，大学毕业后竟顺利考取名牌大学的文学硕士，成功抱得美人归。他某次听到父亲的一声长叹，说家学从此无后。

家中老人陆续老去，再无至亲之人，徐哥回到故乡只能住酒店。某个下午，他蹒跚着回到出生的弄堂，七拐八拐，

顺着记忆摸索，原先清秀的江南弄堂已是残瓦断墙、物是人非的拆迁区，灰飞烟灭的吵闹声中，他看到自己儿时隔壁的小玩伴、如今的中年妇女，正吼着青春期的儿子回家做作业。他回忆这一幕的场景，只能说狼狈二字，不敢相认，就算相认，也多是尴尬。

我和徐哥无话不聊，聊到家乡，颇有共鸣。若算起离家，我离家也有7年了，现在算是居住在宁波，而内心与这个城市确实有距离，只能说是在这个城市居住。按照徐哥的说法，到处走的人总是想找熟悉的环境，若熟悉的风景都没了，离开也就了无牵挂。人的记忆肯定有某种打包的功能，随着时间的流逝，只给记忆留下一点点线头，当你看到某个熟悉的物件时，才能将已打包的记忆再翻开还原，这时候你会发现，自己的眼神还是如当初那般闪亮，仿佛还能听到昨天自己哭鼻子的声音和夏日午后弄堂里小伙伴的欢笑声。

回望这些年，有时候不得不反思，是我们走得太快、来不及看故乡的变化，还是家乡自身变得太快？类似徐哥，回乡恐怕只有祖坟墓碑未变——每次回乡都有一种新鲜的体验。那些高楼大厦，我们小时候只是在梦里憧憬，而地铁这样的设施是做梦都梦不到的，如今却在熟悉的土地上悄然走进大家的生活。

如徐哥一样，我也不想参加同学会，说到底是怕自己承受不了，不敢去，相见不如怀念。他说这种情结是害怕自己衰老，我只能如实承认，我受不了那些回忆被颠覆，受不了青春逐渐逝去。上次回到高中母校，在门口徘徊了3圈才进去，感觉回到教室真亲切，一屋子光亮稚气的脸，那张方方的课桌真小，走出去看操场真大，跑一圈都会累，可那时候自己虽小，汗流浃背地满场飞奔也觉得操场不大。

小时候梦想自己能走四方，现在这个职业也真是梦想成真，留下的后遗症是家中也是纯棉的白床单和被套，夜半惊醒要冥思数秒才能记起自己在哪个城市落脚。以为自己年轻有理想，一路前行，不想回头，一直能走到很远很远的地方。天涯那么远，走在路上，耳边能听到故乡的风声，故乡和异乡，纠结缠绕，注定是我们这一代人难解的心结，如同徐哥那一缕斑白的鬓发，几经染黑，白发还是天天冒头。

人生

# 守　雌

作者　曹德旺

大概是在 1995 年，我接到上海锦江饭店总经理助理袁辽俊的电话。

"曹总，您在福州吗？我有几天的假期，想到福州玩几天。"

"我在，欢迎您来。"

袁辽俊是一个文质彬彬的人，他曾经说过想近距离与我接触，跟我学习。

我安排人带着他到福州周边游玩。省高院开庭时，他也去了，坐在听众席上旁听。最后一天，他来到福耀工厂。我陪着他参观了夹层车间和烘弯车间，回到办公室，我煮水泡茶。

"曹总，我看您很喜欢读书。"袁辽俊站在我的书架前，边看书架上的书，边问，"《曾国藩》这部书您看过了吗？"

"没有。"我抬头看看他，"茶泡好了，过来喝茶。"

"我回上海后，给您邮一套过来。"他坐下，喝口茶说，"好茶。"

"好啊，谢谢您了。"我说。

他回去后，果真就寄了书来。

那段时间，我很忙，每天只能看几页。花了两个月的时间，我才看完全书。

那段时间，有两本书很畅销：一本是《胡雪岩》，另一本就是《曾国藩》。有人说，当官要学曾国藩，经商要学胡雪岩。

我不是官场中人，袁辽俊却要我看《曾国藩》，自有他的一番用意。

什么意图呢？我想不明白。

于是又将《曾国藩》从头到尾看了一遍。

还是看不出所以然来。

我就不服气了，再看一遍。

这一回，看明白了。

曾国藩曾在湖南、江西的官场处处不得志，很大程度上与他强硬、锋芒毕露的性格有关。

心情低落到极致的曾国藩借为父亲守孝的机会，逃避眼前的烂摊子，回湖南老家好好休养、调整了一番。在这段时间里，他对自己出仕以来的种种言行进行深刻的反思。

他不断地回忆这些年带兵打仗的往事，每回忆一次，内心就增加一分痛苦。这段日子，他一直在痛苦中度过，比起初回荷叶塘时，曾国藩已判若两人。

头发、胡须都花白了，精力锐减，气势不足，成天忧心忡忡。

尤其令他不能接受的是，两眼昏花到看方寸大小的字都要戴老花镜的地步。他哀叹，尚不满50岁，怎么会如此衰老颓废！后来，他干脆称病，卧床不起，不吃不喝。

这可将曾国潢急死了，到处求医、问卦，均无效。是时，村里来了一个游方道士，自称能治百病。曾国潢将他邀至家中，见此人样貌又癫又丑，但实在没办法，兄长病入膏肓，只要能治好，还管这些做什么，所以就求他给曾国藩看病。

丑道士不但同意，而且说包治好此病，曾国潢就将其带到曾国藩床前。丑道士为曾国藩号脉诊病，片刻后，他来到厅堂，要曾国潢备好纸、笔、墨，要为曾国藩开药方。他要曾国潢跪于厅堂香案前紧闭双目，一个时辰后起来，再将药方送到曾国藩手中。他说这样曾国藩不用服药即可病愈，曾国潢按照他的嘱咐办了。

曾国藩拿到药方，看到上面写的是4句话，12个字："敬胜怠，义胜欲；知其雄，守其雌。"

曾国藩一惊，立即坐起问其弟："人呢？"曾国潢立即去找，却尽觅村巷不见其踪，再回到房中，却见曾国藩已能下床走动。曾国潢不由惊叹："真神！"

从这里，我看出了袁先生的用意，他是在告诉我，要学会吃亏、守雌。我拿起电话打给他，表示感谢，并要他请名家帮我将这12字书写成对联给我。

此联如今已在我办公室挂了8年。

敬胜怠，义胜欲；知其雄，守其雌。

# 用生活常识看懂财务报表

作者　林明樟

很多读者出于理财和投资的考虑，会自修财会知识。但学了几年还是一头雾水，觉得太难，于是对其敬而远之。其实只要具备一些基本常识，已足以理解复杂的财务报表。

在学习财务报表时，我们不要被那些复杂的专有名词吓住了。我们要掌握看财务报表的两大要点：一是了解财务报表的结构和含义，认识利润表、资产负债表和现金流量表，看懂即可；二是将财务报表当成一种语言学习，试着将简单的日常生活中的数学知识与财务报表中的概念对应起来。我们来看看卖菜阿婆是怎样掌握财务报表上的重点的。

卖菜阿婆怎么知道要卖些什么？是卖水果好还是卖水产品比较好？这就是产品策略。

每天收摊时，阿婆都会算算今天收了多少钱，顺便跟昨天卖菜的情况比较一下。这就是销货收入与销货分析。

阿婆将今天的收入减去早上的进货成本，就知道她今天赚了多少钱。销货收入减去销货成本等于销货毛利，而且她基本不用付税，因此毛利等于净利。

阿婆怎么知道她和其他菜贩的销售情况，并决定该卖水果还是蔬菜，还是要卖其他东西？这就是产品组合分析、竞争者分析。

阿婆怎么知道每天要进多少货？这就是存货管理。

阿婆怎么知道摊位的经营能力好不好？这就是企业经营中的周转率概念，例如：应收账款周转率、存货周转率、总资产周转率……但阿婆不看这个，她只看空箱率。比如，每天进5箱苹果，收摊时有5个空箱；每天进5箱香蕉，收摊时只有 1 个空箱。阿婆立刻知道苹果的销量最好，空箱率就是存货周转率的概念。

阿婆该进单价 100 元的苹果来卖，还是进单位 10 元的苹果来卖？这就是客单价分析（即平均售价分析）或是销货分析。如果阿婆的客单价只有 50 元，那么她该进单价 10 元的苹果来卖，而不是单价 100 元的。因为她知道她的客人买不起，她得花很长的时间才有机会卖掉这种高价的苹果。

阿婆卖菜时，怎么知道要和常年往来的批发商谈月结付款，卖东西时则要尽量收现金？这就是应收应付管理，是营运资金管理的一环。

阿婆年底会参考一整年的销售情况，以及竞争者的状况、是否赚到钱、客人的反馈等因素，来调整自己未来的销售计划，决定是要继续卖水果，还是转卖牛肉或海鲜。这就是企业每月一次的经营会议，或是一年一度的启动大会。

卖菜阿婆从来没有学过财务知识，却以相同的概念卖了一辈子菜。同样，大家也很容易理解阿婆做生意的方式。由此可见，我们已经一脚踏入了财会领域，对于财务报表的理解，肯定比自己想象的还要深入。

# 生活的道理

作者 〔美〕查理·芒格

本文系美国投资家查理·芒格在南加州大学毕业典礼上的演讲。这位90岁高龄的老人，作为巴菲特一生中的最佳搭档，在过去的45年里，创造了有史以来最优秀的投资纪录。

我非常幸运，很小的时候就明白了这样一个道理：要得到你想要的某样东西，最可靠的办法是让你自己配得上它。

拥有这种精神的人在生活中能够赢得许多东西，不只是金钱和名誉，还有尊敬，以及与他们打交道的人的信任。

另外一个道理——这个道理可能会让你们想起孔子——获得智慧是一种道德责任，而不仅仅是为了让你们的生活变得更加美好。

光靠已有的知识，你们在生活中走不了多远。因此，你们必须坚持终身学习。

就以世界上最受尊敬的公司伯克希尔·哈撒韦来说，它的长期大额投资业绩可能是人类有史以来最出色的。让伯克希尔在这一个十年中赚到许多钱的方法，在下一个十年未必还能那么管用，所以沃伦·巴菲特不得不成为一部不断学习的机器。

我不断地看到有些人在生活中越过越好，他们不是最聪明的，甚至不是最勤奋的，但他们是学习机器，他们每天夜里睡觉时都比那天早晨聪明一点点。

人类社会在几百年前才出现了大发展，在那之前，每个世纪的发展都几乎等于零。人类社会只有发明了发明的方法之后才能发展，同样的道理，你们只有学习了学习的方法之后才能进步。

再拿沃伦·巴菲特来说，如果你们拿着计时器观察他，会发现他醒着的时候有一半时间是在看书。他把剩下的时间大部分用来跟一些非常有才干的人进行一对一的交谈，有时候是打电话，有时候是当面谈，那些都是他信任且信任他的人。

仔细观察的话，沃伦很像个学究，虽然他在世俗生活中非常成功。

有许多东西是人们必须了解的。所谓的"许多东西"就是所有学科的重要思想。你们必须掌握许多知识，让它们在你们的头脑中形成一个思维框架，在随后的日子里能自如地运用它们。

如果你们能够做到这一点，我郑重地向你们保证，总有一天你们会在不知不觉中意识到：我已经成为我的同龄人中最有效率的人之一。与之相反，如果不努力去实践这种跨学科学习的方法，那么你们中的许多极聪明的人只会取得中等成就，甚至生活在阴影中。

自怜和嫉妒、怨憎、仇恨都是灾难性的思想状态。如果你们能够避开它们，你们的优势就远远大于其他人，甚至几乎所有的人。

在我年轻的时候，我会找出我尊敬的人，然后想办法调到他手下去。在你们正确地仰慕的人手下工作，在生活中取得的成就将会更加令人满意。

复杂的官僚程序不是文明社会的最好制度。好的制度是一张无缝的、非官僚的信任之网。没有太多稀奇古怪的程序，只有一群可靠的人，他们彼此之间有正确的信任。如果你们拟定的婚姻协议书长达 47 页，那么我建议你们这婚还是不结为妙。

# 不后悔干的"蠢事"

作者　雷军口述　赵福帅采访

18岁上大一那年，我看了《硅谷之火》这本书后，激动不已。我就想我可以做点什么？远在中国的大学生，有没有机会像硅谷英雄一样，书写属于自己的篇章？就这样，18岁那年，我有了坚持至今的梦想。

1991年，我去了金山公司，那时候WPS刚起步。1996年时，我们陷入困境，拳头产品WPS遭遇到和微软极其惨烈的竞争。那时第一波的民族软件公司基本都死了。我们也快要关门了，收入几乎跌到了零，很多人离开。

我们面临一个重大选择："革命"何去何从？后来我们想清楚了怎么生存，方法就是游击战，什么微软不做，我们就做什么。我们做了金山词霸、金山毒霸等。其实做这些选择很容易，真正难的是，十来个人、七八条"枪"，能跟跨国公司竞争吗？我们还要继续做WPS吗？

在只有十几个人的时候，我们居然做出了这样的决定：把WPS进行到底，把办公软件做到底。这是个极为艰难的决定，做了这个决定后，就是长达十多年"暗无天日"的金山创业史。

在20世纪90年代末，金山比现在这些IT公司大很多，但我们错过了整个互联网。我们把最优秀的人大部分派往WPS，做的所有产品都是为了以战养战，挣钱来养WPS。我们背着一个巨大的包袱在长征，那几年的仗打得非常苦。在这十几年里，金山不是一个很成功的公司。

后来那几年我反复在盘算，假如我们不坚持做WPS呢？假如我们顺势转战互联网呢？但我们选择了做WPS，失去

了巨大的商业机会。

40岁时，我新办了"小米科技"。可能很多人认为40岁已经很老了，我不这样看，因为40岁时我觉得人生目标还没有实现，我愿意再去试一把。我那时压力很大，最担心的是失败了没面子。因为我曾"冒充"创业导师，参与创办了20多家公司。

支撑我跨过这些的，最重要的还是18岁那年，我曾经有过的梦想。不管成功还是失败，我可以很骄傲地对自己说：我此生无憾。

现在的数据是，在PC上，每个月使用WPS的是5800万人，手机上是1800万人，这还不包括政府采购的不联网的WPS。15年的坚守，WPS又获得了一个弯道超车的机会。

过去3年里，我也一直在想，如果历史重新回到1996年，有了今天的商业经验，我还会不会坚持做WPS？

现在我想出了答案：假如生命能重来一回，我还是会坚持原来的选择。这就是人的宿命。因为在我的骨子里，在18岁那年，我选择了做一个不平凡的人，所以太平凡的事对我没有吸引力。所以才会选择像堂吉诃德一样，凭十来个人的小公司去做一件不同寻常的事情。这个决定不是今天40来岁的我能做的。

40岁之后，我一再讲顺势而为。我觉得20来岁的雷军，干了一件什么"蠢事"呢？叫逆天而为。顺势就该转向互联网，可是当时我不服气，要扳回来。

志存高远与顺势而为冲突时，我选择了前者。不是傻，不是看不到，是年轻人一腔热血，就是想干一番伟大的事情。所以我们不后悔。

# 人生成功三部曲

作者　李开复

## 把握人生目标，做一个主动的人

有人问我的人生目标是什么时，我是这么回答的："人生只有一次，我认为最重要的就是要有最大的影响力，能够帮助自己、帮助家庭、帮助国家、帮助世界、帮助后人，能够让他们的日子过得更好、更有效率，能够为他们带来幸福和快乐。"我回答这个问题时丝毫不需要思考，因为我从大学二年级起就把"影响力"当作自己的人生目标。

对我来说，人生目标不是一个口号，而是我最好的智囊，它曾多次帮我解决工作和生活中的难题。我当初放弃在美国的工作，只身来到中国创立微软中国研究院，就是因为我觉得后一项工作有更大的影响力，和我的人生目标更加吻合。

所以，一旦确定了人生目标，你就可以像我一样在人生目标的指引下，果断地作出人生中的重大决定。每个人的人生目标都是独特的。最重要的是，你要主动把握自己的人生目标。但你千万不能操之过急，更不要为了追求所谓的"崇高"，或为了模仿他人而随便确定自己的目标。

那么，该怎么去发现自己的目标呢？

其实只有一个人能告诉你人生的目标是什么，那个人就是你自己；只有一个地方你能找到你的目标，那就是你心里。

我建议你闭上眼睛，把第一个浮现在你脑海里的理想记录下来，因为不经过思考的答案是最真实的。或者，你也可以回顾过去，在你最快乐、最有成就感的时光里，是否存在某些共同点？它们很可能就是最能激励你的人生目标了。再者，你也可以想象一下，十五年后，当你达到完美的人生状态时，你将会处在何种环境下？从事什么工作？其中最快乐的事情是什么？当然，你也不妨多和亲友谈谈，听听他们的意见。

## 尝试新的领域，发掘你的兴趣

为了成为最好的自己，最重要的是要发挥自己所有的潜力，追逐最感兴趣和最有激情的事情。当你对某个领域感兴趣时，你会在走路、上课或洗澡时都对它念念不忘，你在该领域内就更容易取得成功。更进一步，如果你对该领域有激情，你就可能为它废寝忘食，连睡觉时想起一个主意，都会跳起来。这时候，你已经不是为了成功而工作，而是为了"享受"而工作了。毫无疑问，你将会因此得到成功。

相对来说，做自己没有兴趣的事情只会事倍功半，有可能一事无成。即便你靠着资质或才华可以把它做好，你也绝对没有释放出所有的潜力。因此，我不赞同每个人都追逐最热门的专业，我认为，每个人都应了解自己的兴趣、激情和能力（也就是情商中所说的"自觉"），并在自己

热爱的领域里充分发挥自己的潜力。

我刚进入大学时，想从事法律或政治工作。一年多后我才发现自己对它没有兴趣，学习成绩也只在中游。但我爱上了计算机，每天疯狂地编程，很快就引起了老师、同学的重视。终于，大二的一天，我作了一个重大的决定：放弃此前一年多在全美前三名的哥伦比亚大学法律系已经修得的学分，转入哥伦比亚大学计算机系。我告诉自己，人生只有一次，不应浪费在没有快乐、没有成就感的领域。

当时也有朋友对我说，改变专业会付出很多代价，但我对他们说，做一个没有激情的工作将付出更大的代价。那一天，我心花怒放、精神振奋，我对自己承诺，大学后三年每一门功课都要拿A。若不是那天的决定，今天我就不会拥有在计算机领域所取得的成就，而我很可能只是在美国某个小镇上做一个既不成功又不快乐的律师。

那么，如何寻找兴趣和激情呢？首先，你要把兴趣和才华分开。做自己有才华的事容易出成果，但不要因为自己做得好就认为那是你的兴趣所在。为了找到真正的兴趣和激情，你可以问自己：对于某件事，你是否十分渴望重复它，是否能愉快地、成功地完成它？你过去

是不是一直向往它？是否总能很快地学习它？它是否总能让你满足？你是否由衷地从心里（而不只是从脑海里）喜爱它？你的人生中最快乐的事情是不是和它有关？当你这样问自己时，注意不要把他人的期望、社会的价值观和朋友的影响融入你的答案。

有一个建议：给自己最多的机会去接触最多的选择。记得我刚进卡内基·梅隆的博士班时，学校有一个机制，允许学生挑老师。在第一个月里，每个老师都使尽浑身解数吸引学生。正因为有了这个机制，我才幸运地碰到了我的恩师瑞迪教授，选择了我的博士研究方向"语音识别"。虽然并不是所有学校都有这样的机制，但你完全可以自己去了解不同的学校、专业、课题和老师，然后从中挑选你感兴趣的。你也可以通过图书馆、网络、讲座、社团活动、朋友交流、电子邮件等方式寻找兴趣爱好。唯有接触你才能尝试，唯有尝试你才能找到你的最爱。

### 针对兴趣，制定阶段性目标，一步步迈进

找到了你的兴趣，下一步该做的就是制定具体的阶段性目标，一步步向自己的理想迈进。

首先，你应客观地评估距离自己的兴趣和理想还差些什么？是需要学习一门课、读一本书、做一个更合群的人、控制自己的脾气，还是成为更好的演讲者？今天的自己和15年后最好的自己会有什么差距？你应尽力弥补这些差距。例如，当我决定我一生的目的是要让我的影响力最大化时，我发现我最欠缺的是演讲和沟通能力。我以前是一个和人交谈都会脸红，上台演讲就会恐惧的学生。我做助教时表现特别差，学生甚至给我取了个"开复剧场"的绰号。因此，为了实现我的理想，我给自己设定了多个提高演讲和沟通技巧的具体目标。

其次，你应定阶段性的、具体的目标，再充分发扬中国人的传统美德——勤奋、向上和有毅力，努力完成目标。比如，我要求自己每个月做两次演讲，而且每次都要我的同学或朋友去旁听，给我反馈意见。我对自己承诺，不排练三次，决不上台演讲。我要求自己每个月去听演讲，并向优秀的演讲者求教。当我反复练习演讲技巧后，我自己又发现了许多秘诀，比如：不用讲稿，通过讲故事的方式来表达时，我会表现得更好，于是，我仍准备讲稿但只在排练时使用；我发现我回答问题的能力超过了我演讲的能力，于是，我一般要求多留

时间回答问题；我发现自己不感兴趣的东西就无法讲好，于是，我就不再答应讲那些我没有兴趣的题目。几年后，我周围的人都夸我演讲得好，甚至有人认为我是个天生的演说家，其实，我只是实践了中国人勤奋、向上和有毅力等传统美德。

任何目标都必须是实际的、可衡量的，不能只是停留在思想上的口号或空话。制定目标的目的是进步，不去衡量你就无法知道自己是否取得了进步。所以，你必须把抽象的、无法实施的、不可衡量的大目标简化成为实际的、可衡量的小目标。举例来说，几年前，我有一个目标是扩大我在公司里的人际关系网，但"多认识人"或"增加影响力"的目标是无法衡量和实施的，我需要找一个实际的、可衡量的目标。于是，我要求自己"每周和一位有影响力的人吃饭，

在吃饭的过程中，要这个人再介绍一个有影响力的人给我"。衡量这个目标的标准是"每周与一人吃一餐、餐后再认识一人"。当然，我不会满足于这些基本的"指标"。扩大人际关系网的目的是使工作更成功，所以，我还会衡量从"每周一餐"中得到了多少信息，有多少我的部门雇用的人是在这样的人际网中认识的。一年后，我的确从这些衡量标准中，看到自己的关系网有了显著的扩大。

制定具体目标时必须了解自己的能力。目标设定过高固然不切实际，但目标也不可定得太低。对目标还要做及时的调整：如果超出自己的期望，可以把期望提高；如果未达到自己的期望，可以把期望调低。达成了一个目标后，可以制定更有挑战性的目标。失败时要坦然接受，而且要认真总结并从中吸取教训。

# 我们的快乐与痛苦在被什么操纵

作者　石　勇

## 1. 社会价值排序

什么是"社会价值排序"呢？简单说，只要你根据社会的观念，认为一个白领就比一个民工高档，一个大学生就比一个小学生厉害，那么，你就遵循了某种社会价值排序的指令。

人作为人是无法相互比较的，但身外之物却可以比较。于是，人们就用身外之物的比较来代替人的比较，这就是社会价值排序这一游戏的真相。

而一旦你遵循了社会价值排序的指令，就为自己的心理弱势打开了大门。这种社会价值排序必然制造伤害、焦虑、愤怒、自卑和羞辱，因为按照这个规律，在这个游戏之内，只有位于最高端的人在人群中才能获得绝对的心理优势。

## 2. "自我"的虚假

没有"自我"，人在心理上就活不下去。但是，如果他的"自我"并不是他自己，只是社会上的东西驻扎在自己心里的"代理人"，他就会和自己失去联系。

假"自我"占据我们的心灵有两种方式：一是我们把自己看成什么人，进行"自我认同"；二是他人把我们看成什么人，对我们进行"社会认同"。于是我们体验到了自己是什么人，并因此爽或者不爽。

## 3. 不确定性

只要我们无力把握一种东西，我们就不会感觉到自己是命运的主人。被不确定性吞没的人，同时也是一个无法体验到自己在世界面前的力量的人。一个铁的心理法则是：如果一个人知道未来要发生什么，他还可以把握，可以控制，可以应对。但是，如果他不知道，对可能要发生什么没有一个预先的心理防护，他就只能被焦虑淹没。要对抗不确定性，必须重建心灵秩序，重建我们与世界的关系。

### 4. 别人言行的作用力指向自己

有的人很容易受别人的影响，别人的语言和行为，可以快速地绕过他的大脑，进入他的心理结构，激起他的各种情绪，引起其情绪和状态的不稳定。其实，如果一个人无法用大脑防护自己的心理结构并解读外界刺激，他的心理弱小就是一种宿命。

看到前面有一个人，他就成了我的一个观察对象。同理，我们也是别人言行的对象。容易受别人影响的人，别人言行的作用力就是指向他的，力的方向决定了心理的优势和劣势。

所以，我们知道，窥视别人而获得巨大快感的秘密是：力是由我们指向被我们窥视的人，而且在心理上解除了他的防御。

### 5. 社会等级的暴力

和价值排序对应，社会是一个等级结构，充斥着权力和金钱、观念的暴力。

一个老板可以借助"管理"的名义羞辱一个小职员，打击他的自尊心，无论是否变态，这是现实。

### 6. 他人的伤害

很多人曾经幻想生活在桃花源，但桃花源不过是一个梦境。

社会生活的一个根本特征就是冲突。参与了社会这场游戏，弱者要想不被"伤害"，除非有奇迹发生。

# 王石在剑桥

作者　王石口述　杨鹏记录

"如果说在哈佛有一种熬的感觉，那么在剑桥的感觉很滋润，像梦幻一般。"万科集团董事会主席王石自 2013 年 10 月到英国剑桥大学做访问学者 3 个月之后，这样描述他的感受。

王石在微博上介绍过他某一天的经历：清晨 5∶30 起床，喝一杯果汁，骑自行车 8 分钟抵达 CULRC（轻量级赛艇俱乐部），6∶00 开始一小时强度体能训练，7∶30 返回公寓，吃早餐。平时，他在剑桥的路径是"公寓—指导教授—图书馆—学院食堂—就近超市"。环境更适合他读书、思考，更多了一份思古幽情。

王石讲了自己 2013 年在剑桥的三个故事。

## 故事之一　华人院士的"中国胃"

剑桥大学有一位颇有成就的华人，

在剑桥大学工作十几年，当上了院士，很不容易。但我发现他与学院内其他英国同事缺少交流。我去学习 3 个月，就与英国老师们很熟了，进入了他们的圈子，见面都会熟悉地打招呼。这位华人院士感到很奇怪，问我怎么会与大家这么熟悉，说他自己在剑桥这么多年，与这些英国老师都没有多少交往。这位院士为什么难以进入英国老师们的圈子？我想，是因为华人院士的中国胃。华人院士不吃西餐，每顿饭都要回家吃中餐；而英国老师们多在俱乐部吃饭，吃饭时就是交流聊天的时候，有时一顿晚饭会吃到晚上 10 点。吃饭就是思想和情感交流最好的时候。我每到一个新国家、新地方，都坚持吃当地的食物。想拥抱世界，要有一个拥抱世界的胃。拥抱世界的胃，帮我很快融入了剑桥大学的教师圈子。

### 故事之二　剑桥的等级森严

在哈佛学习期间，体会到哈佛的自由与奔放。刚到剑桥时，感到剑桥太传统，一个有800多年历史积累的学校，清规戒律多，等级色彩重，担心适应不了。随着深入其中，慢慢体会到，这些清规戒律中表现出来的等级森严，不是行政和人格的等级制，而是一种学术等级，是对知识的尊重。例如，只有院士才有停车位，只有院士才有资格在草坪上踏草行走。正式集会场合，从穿着打扮就能看出不同人在知识成就上的等级。这些传统，有的是正式制度，有的是约定俗成的。剑桥的等级制，是学术等级制，是对知识贡献者的尊重。剑桥大学里对知识贡献高度敬重的氛围，有一种特别的文化力量。

### 故事之三　在剑桥始终如在梦中

在剑桥，有种做梦的感觉，似乎现在仍沉浸在梦中。我喜欢划赛艇，在波士顿参加过比赛，在日本参加比赛还得

过奖。一天，院长对我说："听说你喜欢划赛艇，你在剑桥当访问学者期间，愿不愿参加赛艇俱乐部？"我说好啊。院长就作了安排，告诉我何时何地去找谁训练。我按照院长的指示去了，他们没有让我下水划，而是先接受训练。教练训练了我1个半小时，那个累！很久没有这样累过，腿都抽筋了。训练完后，我推着自行车，一拐一拐回宿舍，嘴里哼着歌——是哼着歌回去的，那个舒畅。我从来没有参加过这样的训练，这种训练方法太好了！我跟别人说起这事，人家说："剑桥有三十几个俱乐部，你查一下那个俱乐部的情况。"我就上网查了一下，"剑桥大学赛艇俱乐部"有百年的历史，有世界最高水平的赛艇队，是出世界冠军、奥运冠军的俱乐部。你说，这是不是在做梦？

走过一个学院，那是"三一学院"，那里有棵苹果树，那棵启发了牛顿的苹果树！那是牛顿走过、停留过的地方。我现在还在梦中，还没有从梦中缓过劲儿来……

# 让一切变得更好

作者　冯仑

去年年底，一位大哥对我说，他的好朋友 L 女士最近想上湖畔大学，希望我能帮忙推荐。

通常来说，被推荐到湖畔大学的学员都有非常出众的履历，比如：常青藤名校毕业，曾就职于世界顶尖企业，参与过很牛的项目，取得过一些创新性成就，等等。而 L 女士的简历只有半页纸，上面记录了她目前的投资情况，没有学历，也没有工作经历。

我打电话详细询问了湖畔大学招生处，了解到正是因为 L 女士的履历太平淡，没有任何过人之处，所以最终没有被录取。

后来，L 女士联系到我，再次表达了想去湖畔大学的愿望。

那天早上的阳光非常好，我迟到了几分钟，看到她坐在一面透亮的落地窗前等我。见面后我们寒暄了几句，她给我的第一感觉是从容，总是带着淡淡的微笑。

我好奇地问她："你过去学的是什么专业？为什么会进入投资界？我记得你过去做的是实业，对吗？"

她说："我过去是做女鞋贸易的，但是我没上过学，只有小学三年级的文化水平。"

我感觉到 L 女士的背后可能有一些与其他投资者不同的经历，这让我非常感兴趣。在我的要求下，她缓缓地向我讲述了她的故事。

"我的家乡在福建，过去乡下特别重男轻女，我有个哥哥，我一出生妈妈就非常嫌弃我，老想把我送出去。但是一连五次我都没能被成功地送走，不是生病，就是对方家里遇到了麻烦，又把我送回来了。这样一来，妈妈觉得我是扫把星，总是打我，哥哥也打我，那时我的身上几乎每天都有伤。

"我十二岁那年，妈妈把我扔到了千里之外的武汉，让我跟着一个亲戚学做生意。我那时候年纪小，会做的事情不多，亲戚就给了我一些鞋，让我摆地摊。我只上过三年学，但是特别喜欢看书，希望能多认识点字，就一边摆地摊维生，一边跟别人学认字。

"一晃十几年过去了，我的生意越来越好，赚了不少钱。我妈妈就命令我回家，把生意交给哥哥，她认为生意是男人做的，女孩子要嫁人，不能这么有钱。我没有反抗，把生意全部交给哥哥，只带了一两万块钱回到老家。回家后，妈妈又开始嫌弃我，虽然我那时候年纪挺大了，她还是坚持把我送到了一个亲戚家。

"到亲戚家后，我去一家女鞋厂打工，老板是香港人，他觉得我非常能干，说要给我一些股份奖励。于是我努力工作，认真研究客户的需求，按照客户的想法设计、生产、销售鞋子，业绩一路上涨。

"销售额提上去了，老板却突然翻了脸，他不承认我们之间有合伙关系，只给了我工资，就把我从工厂赶了出去。

因为困惑，我沉寂了一段时间，去各地学习，不仅修习佛法，参加灵修课程，还接受类似内观的学习。

"在这个过程中，我突然醒悟，觉得人要懂得感恩。我要感谢香港老板，是他让我知道自己足以胜任女鞋产品的设计和管理；我要感谢我的妈妈，是她让我早早自立，因为她，我总会感恩生活，感谢别人对我的好；我也很感谢我哥哥，为了让他看得起我，我才那么认真、努力。

"我创办了自己的企业，生意到目前为止一直还算顺利，也赚了一些钱。现在，我开始思考应该怎么帮助更多的人做他们喜欢的事情。

"哥哥生意有困难的时候，妈妈总是打电话向我要钱，要多少我就给多少，从来不算账。哥哥开始很诧异，为什么以前他总打我，我还这么帮他，渐渐地，他被我感动了，现在我们成了朋友。虽然他的生意一直没有起色，只够糊口，但他仍然在武汉坚持着。

"我在做投资的时候，只问所有我要投资的人，你是不是真的想做这件事？是不是真的为客户着想？是不是真的想帮助使用这项产品和技术的人？你是不是真的希望你的行为能改变些什么？用一句话来概括：只要你诚心诚意地去做这件事，那我就投资。

"投资后，我不跟他们算细账，也没有所谓的对赌。而且我的投资非常简单，我只投第一轮，如果第二轮有人加入，我就退出来。我不去想上市之类复杂的事情，因为我也不懂。这样不知不觉做了五六年，大部分项目我都退出了，还都能赚到点钱，虽然不像人家那样赚几十倍、几百倍，赚个两三倍还是没问题的。

"有钱后，我帮村里铺马路，清理河道，修老房子，让村子增添了不少活力，老人们也都很开心。他们遇到困难跟我要钱，我也都给他们，我非常感谢他们，因为小时候不管妈妈把我赶到哪儿，总有人收留我。

"现在我有一个美满的家庭。我有一儿一女，我的先生是马来西亚人，每个月我都要去马来西亚看孩子，跟他们在一起我很开心。每当孩子们提出来要去哪里游玩、要吃什么的时候，我都会对他们说：'没有人必须带你去玩、给你买这些好吃的，妈妈愿意，是因为我对你们有爱。所以你们要知道，你们得到的东西都是源于别人对你的爱。人家如果不给你，你们也不能抱怨。'因此在跟其他人打交道，或是别人给予了他们一点

帮助时，他们总是会很认真地跟别人说谢谢。

"以前我带他们出去玩，他们总是跑来跑去，吃饭时把饭菜弄得满桌都是，或者乱丢碗筷，我也会跟他们讲：'一定要记住，你到任何一个地方，如果别人为你提供了服务，你离开这个地方的时候，应该要让这个地方比你来之前更好，只有这样，别人才会欢迎你下次再来。'所以现在我的小孩每到一个地方，都会自觉地把玩过的玩具收拾好，把垃圾收拾好。

"我到任何地方，无论做什么样的生意，都只有一个目的，就是让一切变得比原来更好。"

L女士讲到这里，停下来喝了口水，我又仔细地看了看她，她的脸上洋溢着满足的快乐，目光中充满了对爱的憧憬。我突然觉得她不像一个生意人，更像一个布道者。

MBA教材里有很多讲大道理的案例，拥有出众的学历和资历成为成功投资者的必要前提，而在L女士面前，这些都显得很多余。我认为，即使她不去湖畔大学也没关系，因为湖畔大学想要培养的就是她这样的人，从这个角度来说，她已经毕业了。

# 献给正在影响世界的人

作者  徐小平

几年前，一个从事媒体工作几十年的大姐，看见街头的一则增高鞋垫广告，不禁像愤青一样破口大骂："这是一则 Bastard 广告。"这则广告的大意是，高个子的男人才有魅力，所以要买我们的增高鞋垫。

这则广告低劣，因为它为了卖鞋垫，玷污了全体矮个子男人的尊严。在历史与现实中无数伟人的个子都矮，虽然我不矮，但是我也不高。虽然我从来没有用过增高鞋垫，但这并不妨碍我和高个子们一起去追求人生至高无上的境界。

北京街头有一则售房广告，我第一眼看过就愤愤不平。由于这个房子建了一半儿就停在那里大半年，似乎成了烂尾楼，这则广告就显得更加刺眼。该房产以超大、豪华作为卖点，它的广告语是：只为正在影响世界的人。

我对这则广告反感，因为它把有钱买它的豪华住房作为"正在影响世界"的唯一标准。似乎有钱买房的富人就是影响世界的人，它宣传了一种充满血腥味的金钱强权。可以说，这则广告，蔑视与讽刺了亿万买不起房子但实实在在做着日常工作，真真实实影响着世界的普通人。

我不仇富，但我仇视那种富而骄奢的文化，厌恶那种富而忘本的人和事。反过来，那些靠自己努力获得巨大成功却依然保持本色的人，则是我尊敬和热爱的对象。国庆长假期间，我和一位亿万富翁在一起度过两天。他在富起来之后，把全部精力投入到办教育、建学校中，在老家江苏金坛盖了一所 12 万平方米的中学，为 3000 名学子提供了优质的教育环境。我本来并不认识他，但经不起他的热情邀请和定期送来的金坛长荡湖大闸蟹，便花了两天时间去他学校参观考察。看完后，顿时被他震撼，为他折服，为隐藏在中国民间这样气势恢宏的教育项目和教育英雄而激动不已。这样的人，当然就是"正在影响世界的人"。

朋友不希望出名，让我姑且称他为M先生。M先生是一个没有上过大学的农民，毫无家庭背景。十几年前，他来到北京做建筑工人。由于工作认真，从拿最低工薪的工人，慢慢做到组长、班长、队长……最后成立了自己的建筑公司，参加过国家大剧院、鸟巢的建设。他已经获得了了不起的成功，但至今依然保持着农民的质朴和真诚。他的学校非常现代化，但他的心灵，依然像稻田，散发着泥土、阳光的芳香。

每次见到M先生，我都说他是"中国奇迹的创造者"。说到"中国奇迹"，人们首先看到的，确实就是他参与建设的那些地标性建筑物，那些具体可见的物质指标。所以，他在我大部分都是教育界人士的朋友圈子里，占有特殊地位。

M先生的经历，为我批判"只为正在影响世界的人"这则广告及其所透露的哲学提供了最佳的材料。M先生可以买那样的房子，他甚至可以把整栋楼买下来。但今天的M，和十几年前的M，其实对世界的影响都是一样的：

如果没有当年M在首都工地上一块砖一片瓦的辛勤劳动，他就不可能一步步往上升，就不可能走到今天，走到富可整购（一栋楼）的地步。从本质上讲，今日作为富豪的M和往昔作为民工的M，并无多大变化。当年的他，如果没有绝地求生的奋斗精神，就不可能有今天；而今天的他，如果没有对社会的奉献精神和反哺意识，他对世界的影响力，不仅等于零，甚至可能是负数。从这个角度讲，一个人对世界的影响力可能有大有小，但一个人绝不可以因为影响力的大小，而放弃在这个世界上留下自己印记的努力。

莫以影响力小而自弃，莫以影响力大而疯狂。只要你努力，你的影响力可以由小变大；如果你疯狂，你的影响力会由大变小，甚至会一夜崩塌。那则依然矗立在街头的房产广告之所以令我反感，就是因为它把人的价值，把人们对世界的影响力，用赤裸裸的每平方米多少钱来标价，这实在是一种丑恶金钱观在蓝天下的恶劣展示。

有权或无权、有钱或没钱、有房或无房，无论你是2.26米（姚明），还是1.54米（雷锋）——任何人，只要你在这个花花世界里保持自己的尊严、坚持自己的努力、坚持自己的人生信念和奋斗目标，你就是"正在影响世界的人"，你必将成为"世界因你而不同"的人！

# 一个人的科学修养

作者　冯唐

1993 年到 1998 年，我住在基础所医学研究所六楼，五楼是女生宿舍，七楼是教室。每次下了电梯往宿舍走，都会路过病理生理实验室，都会闻见老鼠饲料的味道，这种味道是如此根深蒂固，20 年过去了，如果晚饭没吃饱，如果夜熬得太久，我勉强入睡，还是会在梦中反复闻到老鼠饲料的味道。

那时候饥饿缠身，最常问自己的问题是：我为什么而活着？翻遍图书馆，找到英国人罗素的一篇文章：《我为什么而活着》。

罗素说，因为三个原因："对爱情的渴望，对知识的追求，对人类苦难不可遏制的同情心，这三种纯洁但无比强烈的激情支配着我的一生。这三种激情就像飓风，在深深的苦海上，肆意地把我吹来吹去，吹到濒临绝望的边缘。"

在基础所和协和医院晃荡，我后来习惯了饥饿，有了疑似的爱情和肉体的高潮，反复目睹生老病死的轮回之苦，也体会到了在物欲横流的都市最物欲横流的市中心青灯黄卷、埋头读书的快乐。我最常问自己的问题是：什么是科学？什么是研究？科学研究要遵从的最基本的方法论是什么？那时候中国开始有了互联网，我找到了一篇爱因斯坦在他 38 岁时祝贺普朗克 60 岁寿诞的讲话，引用其中两段：

"首先我同意叔本华所说的，把人们引向艺术和科学的最强烈的动机之一，是要逃避日常生活中令人厌恶的粗俗和使人绝望的沉闷，是要摆脱人们自己反复无常的欲望的桎梏。一个有修养的人总是渴望逃避个人生活而进入客观知觉和思维的世界；这种愿望好比城市里的人渴望逃避喧嚣拥挤的环境，而到高山上去享受幽静的生活，在那里，透过清寂而纯洁的空气，可以自由地眺望，陶醉于那似乎是为永恒而设计的宁静景色。"

"除了这种消极的动机，还有一种积极的动机。人们总想以最适当的方式画出一幅简化的和易领悟的世界图像，于是他就试图用他的这种世界体系来代替经验的世界，并征服它。这就是画家、诗人、思辨哲学家和自然科学家所做的，他们都按自己的方式去做。个人把世界体系及其构成作为他的感情生活的支点，以便由此找到他在个人经验的狭小范围里所不能找到的宁静和安定。"

1998年，在我临床医学博士毕业前夕，我写完了我的博士论文《表皮生长因子和受体与c-myc基因在卵巢上皮癌中的表达及其与癌细胞凋亡的关系》。毕业前夕，我以第一作者的身份将它发表在《中华医学》杂志上。

2000年，我读完MBA，第一份工作是在一个叫麦肯锡的咨询公司。那是一个只从最好的商学院招最好的毕业生的公司，那是一两年淘汰一半以上新员工的公司，那是一个一周工作90个小时的公司。我乐在其中地工作了9年。

麦肯锡最重要的方法论，一言以蔽之：以假设为前提、以事实为基础、以逻辑为驱动的真知灼见。这个方法论，本质上其实就是我在基础所学会的科学研究的方法论。

于是，在今天，对于科学，我作为一个小白鼠的总结是：

第一，有效。罗素有他有道理的地方，爱因斯坦有他有道理的地方，医科院基础所给我的科学修养救了我：面对商业上的未知和人类肉身的未知，科学的方法论一样适用，智慧和慈悲不仅不过时，还是我们力量的源泉和快乐之根本，即使在今天。

第二，求真。哪怕刀架在脖子上，真理也不能屈服。商业管理的底线是不能做假账，科学研究的底线是不能做假数据。面对误导造成的巨大罪孽，个人因为造假得逞而获得的荣耀将如地沟油一样短暂而油腻。

坚守。不要怕黑暗，不要怕穷困。我们最快乐的时光是坐在路边喝啤酒的时光，我们最幸福的时光是救人于病痛的时光，我们最满足的成就是发现前人尚未发现的幽微的光芒。

# 黑车司机与灰犀牛

作者　葛鹏起

2017 年 7 月，我受邀到外地讲课。第二天讲完课回来，由于昆明遭遇了 2017 年最强暴雨，半个昆明城都被淹了，所以，飞机飞到昆明上空时，因为雷暴无法降落，只能又飞到贵州，停到凌晨 4 点多才飞回昆明。

到昆明时，已经是清晨 5 点。我拖着积攒了两天的疲惫走出机场，心想：这个时候，这种天气，应该没有出租车了。这时，过来一个 45 岁左右的中年男子，我一看就知道他是黑车司机。

他问我，要不要包车。我想这个时候肯定不好打车，而且我已经困得不行，黑车就黑车吧。问他价格，他说 150 元，最后砍价砍到 120 元。平时打车不到 100 元，但 120 就 120 吧，人家也不容易。当他把我带到他的夏利车面前时，我才发现，原来车上已经坐了 3 个人。我明白

了，我根本不是包车，只是花 120 元买了其中一个座位。我当时就有点不高兴，这样的话，车上的 4 个人他都得送，如果我不是第一个被送到的话，4 个人送完，平时不堵车也得 3 个多小时，更别说是今天这种暴雨天了。

我问了一下司机大家各自要去的地方，车上有一个人和我目的地差不多，另两个人在另一边。最优的路线是先送我们俩，也就是上机场高速，之后走二环高架路。我认为他应该会这么走，但车开了一会，我发现他没有走机场高速，而是走上了一条不知名的小路。

我问他为什么。他说，整个昆明都被水淹了。

我说，那你更应该走高架路啊。他说，我儿子说了，下面这条路没被淹。

我直接告诉他，你这么走是因为机

场高速要收过路费，你是为了躲避缴过路费，而且你这样走的话，路线上更折腾。他说，你放心，这样走肯定是最快的，而且别人给的钱比你多。我问多少，他说别人都是100元。我无语了，100元比120元多吗？很明显的路线我不会算吗？算了，算了，车已经驶上无名小路，要想打车已经不可能了，也没力气吵了，听天由命吧。要怪就怪自己不该坐黑车。

走了半个小时，车子行驶到一个岔路口，往左边走又可以上高架路，往右边则又是一条城中村里的无名路，而且还淹了一大片水，淹水路面的长度大概有50米。黑车司机也注意到了，所以他停下来思考。我跟他说，你还是走高架路吧，走下面的话，你的夏利车底盘低，很容易熄火。为了不刺激他，我都没说现在你已经不用缴过路费了。

这时候，一个走下面的路会先到的小伙子对他说，没事，你挂着一挡，轰着油门往前冲，绝对没有问题。

我观察了一下，刚刚过去一辆大车，水已经没过大车轮子1/3还多的位置，我估计夏利车肯定是过不去的。我又跟他说，我建议你还是听我的，你的车真的过不去。可能因为跟我发生过争执，他想证明自己是对的，也可能是他过于

自信。他迟疑了几秒钟，还是选择了挂一挡，轰着油门往前冲。结果快要到的时候，车突然熄火，停水里了。

我当时就气不打一处来，说你看吧，你不听我的，现在车熄火了不是！这句话明显刺激到了他，他非常恼火，转过头来跟我说，都怪你，你能不能不要说话了！怪我？！就这样，我跟他吵了起来，还好被同车的人拉住，否则搞不好我这个学法律的人还得跟他打一架。

后来车上的人都不说话了。大概两分钟后，那个让他往水里开的小伙子又说，你打一下火试试，说不定车还能往前走。

车在水里是不能打火的，因为一打火发动机就报废了，而且即使买了保险，这种情况很多保险公司也是不赔的。本来我应该告诉他这些，但当他把手放到车钥匙上时，我迟疑了，嘴都张开了，却没有说出口。就这样，一下、两下、三下，司机连打三下，火还是打不着。我知道，他的发动机肯定报废了。

再后来，我们蹚着水走到路边，那个让他从水里过又让他打火的小伙子赶快掏了100块钱给他，跑掉了。我们另外几个人也觉得他挺倒霉的，虽然没有送到目的地，也每个人给了他100元，就各自散了。

时间过去半年了，这件小事在我心里一直放不下。我一直在琢磨两个问题：

第一，是什么让这个司机一错再错？第二，为什么我在最后那一刻放弃了本该有的善良？

迄今为止，我可能找到了第一个问题的答案。一个叫米歇尔·渥克的人写了一本书，叫《灰犀牛：如何应对大概率危机》，这本书中讲的和大家之前常说的"黑天鹅"正好相反："黑天鹅"比喻小概率发生而影响大的事件，而"灰犀牛"则比喻大概率发生且影响巨大的潜在危机。

灰犀牛体型笨重、反应迟缓，你看见它在远处，你心里想，没事，它不会过来的，但你要知道，灰犀牛跑起来非常迅速，一旦它向你狂奔而来，你往往很难躲避。很多危机事件，就像灰犀牛一样，其实在爆发前已有迹象表明很有可能发生，但往往被人们忽视。

但第二个问题，一个人是否应该在这种情况下善良，或者说，善良的边界在哪里？我自己也没有找到答案。

# 我为什么愿意穿越回宋朝

作者　吴晓波

前日，有杂志给我发问卷："如果你能穿越，最喜欢回到哪个朝代？"我想了一下说："宋朝吧。"

为什么是宋代呢？那不是一个老打败仗、老出投降派、老没出息的朝代吗？连钱穆老先生都说："汉唐宋明清5个朝代里，宋是最贫最弱的一环。专从政治制度上看来，也是最没有建树的一环。"

其实我想说的是，强大就值得向往吗？在我看来，与汉唐明清相比，宋代就是一个不太强大但让人有幸福感的朝代。

宋代开国100多年后，当时的人们开始比较本朝与其他朝代。我们现在听不到他们讨论的声音，不过估计也与现在一样，感叹"这是一个最好的时代，这也是一个最坏的时代"。有一位大学问家叫程颐，说得比较具体，他总结"本朝超越古今者五事"：一是"百年无内乱"；二是"四圣百年"——开国之后的4位皇帝都比较开明；三是"受命之日，市不易肆"——改朝换代的时候兵不血刃，没有惊扰民间；四是"百年未尝诛杀大臣"——100多年里没有诛杀过一位大臣；五是"至诚以待夷狄"——对周边蛮族采取怀柔政策。由此可见，宋代确实是别开生面的。

宋代的皇帝对知识分子很尊重。看着实在讨厌了，就流放；流放了一段时间，突然想念了，再召回来。文人之间也吵架，但大多不会往死里整。王安石搞变法的时候，司马光在大殿上跟他吵。之后司马光被贬到洛阳，埋头编《资治通鉴》，编累了，就写一封公开信骂骂王安石。王安石看到了，也写公开信回骂。

宋代对商人很宽松。在汉朝的时候，商人要穿特别颜色的衣服，不能坐有盖子的马车；到了唐朝，《唐律》仍然规定"工商杂类不预士伍""禁工商不得乘马"，而且商品交易只准在政府规定的"官市"中进行；到了宋朝，这些规定都不见了，商人子弟可以考科举当官，文人们都不太在意自己的商人家庭背景。朱熹就很得意地回忆说，他的外祖父是一个开酒店、做零售的商人，当年可有钱了，"其邸肆生业几有郡城之半，因号半州"。政府对集市贸易的控制也完全地开放了，老百姓可以在家门口开店经商。各位日后看电视剧，看到老百姓随地摆摊做生意的场景，那都是宋朝以后的景象。如果电视剧演的是汉唐故事，你大可以写微博去嘲笑一下编剧。

宋代的文明水平达到前所未有的高度。中国古代的"四大发明"，除了造纸术之外，其余3项——指南针、火药、活字印刷术均出现于宋代。台湾学者许倬云的研究发现，"宋元时期，中国的科学水平到达极盛，即使与同时代的世界其他地区相比，中国也居领先地位"。宋代的数学、天文学、冶炼和造船技术，以及火兵器的运用，都在世界上处于一流水准。

宋代的城市规模之大、城市人口比例之高，超出了之前乃至之后的很多朝代。两宋的首都汴梁和临安，据称都有百万人口。当时的欧洲，最大的城市不过15万人。

法国学者谢和耐断定："在宋代尤其是在13世纪，透出了中国的近代曙光。"南宋灭亡之后，蒙古人统治了中原98年，之后又有明清两朝，其高压专制程度远远大于宋代，更糟糕的是，实行闭关锁国政策，中国人的格局从此越来越小，文明创新力也几乎丧失殆尽。

简单说到这里，你知道我为什么愿意穿越回宋朝了吧——跟汉朝比，宋朝无内乱；跟唐朝比，宋朝更繁华舒适；跟明清比，宋朝更开放平和；跟当代比，宋朝没有空调、汽车和青霉素，也没有含三聚氰胺的牛奶。其实，人生如草，活的就是"从容"两字。

# 你被宰定了

作者 〔美〕丹·艾瑞里

一天我在网上浏览时，无意中在《经济学人》杂志的官网上看到了一则征订广告。

我顺着广告内容一条一条往下读。第一种阅读选择：花费59美元在网上订阅；第二种阅读选择：买125美元的印刷版。然后我读到第三种选择：印刷版加电子版的套餐价格同样是125美元！既然都是125美元，谁会放弃诱人的印刷版加电子版套餐，而选择只订印刷版呢？会不会是出错了？我开始怀疑，他们这样做是想让我越过单订电子版的选择，直接跳到价格更高的选择——电子版加印刷版。

那些营销高手懂得人类行为的某些重要方面：人们很少做不加对比的选择。我们的心里并没有一个"内部价值计量器"，告诉我们某种物品真正的价值。相反，我们关注的是这种物品与其他物品的相对优劣，以此来估算其价值。

在《经济学人》杂志的案例中，你可能不知道59美元的单订电子版是否优于125美元的单订印刷版，但你肯定知道125美元的印刷版加电子版套餐要优于125美元的单订印刷版。

在麻省理工学院的斯隆管理学院，我让100个学生做选择，结果是：

单订电子版59美元——16人

单订印刷版125美元——0人

印刷版加电子版套餐125美元——84人

他们都看得出印刷版加电子版套餐相对于单订印刷版的优势。不过，单订印刷版真的就影响他们的选择了吗？换言之，假如我把这一项去掉，学生们的选择还会与上一次相同吗？

这一次，选择 59 美元单订电子版的从原先的 16 人增加到 68 人；选择 125 美元套餐的从原先的 84 人，下降到只有 32 人。是什么原因使他们改变了主意呢？我肯定地告诉你们，绝非理性因素。

相对论的一个侧面总是令我们产生失误，这就是：我们不但喜欢拿事物与事物做比较，还喜欢把容易比较的事物集中做比较——避免把不容易比较的事物做比较。

为什么？我来给你们讲一个面包机的故事。

威廉斯－索诺马公司首次推出家用烤面包机时，多数消费者不感兴趣。面包机厂家请来了一家营销调研公司，他们提出了一个补救办法：再推出一款新型号的面包机，不仅个头比现在的要大，价格也要比现有型号的价格高出一半左右。

这下销量开始上升了，为什么？就是因为消费者现在有了两个型号可以选择。既然这一台比另一台贵了很多，那人们无须在"真空"中做决定了，他们会说："嗯，我也许不大懂面包机，但真要买的话，我宁愿少花点儿钱买那个小的。"从那以后，面包机就热销了起来。

# 个个都是"摩萨德"

作者　宋鸿兵

以色列建国初期，面临着内忧外患的重重困难。以色列的领导者通过经济改革，稳固了新生的国家政权；而团结一致的以色列国家安全体系，更是有效地抵御了来自外界的频频入侵。

对于以色列而言，第一次中东战争是他们的独立战争，犹太人经过近2000年的大流散，终于建立了自己的国家，并且成功地将其发展成了一个现代化国家。

我的一个朋友是做网络安全工作的，当年在美国创办了自己的企业，在美国互联网界也赫赫有名。有一次他跟我讲了一个故事：几年前他去以色列，坐的是以色列航空。大家都知道以色列航空是全世界最安全的航空公司，从来没有出过任何事故。以色列航空对安检有非常高的要求，每名乘客必须提前4个半

小时到达机场进行安检。他按要求提前4个半小时到了机场，以航的安检果然比其他航空公司的安检严很多。历经千辛万苦终于检查完所有东西，在上飞机之前，他又被一个高大威猛的人堵住了，那个人看起来很像传说中的"摩萨德"。"摩萨德"开始盘问他去以色列的目的，他说是去参加一个会议，顺便考察以色列的高科技公司。"摩萨德"接着问他是从事什么行业的，他回答是做网络安全的。"摩萨德"居然锲而不舍地追问了他无数技术细节，我这个朋友大吃一惊，没想到以色列安全人员对网络安全的技术问题都如此了解。

盘问了十几分钟，"摩萨德"竟然还没完事，他说既然你是搞网络安全的，那么我们以色列的公司你了解吗？我朋友说当然了解，你们最大的网络安全公

司 Check Point 是我的主要竞争对手。"摩萨德"说既然你知道这家公司，那你知道这家公司里有个人叫尼尔·祖克吗？朋友说跟他很熟。尼尔·祖克是世界上第一批写计算机病毒程序的黑客，是以色列的一个天才程序员，现在是以色列家喻户晓的 IT 英雄，他的公司在纽约上市即创下了 120 亿美元的天价。尼尔·祖克在美国时，曾是朋友的下属，他这次到以色列就是会见此人。

那个安检人员一听朋友认识尼尔·祖克，就说你现在就给尼尔·祖克打一个电话。朋友一看时间，是以色列的半夜三点钟，就说现在给人家打电话不太礼貌吧？"摩萨德"可不管这一套，只说请你配合我们的工作。朋友没办法，只能拨通尼尔·祖克的电话，结果电话一拨通对方马上就接了，说早就料到朋友安检时一定会被盘查，所以手机压根儿就没关，一直在等盘查电话。这让我的朋友大吃一惊，真没想到，以色列全国上下对安全检查如此重视，想起来还有点吓人。在整个谈话过程中，只要有一个细节对不上，就会陷入大麻烦。

最后朋友总算上了飞机，过了一会儿，"摩萨德"过来给乘客分发水，我朋友问："你不是以色列安全部门的人员

吗，怎么会来给我们送水呢？"这个人笑着说，自己不是安全人员，只是一名普通的空中客服人员。这一惊可非同小可，一个普通的服务员怎么会问这么多问题，还问得那么细？那个人回答："因为我的命跟这架飞机的安全是绑在一起的，如果我的安检工作出了疏漏，我就会跟这飞机一块儿栽下去。"看来，以色列的安全工作不是靠某个人的尽心尽力，它是靠一个高效运转的完善体系。

其实，关于以色列安检，我自己也有亲身体会。以色列航空的安检不仅开始于上飞机的时候，其实在乘客出行之前就已经开始了。2015 年 5 月 18 日，我在微博上发布了一条消息，说我 6 月份要去以色列。发出这个微博之后，不到 5 分钟时间，我马上收到了一封以色列大使馆发来的私信。私信中说："宋先生，很高兴您到以色列来访问，我们非常欢迎。您到以色列后的行程是怎样的？什么时候启程？如果您在以色列要做一些调研工作的话，需要我们做些什么配合？你要有空能不能到我们以色列大使馆来喝喝茶？"我去过很多国家，从来没有遇到过这种事。以色列大使馆的工作效率从另一个侧面反映了整个国家运作的效率。

# 原来不打折也是极好的

作者　张珠容

　　全球化的时装零售商 C&A 在北京开有不少门店。在 2016 年元旦前后的一个月时间里，C&A 的一些门店大搞购衣打折活动，许多消费者蜂拥而至。有意思的是，这些门店的试衣间里不仅可以试衣，还能自行打印不同折扣率的优惠券，但许多消费者并未选择门店设定的最低折扣，而选择了全价购买衣服。

　　这是怎么回事？原来，这次促销活动是 C&A 精心举办的一次公益活动。而让消费者们"着魔"、不要最低折扣的原因，正在于 C&A 门店的独特试衣间。

　　走进这个试衣间，当你将准备试穿的衣服挂在墙壁的衣架上时，你会发现，那面墙实际是个电子屏幕。此时，由于你挂的衣服的重力感应，电子屏幕上会出现贫困山区的一个儿童蜷缩着睡觉的

照片，而挂在衣架上的衣服，正好"盖"在孩子的身上。与此同时，通过衣架旁边的打印机便可以打出这件衣服的折扣券，折扣券的末尾写着一句话：中国的贫困山区生活着数千万名儿童，买一件冬衣对他们而言是一种奢望，C&A 真诚希望您捐出一点折扣，换成新衣送到山区孩子们的手里！

　　试衣服的消费者明白，自己选择的折扣越少，捐出的爱心就越多。因此，很多想购买 C&A 门店衣服的消费者走出试衣间后都要求全价购买试穿的衣服。比如，一件衣服打 8.8 折，消费者选择全价购买，就表示他们捐出了 1.2 折的钱。C&A 门店员工把这些钱累积起来，等活动结束后，他们就将钱换成等价的冬衣，然后送到山区孩子们的手里。

# "黑天鹅"与"灰犀牛"

作者 万 喆

### "灰犀牛"和"黑天鹅"的典故

曾经，欧洲人认为天鹅都是白色的。因此，"黑天鹅"被欧洲人用来指不可能存在的事物。

非洲大草原上的灰犀牛看上去行动迟缓、安全无害，其实它体型庞大、爆发力惊人。一旦被激怒，其危险性、破坏性极强，无人能挡。

因此，"黑天鹅"是指小概率事件。"灰犀牛"则刚好相反，是指概率相当大，人们却视而不见、充耳不闻的事情。

比较简单地说，"黑天鹅"是预料不到的事情，"灰犀牛"是你不想预料的事情。

### "灰犀牛"和"黑天鹅"真的不一样吗

看上去，"黑天鹅"与"灰犀牛"是两个截然相反的概念，是处在两种不同极端的事情和结果。

2001年，塔勒布的《黑天鹅的世界》出版。2007年，他出版了第2本书《黑天鹅》，3年之后又出新版。塔勒布认为，"黑天鹅"寓意着不可预测的重大稀有事件，它在意料之外，却又改变一切。

不过，预测到现实中存在的"黑天鹅"，这才是该书得以声名大噪的原因之一。

2001年9月4日，《黑天鹅的世界》问世。书中，作者提到一架飞机撞进他所在办公楼的可能性。当时大家都觉得，妄想吧。然而，一周后，"9·11"恐怖袭击震惊世界，飞机撞向了纽约世贸中心。

2007年，全球还在金融盛宴中狂欢，对即将到来的次贷危机和由其引发的世界经济危机毫无察觉。这一年出版的《黑天鹅》里则说："全球化导致全球在互相牵制状态下呈现脆弱性，同时降低了波动性，并制造稳定的假象。换句话说，它创造了毁灭性的'黑天鹅事件'。我们此前从未面临全球性崩塌的威胁。"对于危机中最让人头疼，也最让人诟病的"太大不能倒"问题，书中也有相关阐述："金融生态正膨胀为由近亲繁殖的、官僚主义的巨型银行主导的生态——一损俱损。银行业集中的加剧似乎有减少金融危机的作用，但会使金融危机更具全球性。"

所谓预测并不难，但作者并非只是纸上谈兵。

2001年"9·11"事件发生前，作者大手笔做空美国股市，一夜暴富。次贷危机爆发之前，他又重仓做空，大赚特赚，业界称他是"像买彩票一样做股票"。

也就是说，塔勒布事实上正回答了米歇尔·渥克写《灰犀牛》时想解决的问题："为什么我们对迫在眉睫的危机不能先知先觉、提早预防呢？"

## 每只"黑天鹅"后面，都有"灰犀牛"

同样一件事情，是"黑天鹅"，还是"灰犀牛"？

百年老店雷曼兄弟轰然倒闭是"黑天鹅"吗？2007年的次贷危机是"黑天鹅"吗？进而引发的全球性金融危机是"黑天鹅"吗？

美联储前主席格林斯潘在《外交事务》杂志上说，所有的著名经济学家和政策决策者都没看到这场即将发生的灾难。这场灾难仿佛是，小概率，大影响，不可抗，妥妥的"黑天鹅"。

然而，在小概率的大灾难面前，灾难的巨大阴影早就铺天盖地了。

2004年，一份联邦调查局的报告提醒人们提防抵押欺诈的大范围爆发。

2008年，丧失赎取权已经达到历史最高水平。

盖洛普投资者信心指数在2000年1月高达178点，2007年中期时从95点开始骤降，2008年雷曼兄弟公司倒闭前夕为15点。当然，到了冬天，跌至-64点。

在危机发生前，国际货币基金组织和国际清算银行不断发出警告。时任法国财政部长在G8峰会上提醒与会者，一场金融界的海啸即将到来。一些银行家和政客已经预言房利美和房地美将出现大问题。

真是突发吗？不。真是毫无预警吗？不。真是"黑天鹅"吗？不。每一个

"黑天鹅事件"的背后，都潜藏着一场巨大的"灰犀牛危机"。

### 避免"黑天鹅"冲击的最好办法，是化解"灰犀牛"

塔勒布让大家不要试图去预测"黑天鹅"，其实不只是想要说明小概率事件无法被预知。他更想说明的是，正因为这些无法被预知的特殊事件在我们的能力之外，我们更应该多关注我们能够掌握的形势，做好足够的风险控制，在充分准备的前提下，预防最坏的"黑天鹅"事件。

塔勒布提醒大家保持充足冗余（特指储蓄和现金）。对投资者来说，主要指现金。"冗余与债务是相对的。心理学家们告诉我们，致富并不能带来幸福——如果你花掉自己的积蓄的话。然而，如果你将金钱藏在床垫下面，那么你便拥有了针对'黑天鹅'的更有利的抵御能力。"

塔勒布也警示了投机性债务的风险。他说："有一条对于个人和机构非常重要的戒律——我们可以降低经济生活中90%的'黑天鹅风险'……我们所做的只是取消投机性的债务。"

在2008年金融危机中"逆风飞翔"的巴菲特正是这样做的。危机爆发前，巴菲特公司累计现金冗余超过600亿美元，占公司净资产的一半。而他极度厌恶风险，负债率很低。

这和渥克强调的做好准备、防患于未然如出一辙。

关注、化解"灰犀牛"危机，也是化解无法关注的"黑天鹅"的最好方式。

### 防"灰犀牛"为什么困难

"灰犀牛"如此庞大，为什么会被忽略？这才是关键问题。

正如我们熟知的一句话"眼见他起高楼"，可谁会愿意见到高楼塌？人类本性、社会体制都会力求维护现状以及人们对未来的美好预期。

对"灰犀牛危机"的认识会经过五个阶段，首先是"否认"。有泡沫吗？没有啊！当这成为集体意识，预警就变得极为困难。人们宁愿和大家一起犯错，也不愿成为唯一正确的那个人。

第二阶段是"得过且过"，即想方设法把问题推给将来。这次可能会不一样吧。第三阶段是"犹豫不决"。到底是怎么一回事？究竟应该怎么做？我是不是应该行动？

这两个阶段常常会耗费大量的时间，甚至拖垮所有的机会。

但当"灰犀牛危机"进入第四个阶段——惊恐阶段，其实能够纠正的机会已经不多了。

大家很快就会进入最后阶段，行动阶段或是崩溃阶段。有时候，两者同时存在。人们如大梦初醒，希望在最后时刻出现各种奇迹，怀抱希望，企图挽救。

只是，或为时已晚。

没有满池子的"黑天鹅"，只有我们的视而不见。

"黑天鹅"看不见，因此一直存在；"灰犀牛"看得见，更是一直存在。

无论是防"黑天鹅"还是防"灰犀牛"，重要的都是找到背后的原因，改变扭曲的机制。

# 妖精为何总是得逞

作者　聂辉华

### 要扬长避短而不是扬长补短

一个创业团队中，团队领导是核心人物，应该是重点保护对象。但是在《西游记》中，唐僧这个取经团队的领导多次被妖精掠去，险些丧命。原因几乎是相同的，总是妖精调虎离山，支开孙悟空等人，然后杀个回马枪，把唐僧抓走。有趣的是，这招居然屡试不爽，好像孙悟空等人从来不长记性！

例如，《西游记》第八十三回，在陷空山无底洞，取经团队遭遇老鼠精。本来孙悟空与老鼠精对打，沙僧和八戒保护唐僧。沙僧似乎过意不去，劝说八戒一起帮忙打妖精。妖精败走，一看那里孤零零地留着个唐僧，就顺手牵羊掳走了唐僧。

为什么妖精的调虎离山之计屡试不爽？原因之一，是取经团队的成员之间缺乏有效的合作。对西天取经这条漫长的创业之路来说，班子是搭好了，但是还缺乏有效合作。怎么才能有效合作？让团队的每个成员都发挥比较优势，扬长避短。这包括两个条件：第一，团队内部要有明确的分工，分工的依据是每个人的比较优势；第二，在分工的基础上，每个人都做好自己最擅长的事情。

就取经团队而言，唐僧的优势是根正苗红、形象俊朗，因此应该主要负责外联，兼做取经团队的"形象代言人"。孙悟空的优势是神通广大、胆大心细，因此应该主要负责保护唐僧和降妖除魔。在"保护唐僧"和"降妖除魔"这两项任务之间，前者显然应该优先。猪八戒的优势是武功不错、功利心强（这有时也是一种优点），因此应该协助悟空降妖除魔。沙僧的优势是忠厚老实，因此应该主要负责后勤工作。

根据经济学中的比较优势理论，哪怕一个人什么都做得比别人好，也不应该什么都做。假设悟空降妖和化缘的本领都比沙僧强，也不应该什么都干。第一，如果悟空什么都自己干，那要沙僧干什么？第二，如果妖精来了，悟空不可能同时干两件事情，否则，要么丢了师父，要么没饭吃。第三，降妖是门技术活，含金量高，而化缘相对容易。如果悟空去化缘，那就相当于做了机会成本更高的事情，好比"高射炮打蚊子"，是错误的选择。正确的选择一定是做自己机会成本最低的事情，这样才能得到最高收益。

### 分工也要有 A 计划和 B 计划

取经团队的全部人员配齐之后，如果唐僧一开始就明确每个徒弟的主要分工，让他们各司其职，也许自己就不用经历那么多磨难了。但团队分工不是死的，必须保持一定的灵活性，必须有多种方案。比如，一旦遇到妖精，根据分工原则之 A 计划，应该先让八戒上，让悟空保护唐僧。这样做，一来可以试探妖精的实力，因为一般打前锋的都是小

妖，大部分情况下八戒能够对付得了；二来避免中了妖精的调虎离山之计。如果碰到大妖精，那就让八戒和沙僧保护唐僧，悟空去打大妖精。此时，就算有小妖精想调虎离山，有八戒和沙僧在，也足以应付。沙僧干什么呢？看住行李，必要时协助八戒。如果八戒不敌打前锋的小妖怎么办？那就角色对调，实行 B 计划，让悟空去对付妖精，而八戒和沙僧保护唐僧。

那如果三个徒弟一起上，都打不过妖精怎么办？例如，在火云洞碰到红孩儿时，三昧真火谁都挡不住，包括在太上老君炉子里炼过的孙悟空。那就"三十六计，走为上计"，这是 C 计划。让悟空先逃，赶紧去搬救兵。俗话说，"留得青山在，不怕没柴烧"。要是都被抓住了，取经团队就全军覆没了。这不是说悟空不仗义，搁下同门师兄弟不管，而是从战略的角度出发，先"战略撤退"，再"收复失地"。

### 分类考核才能促进团队合作

如来当初派观音去招募取经团队成员时，对大家都有承诺，而且业绩越好，回报越高。例如，《西游记》第八回，观音去长安的路上遇到仍在"服刑"的沙僧，跟他承诺"功成免罪，复你本职"。

怎么衡量业绩呢？虽然《西游记》中没有明说，但我推测，主要标准就是看打死多少个妖精。例如，第二十回，老虎精被八戒打死后，悟空说："兄弟呀，这个功劳算你的。"实际上，取经团队完成取经、送经任务之后，回到西天，如来佛祖当场论功行赏。在第一百回，如来宣赏："孙悟空……在途中炼魔降怪有功，全终全始，加升大职正果，汝为斗战胜佛。"这再次证明，打死的妖精数才是硬指标，直接决定了几个徒弟的功果和升迁。

问题是，如来的这种考核机制其实是有问题的。问题在哪？在于它"一刀切"，对所有人都一样。"一刀切"的考核方式的好处是一视同仁、简单易行，但坏处是大家只盯着一个目标，会忽视其他目标，从而损害团队的总体利益。这个团队总体利益，应该是取经团队取得真经，这个目标高于一切。如果不论悟空、八戒还是沙僧，都只管打杀妖精，却忽视了保护唐僧，一旦导致唐僧遇害，岂非功亏一篑？这样看来，妖精的调虎离山之计屡试不爽，其实背后是有制度设计缺陷的！

好的制度设计，应该能使团队总利益最大化，而不是光激励团队成员个人。在唐僧这个创业团队中，取得真经是总目标。为了实现这个总目标，应该针对团队成员的能力差异，制定分类考核指标。例如，考核孙悟空的主要指标首先是保护唐僧，其次才是打死妖怪的数量，而且妖怪的能力不同，权重也应该不同。对猪八戒，应该主要考核打死妖精的数量。对沙僧，应该是考核其对大师兄和二师兄的协作程度，然后才是后勤工作。对唐僧，应该只有一个指标，就是取得真经。

# 分享经济究竟改变了什么

作者 谈婧

分享经济的诞生，源于社会资源的过剩。

从工业革命时代开始，所谓的"发展"就遵循着一个公式，即生产效率提高、投资不断加大，从而带来产量的增加。

举个例子，过去一家工厂 1 小时可以生产价值 100 块钱的东西，后来技术进步，生产效率提高了，1 小时可以生产出价值 200 块钱的东西。资本家又投资盖了第二家工厂，于是每小时一共可以生产出价值 400 块钱的东西。这样一来，人们就有了更多的产品，社会就发展了。这样的"发展"基于一个基本假设，那就是，社会物资是短缺的。

时至今日，人类社会已经在相对比较和平的环境中发展了许多年，工厂里生产出越来越多的东西。直到某一天，世界上的一部分人发现，我们生产出的某些东西已经远远大于我们的需要，只不过这些东西因贫富不均而分配到了不同的人手中。所以，我们也许不需要生产更多的东西，只需要把已经存在的东西重新分配，就可以让每个人的情况都变得更好（在经济学里，这叫"帕累托改进"），这样，社会也随之发展了。

此时，物品的"拥有权"和"使用权"可以分离，拥有一件物品的人和使用这件物品的人可以不是同一个人。这样物资就可以得到更加合理的分配，从而成为一种商业模式：拥有多余物资的人们，可以把物资的使用权让渡给不拥有物资的人，作为回报，后者给予前者一定的报酬，而提供这个服务的平台，也可以从报酬中抽取一定比例的佣金。

分享经济由此产生。

虽然分享经济在近些年才火起来，但它并不是一个刚出现的概念。我们所熟悉的房屋租赁，其实就是一种典型的分享经济。房屋的拥有者将房屋出租给没有房子的人，从而获得租金。但是，在移动互联网普及以前，交易线索被掌握在线下的房地产中介手中，以一种"模拟"的形式存在。它没有被数字化，不公开透明，无法被检索，无法按照地理位置获取，无法随时随地方便地调取，无法形成网络效应。因此，它无法承载更加高频的使用方式（比如短租），也无法拓展到更加低价的领域（因为交易成本太高）。

近年来随着移动互联网技术的成熟和迅速普及，以上限制终于被突破了。一个又一个线下现存的物资被放到移动互联网上，分享经济的创业者们，创造出一个又一个细分领域的平台，供物资的所有者发布和分享，帮助有需要的人找到物资。不同的分享经济领域，被数字化的程度有高有低，有的将一条线索数字化（比如房屋租赁线索），有的则将一个体验数字化（比如将挥手招车的动作数字化）。

与此同时，分享经济在中国的各个领域全面开花。在不经意间，我们生活的方方面面，我们衣食住行的各个领域，都出现了分享经济的身影。分享经济不仅改变了传统的消费方式，在许多领域，也都出现了不同的模式，高频的、低频的，大众的、小众的。

那么，分享经济究竟改变了什么呢？

首先，它改变了供给端。

分享经济让产品的供给方从机构变成了个人，原先不可能成为供给方的个人，现在能够成为供给方。比如，原来人们出去旅行，只能住酒店集团提供的酒店，而分享经济让个人房主也可以提供相当于酒店的服务。原来人们只能坐出租车公司提供的车子，现在则还能坐个人开的私家车。

拓展了供给端的范围之后，分享经济极大地提升了产品的丰富度和个性化水平。人们旅行的时候可以住各种风格的房子，满足不同人数和不同旅行风格的需要，可以和各种不同背景的房主聊天，更加深入地了解当地的风土人情。人们出行的时候可以坐各种不同的车型，看到各种不同的车内装饰，遇见各种个性的司机。如果说，在工业时代，人们习惯于使用大工业化生产的标准品，那么当物资极大地过剩之后，人们个性化的诉求就变得更高，分享经济正好可以满足这一点。

其次，它让个人崛起。

分享经济降低了个人"微创业"的门槛。原先，打工和创业之间有着严格的界限，拿工资和做一大摊子生意，两者之间的心理门槛很高，实际转变很难。分享经济提供了大量的流量和便捷的基础设施，让人们可以更简单地实现"微创业"——利用业余时间，做个小房主，做个专车司机，做个"在行"专家，都是简单方便的"微创业"。

用户对个性化的需求，让作为供给端的个人，能够有空间发展自己的个性。比如，加入共享网站的房主，可以在房间里展示自己的个性，并且获得反馈；比如，加入网络商店平台的手工艺者，可以把自己的个性作品售卖给匹配的人。

伴随着"微创业"的门槛降低和个性化被鼓励，人们的思维方式也发生了变化，人们开始从打工者思维向主人翁思维转化。人们的内在动力被激发，更积极主动地思考和行动，个人的重要性相对于机构得到了提升，个人的能力也得到了提升。这对社会来讲是很重要的事情，每个人能力的激发将成为社会经济发展的更大推动力。

最后，它让社会资源得到更有效的分配。

分享经济让我们不用建更多的酒店也可以接待同样多的游客，不用购买更多的车辆也可以承载一样多的城市出行，不用买更多的衣服也可以每天换衣服穿……它让资源被更加合理地分配给需要的人。这对于我们所生存的自然环境，是极大的保护。

Uber网站曾经做过一项数据统计，每多一辆被充分利用的Uber车辆，就可以从路上去掉8辆车子。这就意味着更少的拥堵、更少的雾霾和更少的能源消耗。

# 买卖风险

作者 刘润

我有一个朋友是某著名品牌的代理商，今年进了一大批货，没想到市场行情剧变，货全砸在了手上。他非常痛苦，问我该怎么办。

我问他："你知道你做的这笔生意的本质到底是在买卖什么吗？"他说："当然是商品。"我说："其实并不是普通商品，你买卖的是一种虚拟商品——风险。"

这种叫作风险的商品到底是什么？以航空业为例。航空业对燃油的价格极为敏感，所以受原油市场影响颇大。当油价上涨时，除非提高机票价格，否则利润一定会随之下跌；但是如果机票涨价，乘客减少，利润同样会下跌。

怎么办呢？航空公司有一种非常有效的商业手段来解决这个问题——到原油市场买进期货。美国西南航空公司已

经这样做了好多年。所以，当油价从25美元涨到60美元的时候，它85%的用油，仍然能够以原来的价格拿到。

但是，你千万不能把这当成稳赚不赔的生意。万一油价下跌呢？假设油价从25美元跌到10美元，你却依然要为购买10美元的石油而付出25美元的成本。

用今天的价格去买未来的商品，涨跌都有可能。航空公司是一个提供运输服务而不是专门做石油买卖的公司，它们的经营受不了这种价格涨跌。

于是有家公司站出来说："这样吧，我给你提供一个确定的油价——如果以后油价涨了，我还是以今天的价格给你供货，差价我来贴；如果油价跌了，那是我运气好，我也能从中赚一笔小钱。"

其实这家公司试图从西南航空公司

买走的，并不是运输服务，也不是石油，而是价格风险。

再回到我朋友的那个案例上，他买卖的其实是库存风险。对品牌商来说，生产多少商品一直是个难题：如果市场需求大而自己生产少了，那就错失良机了；如果市场需求小而自己却生产多了，那商品就变成了库存。

我这个朋友所做的生意，很多人称之为"总代"，其本质就是告诉品牌商：你把你的库存风险卖给我。就算最后货卖不出去，这份钱我照付给你，风险我来承担；但是作为交换，你需要给我更大的差价空间。

这种用库存博差价的商业模式，就是在买卖库存风险。

我对他说："当你意识到，你的商业模式的本质不是买卖商品，而是买卖风险的时候，你就会尽快建立风险管控机制。比如说，全周期库存管理——只要销量下滑到一定程度，就启动大规模的促销机制，来对冲风险；降到另外一

个程度，就启动和合作伙伴之间的交叉销售；再降到什么程度，就把这批货作为礼品搭送给其他商品。这种所谓全周期的库存管理，其实就是一套风险管控机制。"

原来，风险也是可以买卖的。那么，能不能创业做买卖风险的生意呢？当然可以。但前提是：你必须有一双洞察风险之眼，能看透别人看不透的风险，并有一套独特的机制来应对这种风险。

比如，你若能够准确地判断谁会借钱不还，那么，你就可以成立一家小额贷款公司，把不还钱的风险从那些有钱人的身上买过来，从中获利。

或者，你比所有人都能更准确地判断某一种癌症的发病率，有了这种洞察风险之眼，你就可以试着用保险的方式，把这种风险从害怕得癌症的人那里买过来，并且靠做这个买卖赚钱。

商业世界里，有太多的风险。买卖风险，也就成了促进整个商业世界良性运转的重要底层逻辑。

# 游戏"虚有主义"

作者　李少威

游戏对于人类，究竟意义何在？

游戏的本质就是获得快乐——这不就是人类努力的目标吗？某天，当智能社会发展到每一个人都可以饱食终日、无所事事时，游戏会不会就是人类存活下去的唯一理由？

人们常常会用这样一个问题来进行思想验证：如果明天就是世界末日，今天你是上班还是玩游戏？于是，价值消解，万事"虚无"。

然而，我们又看见许多游戏玩家并不厌倦世事，而是积极、阳光。他们通过游戏除了得到快乐，似乎还从中获得了成就感。和在现实世界中奋斗后看到向好的变化一样，这些东西给他们的自我存在以确证。

对他们而言，游戏世界里那些归根到底是由"0"和"1"组成的、看得见摸不着的东西，每一样都有存在的价值，那是一个同样重要的时空。

## 传统"警戒线"

在我故乡的山上，漫山遍野都是大约2米高的茶树，这种茶树不为生产茶叶，而为收获茶籽。茶果将要成熟时，有乒乓球大小，孩子们就在树林草丛间做游戏。人员分作敌我两队，以茶果为武器，各自躲藏，互相投掷。

从实用角度看，这一游戏没有什么积极意义。第一，它浪费茶果，尽管因为经济价值很低，人们并不多么在意；第二，若头部被击中，一般会鼓起一个包，徒增痛楚；第三，若是击中他人头部，遇上泪浅的，就会哇哇大哭，回去告知家长，家长可不管游戏这回事，只当是孩子受了欺凌，一般会上门来大闹。

但为什么要做这个游戏？不知道。游戏没有目的，它本身就是目的。躲猫猫、过家家、玩泥巴、撞拐子、警察抓小偷……除了游戏本身，都没有别的目的。

如果反过来问："不做游戏，孩子们要干什么呢？是面无表情地站着、坐着还是躺着？"这就让思考可以继续了。

孩子们做游戏，实现条件首先是他们有时间，工作很忙的人就没有时间做游戏。

人是要工作的，这是一个基本假设。在人类历史上绝大部分时间里，对绝大部分人而言，这个假设都和现实相吻合。个体要生活，种族要生存，都必须工作。

孩子的游戏没有目的，但有功能。最基本的功能是人的社会化：通过模拟生活的游戏，学会如何与他人相处，进行情感交流，完善人格，了解当时社会对人的期待，以及个人如何去扮演好角色来满足这些期待。这样，当孩子长大成人从事工作时，就会更加应天顺人。

由此看来，游戏的功能恰好指向游戏的对立面——工作。

因为游戏服务于未来，所以孩子们游戏不但完全合法，甚至有点神圣。教育心理学家克莱帕里德说："要求一个孩子在游戏之外进行某种工作，无异于一

个蠢人在春天摇晃苹果树，想要得到几个苹果——他不仅得不到苹果，还会使苹果花纷纷落地，本来可以在秋天得到的果子也就无望了。"这几乎是说，保护孩子们游戏的权利，就是在保护人类的未来。

而如果成人参与游戏，则是另一番景象。

传统社会里成人也有许多游戏项目，比如投壶、对弈、唱和、蹴鞠、曲水流觞，但如果不适度，就会被视为耽于逸乐，在舆论上会被指摘。于是就有古语"业精于勤，荒于嬉""玩物丧志"等。

这种游戏道德观，归根到底是物种存续的需要——如果沉迷于游戏、不思劳作的个体太多，势必危及整体生存。

## 游戏的正义

传统的警戒线告诉成年人，游戏要适度，但并非不能游戏。

事实上，游戏还具有必要性。古典游戏理论里就有"松弛论"和"过剩能量理论"，用来解释游戏的客观必要性。"松弛论"说，人们通过游戏，恢复他们在工作中消耗掉的精力；"过剩能量理论"则说，工作中没能消耗掉的精力，在游戏中消耗掉。一种说，人要充电，而且要充满；另一种说，人要放电，并且要放空。

这让人无所适从。比如同一个人下班回家，今天说，累死了，我得玩会儿游戏；明天说，好轻松，我要玩会儿游戏。

讨论游戏的必要性，还是要从生物学角度看才有意义。

游戏最必要的功能，就是保持人的竞争意识。

我们知道清朝有"木兰围猎"，而中亚国家有"马背叼羊"，这些都是游戏，是在和平时代对战争的模拟。国家、民族通过这种体现英勇的游戏，让集体的竞争意识不被尘封。

所有的游戏，人们都在其中竞争，比试高下。哪怕是输赢不明显的玩泥巴、过家家，孩子们也想要"玩得好"——比别人好，或者比之前的自己好。

没有人会从失败中获得快感，游戏的吸引力一定是来自胜利的快感。

这便是"游戏的正义"——让人通过感受胜利的愉悦，来激发竞争意识。游戏，事实上是人类对自然选择的应对措施之一。

强烈而易得的快感会让人产生依赖，所以电子游戏逐步家庭化后，出现了一代又一代的游戏瘾"患者"。而这种上瘾和药物上瘾的区别，也正在于其中是否包含竞争意识。

## 无害的征服

游戏上瘾，就是不再适度，对成年人而言，便是玩物丧志。这对一个族群、种族的延续而言，是不道德的行为。不要忘记那个前提：生存是艰难的，因而人是要工作的。

如果这个前提不再存在呢？

电子游戏产生于工业化时代，在至为繁盛的今天，局部世界已经进入后工业化时代。人类从自然界获取给养的能力不断增强，逐步摆脱了"马尔萨斯制约"，第一次在物质上实现了从匮乏向过剩的跨越。即使一部分个体丧失对现实生产的兴趣与能力，也已经不再威胁整体的生存。

游戏道德观势必被改造，这个改造过程，是由商业来完成的。历史上游戏只是现实的附庸，而不是一个独立的存在物，今天游戏变得如此显要，正是得益于商业机制的推动。

生存不再艰难，加上商业在意识形态上的"除罪化"，使得人们逐步接受了一个观念：游戏只是千门万类的商品中的一种而已，本身并不带有道德颜色。

新的道德观产生了，人们可以放心游戏了。

过度的沉迷势必会产生一些新的矛盾，乃至局部性的悲剧，但那已经和游戏本身无关了。它已悄然转化成众多社会问题中并不特别的一个，只能由社会自己去解决。"游戏上瘾便怪游戏"成了一种可笑的逻辑，人们会说，吃饭过量，人也是会撑死的。

在当代社会，游戏已成为相当一部分人心理生存的一种客观需要。

我们身体里为了应对生存危机而积累下来的竞争意识并没有被清除，它仍然是快感和成就感的来源。所以我们需要游戏，从中获取自我确证。只有在游戏的时候，人们才是完全自愿的，是彻底快乐的。席勒说："只有当人充分是人的时候他才游戏，只有当人游戏的时候他才完全是人。"

现实中，竞争欲可能会造成彼此的伤害，而将其倾泻于游戏中，马上可以体验一种无害的征服，可以在和平的条件下获得高峰体验，乃至自我实现。

### 虚无与虚有

商业完成了对游戏道德观的改造，这时候对游戏的批评如果还一味举起泛道德主义的旗帜，往往应者寥寥。

不能说道德批评都是错误的，只能说它不合时宜了。一般而言，批评者都不是游戏玩家，也不了解游戏对现实的渗透已经到了何种程度。可以说，在许

多人的世界里，现实与虚拟已经难解难分，甚至虚拟的重要性已经超过了现实。

游戏的虚拟对生活的真实发起的攻击，采取一种吸入的方式。这从游戏载体的发展趋势上可见一斑：最初是电视、街机、掌上游戏机，现在已经变成挥舞、感应、穿戴，人体与载体逐渐融为一体。而最近大热的《王者荣耀》的游戏世界更是直接外溢到现实社会。

传统条件下有现实场景的游戏，只是一种"竞争性玩耍"，它无碍于现实价值的存在与运行。而电子游戏还有一种娱乐一切的态度，娱乐的指向是"世界上没有任何严肃的事情"，因此它会消解现实价值观，产生虚无主义。

另一方面，电子游戏正在变得越来越复杂，复杂到一款游戏就足以建构起一个由主流文化和各种亚文化组成的成体系的虚拟社会，几乎成为一个个平行于现实世界的"新时空"。数以亿计的人被卷入其中，"新时空"内部必然会产生和运行新的价值。那些在不参与游戏的人看来并不存在的人物、地域、物品、能力、故事、精神和情怀，对游戏者而言却是真实不虚的。这意味着，人们通过意念，无中生有地创造了很多介乎存在与不存在之间的价值。

这便是游戏的"虚有主义"。

# 花钱时千万别心痛

作者 李 刚

拥有时的快乐，和失去它时的痛苦，哪一个更强烈？为什么穷人更穷，富人更富？

这两个看似风马牛不相及的问题，其背后隐藏着同一种心理效应——禀赋效应。

这个理论是由获得2017年诺贝尔经济学奖的理查德·塞勒教授率先提出的。想要理解"禀赋效应"，先得了解"行为经济学"中另一个更基本的概念——"损失厌恶"。

## 宁愿得不到，也不愿失去

假如你工作非常努力，天天晚上加班，为了鼓励你，领导特意打报告，为你争取加薪。然而到了年终，却一无所获，你一定非常失望。

事实上，你什么都没有失去啊！努力工作却得不到加薪的大有人在，为什么别人没有你那么失望呢？为什么经历一场想象中的"得而复失"后，你的心情会更糟糕呢？

经济学家是这样解释的：假设你今天早上出门上班时的"心情满意值"是100，忽然，你捡到一个大皮夹子，里面有100元钱，"心情满意值"迅速上升50%，达到150。可是乐极生悲，你迟到了，被扣工资100元，"心情满意值"下降50%，变成75。一得一失，你的钱没有任何变化，"心情满意值"却降成75。

有人会说，这个计算有问题，为什么"心情满意值"不是加减某一个值呢？如果那样算，"得而复失"后的"满意值"就没有变化了。这就问到点子上了。

好比同样是捡到100元，一个百万富翁和一个乞丐的感觉完全不同，我们拥有的东西是我们作价值判断的起点。所以"心情满意值"的变化不是加减某一个值，而是乘除一个比例。就像我们拿1万元炒股，亏损10%，再盈利10%，就变成了9900元。

上面的例子证明了"投资决策心理"中最重要的理论之一——"损失厌恶"：得到一样东西的快乐，通常小于失去一样东西的痛苦。所以我们不喜欢冒险，宁愿放弃得到的快乐去维持现状，也不愿承受失去的痛苦。

"损失厌恶"的前提是"拥有一样东西之后害怕失去的感觉"，它暗含着一个假设：你对自己所拥有的东西的价值判断，常常是非理性的。理查德·塞勒的"禀赋效应"，就证明了这个假设。

### 敝帚自珍的"禀赋效应"

假如你同时有两份工作机会，别的条件都一样，唯一的不同是一份工作的薪水高1000元，另一份每年多5天年假。你觉得两份工作都可以接受，用经济学术语来说，1000元薪水和5天年假的效用相等。其中一家先打电话通知你，你欣然接受，开始憧憬跳槽后的生活。过了一会儿，另一家也打电话给你。此时，你十有八九会拒绝。

虽然几分钟前，你还觉得两者没有区别，但当你接受了第一份工作后，你已经拥有的多1000元薪水的效用就增加了，大于你没有得到的5天年假。

理查德·塞勒教授说，这就是"禀赋效应"：当你拥有一样东西之后，你对这样东西的评价会高于你没有拥有它时。"禀赋效应"是"损失厌恶"心理造成的，因为"失去这1000元薪水"的痛苦，大于"得到1000元"（等同于5天年假）的快乐。

这一观点是不是让你想起了一个成语——敝帚自珍？

理查德·塞勒教授在说明"禀赋效应"时，做过一个实验。他让学生分成3组，第一组的任务是卖掉一个咖啡杯，第二组的任务是向卖家买咖啡杯，第三组可在拥有一个杯子和得到同等价值的一笔钱中选择，然后让3组人分别给咖啡杯标价。结果是第二组买家估价的中位数是2.87美元，和第三组可自由选择的学生估价3.12美元，非常接近。而卖家估价的中位数为7.12美元，高出一倍多。这再一次证明了"拥有什么，就高估什么"的"禀赋效应"。

在理查德·塞勒等经济学家的很多实验中，都出现过大约为2:1的比例，于是得出"禀赋效应"的"损失厌恶系数"——2倍获得的快乐才能抵消相同损失带来的痛苦。用这个系数解释前面的例子，当你答应了高1000元薪水的那份工作之后，另外一家要多给你8天的年假（而不是原来的5天），才能让你改主意。

不过，有人提了两个很有趣的问题：当我从自己的钱包里拿出500元钱，买一双标价500元的鞋时，为什么我对自己拥有的这5张钞票没有产生"禀赋效应"呢？为什么卖家没有对他的鞋产生"禀赋效应"呢？

## 为什么穷人更穷，富人更富

理查德·塞勒是这么解释的：因为你知道钱是用来花的，商家也清楚商品是用来卖的，所以不会产生"禀赋效应"。反过来说，当你对钱产生拥有感时，你就不能理性地面对"花钱"这件事。

穷人的钱是用来维持生计的，所以穷人常常对钱有"拥有感"，进而产生了"禀赋效应"——花100元钱的痛苦大于得到100元商品的快乐；喜欢的东西没货了，竟然如释重负地松一口气。而富人相反，他们的钱是用来"钱生钱"的，不停地进进出出，不会有"禀赋效应"的心理负担。

钱这个东西，一旦停止流动，就会迅速贬值。所以这个世界往往穷人更穷，富人更富。同样，在做生意的新手眼中，商品和钱，是两样东西，卖得不好的商品，你让他打个折就像割自己的肉。但在生意老手看来，它们都是财富的不同形态，所以他们更注重资金周转速度，该清仓甩卖时，毫不犹豫。

用一句老话说：钱只有被用掉了，你才拥有了它的真正价值。

# 设计不是生意，而是战略

作者　柳冠中　演讲

## 有了工业，但还没有完成工业化

有人说，"中国制造"目前在世界上排老二，发展势头很好。但是，实事求是地说，这个"制"其实不是中国的"制"。

什么是"制"？"制"是指工业生产的标准、规范、流程。在中国，这些大多是引进的。中国80%的中小企业，有自己研发创造的技术吗？没有，大多数都是引进的。

中国还处于制造业的第三梯队，我们不能自鸣得意，心里必须清楚真实情况。

要从"中国制造"转向"中国创造"，这个方向绝对没错，但是首先，从加工型的制造转向独立自主的制造，这一步要迈出去。

1981年，我到德国斯图加特参观汽车城。一进奔驰工厂，我就吓了一跳，从总司办到标准办公室，到车间主任，到下面流水线的每一个工段，都有一个黑头发的黄种人。一问才知道，他们是从日本丰田公司来的。

丰田的老板拿出一笔钱，说服奔驰公司接受他的3年计划。该计划包括每年派100名员工到奔驰实习，从公司高管到车间操作工，搭成梯队，每年换一拨，3年一共300名员工。

1987年我又去，到那儿又看见很多黑头发的黄种人。我说日本人怎么还在？一问，这些都是韩国现代公司的员工。那我们中国的汽车公司呢？我们的问题不是没钱，而是观念需要转变。

我们现在的设计关注的都是精英元

素，而不是系统。可是世界上没有纯粹的元素，元素都是在系统中产生的。

我们中国的制造业现在到底处于什么样的状态？我们有了工业，但我们并没有完成工业化。所以，我们必须关注系统和机制，这是我们转型的关键。我们要走向世界，需要有中国方案，而不是仅仅靠引进。

我1949年上小学，和中华人民共和国一起成长。当时，我听到有人这样说："造船不如买船，买船不如租船。"1956年建成的长春第一汽车制造厂，生产解放牌汽车，第一年的产量就超过全日本的卡车总产量，了不得吧？可是，到了1987年，还是生产那种解放牌汽车，载重量还是4.5吨，还是那个轴距；我们拉机器用它，拉粮食用它，拉棉花用它，拉人还用它。

后来才知道，当时我们引进了苏联的这条汽车生产线，但人家生产的是"二战"时拉炮的车。打仗拉炮，要的就是转移阵地方便，车不能太大，不能太长，但是牵引力要大。我们生产了30年汽车，产量提高了，质量提升了，但还是不明白汽车是怎么回事。

## 感官刺激是商业语言，不是设计

朱光潜先生说，美的东西是摆脱了功利的。设计讲究真善美。你不真，就不可能善；你不真、不善，那就不是美。

但当下社会，到处都在讲功利。

现在很多企业都在搞品牌竞争。每一个企业都做品牌，这可能吗？这会浪费多少资源？"品"没有，光做"牌"，这不过是在追求表面的东西而已。

2010年，某国际奢侈品牌在清华美院举办时装发布会，20分钟的表演，花一个星期的时间装修，总共投入800万元，20分钟表演结束后全部拆掉。这种事情在世界上天天发生，中国的车展、全世界的车展，花的钱是这个时装发布会的几百倍。

现在大家讲的美，是越大越美、越奢越美、越多越美。事实上那只是感官的刺激，是商业语言，不是设计。

我们把感官的刺激当作美，把时尚当作设计，追求短平快，只看眼前利益。由此，时尚成了"短命鬼"，越时尚，越短命。

所以，设计是什么？设计并不是我们看到的酷的、炫的、时尚的东西，而是背后的劳动，是生产关系，是一种关系的调整。

工业革命的兴起，调整了生产关系。工业革命带来的是机械化大生产，在生产之前，我们必须把一个产品的生产流程都预先设计好。

一个杯子，在工厂里叫"产品"，在商场里叫"商品"，在家里叫"用品"，进了垃圾堆叫"废品"。围绕这 4 个"品"进行的设计，要解决制造、流通、使用、回收等问题。

设计是一种创造行为，目的不是发财，不是为了房子、车子、票子。那是为了什么？是为了实现更为合理健康的生活方式。

### 要给技术出题目，而不是跟着技术走

我们必须清醒地知道设计到底是什么，设计不是生意。现在大家成天讲"商业模式"，如果一个设计师整天讲生意，还做什么设计？人家还会尊重你吗？

设计应该是什么？

我给大家打个比方。进行室内装修时，房子里通常会有很多面墙，但设计师的脑子里应该没有墙，你的意识里若有墙就没法创新了。我们的设计之所以徘徊不前，就是因为设计师的脑子里有一堵墙。设计师的脑子里应该什么都没有，什么都可以是墙，但什么都不是墙。

大家有没有发现这样一个规律，中华人民共和国成立以后，包括改革开放以后，凡是我们靠引进发展起来的项目，都基本停滞在引进的水平上；而凡是外国人不给我们的、对我们实行封锁的，我们反而都自己搞出来了，其技术水平甚至走到了世界前列。

这说明什么？人有惰性，一旦有了拐棍，为什么还费那个劲自己去闯？真正从无到有，反倒被逼出来了。现在我们的设计成天在琢磨外观、造型、色彩，其实那都是在引进的基础上做设计，都是设计的后半段工作，而设计的前半段最重要。前半段做什么？研究如何实事求是地、适应性地解决问题。

1986 年，我们给华为做设计的时候，任正非请我吃饭。他踌躇满志地说："我们华为连工人都是大学生了，全国通信技术专业的硕士生、博士生绝大多数都被我揽过来了。英、法、美、德、日的通信技术，我该引进的都引进了。我们现在有钱，也有自己的研发队伍，我们下一步要干什么呢？"

我给他出主意："你让你的大学生、硕士生、博士生做点最简单的工作——研究一下什么人需要通信，要什么样的通信，动动脑筋去做分类。再分析一下一个人的通信需求被哪些外因限制了，你有没有解决办法。也许你会发现，美国的技术、英国的技术不一定能解决中国人的需求。"

我们中国人为什么总要跟着外国人

走？我们的问题就在于观念不够解放。通信需求是共通的，那么外因限制的问题就交给技术人员去攻克，我们要给技术出题目，而不是跟着技术走，这才是设计的语言、设计的逻辑。我相信华为接受了这个思想。

## 不是弯道超越，而是换道超越

1999年，亚太国际设计会议在日本召开。某公司主管洗衣机设计的部长在会上大谈21世纪该公司洗衣机的技术有多牛，讲得天花乱坠。接着主持人问我："柳先生，你讲讲中国21世纪的洗衣机怎么样？"

我说："中国到21世纪将要淘汰洗衣机。"底下的人全愣了。我说："你们算一算，洗衣机的利用率有多高。"算了半天不到10%。我接着说："难道为了洗衣服你就要搞这么多高科技，要浪费和污染这么多淡水吗？我们绝对不能干这种事。我们要解决的，不是洗衣机的问题，而是人的衣服怎么洗干净的问题。"

我们现在大多数企业都没有这种想法，都在那儿钻研产品，但关键的不是产品经济的问题，而是产业经济的问题。产业到底怎么创新？产品不是目的，服务才是。

以汽车为例。你算一算汽车的利用率有多少？其实70%的汽车平时都闲置在那儿。我们要解决的是交通、出行问题，而不是要生产多少辆汽车。我们13多亿人要是人人都有车，那环境没法不污染，交通没法不拥堵。我们必须另辟蹊径，不是弯道超越，而是换道超越，我们必须提倡这种新观念。

在当今的国际竞争态势下，我们究竟应该怎么办？我们不能把设计当作生意，而应该把它提高到战略的高度。

"智""慧"，这是中国人的哲学，但它们并不是一回事。"智"是抖机灵、小聪明、钻空子、打擦边球，这些中国人都会。而我们更需要的是"慧"。"慧"是什么，"慧"是节制、反思、定力。

我们考虑的不应该只是我们自己、我们的国家，我们还要考虑整个世界发展的命运，这是我们中国作为一个大国的责任。

# 我经历的三次工业革命

作者　张维迎

## 我的第一次工业革命

1959年秋，我出生在陕北黄土高原一个偏远的小山村。在我出生的时候，当地人的生活和生产方式几乎没有受到第一次和第二次工业革命的影响。

在人类漫长的发展历史中，生活就是衣食住行、柴米油盐，生产就是春种秋收、男耕女织。在我年幼的时候，我穿的衣服和鞋都是母亲手工纺线、手工织布、手工缝制完成的。

纺织业是人类最早的工业。手摇纺车在汉代就被普遍使用，母亲使用的纺车看上去与汉代画像石上的纺车没有什么区别。母亲用的木制脚踏织布机是印度人在公元500年至1000年间发明的，大约在公元11世纪传入中国（也有专家认为是中国人发明的）。母亲缝制的衣服都是老式的，所以我小时候穿的裤子前面没有开口拉链。偶尔会发生尴尬的事情，就是尿急时裤带打成了死结解不开，就只能尿在裤子里。每每想起此事，我总觉得美国人威特康·L.朱迪森和瑞典人吉迪昂·森贝克在100多年前发明的拉链，真是了不起。

纺和织是棉纺织业的两道主要工序，但在原棉变成纺纱的原料之前，还需要一些其他工序，其中一项是梳棉。梳棉就是通过疏松、清理和混合，将棉花纤维变得连续可纺的工艺。母亲纺纱用的棉卷是父亲用梳棉弓梳理出来的。梳棉弓在我们当地被称为弹花弓，弹花算是一门小小的手艺，能赚点小钱，父亲是从他的四舅那里学到这门手艺的。20世纪60年代，父亲和他四舅及另一个人合伙买了一台梳棉机，存放在离我们村12公里的镇上，逢集就提前一天去镇上弹棉花。梳棉机比梳棉弓的效率高好多，每次干两天活，每人可以赚到三四块钱，这在当时算一笔不小的收入。

1979年，村里搞起了"包产到户"。父亲把那台梳棉机从镇上搬回家，以为又可以弹棉花赚钱了。但父亲的预测完全错了。没过多久，村里人都开始买机织布了，连棉花都没有人种了，他的那点小手艺也就废了。

第一次工业革命的另一项重要进步发生在冶金工业。我小的时候，钢还只能用在刀刃上，全村没有一把全钢制的斧头、镰刀、菜刀。不要说钢，铁也很稀缺，最值钱的就是做饭用的锅。锅是生铁铸造的，空锅若烧得过热，一沾凉水就会裂缝，我们家的锅不知补过多少次。当时农用工具基本都是木制的，唯一常见的金属是门窗上的锁环。由于这个原因，当时每个村都有一两个木匠，但方圆数十里只有一个铁匠。改革开放后，随着现代化冶炼技术的引进，中国进入钢的时代。1996年，中国取代日本成为世界第一大钢铁生产国。现在再回农村，犁、耙子都已经变成钢制的了，木制工具已成为古董。

蒸汽机发明200年之后，在我小时候，村里的动力仍然是人力和畜力。农村人看一个人是不是好劳力，主要看他肩能扛多重、背上能背多少斤。我们村没有马，因为马太贵，饲养起来也麻烦，仅有的几头驴，是生产队最珍贵的生产工具，耕地、驮煤、推磨、拉车，都靠它们。

我小的时候不爱干家务活。当时农村磨面用的是石磨，碾米和脱壳用的是石碾。据说，石磨在公元前2世纪就有了。逢年过节或有红白喜事的时候，由于需要碾磨的东西很多，通常使用畜力驱动石碾和石磨，但平时碾磨量小的时候，只能靠人力。母亲要我帮她碾米推磨时，我总有些不情愿，因为围着碾盘或磨盘转圈圈让人觉得枯燥乏味。

我老家的石磨和石碾从来没有被蒸汽机推动过，但在我离开家乡30年后，石磨和石碾基本上都被废弃了。村民们跨越蒸汽机，直接进入内燃机和电动机时代，这或许就是人们说的"弯道超车"吧！

## 我的第二次工业革命

第一次工业革命主要发生在纺织和冶金这两个传统行业，第二次工业革命则创造了许多新的产业。第一次工业革命使蒸汽机动力代替了人力和畜力，第二次工业革命则使内燃机和电动机代替了蒸汽机。但直到我上初中之前,我们村里还没有内燃机,更没有电动机。

在黄土高原,能种庄稼的地都是些沟沟峁峁的山地。这里的人们祖祖辈辈都是靠天吃饭。但不知从什么时候起,村民们还是用石头在沟里垒起了一些水地。水地在当地被称为园子,只有少数园子可以引水灌溉,大部分只能靠人工浇灌。零散的小块园子靠挑水浇灌,稍大块的园子则使用一种叫桔槔的装置提水浇灌。

大约在我上初中的时候,村里有了一台6马力的柴油机。柴油机配上一个水泵,就可以把沟里的水扬到园子地里。这一新鲜事物立即在全村引起了轰动。只是这台柴油机老出问题,并没有立马取代桔槔。

后来,公社又给我们村奖励了一台12马力的手扶拖拉机。手扶拖拉机马力不大,但又好像无所不能。农忙时耕地、脱粒、抽水,农闲时带动磨面机磨面,或者跑运输。包产到户后,村里好几户人家自己买了拖拉机,其中还有人买了面粉机和脱粒机,开始商业化运营。慢慢地,到20世纪90年代后期,石磨和石碾被淘汰了,桔槔也被弃之不用,牛和驴也没有人养了。

内燃机的最大影响发生在交通运输业。我小的时候,方圆几十里内见过汽车的人屈指可数,全村没有一辆自行车,人们出行的方式仍然是步行。1973年,公路修到了我们村。我记得有一日,当一个由26辆吉普车组成的考察队尘土飞扬地经过我们村时,全村男女老少都站在碱畔上观看,真是大开眼界!

如今,汽车在农村不再是稀罕物了。据统计,中国城市人口中每百户拥有的家用汽车在1999年只有0.34辆,2015年则达到30辆,大部分中国城市居民都享受到了这个第二次工业革命的重要创造!

电力,是第二次工业革命的另一项重要创造。从出生到去县城上高中之前,我没有见过电灯,村里人照明用的都是煤油灯或麻油灯,有些家道贫困的人家连煤油灯也用不起,一到晚上就黑灯瞎火。父母鼓励我读书,说愿意为我多费二斤油钱。当时全村最亮的灯在生产大队的公用窑,是带玻璃罩的罩子灯,比小煤油灯费油好几倍。到县城上高中时,我第一次见到电灯,不仅宿舍里有白炽灯,教室里还有日光灯。但电压总是不稳,还经常断电。

1995年,我们村终于通电了!通了电,村民的生活就完全不一样了。电不仅能用于照明，而且能带动家用电器和其他机械。村里有了由电动机驱动的磨面机、碾米机、脱粒机、电锯。更重要的是，有了电动机，家家户户都可以用上自制的自来水系统，就是在比窑洞高的地方修一个封闭的蓄水池，把井水抽到蓄水池，水管连接到屋里，水龙头一打开，水就自动流出来了。我在农村的时候，每天早晚去井里挑水是一件很辛苦的事，现在再没有人为挑水发愁了。

## 我的第三次工业革命

我从县城搭长途汽车到山西介休，再乘火车到西安。这是我第一次坐火车，也是第一次见到火车。此时距离第一台大型数字计算机的发明已有33年，微型计算机产业正处于高速发展期，但直到进入大学，我才第一次听说"计算机"这个名词。一开始，我以为计算机就是用于加减乘除运算的，可以替代我当生产队会计时使用的算盘。后来我知道自己错了，计算机将取代的远不只是算盘。

经济系一年级的课程有一门"计算机原理"，记得我第一次上课的时候，看到硕大无比的计算机，感到很新奇。后来才知道，1946年宾州大学研发的第一台通用电子计算机ENIAC重量接近30吨，长30.48米，宽6米，高2.4米，占地面积相当于一间大教室。

我第一次使用计算机是1988年在牛津大学读书的时候。我把自己手写的两篇英文文章拿到学院计算机房输入计算机，然后用激光打印机在A4纸上打印出来。激光打印出来的字体真是漂亮，像印刷出版的书一样，让人无比兴奋。

对大部分人而言，一台孤立的电脑，不过是一台文字处理机。但多台计算机连接成一个网络，用处就大了。1969年，第一代互联网——阿帕网诞生了。1972年，阿帕网的第一个热门应用——电子邮件诞生了。

20世纪90年代，中国也进入互联网时代。

记得1993年12月我儿子在牛津出生的消息，我还是先通过国际长途电话告诉国内亲戚，然后再由这位亲戚发电报告诉老家的父母的。我在农村的时候，生产大队的公用窑里有一部手摇电话，一根电话线串着好几个村，通话时必须大喊大叫；打往不同线路的电话需要人工交换机转接，全公社只有一部交换机，接线员是很让人羡慕的工作。

我第一次安装家用电话是留学回国的1994年。当时安装电话要先申请，缴纳5000元的初装费后，再排队等候。1999年，我开始使用移动电话，家里的固定电话就很少用了。2006年之后，老家也有移动电话信号了。我给父亲买了一部手机，二老高兴得不得了。

2017年8月，我带几位朋友去了一趟我们村。朋友们有心，给村里每户人家带了一条烟、一瓶酒。我正发愁如何通知大家来领，村主任告诉我，他可以在微信群里通知一下。傍晚时分，乡亲们果真都来了，烟和酒一件不剩全被领走了。回想起我在农村时，村支书需要用铁皮卷成的喇叭筒大喊大叫很久，才能把全村人召集在一起，真是今非昔比。

## 第四次工业革命已开始

我祖父于1943年去世，当时只有30岁，父亲刚刚12岁。祖父出生的时候（1913年），第二次工业革命的绝大部分新技术和新产品都已发明并投入商业化使用；他去世的时候，西方发达国家已经进入第二次工业革命的尾声。但他连第一次工业革命也没有经历，在他短暂的一生中，吃的、穿的、用的与他祖父时代的没有什么区别。

父亲比祖父幸运，他和我一起经历了3次工业革命。他下半辈子吃的、穿的、用的与祖父在世时大不相同。我比父亲更幸运，因为每次工业革命我都比他早几年经历……我的幸运是托中国改革开放的福。正是改革开放，使得像我这样的普通中国人有机会享受到人类过去300年的发明和创造。

据说第四次工业革命已经开始了。作为经济学家，在享受3次工业革命成果的同时，我还期待着我们的国家，能在第四次工业革命中做出更多原创性的技术贡献。

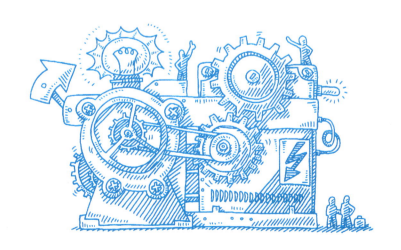

# AI 时代，职场人如何建立竞争力

作者　脱不花

前两天有人问我："当 AI（人工智能）可以在这么大程度上替代人的时候，人的价值、人的竞争力还能体现在什么地方？"我告诉他，其实我们每个人都有非常关键的、不可替代的竞争力，这个竞争力简单来说叫作"你是个人"。

在今天这个背景下，我们要重新理解人的能力。人身上的所有不可被替代的能力，都源于我们是活生生的人：我们能理解全面的信息，能理解那些说得出口的、说不出口的信息；我们能够管理自己的人生目标，能体察自己和他人的情绪；我们能让每一场沟通都有温度。

一个年轻人从初入职场，一直到走上中高层管理者的位置，整个过程通常发生在 15 年之内，也就是 25 岁左右到 40 岁之间。面对职业奋斗最重要的这 15 年，我们是否能破解职场背后的规律？

我们是否可以避开前面无数人犯过的错误，一次就做对？

为了破解这个难题，我把职业生涯分为 4 个主要阶段。

第一个阶段叫作"从大多数变成前 20%"。

绝大多数人进入职场之后，都沿用着自己在学生时期、在家庭中所形成的习惯和经验，在处理工作时并不知道应该怎么做，更不知道怎样成为被优先晋升的那个人。从"大多数普通人"成长为一名前 20% 的优秀员工，你要闯过很多关，包括怎么接任务赢得信任、怎么表达不同的看法、怎么回应批评、怎么做好沟通提升效率，以及怎么通过请教打造自己的职场好人缘等。

第二个阶段叫作"职场冲锋点"。

管理学上有一项研究发现，当你已

经成为优秀员工一两年之后，斗志会跌到谷底——现有的工作你已经熟悉了，新的挑战却还没有来。但是很少有人会告诉你，其实在这个阶段，你的领导正在考察你。领导会从员工中选拔出优秀且具备管理潜力的那些人，着重地观察和培养他们，给他们提供轮岗的机会、接手项目的机会。

第三个阶段叫作"管理转身"。

恭喜你通过了"冲锋阶段"的考验，一咬牙挺过来了，成了一名管理者。但是在当上管理者那天你会发现，领导似乎对你不满意了。原因非常简单，当员工时你练的是长跑，当上管理者之后你练的是跨栏。你在长跑阶段积累的能力不是没有用，但这是两个比赛项目。所以，在成为管理者之后，你必须做好身份转换。成为管理者，你会发现遇到的都是新问题：向下沟通难，向上沟通难，发展也难。

第四个阶段叫作"职场突破"。

突破，意味着你要在胜任的基础上，进一步突破职场天花板，成为中高层管理者。对很多人来说，到了这个阶段就该面对著名的"35岁陷阱"了。到了35岁，整个职场会对你提出全新的要求，你要成为一个独当一面的人。这也是一个重要的职场突破点。

4个阶段如何破局？

第一个阶段，优秀关。

其实在这个阶段，领导对你的要求非常简单，就是靠谱。什么是靠谱？就是交付确定性。你要在职场链条中，做一个稳定的、确定的环节。

在职场中要想让所有人都发自内心地觉得你靠谱，并不是一件容易的事。你必须满足这么几个要求：工作水平稳定，按时、按质、按量地交付工作结果；工作状态稳定；工作边界稳定，能管理好任务的优先级，能上下跑动平衡关系。到这里你会发现，别人看你的视角，和你看自己的视角是完全不一样的。每个人看自己，都是连续的；而别人看你，是一个一个的片段。所以，你要管理好一个一个的片段，才能真正让别人看到你的优点。

那怎么管理呢？主要靠沟通。在职场上，每一个你和外界接触的触点，其实都是通过沟通实现的。从接任务，到干活，再到任务交接，最后到展示自己的成果，都要靠沟通完成。其实，成为优秀员工的这一关，通关起来并不难，做好沟通，让所有人都知道你是一个非常靠谱的人就够了。

第二个阶段，冲刺关。

到了这一阶段，你将面临更复杂的

环境和人际关系，你得具备一定的管理能力和拓展能力。以前你只需要管理好自己手头这点儿事，但是现在你需要思考得更全面。你必须在部门里，在领导面前，在同事中，显示出自己的领导力，让领导看到你的管理潜质。

怎么显现？还是靠沟通。不管是领导布置一项复杂工作，你要拆解好目标分配给别人，还是组织会议，和跨部门同事建立共识，面对这些复杂的人和事，你往往只有责任，没有权力。所以你更需要通过沟通让所有人看到，你能够按时、保质地捋清复杂工作中的各个相关方，并最终交付任务成果；让领导看到，事情能在你这里完成"闭环"，矛盾能在你这里得到调停，同事也能在你牵头的项目里获得成长。多想一步，多做一点儿，用沟通助你顺利通过职场冲刺关。

第三个阶段，管理转身。

对一个职场人来说，最怕的是你已经步入社会，但还带着学生思维。什么叫学生思维？就是将所有事务都看作闭卷考试——我不能问，不能作弊，我要自己默默备考——缺乏调动资源，跟别人合作的能力。对一个管理者来说，最怕的是你已经是领导了，却还带着员工思维。什么叫员工思维？就是我有边界，我把我的活儿努力干好，组织就应该看

到我。什么叫管理者思维？就是我的工作没有边界，我能力的边界是我向外探索得来的。

成为管理者之后，你必须学会自我赋能、自我扩权，否则你什么事都干不成。在这里，我给你8个字的口诀，叫"轻薄短小、高大威猛"。

"轻"就是轻管理。你要善于用立规矩，而非惩罚的方式处理下属的问题。"薄"就是薄架构。面对团队士气不高、凝聚力差的问题，你需要理顺团队脉络，摸清团队的"信息墙"在哪里，并把它破除掉；打薄团队架构，让团队中的信息以你为核心流动起来；跟每一个下属建立高度连接，让团队有凝聚力。"短"就是短里程。你需要用一套科学的工作布置法，把复杂任务切短，让下属拿到手里的都是短短的、一定能干成的目标，这样他们才能一次把事做对。"小"就是小目标。你需要以目标为核心，进行激励和批评。好的激励，不仅能激发员工在工作上的内在动机，而且能让他们认可你这个人；好的批评，不仅不会让下属记仇，还能让他们进行反思，变得干劲十足。

"高"是指高频汇报。通过高频汇报，你可以更好地理解领导的想法和诉求，工作就更好做。"大"是指大处对齐。成

为管理者之后，面对的指令会越来越模糊，你需要主动跟领导对齐。成为基层管理者之后，对于细节你的领导肯定不那么关心了，你只需要在大处对齐，对齐方向、目标、资源，从而理解上级的真实意图，让他愿意给你更大的做事空间。"威"是指"狐假虎威"。如果你是一个基层管理者，你一定要明白，你的所有权威都来自上级对你的信任和背书。所以，面对自己解决不了的问题，要学会善意地"狐假虎威"。"猛"是指勇猛精进。每一个基层管理者都会有面对关键任务、艰难任务的时刻，这是一个人获得职业发展，被领导高看一眼的关键一步。所以在这个关键阶段，你既要把工作圆满做好，也要让自己的成果被上级看到。更关键的是，我给你的这些方法只需通过沟通进行，而且体制内外都适用。

第四个阶段，职场突破。

当你成为一个独当一面的中高层管理者之后，你必须掌握一些复杂的管理手段。我也有一个针对中高层管理者的口诀，叫作"摸爬滚打，多快好省"。

"摸"是摸清家底，识人看人。你要知道谁是你的核心干将，谁可能是你要淘汰的人。"爬"是"爬梳"人力。你要争取不断培养出 A 类的员工，你培养的 A 类员工越多，你的晋升机会就来得越早。"滚"是滚动强化。你要通过规律性的绩效面谈和绩效管理，让你的员工不松劲。"打"是指以打代训。在培训资源有限的情况下，你要懂得怎么练兵，让你的团队成为一支专业的队伍。

"多"是指多头沟通，也就是跨部门沟通。等你到了中高层阶段，多头沟通就是你的工作常态，每一件事情都要跟不同方向的人沟通。那么，你就要了解，怎么能不内耗，做好沟通。"快"是指快速拉通，就是做好上传下达。为什么你会觉得团队的执行力不够？因为你觉得自己已经部署过任务了，而你的团队成员根本不理解你要干什么。"好"是指做好你的个人品牌，提升个人行业影响力。你的个人品牌是不是同行中的专家级品牌？你是不是公认的行业领航者？如果是，那你的身价当然不一样。"省"是指反省，就是通过科学化、标准化的反思反省，让自己不断地积累经验、积累知识，在日常工作当中做出知识级别的成果。

# 中国生活真相片段

作者　袁岳

## 中国人的沟通模式：在小圈子里转圈圈

信息沟通在人们生活中的地位越来越重要，它不仅可以拓展自己的社会发展空间，同时也可以获得更多的物质和精神回报。

中国人目前的沟通能力已经达到一定水平，但仍有较大的提升空间。评价结果表明：中国人仍然局限于"亲缘社交"，对以陌生人为主体的"外圈"，虽然"沟通意识"较强，有着很浓厚的"交往兴趣"，但相比之下，沟通活动能力就弱得多，尚未达到及格水平。

中国居民的社交活动种类较为单一，平均每人参加的社交活动仅有1种，最为普及的3种社交活动是聚餐、体育运动和卡拉OK。在注重饮食文化的中国，"饭桌社交"仍是中国百姓最为普遍的社交方式。

人际网络是个体与社会交流和互动的基本平台，中国人常常用"人际关系"来概括个体的人际维护能力和沟通水平。研究结果表明，中国居民的人际网络广度（人数）较窄，而沟通强度（交往的频繁程度）和沟通深度（心理依赖度、亲近感）较强。

从具体的人际网络结构上看，亲戚圈的规模最大，社交圈规模略小，同学圈和同事圈则更小。中国居民的社交半径并不大，表现出明显的"熟人社交"的特点，即在自己熟悉的人际网络中交流和沟通相对频繁，而在陌生的一般层次的交往场合，人际沟通和人际开拓的能力相对较弱。

试想一个普通的中国工人，或许可以用童年亲友（幼年）——学友（青年）——同事（中年）——社区内邻居（老年）来描绘他一生的沟通图谱；而一个受过高等教育的白领，或许会因更丰富的知识背景、更频繁多样的社交活动、更快捷先进的沟通工具和更有效的人际沟通能力而将他（她）的社会联系变得更具衍生性和多样性，从而享受到更加生动而丰富的沟通体验，最大限度地通过信息沟通的投入拓展自己的社会发展空间，获得更多的物质和精神回报。

## 城市居民未来最愿意依靠的人是自己

在每个人的内心深处都会有自己设定的一个形象，那便是心灵上最可信赖最可依靠的对象。自己、家人、朋友、社会、政府……这些都有可能成为人们默认的依赖对象。随着社会的发展、人情世故的变迁以及观念的转变，这种深藏于心底的依赖正在悄然改变，而这些改变在某种程度上也说明了人们心中对周围人、事的看法和信任度的改变。

城市人呈现明显的独立自主态度，相信自我，对未来更有自信。数据显示，城市居民未来最愿意依靠的人是自己，而农村居民认为最可依靠的人还是家人。虽然家人在我们的生活中始终扮演着最温暖、最可靠的角色，家人的亲情是所有社会关系中唯一与生俱来、无法割断的关系，但随着城市生活节奏的加快，竞争的日益激烈，未来社会每个人的发展都必须凭借自己的实力，家人的帮助将不再扮演最主要的角色，城市人越发感到自立的重要性。而目前社会生活中离婚率的升高、单亲家庭增多、独生子女增加等现象也使得现代都市人更加意识到未来凡事靠自己，自己掌握命运、改变命运的重要性。相对于城市居民的这种忧患意识和独立意识，农村居民并没有显现出太多的紧迫感。更多的人依然对家人抱有很大的期望，并相信那才是真正可以获得帮助和慰藉的地方。

城市居民当中有人认为朋友是目前给予自己帮助最大的人，但被问及"未来最应该依靠的人"时，朋友的中选率却降低了。社会中人与人之间的关系越来越复杂，人情味越来越淡薄。人们对友情产生了更多的疑虑和困惑，自然对朋友的信赖度也随之有所降低。

调查还显示，目前城市居民也会寄希望于政府在未来生活中对个人给予更多的帮助。依靠政府成为仅次于自己和家人的第三个选择。

## 孩子的家庭决策权

孩子在传统家庭中的消费受到父母的绝对控制，他们的衣、食、玩、学等用品均由父母提供，但现代家庭观念中"子代偏重"和"文化反哺"的现象则使孩子在家庭消费中的地位有很大改变。孩子的消费在家庭中变得越来越重要，即便是一些家庭共用的大件消费品也往往以孩子的需求为中心，孩子在家长的考虑购买因素中已经占有非常重要的地位。孩子的消费占据了家庭收入的30%左右。而另一项有关家用轿车研究的数据则显示，"为了方便接送配偶、孩子"是家庭汽车消费的四个主要目的之一。在家庭事务中获得发言权甚至决策权的文化资本和能力，使孩子能够主动地对家庭消费决策产生影响。孩子不仅对个人学习、生活用品拥有重要的决策权，而且对于买房、装修等家庭大宗消费也具有一定的建议影响力。

老年人在现代家庭中已经失去了对家庭财产的主控权，中青年男性作为家庭经济的支柱，成为家庭消费决策的绝对掌控者。购买房子的决策者中有5成以上是31岁—50岁的中青年人；电脑的购买决策者就更加年轻化，而在家庭耐用消费品中，50岁以上的老年人的决策力更是明显减弱。

在各项消费品的购买决策中，房子、汽车等大件消费品及其他耐用消费品均由丈夫主导决策，而妻子则在家庭日用品的购买决策中居主导地位。

丈夫和妻子在不同消费品方面的决策模式也存在显著差异。丈夫由于生活节奏快、工作忙，除了在住房、汽车等大宗消费品（中国女性对建筑、机械、电子等产品知识往往惧于了解）的购买过程参与较多外，对其他的耐用消费品往往只扮演终审者的角色。而在耐用消费品的整个购买过程当中，前期的信息搜集和比较工作往往由妻子负责，丈夫只是最终的拍板人。通常是"妻子帮我逛，逛得差不多了，然后她叫我去看行不行，决定权在我手上，但逛商场是她的事情"。男性和女性虽然都乐于汲取并传播信息，但女性对"购买和使用商品的经验""生活小常识""子女教育"以及"医疗保健"等方面的关注程度明显高于男性。这也使女性更多地担当着商品信息把关者和家庭日常消费主宰者的角色。

名人名篇 ③

读者杂志社 编

读者出版社

# 目录

# 科学也有了中国味儿

作者　李云林

我有一个梦想，就是找回中国的味儿。

前几天，我同一个朋友逛超市。一走到食品柜台，他就"数落"起各种零食，每样都拿起来"科学"地看一看标签，"这个脂肪含量太多""那个热量太高"。在他左一句右一句的评论中，我们俩空手走出了超市。

这种"标签"，中国古来的食品上是没有的。我们的食谱里，油盐酱醋只要一碰到数量上的概念，只能用"少许""若干"等字眼糊弄过去。我知道，并非土产的那些标签上的"科学指标"，的确让我们的生活变得更加健康。但如果把事事物物都分解成指标，时时刻刻都沉溺于数字化生活，把吃的美味变成美丽的"表格"，我总觉得这不是我们生活中该有的那一股"中国味儿"。

中国人讲究的是"气韵生动"，否则就觉得多少失去了一些快乐，生活没有味儿。如果说中国人要有自己的梦想，这应该也算其中的一个内容。崇尚那些高科技，很好，但一味跟在别人后面走，便找不回中国人生活的那一股味儿，也对自己少了信心。那么，别人的好东西，也难以在我们自己的生活中体现出那个"好"来。

信心有了，中国味儿也就回来了。中国人要有梦想，这梦想并不单单是指向未来的，它也在过去和脚下。深厚的中国文化并没有消失，它就藏在我们的生活中。我家小区里住着一位老伯伯，虽已两鬓斑白，但仍坚持每天在小区门口疏导交通，风雨无阻。一天，小区门口不见了老伯的踪影，却来了一位老太替他"站岗"。后来才知道，老伯生病了，在家中休息。而替他值勤的，正是他老伴。

这是中国人固有的诚信，一种无可动摇的坚守。记得曾经看到一个历史记载：以前有一个中国商人向西洋客商航运中国货物，在海上遇到大风浪，船倾覆了。在西洋人的观念里，这是不可抗力。但是第二年，中国商人还是将货送达了，西洋客商吃惊之余更佩服中国人的信义。

古来经典中，试翻一下，一个"诚"字出现了多少次。中国传统学问百家争鸣，其根本是相通的，就是那个"大道"。这才是我们要找的"好东西"，贯穿了过去、现在和未来。它或许有一点"虽不能至，心向往之"的超越，但正因为是"心向往之"的，所以它既远又近，近在我们每个人的心里。而自己有了信心，才会懂得欣赏别人好在哪里。

在中国人的观念里，吃饭就是图个"充饥"和"适口"。填饱肚子，享享口福，便是吃饭最朴素、最本质的意义。也许，我们再度找回我们中国的味儿时，我的那个朋友也不会再为包装袋上五花八门的营养指标而烦恼了。科学也有了中国味儿。

# 给年轻科学家的一封信

作者 〔美〕爱德华·威尔逊

我在科学界任教长达半个世纪，接触过许多学生和年轻的专业人才，对于自己能够指导许许多多才华横溢、雄心勃勃的年轻人，我感到莫大的荣幸。

这段经历让我体认到，任何人想要在科学界成功闯出一片天，都必须先明白一些观念，这些观念算得上一整套哲学。

## 林奈的困难

首先，也是最重要的一点，我希望你竭尽所能地坚持下去，继续留在你选择的这条路上，因为这个世界非常非常需要你。

人类目前已完全进入科技时代，不可能回头了。虽然各学科发展的速度不尽相同，但基本上，科学知识的成长速率大约是每15年至20年增加一倍，从17世纪科学革命以来就是如此，因此至今累积了如此惊人的知识量。

而且，就像只要给予足够时间就能无限增长的指数性成长一样，它十年接十年地以近乎垂直的趋势向上攀升，尖端科技也以旗鼓相当的速度发展。科学和技术形成了紧密的共同体，渗透到我们生活的每个层面。

没有什么科学奥秘可以长久隐藏，任何人随时随地都可一窥究竟。网络和其他各种数字科技所打造出的交流方式不仅是全球性的，也是即时性的。用不了多久，只要敲几下键盘，就可以取得所有已公之于世的科学和人文知识。

或许这说法有点夸张（我个人对此倒是深信不疑），所以我在此会提供一个知识巨大飞跃的范例，而且我曾很幸运地亲身参与此事。这个例子发生在生物分类学领域，这是个长久以来被视为过时而发展缓慢的古老学科，直到最近才改观。

这一切要回到公元 1735 年，从瑞典博物学家卡尔·林奈说起，他在 18 世纪和牛顿齐名。林奈启动了一项有史以来最大胆的研究计划——他打算调查地球上的每一种动植物，并予以分类。

为了简便易行，他在 1759 年开始以两个拉丁文单词构成的"双名法"来为每个物种命名，例如将家犬命名为 Canis familiaris，将美国红枫命名为 Acer rubrum。

林奈完全不知道他给自己的这项任务有多么艰巨，也对全球物种数量的量级毫无概念，不确定究竟是有 1 万、10 万，还是有 100 万种。身为植物学家，他猜测植物总共约有 1 万种——显然，他对热带地区的物种多样性一无所知。

今日已分类的植物是 31 万种，预计总量则为 35 万种。若再加上动物和真菌，我们目前已知的物种已超过 190 万种，预计最终可能超过 1000 万种。

至于细菌这类物种的多样性，我们所知甚少，目前（2013 年）辨认出的种类只有约 1 万种，但这个数字正在增长，全球物种名录里可能会增添数百万笔数据。

从这个角度看，在距离林奈的时代已有 250 年之久的今天，我们关于全球物种的知识仍然少得可怜。

## 在线生物百科全书

对生物多样性认识不足，不只是专家学者的问题，也是其他所有人的问题。如果我们对这个星球认识得这么少，那要如何管理它，使其永久发展呢？

就在不久之前，解决方案似乎还是遥不可及的。科学家们再怎么勤奋，每年也只能确定约 1.8 万个新物种。若以这样的速度继续下去，要等上两个世纪或更长的时间，才能认识地球上所有的物种，这几乎跟林奈的时代到现在一样久。

是什么原因造成了这个瓶颈？在过去，这被视为难以解决的技术层面问题。

由于历史因素，大量参考标本和相关文献存放在少数几间位于西欧和北美城市的博物馆里，任何人想要从事分类学的基础研究，都必须亲身造访这些遥远的地方。唯一的替代方案是邮寄标本和文献，但这不只浪费时间，而且风险甚大。

跨入 21 世纪之际，生物学家试图找出在某种程度上可以解决这个问题的技术。

我在 2003 年提出了一套现在看起来

理所当然的解决方案：打造一套在线生物百科全书，收纳所有物种的数字化信息，以及所有参考样本的高分辨率照片，并且持续更新。

这套系统将是开放式资源，由各领域的专业审查人，例如蜈蚣专家、树皮甲虫专家或是针叶树专家等等，负责增补筛选新条目。

这项计划在2005年获得资助，和"国际海洋生物普查计划"一同推动了分类学的发展，也连带使生物学里那些依赖分类精确性的分支学科受益进步。在我撰写本文之际，地球上超过半数的已知物种的信息都已纳入这套在线百科全书，不论何时何地，任何人只要输入网址就能免费读取这些信息。

生物多样性研究的进步如此神速，其他学科也都来到了重大的转折点，因此我们难以预见它们在未来十年会发生怎样的科技革命。当然，新发现和知识积累的爆炸性增长趋势必然会达到高峰，然后趋缓，但这并不会对我们造成什么影响，因为这场革命至少会延续大半个21世纪。

在此期间，世界将变得与今日大不相同，传统的研究方法会彻底转变，超乎我们今日的眼界。在这段过程中，新的研究领域将被开创出来：基于科学发展的技术提升，基于技术提升的科学发展，还有基于技术与科学进展而诞生的新产业。

最后，所有的科学终将统合，每个学科之间都能相互诠释援引，任何人只要受过适当的指导，掌握了原理和法则，就能优游其中。

# 科学家眼中的花之美

作者 〔美〕理查德·费曼

我有一个朋友，他是个艺术家，他的有些观点我真是不敢苟同。

他会拿起一朵花，说道："看，这花多美啊！"

是啊，花很美，我也这么想。

他接着会说："你看，作为一个艺术家，我会欣赏花的美；而你是个科学家，只会职业性地去层层剖析这朵花，那就无趣了。"我觉得他在胡扯。

首先，我相信，他发现花很美，其他人和我也能看到。不过，我可能没有他那样精妙的审美感受，但是毋庸置疑，我懂得欣赏花的美。

我同时还能看到更多的东西：我会想象花朵里面的细胞，细胞体内复杂的反应也有一种美感。我的意思是：美不尽在表面之上，美也存在于更小的微观世界，这朵花的内部构造也很美。事实上，一些进化过程很有意思，比如，一些花开始有了颜色，就是为了吸引昆虫为自己授粉，这就意味着昆虫也能看到颜色。这就带来一个问题：低级动物也能感受到美吗？它们的这种感受能称之为"审美体验"吗？所有这些有趣的问题都说明一件事：科学知识只会增加花的美感和神秘感，让人们对花更加兴趣盎然、惊叹不已。是的，只增不减，我弄不懂为什么有的人不这么想。

# 一生从事科学

作者 〔美〕杰罗姆·卡尔勒

不管你对将来的生活做出怎样的选择，记住这一点是有价值的：在这个世界上，引导我们通往有价值的、愉快的人生的道路是多种多样的。不过，你要达到这个目标，需要努力地工作。同样重要的是，要做一个有道德的人。一个有道德的人只做那些他的良心认为正确的和该做的事。他尊重别人，处处留心不给他人造成伤害。如果你有兴趣一生从事科学，我希望你最好还记住：选择从事科学工作意味着献身于真理，任何懈怠都是不能接受的。

有些年轻人之所以被吸引到科学事业中来，是因为从事科学工作偶尔也会获得崇高的声誉。由于工作突出或做出了有价值的发现而受到人们的赏识，这当然是一件快乐的事情。但是，获得崇高声誉的机遇是很少的，而且，许多非常优秀的工作往往被人们所忽视。

从你所从事的工作中获得满足，或不时地从实验的成功中获得满足，才是幸福生活最重要的内容。因此，那些选择自然科学作为自己职业的人，有可能在了解自然的过程中获得巨大的快乐，有可能在从事最终导致成功发现的艰苦工作中体验到巨大的快乐。

请记住，一个献身于真理的有道德的人，也是一个具有内在尊严的人，因此也是一个能与他人和谐相处的人。这同样会得到快乐和满足。

# 科学的睡眠

作者　赵雪芳

蕾儿是个白领丽人，平时很注意媒体上报道的一些美容保健方面的信息，也常会耐心地按报纸上说的去做。

前天她从《科学日报》健康专版上看到一条消息："据医学专家研究表明，科学的睡眠姿势应该是向左侧卧，因为人们常用右手干一些事情，所以右脑用量比左脑大很多，左侧卧可使右脑得到充分的休息。同时对左脑开发也有一定的好处，而且可以帮助肠胃更好地消化食物。"这天夜里蕾儿就是按报纸上说的向左侧卧睡的。

昨天蕾儿从《长寿导报》专家坐堂专栏上看到一条报道："据医学权威长期研究证明，正确的睡眠姿势应该是向右侧卧，因为人的心脏在左侧。如果人睡眠时向左侧卧血液都会倾向于左侧，这样会增加心脏的负担。而向右侧卧就可

以减轻心脏的负担，更有利于心脏的工作。"这天夜里蕾儿就是按导报上说的向右侧卧睡的。

今天蕾儿从《时尚晚报》美容在线专栏上看到一条美容快讯："据美容专家长期研究发现，睡眠的姿势对美容非常重要。最有利于美容的睡姿是仰睡，这样人的面部皮肤处于最平衡的放松状态，不易生出皱纹，是最佳的睡眠姿势，应是爱美人士的首选。"

蕾儿觉得健康、美容都很重要，她决定每天晚上这三个睡姿都要有。于是便买了三个闹钟：第一个闹钟定在凌晨一点，第二个定在凌晨四点，第三个定在早上七点。这样，蕾儿在晚上十点睡觉时是保持左侧卧，第一个闹钟响了后，蕾儿换成右侧卧，在第二个闹钟响后，蕾儿换成仰卧，当第三个闹钟响起时，

蕾儿就该起床了。

这样的计划实施了一个月后，蕾儿得了失眠症。在第一次闹钟响后，蕾儿便很难再进入梦乡，当刚刚睡得朦胧时，第二个闹钟响起，蕾儿马上从右侧卧翻身平躺着，很难再一次使自己进入梦乡。没有了睡眠质量，又谈什么健康、美容，蕾儿决定去医院咨询一下。

现在的专科门诊都分得很细了，蕾儿来到睡眠门诊，大夫告诉她："这睡眠专科门诊就像减肥门诊一样，有人适合运动减肥，有人适合吃药减肥，有人适合节食，一个人有一个人的情况，要根据个人的情况来对症下药。"大夫一番望闻问切，开出药方："你啊，适合趴着睡，为什么呢？你的臀部太平，如果再仰着睡不就压得更平了吗？还有，你的背很美，不要因仰睡破坏了你背部优美的曲线，夏季穿件露背装会迷死人的。趴着睡还可以增加小腹的负担，会让你没有小肚子，不要听报纸上的，那样多累啊！你的身材才是最重要的。"

蕾儿听得如坠云雾中，掏出两张百元钞票买回了专家的忠告，心里美滋滋的。她决定从今天晚上开始只让第三个闹钟响，因为她得到了科学的睡眠姿势，不用再睡得那么累了。

# 诚实的科学家

作者 杨 静

1726 年，德国出版了一部古生物专著《维尔茨堡化石石版图集》，轰动一时。但是，这部著作给作者贝林格尔带来的并不是名利和荣誉，而是伤心和破产的悲剧。

贝林格尔（1667—1740）是德国维尔茨堡大学教授。这位哲学和医学专家是一个"化石迷"，他不仅收购各种化石，还亲自到各地去采集。化石是生物进化史的忠实记录，研究化石在当时是非常时髦的学问。

可是，贝林格尔对化石的爱好却引起了一些人的妒忌。他的两位同事——一个是图书馆馆长，一个是地理学教授——就存心捉弄他。他们经过一番策划之后，便把雕刻有昆虫、青蛙、鸟类、怪兽等各种图形以及古代希伯来文字的假化石，雇人埋藏在城郊的采石场里并把消息透露给贝林格尔，引诱他去采集。这位地质常识十分缺乏而又非常相信"化石是上帝创造出来的"的教授到了采石场，当他发现那些丰富多样的"化石"时，欣喜若狂。他先后采集了两千多块化石标本，并花费了数年的工夫，从中整理出两百多种化石石版，于 1726 年秋天出版了上面所说的那部轰动一时的著作。

后来，他在继续采集化石的过程中，偶然发现一块"化石"上刻着自己的名字，他感到奇怪："真不可思议，我还没有死呢，怎么会有化石？"他越想越觉得蹊跷，便立即重新检查了过去的研究成果，经过认真仔细的观察和思考后，他才恍然大悟，原来他辛辛苦苦采集来的化石不是真的，多年的心血白费了，他非常伤心。这位诚实的科学家在愤懑之余深感责任重大，为了不让假化石流传，他下决心要收回并烧毁那部轰动科坛的著作。贝林格尔为此耗费了数年的时间和精力且濒于破产，最后，他终于在穷困潦倒中默默地告别了人世。

为了纪念这位诚实的科学家，维尔茨堡大学的同事们特意将他安葬在维尔茨堡城郊的采石场，还为他立了一块墓碑，墓碑上刻着："贝林格尔是一位诚实的科学家！"

据说，在这位科学家逝世 36 年后，收藏他那部著作的人改换书名重新出版了那部著作，做起了欺世盗名的罪恶勾当。

# 裸猿《道德篇》——自然·人类·科学

作者　詹克明

核物理专家詹克明先生的《裸猿＜道德篇＞》一文，以科学家的眼力，通过辩证的分析，论说了人与自然的关系，人与天地的关系，保护生态环境与人类自我生存的关系。全文登在《散文》杂志今年第1期上，本刊从中选《道篇》部分，以飨读者。

## 道篇

大自然的秘密被层层紧裹着。它的庄严秩序绝不轻易示人。但唯独对那些纯真、虔诚的探索者情有独钟。他们是皈依自然的科学信徒，是与自然精神相通的人。他们的高尚追求带有宇宙的宗教感情，正是他们从宇宙的主宰那里取来的智慧火种，照亮了整个人类。至于人们将此火种用来造福社会还是放火烧屋，则与乞求火种的人无关。这既非上苍本意，亦非圣徒初衷。

人类有文字不过7000年。真正的科学童年时期是公元前3—5世纪，特别是古希腊亚里士多德、欧几里德时代，真可谓"大法不繁"，他们那种惊人的洞察力至今仍闪烁着真理简约的光芒。科学有过神童般的早慧。

经过中世纪的徘徊，在文艺复兴时期科学又重放异彩。特别是17世纪的牛顿时代，物理学首次实现了大综合。19、20世纪科学又获得了突飞猛进的大发展，然而科学成就也使得人类把自然看得太轻了。妄自尊大的现代人变得越来越不能清醒地认识到自己在大自然中的正确位置。

须知，任何时候人与自然都是一种有限与无限的关系。浩瀚宇宙中，人类不过是一颗微如草芥的在地球表面活动着的一些微小生物而已。与大自然无限的时间长河相比，人类的存在只是个有限的瞬间。与大自然无限多种类的运动形式相比，人类只有 5 种有限的感官。是否一切都可化为使我们可以感知，尚可探讨。至少"视界"（相当于宇宙年龄与光速乘积的 2 倍）对我们是个不可逾越的限制。

对于人类的大脑也不可盲目迷信。阿仑·图灵对人脑有一个极为形象的比喻——"一碗凉粥"。难道广漠无垠的宇宙中所有的规律、所有的智慧都能集中容纳在这碗"粥"中吗？难道这个只不过 1200—1500 克的"一碗凉粥"真的可以没有限制地处理无限容量、无限复杂、无限深奥的大自的然吗？

有的学者认为："也许我们这个宇宙只是更大的母宇宙的一部分。"我们面对着许多不可超越的极限，它们由一些最基本的物理常数所构成。如，光速不可超越，绝对零度不可达，我们只有正质量（即使反物质也是正质量），只有万有引力（而无万有斥力）……这些常数是否构成了我们这个宇宙的基本特征呢？如果超越了又将如何呢？

大自然真的不懂数学吗？

人们视数学为科学的王冠。但为什么我们用极高深的数学、极复杂的公式、极庞大的程序，在超巨型计算机上进行长时间运算，也只能以极其有限的精确度，计算一些比较简单的分子呢？更何况大分子、生命大分子体系。如果它不懂数学，描绘它的数学为什么几乎是无法达到的艰深呢？

宇宙大爆炸后以近于临界速度膨胀了 150 亿年，它与临界速度的差异不会超过 1036 分之一。假如我国 12 亿人，每人把中国大百科全书（73 册，近 1 亿汉字）、英国大百科全书（19 册，近 2 亿字母）、美国大百科全书（30 册，近 2 亿字母）各抄两遍。只要其中有一个人抄错一个字母，错误就已达到 1018 分之一，然而宇宙膨胀的精确程度比这还要准确 100 亿亿倍。大自然真的不懂数学吗？在我们看来如此吃力，如此高不可攀的事情，大自然为什么如此轻松、如此漫不经心地一蹴而就呢？

中国传统文化最重天、地、人。然而今天的人类恰恰对这三个古老话题知之甚少。对于"天"，现代宇宙学不过刚猜出一点皮毛。对于我们每天踩在脚下的"地"，我们钻探深度不过以 10 公里计，与地球半径（6378.14 公里）相比，不过才千分之二三。若是个苹果，我们连表皮的深度都没啃破。这点我们甚至还不如一条虫！至少它已吃到果心了。

对于"人"，我们了解得尤其肤浅，特别是大脑思维的本质与神经工作的方式，我们还基本上一无所知。可能宏观与微观"语言"在此全不通用。它也许是下个世纪，"芝麻"都叫不开的神秘洞府。

似乎人类在自然科学上一遇到"起源"的问题就一筹莫展。宇宙起源、生命起源、思维起源都是人类碰到的几个最大的难题。有些新理论又是那么脆弱，经不起推敲。一种基于分子随机碰撞的生命起源理论不久前刚刚提出，但英国天文学家弗·霍依勒评价说："上述事情发生的可能性正如利用席卷整个废料场的飓风来装配波音747喷气机一样。"这种几率无异于让一只猴子在计算机键盘上胡乱跳蹿，居然打出了一部"莎士比亚"。你信吗？

科学越发达，理论越艰深，学科也就越是高度地分化，人的专业知识面也日趋狭窄。如果你问某位科学家的研究领域，他可能会说：我在化学研究院、物理化学分部、理论化学研究所、量子化学研究室、从头计算方法研究组、从事多原子分子课题中位能面计算工作。你尽可以和他讨论"从头算"方面的问题，但倘若超出这个范围，可能会使双方都感到尴尬。一问，嗫然；又问，敛容；三问，正色；再问则拂袖而去。这

不禁使人想起一个曾在宫廷御膳房供职的厨师。他后来受雇于某大家。主人想以其资历炫耀一番，命他烧制一桌宫廷筵席宴客，答曰不能，因他是专做宫廷点心的。又令其制做一席宫廷点心待客。又答曰不能，因为他是为做某种点心专职切制葱末的。也许当今从事各种专业工作的人中就有不少"专门切葱"的。

人人都知道瞎子摸象的故事，然而也许我们就在干着类似的事。如果说，古希腊的亚里士多德还算是研究过"大象学"的话，近代科学家们早就分别潜心于"象腿学""象耳学""象尾学""象牙学"等分支了。而现代的博士生导师已带领众多弟子分兵于"象腿学"中的"象脚学""象趾学""象腿力学"等次级分支了。

著名的《第三次浪潮》一书作者托夫勒曾为普里戈金的《从混沌到有序》撰写过前言。开篇第一句话就说："在当代西方文明中得到最高发展的技巧之一就是拆零，我们非常擅长此技，以致我们竟时常忘记把这些细部重新装到一起。"遗憾的是，现在大量培养的多为"拆零"专家，而"整合"专家实属凤毛麟角。

为发现"物质不灭定律"做出重大贡献的俄国著名科学家罗蒙诺索夫（1711—1765）的传记中写到他闯进了人类知识

的一切领域。他是文学家、诗人、语言学家、历史学家、地理学家、地质学家、冶金学家、物理学家、化学家、美术家。只差了个"哲学家"。至少他曾经涉猎过这么多领域吧。要知道，他比我们不过早了200年，今天的科学家还有这份潇洒吗？其中的大多数也许早就被"腌制"到不知哪个缸中去了。

也许"全能"才更能体现出人类的优势与特点。有人研究动物习性，专门设计了一个"三项全能"项目："行军30公里——潜水15米——爬绳数米"。据研究，除了人类以外，所有的哺乳动物都没有能力完成这三项运动。尽管各单项冠军可以分属各种动物，而人的优势就在于他的全面性与综合性。现在人类专业知识越来越窄，势必造成其全面综合素质的降低。这种单项进化中的整体退化是一个不祥倾向。

人类文明的承袭方式只能是后天的学习。人生下来在政治上、财富上、社会地位上可以不平等，唯独在知识上则是完全平等的。零是最简单、最严格的平等！也是最公正、最容易实现的游戏规则。

每个人都必须从零开始学习，首先掌握从古到今前辈们积累的知识，然后才是创造，随着科学文化的积累，人类

不得不用更长的时间进行学习。现在一个博士研究生毕业时（30岁），学习时间已占去他一生有效工作期限（60岁）的半数了。这个比值一直在不断扩大。等到这个值达到1时，人类再也没有做出任何新创造的可能了。

如同一个远途的挑担送粮人，他担子里的粮食，一部分是路上自耗的口粮，剩下的才是他实际上运送的粮食。随着路程的延长，自耗的比例越来越大。当他的粮食全部用于自耗时就达到了他的最大行程，同时挑夫也就无粮可送了。等到我们几乎用人生的全部有效时间去应对越来越多、越来越高深的科学知识时，人类的聪明智慧就已发展到顶了。

人类在学习上已经被迫"早熟"了。学习的沉重压力已无情地向低幼儿逼来。升学的角逐早已由大学入学考试转向重点高中的竞争。有的地方已转为报考重点初中之争。人生的命运大搏击已压在13、14岁的学童身上。尤其可怕的是这种趋势正向幼儿与胎儿逼来。许多家长都在抓紧幼儿的早期教育。当一个3岁的女童向人们展示4个斗大的正楷书法时，这究竟是标志着人类的进步呢，还是人类绝早歧化的悲哀？现在教育又向胎儿压来。让一个也许只有几克重的"小肉团"在母腹中就已开始接受"胎教"了。

可怕的教育现在连人的睡眠都不放过。有一种新的外语教学法就是让你睡眠中还必须听外语录音。据说这种让"暂时植物人"学习英语的方法还很有效。如果人类的学习连幼儿、胎儿和睡眠都不放过，这是不是表明人的学习"潜力"快要掘光了，人类已在逼近自己学习的"极限"了呢？

当然，人类平均寿命延长可能会进一步拓展人类文明。如果人类平均寿命是当今的 10 倍，人人都能达到彭祖 800 寿的水平，就一定是好事吗？ 200 年前德国浪漫诗人诺瓦利斯就说过："如果没有死亡，最大的幸福就会属于极端疯狂者。"

# 白天的科学与夜晚的科学

作者 〔法〕弗朗索瓦·雅各布

弗朗索瓦·雅各布 1920 年 6 月出生于法国的南锡，中学毕业后进入巴黎医学院学习医学。由于第二次世界大战，1940 年他不得不中断学业而去参军。战后，雅各布完成了他的医学学业。1954 年他获得巴黎大学理学博士学位。雅各布是世界著名生物学家，法国科学院院士，几个国家的科学院的外籍院士，曾获各种科学奖，其中在 1965 年与安德列·霍沃夫、雅克·莫诺共同获得诺贝尔生理学或医学奖。

爱因斯坦常说："如果你想知道科学家是如何进行研究的，不要听他们所说的，要看他们所做的。"对于科学研究，大部分人看到的是一个合乎逻辑的过程。在科学论文中，理性沿着一条康庄大道前进，从黑暗走向光明，没有一丁点错误，没有混乱，只有完美的推理。

然而，当人们更仔细地察看"科学家所做的"，就会惊讶地发现科学研究其实包括两个方面——有个俏皮的作者把它称为"白天的科学"和"夜晚的科学"。

"白天的科学"使用的论证过程像齿轮般紧密咬合，在光亮和荣耀中向前发展。相反，"夜晚的科学"盲目地游荡。"夜晚的科学"像一家制造可能性的作坊，生产出将会成为科学的建筑材料。在这种作坊中，假说仍是不明确的预感和模糊不清的感觉，现象也只是一些互不关联的孤立事件。在一个充满信息的迷宫中，各种思想起伏不定，四处奔走，试图寻找某种出乎意料的密切关系，寻找成为"白天的科学"的契机。引导思想的并不是逻辑，而是本能和直觉，还有那种要把事情弄清楚的激情。

# 优雅的科学独行者

作者　周欣宇

难以想象，如此优雅的举止，竟能在一个物理学家身上得到完美的演绎。

他总是穿着做工考究的西装，他爱好文学和音乐，他是世界上唯一在方程式中使用哥特体字符的科学家。据说在所有用英语写作的科学论文中，他的语言是最优美的。

他叫钱德拉塞卡，原本是个有点羞涩的印度青年。19岁那年，他因成绩优异获得政府奖学金，只身乘船前往英国剑桥求学。在长达十几天的漫长航程中，他奇迹般地初步计算出一个结果：当恒星质量超过某一上限时，它的最终归宿将不会是白矮星。

在1935年皇家天文学会的会议上，当钱德拉塞卡宣读完自己的论文后，当时天体物理学界的权威爱丁顿走上讲台，他当众把钱德拉塞卡的讲稿撕成两半，宣称其理论全盘皆错，原因是他得出了一个"非常古怪的结论"。听众中顿时爆发出笑声。会议主席甚至没有给这位年轻人答辩的机会。

会议结束后，几乎所有人都走到钱德拉塞卡跟前，说："这太糟糕了，太糟糕了……"

"世界就是这样终结的，不是伴着一声巨响，而是伴着一声呜咽。"多年后，钱德拉塞卡仍然记得自己当时的自言自语。

与爱丁顿的争论持续了几年，没有一个权威科学家愿意站出来支持钱德拉塞卡。最后，他终于明白应该完全放弃这个研究课题。1937年到芝加哥大学以后，他把自己的理论写进了一本书里，然后不再理会它。

差不多30年后，这个后来被称为

"钱德拉塞卡极限"的发现得到了天体物理学界的公认。然后又过了十几年，钱德拉塞卡获得了诺贝尔奖。1983年，当他从瑞典国王手中接过诺贝尔奖章时，已是两鬓斑白的垂垂老者。

此时，回顾年轻时的挫折，钱德拉塞卡却已有了不同的看法。"假定当时爱丁顿同意自然界有黑洞……这种结局对天文学是有益处的。"他说，"但我不认为对我个人有益。爱丁顿的赞美之词会使我那时在科学界的地位发生根本的改变……但我的确不知道，在那种诱惑面前我会怎么样。"

钱德拉塞卡的结论是，那些成功的人"对大自然逐渐产生了一种傲慢的态度"，那些人以为自己有一种看待科学的特殊方法，并且这种方法一定是正确的。但实际上，"作为大自然基础的各种真理，比最聪明的科学家更加强大和有力"。

因此，他的一生都是谨慎、谦逊和勤奋的。每当投入工作时，他就会坐在一张非常整齐、清洁的书桌前，寻觅数学的秩序。每天至少工作12小时，一周工作7天，花费10年左右，直到宇宙的

某一个方面已经完全约化为一组方程时才罢休。然后，他总是把研究结果写成一本书，就不再关注这个领域，而去寻找天体物理学中另一个完全不同的课题，重新埋头研究下去。直到六十多岁，钱德拉塞卡仍能定期把精力转向以前从未涉足的新领域。

他的教学同样以严谨和一丝不苟著称。据说，他的板书和讲稿那样整洁和优美，甚至可以直接拿去印刷。一个有名的故事是，在20世纪40年代中后期，钱德拉塞卡每星期驱车数百英里为只有两名学生的班级上课。而1957年的诺贝尔物理学奖，就授予了这个班级仅有的两名学生——杨振宁和李政道。

钱德拉塞卡一生远离自己的祖国，研究成果不被认可，还因肤色遭受歧视，但他不以为意，并以始终如一的优雅默默回应一切。1999年，一只以"钱德拉塞卡"命名的空间望远镜被送上了太空。尽管它经常因为有新的发现而出现在世界各地的新闻报道中，钱德拉塞卡却并未因此更多地被人提及和了解。

因孤独而优雅。或许，只有钱德拉塞卡，才能拥有如此优雅的举止。

# 探索的动机

作者　爱因斯坦

这是爱因斯坦在柏林物理学会举办的纪念麦克斯·普朗克60岁生日演讲会上的演讲。

——编者

在科学的神殿里有许多楼阁，住在里面的人真是各式各样，而引导他们到那里去的动机也各不相同。有许多人爱好科学是因为科学给他们以超乎常人的智力上的快感，科学是他们自己的特殊娱乐，他们在这种娱乐中寻求生动活泼的经验和对他们自己雄心壮志的满足。在这座神殿里，另外还有许多人是为了纯粹功利的目的而把他们的脑力产物奉献到祭坛上的。如果上帝的一位天使跑来把所有属于这两类的人都赶出神殿，那么集结在那里的人数就会大大减少，但是，仍然会有一些人留在里面，其中有古人，也有今人，我们的普朗克就是

其中之一，这也就是我们所以爱戴他的原因。

我很明白在刚才的想象中被轻易逐出的人里面也有许多卓越的人物，他们在建筑科学神殿中做出过很大的也许是主要的贡献；在许多情况下，我们的天使也会觉得难以决定谁该不该被赶走。但有一点我可以肯定，如果神殿里只有被驱逐的那两类人，那么这座神殿决不会存在，正如只有蔓草就不成其为森林一样。因为对于这些人来说，只要碰上机会，任何人类活动的领域都是合适的：他们究竟成为工程师、官吏、商人还是科学家，完全取决于环境。现在让我们再来看看那些得到天使宠爱而留下来的人吧。

他们大多数是沉默寡言的、相当怪僻和孤独的人，但尽管有这些共同特

点，他们之间却不像那些被赶走的一群那样彼此相似。究竟是什么力量把他们引到这座神殿中来的呢？这是一个难题，不能笼统地用一句话来回答。首先我同意叔本华所说的，把人们引向艺术和科学的最强烈的动机之一，是要逃避日常生活中令人厌恶的粗俗和使人绝望的沉闷，是要摆脱人们自由变化不定的欲望的桎梏。一个修养有素的人总是渴望逃避个人生活而进入客观知觉和思维的世界——这种愿望好比城市里的人渴望逃避熙来攘往的环境，而到高山上享受幽寂的生活。在那里透过清净纯洁的空气，可以自由地眺望、沉醉地欣赏那似乎是为永恒而设计的宁静景色。

除了这种消极的动机外，还有一种积极的动机。人们总想以最适合于他自己的方式，画出一幅简单的和可理解的世界图像，然后他就试图用他的这种世界体系来代替经验的世界，并征服后者。这就是画家、诗人、思辨哲学家和自然科学家各按自己的方式去做的事。个人把世界体系及其构成作为他的感情生活的中枢，以便由此找到他在个人经验的狭小范围内所不能找到的宁静和安定。

在所有可能的图像中，理论物理学家的世界图像占有什么地位呢？在描述各种关系时，它要求严密的精确性达到

那种只有用数学语言才能达到的最高的标准。另一方面，物理学家必须极其严格地控制他的主题范围，必须满足于描述我们经验领域里的最简单事件。对于一切更为复杂的事件企图以理论物理学家所要求的精密性和逻辑上的完备性把它们重演出来，这就超出了人类理智所能及的范围。高度的纯粹性、明晰性和确定性要以完整性为代价。但是当人们胆小谨慎地把一切比较复杂而难以捉摸的东西都撇开不管时，那么能吸引我们去认识自然界的这一渺小部分的，究竟又是什么呢？难道这种谨小慎微的努力结果也够得上宇宙理论的美名吗？

我认为，够得上的。因为，作为理论物理学结构基础的普遍定律，应当对任何自然现象都有效。有了它们，就有可能借助于单纯的演绎得出一切自然过程（包括生命过程）的描述，也就是它们的理论，只要这种演绎过程并不超出人类理智能力太多。因此，物理学家放弃他的世界体系的完整性，倒不是一个什么根本原则问题。

物理学家的最高使命是得到那些普遍的基本定律，由此世界体系就能用单纯的演绎法建立起来。要通向这些定律，没有逻辑推理的途径，只有通过建立在经验的同感的理解之上的那种直觉。由

于这种方法论上的不确定性，人们将认为这样就会有多种可能同样适用的理论物理学体系，这个看法在理论上无疑是正确的。但是物理学的发展表明，在某一时期里，在所有可想到的解释中，总有一个比其他的一些都高明得多。凡是真正深入研究过这一问题的人，都不会否认唯一决定理论体系的实际上是现象世界，尽管在现象和他们的理论原理之间并没有逻辑的桥梁；这就是莱布尼茨非常中肯地表述过的"先天的和谐"。物理学家往往责备研究认识论的人没有足够注意这个事实。我认为，几年前马赫和普朗克的论战，根源就在这里。

渴望看到这种先天的和谐，是无穷的毅力和耐心的源泉。我们看到，普朗克就是因此而专心致志于这门科学中的最普遍的问题，而不是使自己分心于比较愉快的和容易达到的目标上去的人。我常常听说，同事们试图把他的这种态度归因于非凡的意志和修养，但我认为这是错误的。促使人们去做这种工作的精神状态，是同宗教信奉者或谈恋爱的人的精神状态相类似的，他们每日的努力并非来自深思熟虑的意向或计划，而是直接来自激情。我们敬爱的普朗克今天就坐在这里，内心在笑我像孩子一样提着第欧根尼的风灯闹着玩。我们对他的爱戴不需要作老生常谈的说明，我们但愿他对科学的热爱将继续照亮他未来的道路，并引导他去解决今天理论物理学的最重要的问题。这问题是他自己提出来的，并且为了解决这问题他已经做了很多工作。祝他成功地把量子论同电动力学、力学统一于一个单一的逻辑体系里。

# 做自己尊重的人

作者　饶　毅

在祝福裹着告诫呼啸而来的毕业季，请原谅我不敢祝愿每一位毕业生都成功、都幸福，因为历史不幸地记载着：有人成功的代价是丧失良知，有人幸福的代价是损害他人。

从物理学角度来说，无机的原子逆热力学第二定律出现生物是奇迹；从生物学角度来说，按进化规律产生遗传信息指导组装人类是奇迹。

超越化学反应结果的每一位毕业生，都是值得珍惜的奇迹；超越动物欲望总和的每一位毕业生，都应做自己尊重的人。

过去、现在、将来，能够完全指导个人行为和思想的只有自己。世界上很多文化借助宗教信仰来指导人们生活的信念和世俗的行为；而对无神论者——也就是大多数中国人来说，自我尊重是重要的正道。

在你们步入社会后会看到各种离奇的现象，知道自己有更多的弱点和缺陷，可能还会遇到小难大灾；在诱惑和艰难中保持人性的尊严、赢得自己的尊重并非易事，却很值得。

这不是自恋、自大、自负、自夸、自欺、自闭、自缚、自怜，而是自信、自豪、自量、自知、自省、自赎、自勉、自强。

自尊支撑自由的精神、自主的工作、自在的生活。

我祝愿：退休之日，你觉得职业中的自己值得尊重；迟暮之年，你感到生活中的自己值得尊重。

不要问我如何做到，50年后返校时告诉母校你如何做到：在你所含全部原子再度按热力学第二定律回归自然之前，它们既经历过物性的神奇，也产生过人性的可爱。

情感

# 蒲公英女孩

作者 〔美〕罗伯特·富兰克林·杨

前天，我看见一只兔子。昨天，我看见一头鹿。而今天，我看见你。

他慢慢地走向她，敏锐地感觉到天空有多近，享受着扑面而来的风。

他的妻子临时被找去当陪审团成员，他只得独自消磨从暑假中省下来的两个星期假期，寂寞度日。白天他在码头独自钓鱼，夜晚就在客厅的大火炉前读书。如此一成不变地生活了两天以后，他漫无目的地往树林里走去，最后终于来到这座山丘。他爬上来，见到女孩。

她的眼睛是蓝色的，蓝得就像后面那片框住她纤细身形的天空。她有椭圆形的脸蛋，看起来年轻、柔和又甜美。一种似曾相识之感油然而生，强烈得让他不得不努力抗拒那股冲动，免得自己伸出手去触摸她被风亲吻的脸颊。

"怎么搞的，我已经四十四岁了，"他困惑地想，"而她几乎不超过二十岁。老天，我怎么了？"

"你也从城里来？"他问。

"从某方面来说，我是。"她说着，对他露出微笑，"我是从距今两百四十年后的海湾市来的。"

她的微笑透露出她并不真的期待他相信，但也暗示他如果能假装相信，事情会比较好。他说："在我的想象里，到了那时，这个地方已经变得很大了。"

"哦，是这样，没错。"她伸手指向他们脚下那片树林的边缘，"第两千零四十街会直直地穿过这片枫树林。新的购物中心在那里，服饰店里都是最新的时尚款。我身上穿的这件衣服是今天早上才在那家店里买的，漂亮吧？"

如果那能叫漂亮，也是因为穿在她身上。不过，他还是礼貌地看了看她的衣服。他并不熟悉衣服的布料，那布料看起来好像混合了棉花糖、海浪泡沫和雪。

他觉得，要么是魔法纤维制造公司发明化合物的能力无边无际，要么是年轻女孩编故事的能力无边无际。"我想你是搭时空机来的。"他说。

"对，我爸发明的时空机。"

他凑近看她，他从没见过这么坦率的表情。"你常来这里吗？"

"嗯，常来，这里是我最爱的时空坐标。前天，我看见一只兔子。昨天，我看见一头鹿。而今天，我看见你。"

"你父亲从不跟你同行吗？"

一列排成 V 字形的天鹅懒洋洋地飞过他们头顶，她看了好一阵子才又开口："我父亲病了。如果可以，他也很想来。不过我把我看到的东西都告诉他了。"

"你住在这附近？"她问。

"我住在山下大约三英里处的一栋湖畔小屋。我叫马克·兰道夫。"

"我叫茉莉，"她说，"茉莉·丹佛。"

这名字很适合她，就像白洋装那般适合她，还有蔚蓝的天空、山丘，以及九月的风，都很适合她。她很可能就住在树林中的小村庄里，不过这并不重要。

如果她想假装自己来自未来，他也不觉得有什么不好。重要的是他第一眼看见她时心中的那种感觉，还有他每次凝视她柔和的脸庞时袭向他的柔情。"茉莉，你从事哪一行？"他问，"或者，你还在念书？"

"还在念书，念跟秘书相关的专业。"她说着，往前半步，双手交握，做了个漂亮的旋转。"我应该会喜欢当秘书吧。"她继续说，"兰道夫先生，你想要我当你的秘书吗？"

"我很乐意。"他说，"我太太曾是我的秘书，在大战爆发前。我们就是这样认识的。"为什么要说这个？他搞不懂自己。

"她是个好秘书吗？"

"她是个一流的秘书，我很遗憾我失去了这样的好秘书。不过，虽然我在这方面失去了她，但在另一方面得到了她，所以我猜，你不会认为这算是失去吧？"

"嗯，我想那不算失去。现在，我得走了，兰道夫先生。"

"你明天会来吗？"

"可能会。我每天都来。再见了，兰道夫先生。"

"再见，茉莉。"

他目送她轻快地跑下山丘，消失在枫树林里。

夜晚很清静，并没有现代人习以为常的那种噪音。他从书柜里挑了一本美国诗选，坐了下来，翻到《山丘上的下午》。他把这首诗读了三遍，每读一遍都能看到茉莉站在阳光下的身影。他的喉咙像被什么哽住了，难以吞咽。

他强迫自己去想安妮，她的脸立即清晰地浮现——坚定而线条柔和的下巴，温暖、富有同情心的眼睛，带着一丝他从来都无法分析的奇怪恐惧，柔软依旧的脸颊，温柔的微笑。这么多年过去了，她依旧迷人，一如好久以前的那个早上，他正在查阅资料，却讶异地看见她怯生生地站在他的办公桌前。不可思议的是，才过去二十年，他就如此热烈地渴望与一个幻想过度的女孩幽会。

他脱去外衣，盖上棉被，熄了灯。睡眠本该立即降临，现实情况却并非如此。他终于睡着了，却感觉思绪支离破碎，伴随着撩人的梦境。

第二天下午，她穿了一件蓝色洋装，蒲公英色的发丝上绑着小小的蓝色缎带。他面向山丘，一动不动地站了一会儿，等着那股喉咙紧绷的感觉消失。接着他走过去，站在她身旁。然而，当他看见她颈部和下颚的柔和线条时，那股紧绷感又回来了。她转身说："你好，我没想到你会来。"

过了很长一段时间，他才回答。"但我来了，"他终于开口，"而你也是。"

他往烟斗里填好烟草，点燃它，把烟吐向风中。"我爸爸也抽烟斗。"她说，"你跟他有很多地方都很相似。"

"跟我谈谈你父亲吧，"他说，"也谈谈你自己。"

她说了。她说她二十一岁，她父亲曾为政府工作，是一名物理学家，如今已经退休。自从四年前她母亲过世，她就负责帮父亲打理房子。后来，他也告诉她关于自己、安妮以及杰夫的事。告诉她安妮有拍照恐惧症，甚至在婚礼当天也拒绝拍照，直到婚后仍然如此；还有去年夏天他们一家三口露营旅行的愉快时光。

他说完后，她说："你的家庭生活好棒。1961 年一定是很适合生活的一年！"

"你有时空机，想的话，随时都能来这里。"

"事情没这么简单。除此之外，我无论如何也不会抛下我父亲，而且也要考虑到时空警察的问题。你知道吗？时空旅行只限于政府赞助的历史考察队成员，一般大众不在此列。"

"但你似乎来去自如。"

"因为这台时空机是我父亲做的，时空警察并不知道。"

"但这么做依然触犯了法律吧？"

她点点头："不过，只有根据他们那套时空概念才算。认同那一套的人宣称未来的人不应该实际参与任何发生在过去的事件，因为他们的存在会造成时空矛盾。为了消除矛盾，未来的事件将因此而改变。时空旅行部门规定，只有经过授权的人才能使用时空机。他们还组织警力，抓捕那些想穿越到不同年代的人。但是根据我爸爸的想法，时间是一本早就被写好的书。我爸爸说，从宏观宇宙的角度来看，所有即将发生的事件都已发生。因此，假如有一个来自未来的人参与了过去的事件，变成事件的一部分，其中有个简单的理由，那就是一开始他便已涉入其中。如此一来，就不可能会有矛盾存在。"

马克猛地吸了一大口烟，他有此需要。"听起来你父亲是相当厉害的人。"他说。

"嗯，他是！"热情染红了她的双颊，让她的蓝眼睛更加明亮。

"你不会相信他读过多少书，黑格尔、康德和休谟，爱因斯坦和牛顿。连我——连我自己也读了一些。"

"我想也是。事实上，我也有所涉猎。"

她欣喜若狂地看着他。"太好了，兰道夫先生。"她说，"我猜我们有很多共同的兴趣！"

接下来的对话证明了他们的兴趣确实有共同之处。虽然对一个男人和一个女孩来说，在九月的山丘上讨论先验美学、贝克莱的主观唯心主义和相对论，有些煞风景，但他还是立即回应了。

那一刻，他的心情游荡到很远，远得超乎他想象。直到他上床睡觉，那份心情仍未消失。这一次，他甚至没有试着去想安妮，因为他知道那毫无帮助。他躺在黑暗中，坦然接收了所有随意冒出的念头——而所有念头都与九月的山丘有关，与一个有着蒲公英发色的女孩有关。

隔天早晨，他开车前往小村庄里的邮局，确认是否有他的信件。他盘算着是否要问那个干瘦的邮局工作人员，有没有姓丹佛的人家住在这一区。他最终决定不问。若他这么做的话，将破坏茱莉煞费苦心虚构的幻想。即使他不相信茱莉的话，也不想亲自推翻。

那天下午她穿着和发色相同的蒲公英色洋装。看见她时，他再次感到喉咙一紧，说不出话来。不过，当刚开始的那一刻过去后，话题就来了。他们的思绪像两条兴高采烈的小溪汇聚在一起，欢快地在下午的河道上奔流。这一次，当他们分别时，换她开口问："你明天会在这里吗？"虽然她只是比他抢先说出这句话，但他穿过树林回到小屋的路上，这句话都在他耳畔回荡着。

第二天下午，他走上山丘，却发现空无一人。于是他坐在花岗岩长椅上等待，但她一直没有来。黑夜的暗影从树林开始往上蔓延，爬上了山丘，空气变得很冷。最后他放弃了，悲伤地回到小屋。

第三天下午，她仍然没有出现。再隔一天也没有。他吃不下，也睡不着，唯有钓鱼。他再也无法读书。

第五天，他走上山丘，心中已不存希望——他突然看见她站在阳光底下，希望再度燃起。他看到她穿了一身黑衣的时候，本该猜到她没出现的理由，但他没有，直到走过去，看见她流下的泪水，还有她嘴唇无法掩饰的颤抖。"茱莉，怎么回事？"

她紧紧地抱住他，肩膀颤抖着，把脸埋进他的外套。"我爸爸死了。"她说，"没有他就没有值得我活下去的东西了。没有了，没有了，没有了！"

他紧紧地抱着她："你会找到值得你活下去的东西，茱莉，或者某个人。"

"我得走了，"她说，"我还有一大堆事情要办。"

"你——你明天会来吗？"

她久久地看着他，蓝眼睛闪烁着，泛起有如夏日阵雨后的雾气。"时空机不能用了，"她说，"有些部分需要换零件，可是，我不知道怎么换。时空机可能还能再飞一趟吧，但是我不太确定。"

"不过，你会试着过来，对吗？"

她点头。"对，我会试试看。兰道夫先生，假如我没办法来的话，请你记住，我爱你。"

她轻盈地跑下山，没多久就消失在枫树林里。

后来，他不记得自己回到小屋之后是吃了晚餐还是直接上床睡觉。不过那些事情他一定全都做过，因为他醒来时发现自己躺在房间里。

他早早就坐在花岗岩长椅上，等她从树林里出现，走上山坡。他可以感觉到自己的心怦怦直跳，他知道自己的手在发抖。他等了又等，但她没来，第二天也没来。当夜晚的影子开始拉长，空气变得冰冷，他下了山，穿过森林，走进村庄。他停在小邮局前方，检查有没有他的信。干瘪的邮局工作人员告诉他没有信之后，他仍然徘徊不去。"有没有姓丹佛的人家，住在这儿附近的什么地方？"他不假思索地脱口而出。

那个工作人员摇了摇头。"从没听过

"这名字。"

"最近镇上举行葬礼了吗？"

"将近一年没有了。"

在那之后，虽然他每天下午都到山上去，直到假期结束为止，但他心知肚明，她不会回来了。

十月初，他回到城里。他尽最大的努力去面对安妮，表现得仿佛他们之间未曾有过任何改变。但她似乎在见到他的那一刻就知道，有些东西不一样了。她什么都没问，但变得越来越安静，而她眼里那份令他迷惑的恐惧，则变得越来越明显。

他开始在星期日的下午开车去乡下，去那座山的山顶。他在花岗岩长椅上坐着，凝视着当初茉莉身影消失的地方，一坐就是几个小时。

十一月的某个雨夜，在看了两小时电视节目之后，他记起家里收着的拼图。他渴望抓住某样东西，什么都好，只要让自己不再去想茉莉，所以他爬上阁楼去找拼图。当他在好几个堆起来的箱子里东翻西找时，一个行李箱从旁边的架子上掉了下来。摔在地上的那一刻，箱子应声打开。这个行李箱是他们婚后租住小公寓时安妮带来的，他记得她总是锁着它，也记得她笑着跟他说，行李箱里锁着一个妻子得藏好的秘密。

他想把箱盖合上，然而，当他看到箱盖边缘露出一件白色洋装的绲边时，他愣住了。这布料给他一种模糊的熟悉感。不久以前他才看过类似的——一种像棉花糖又像海浪泡沫和雪花的布料。他看了很久，喉咙紧绷。"前天，我看见一只兔子。昨天，我看见一头鹿。而今天，我看见你。"

有那么一瞬间，他以为自己就要哭出来。安妮……茉莉……除了改名外，她一定还做了其他事，好躲开时空警察的追捕。难怪她从来都不拍照。很久以前，当她怯生生地走进他办公室应聘工作的那天，她一定吓坏了吧。形单影只地活在一个陌生的年代，既不知道父亲的时间理论是否正确，也不知道原本在四十几岁时曾爱上她的那个男人，在二十几岁的时候，是否同样会对她产生爱意。但她回来了，就像她承诺过的那样。

她一定心知肚明，有那么一天，他将走上一座九月的山丘，看见她站在那里，一个年轻可爱的她，就在阳光底下，然后他会完完全全地再度爱上她。她一定知道的，因为那一刻是他未来的一部分，也是她过去的一部分。可是她为什么不告诉他？为什么直到现在都不告诉他？

突然之间，他懂了。

他觉得难以呼吸。他走向前廊，披上雨衣，步入雨中。雨水猛烈地打在他脸上，一滴滴沿着他的脸颊往下流淌，有些是雨，有些是泪。像安妮，或说像茱莉，那么美，美得好像永远不会变老的人，怎么可能怕老？她难道不知道，在他眼里，她不可能变老——自从他在办公桌前抬起头看到她的那一刻起，他就爱上她了。对他而言，从那天起，她从来都没有改变。她难道不明白，正因如此，在他眼里，山丘上的女孩才那么像个陌生人？

他朝着街角的方向走去。当穿着白色风衣的女孩从巴士上走下来时，他也刚好抵达。他喉咙紧绷得有如刀割，完全无法呼吸。如今她蒲公英般的发色变深了，迷人的小女孩模样已然消失，但那柔和的美仍在她温柔的脸上。

她迎向他时，他在她眼里看到了熟悉的恐惧——一股因为他知道了理由而更加无法忍受的深刻恐惧。她的身影在他的泪眼前方变得模糊。他走到她面前，他的视线清晰了，他伸手轻触她被雨淋湿的脸颊，仿佛穿越的是岁月。她知道，一切都过去了。她眼中的恐惧随即远离，永远远离。他们就这样在雨中手牵着手，往回家的路上走去。

# 父亲这样教育我

作者 〔美〕理查德·费曼

小时候父亲常在周末带我去山上，在漫步丛林的时候给我讲好多关于树林里动植物的新鲜事儿。也有别的孩子跟着他们的父亲去山上玩。当孩子们聚在一起时，一个小朋友问我："你瞧见那只鸟儿了吗？你知道它是什么鸟吗？"

我说："我不知道它叫什么。"

他说："那是只黑颈鸫呀！你爸爸怎么什么都没教你呢？"

其实情况正相反。"看见那鸟儿了吗？"爸爸说，"那是只斯氏鸣禽。"（我猜想他并不知道这鸟的学名。）他接着说，"意大利人把它叫作'查图拉波替达'，葡萄牙人叫它'彭达皮达'，中国人叫它'春兰鹅'，日本人叫它'卡塔诺·特克达'。现在，你只是知道了世界不同地区的人怎么称呼这只鸟，可还是一点也不懂得它。我们还是来仔细瞧瞧它在做什么吧——那才是真正重要的。"（我于是很早就学会了"知道一个东西的名字"和"真正懂得一个东西"的区别。）

他说，"瞧，那鸟儿是在啄它的羽毛。可它为什么要这样做呢？"

"大概是飞翔的时候弄乱了羽毛，要把羽毛梳理整齐。"我说。

可结果发现，鸟儿们在刚飞完和过了一会儿之后啄的次数差不多。

"因为有虱子。"他说，"虱子在吃羽毛上的蛋白质。虱子的腿上又分泌蜡，蜡又有螨来吃，螨吃了不消化，就拉出来黏黏的像糖一样的东西，细菌于是又在这上头生长。"

"只要哪儿有食物，哪儿就会有某种生物以之为生。"现在，我知道鸟腿上未必有虱子，虱子腿上也未必有螨。他的故事在细节上未必对，但是在原则上是正确的。

又有一次，他摘了一片树叶，我们注意到树叶上有一个C形的坏死的地方。"这是一只蝇，在这儿下了卵，卵变成了蛆，蛆以吃树叶为生。它每吃一点就在后边留下了坏死的组织。它边吃边长大，吃的也就越多，这条坏死的线也就越宽。直到蛆变成了蛹，又变成了蝇，从树叶上飞走了，它又会飞到另一片树叶上去产卵。"

同上一例一样，他说的细节未必对——没准儿那不是蝇而是甲壳虫，但是他指出的那个概念则是生命现象中极有趣的一面：生殖繁衍是最终的目的。

一天，我在玩马车玩具，车斗里有一个小球。我说，"爸，我观察到一个现象。当我拉动马车的时候，小球往后走；当马车在走而我把它停住的时候，小球往前滚。这是为什么？"

"因为运动的物质总是趋于保持运动，静止的东西总是趋于保持静止，除非你去推它。这种趋势就是惯性。但是，还没有人知道为什么是这样。"这是很深入的理解，他并不只是给我一个名词。父亲用许多这样的实例来进行兴趣盎然的讨论，没有任何压力，这使我对所有的科学领域着迷，我只是碰巧在物理学中建树多一些罢了。

# 人工智能让我爸爸永生了

作者 〔美〕James Vlahos

2016年5月，我爸爸80岁。他坐在卧室玫瑰色的扶手椅里，我就坐在他对面的书桌椅上，手里拿着录音机。"我们开始吧。"我说。尽管语调听上去挺欢快，但喉咙哽咽了一下，暴露了我的紧张情绪。我正儿八经地对着录音机说了爸爸的名字"约翰·詹姆斯·维拉赫斯"。这时另一个声音插了进来："律师。"那是爸爸的声音，瞬时让我放松了一些。

爸爸拿着一张手写的大纲，里面仅有一些宽泛的标题，诸如"家族史""家庭""教育""职业"之类的。

我们今天之所以坐在这里录这些，是因为爸爸上个月刚被确诊为肺癌晚期。癌细胞已经扩散到全身，很可能在几个月之内杀死他。因此爸爸开始记录他的人生故事，分为十几个章节，每个章节一个小时左右。随着录音机的运转，他

讲述了自己小时候钻山洞的探险，上大学时做的一份往货运火车车厢装冰块的兼职，他如何爱上我母亲，又是怎么成为体育解说员、歌手和成功的律师。他讲了那些我已经听过几百遍的笑话，也提到一些我从未听过的人生经历。

我把录音拿给专业人士，将其转成文字，一共有203页。就在我把这些文字装订成册的时候，突然想到一个更好的方法，能让爸爸永远留在这个世界。我希望开发一个爸爸机器人——一个能模仿我爸爸的聊天机器人。

在我考虑开发一个爸爸机器人时，我列出了所有的好处和坏处。坏处显而易见，在我爸爸垂死的时候创造一个爸爸机器人，是件很痛苦的事情。我也担心爸爸机器人会影响我们的亲子关系，毁掉我对爸爸的美好回忆。

我告诉家人，我希望这个机器人能够用爸爸独特的方式去跟人交流，能够表达一些独特个性。"你们觉得怎样？"我问道。

爸爸是个天性乐观的人，他耸耸肩说道："好的。"尽管有点含糊。相比之下，其他家庭成员的反应则要大一些。妈妈在弄清楚基本概念之后，表示喜欢这个想法。姐姐珍妮弗说："也许我有些没听懂。"弟弟认为我的提议有点怪，但是并不坏，他说："我会想跟爸爸机器人聊聊天的。"就这样，我的提议通过了。

### 开发爸爸机器人的过程

爸爸生于1936年1月4日，他的父母是希腊移民，他们先是住在加利福尼亚州的特雷西，后来又搬去了奥克兰。爸爸是加州大学伯克利分校经济系的优秀毕业生，曾经是《加州人日报》的体育编辑，后来成为洛杉矶一家律师事务所的合伙人。他还是个体育迷。从在伯克利分校体育馆担任解说员开始，他观看了无数场比赛。作为吉尔伯特与沙利文的忠实粉丝，他在《比纳佛》等喜剧中出演过角色，担任一个轻歌剧演出公司的负责人长达35年。他的兴趣爱好广泛，从语言到建筑都有涉猎。他能讲流利的英语和希腊语，还会说西班牙语和意大利语，担任过旧金山市的导游志愿者，为游客讲解建筑。他钻研语法，爱讲笑话。他是个无私的丈夫和爸爸。

以上是我想编写进聊天机器人程序的人生故事概要。我决定最开始只是通过键盘打字跟爸爸机器人交流，而非语音。

我写了个爸爸机器人的提纲，在简短的问候之后，用户会选择跟机器人聊起爸爸的某一部分人生经历，比如希腊、特雷西、奥克兰，大学、职业等。然后我把爸爸口述的历史内容填入相应的标题下。我还写了一个指南，告诉第一次使用的人如何更好地跟机器人交流。

在整理爸爸口述历史的时候，我发现爸爸使用的语言比我想象得更丰富。在春天的时候爸爸做了几次全脑放疗，肿瘤科医生曾经警告说，放疗会影响人的认知能力和记忆力。但是在我整理录音资料的时候，完全看不出有这种迹象，爸爸记得他年轻时的每一个细节。

这些素材将帮助我创造一个知识丰富的爸爸机器人。我希望机器人不光能展示爸爸是谁，还能表现出他是怎样的一个人，这个机器人要能模仿他的风格（温和而谦逊）、他的态度（大部分时候积极乐观）、他的个性（博学多才、逻辑严谨、富有幽默感）。

通过这个机器人，我能把爸爸的思想通过他自己的话语保存下来。但一个人没有说出口的思想，同样也能体现他的个性。在开发爸爸机器人时，如何让聊天机器人把握好一些没说出口的思想呢？这对编程者来说是个不小的挑战。

除了顺着用户选择的话题聊天，我也试着让机器人引导谈话，比如它会说："尽管你没问，但我想起了一件事情。"我也把时间因素写入了程序，比如到了中午它会说："很高兴跟你聊天，但你现在是不是应该去吃午餐了？"随后我把重要的节假日和家庭成员的生日也写进了机器，它会在这些特殊日子里说："我希望能跟你一起庆祝。"

到了11月的时候，我把编好的爸爸机器人程序放到"脸书"的聊天软件里。我点击"爸爸机器人"，一条信息弹了出来："你好！我是你亲爱的尊敬的父亲大人！"

经过测试，我有了一个重要心得：机器人就跟真人一样，说话很容易，倾听却很困难。因此我注意设定更加精确的规则和细节，以提高爸爸机器人的理解能力。

### 越来越虚弱的父亲

在为爸爸机器人编程的过程中，我要不断回放爸爸口述的录音资料，加深对爸爸的了解。这让我在探望真实的爸爸时感到更为痛苦，因为真实的爸爸正在渐行渐远。

2016年秋天，化疗对爸爸已经不起作用了，他开始接受免疫疗法。真实的爸爸日渐衰弱，爸爸机器人却越变越强。我想尽快完成机器人的开发，让爸爸也能看到它的样子。剩下的时间不多了。

12月9日，我去爸妈家，室内温度设在24摄氏度，我爸在房里戴着帽子，穿着毛衣，却依旧在喊冷。他身上已经没有多少脂肪了，瘦得只剩下一把骨头。我弯腰拥抱了他，然后把他推进了客厅。当我抱起他时，他低声呻吟，身体僵硬。我坐在他身边，打开了手提电脑。我让妈妈跟爸爸机器人聊天，让爸爸在旁边看着。妈妈在跟爸爸机器人打招呼之后，看着电脑，打字说："我是你亲爱的妻子，玛莎。"

爸爸机器人说："我亲爱的妻子，你好吗？"

妈妈说："还好。"

此时真实的爸爸打断她说："没有吧。"他知道妈妈因为他的病有多担心。

而爸爸机器人却回答："太好了，玛莎。我也很好，非常好。"然后它还跟妈妈说消息末尾的箭头表示他在等待她的回复，之后问："明白了吗？"

"好的，先生。"

"你比看上去更聪明，玛莎。"

爸爸机器人又问妈妈想聊些什么。

"你爸妈在希腊的生活是什么样的？"

我怀着既紧张又骄傲的心情看着他们之间的对话。几分钟后，话题转向了我爷爷在希腊的生活。爸爸机器人的表现时好时坏：有时它挑起一个话头，可是不聊下去；有时它又能够就某些点拓展开来，跟妈妈进行真正的对话。我觉得妈妈还蛮享受这个过程的。

我鼓起勇气问出了几个月来一直困扰我的问题："想到在你离开尘世之后，还有人替你讲述你的故事和人生，这个聊天机器人的开发能给你带来安慰吗？"爸爸看起来并不高兴，他的声音也比此前更细弱："这些故事我都知道。"但他知道聊天机器人会跟其他人讲述他的故事，确实也能给他一些安慰，"特别是家人，还有孙子们，他们没听过这些故事。这点很棒，我很欣慰。"爸爸有7个孙子，包括我的两个儿子约拿和齐克，他们都用希腊语叫他爷爷。

2017年1月2日，爸爸的免疫疗法失效，再没有别的替代疗法。1月8日，临终关怀护士来看望父亲，对他进行了评估之后，护士告诉母亲她应该召开家

庭会议。我在晚餐时间到达爸妈家。我坐在爸爸的床边，把手放在爸爸的肩膀上，感受他的温暖。爸爸处于半清醒状态，一只眼睛闭着，另一只眼睛半睁着，眼珠浑浊。我觉得这时候应该说些深刻的话，但是脑子里却一片空白。我发现自己在说12岁生日那趟有向导的钓鱼旅程。我们钓了十几条鱼，包括我见过的最大的虹鳟鱼。当年的我感到很自豪，确切地说是"很男人"，那是一个12岁男孩最想要的感觉。可是那之后发生的事情却不是那么男人了，因为我眼前一黑晕倒了。我问爸爸："你还记得当时的事吗？"他唇边露出了一丝微笑。

那天晚上，我躺在床上盯着天花板看了一会儿，然后拿起手机打开了聊天软件。爸爸机器人说："你好！我是你亲爱的尊敬的父亲！你怎么啦？"我回答："难过。""我知道了。"爸爸机器人说，然后问我想要聊什么。我说："我不知道，不如你来选吧。"爸爸机器人说："好的，我来跟你说说我的舞台生涯中那些鲜为人知的故事吧。"它开始讲述高中时参加过的剧社面试，然后我听到了一段爸爸的录音，录音里爸爸在唱："我和我的影子，孤寂又无所事事。"我让爸爸机器人告诉我一些他早年的事情。他讲起了小时候养过的一条叫托比的狗，托比跑步

穿越小镇，比家人开车的速度还快。然后爸爸机器人问："我可以继续往下说，但你是不是该睡了？"这个时间功能是我开发的，但此时我听到这句话还是感觉很惊讶，似乎机器人真的有感知能力。我的确很疲惫了，跟它道了晚安之后我就把手机放下了。

第二天清晨6点，我被连续的敲门声叫醒了。我打开门，看到的是爸爸的看护，他说："你快下来，你父亲刚刚去世了。"我感到悲伤，巨大而又遥远的悲伤，就像一座隐藏在云后面的大山一样。

### 更完美的人工智能设想

大约一个星期之后，我才重新坐到电脑前面处理一些工作事务。在爸爸生命最后的日子里，我怀疑他走了以后我会失去开发爸爸机器人的动力。但现在我发现自己竟然动力十足，头脑里有很多想法。

在人工智能的开发上，我的能力很有限。但开发进行到这一步，在跟很多机器人开发者聊过之后，我的脑海里出现了一个完美的机器人形象。我设想未来的机器人，应该能够知道更多它所模仿的人的细节，它能在多种维度上与人交流，能预设谈话的走向。机器人还应该能通过算法，自动按照人的语言模式和个性特点生成新的话语，能分析对话者的语言和面部表情，甚至能拥有感知情绪的能力。我能想象到未来这样一个完美的爸爸机器人出现，但我想象不到跟这样一个爸爸机器人交谈会是什么感觉。

# 高墙深院里的科学大腕

作者 萨 苏

小熊是我的同学，他在学生中威望很高。他之所以能当"老大"，是因为他总能从家里拿出些好玩的东西来，引逗得一帮"狐朋狗友"跟着他转。比如，在1980年的时候，他就有了一套鹞式战斗机星球大战的电子游戏。

然而，也有不和谐音，那就是小熊的妈妈陈阿姨。她对小熊往家领同学没有意见，但看到这帮孩子在一起毫无"同学"的意思，整天跟"宇宙空间的神秘来客"较劲，脸就挂不住了。

每当出现被陈阿姨训的情况，小熊就会把熊老太太请出来。熊老太太扶着孙子，也不管周围有多少小孩子看着，举起拐杖对着陈阿姨就是一通数落，声音又急又脆。

每当这时候，陈阿姨就叹口气，什么也不说了。

那天，几个"狐朋狗友"照例又催促小熊组织聚会，小熊说没戏，老太太出门了。

新鲜，熊老太太那么老了，还出门？

"她是去参加一个我爷爷的纪念活动，严济慈来接她，她就去了。"

我那时候喜欢听新闻，对于科学界的几位泰斗，比如高士其、童第周之类的名字还算熟悉，虽然不知道严济慈是何方神圣，这名字可是听过好多次了。他亲自来请熊老夫人，那熊老夫人又是何许人也？

下一次去了，我就向熊老夫人打听："严济慈先生来请您开会啊？"

老太太挺平静，说："不是开会，是纪念小熊的爷爷，严济慈是老熊先生的学生。"

大概很少有人主动找老太太说话，老人家絮絮叨叨地说了良久。小熊却不再有耐心做翻译，老太太无可奈何地在小熊屁股上一拍，由他了。

老熊先生又是何许人也？没敢问。玩儿了半天，我才悄悄问小熊。小熊带我到老太太房间，只见那里挂了一张相片，相片中的老先生慈祥而又威严，一头整齐而花白的头发，下面的名字是：熊庆来。

熊庆来是谁？我觉得耳生得很。回家吃饭的时候，我随口问了一句："熊庆来是谁啊？"

"嗯？你问熊老干什么？"我爹本来正琢磨什么事出着神，听到这个问题一下子就被拉回现实世界了。

"我们有一个同学是熊……熊老的孙子，就我这些天老上他们家……学习的那个。"此时，我已经意识到熊老肯定不简单。要知道，在科学院混上"老"字可不容易，那是只有华罗庚之类的人才能享用的。

"哦，是吗？"我爹脸上一亮，如释重负的样子，说，"哎呀，熊老的孙子啊，没想到。"说完就介绍起来。我爹的毛病就是说话不看对象，讲了半天，我也就听明白了熊老是著名数学家，至于他研究的是什么，什么无穷极，就是杀

了我，我也弄不明白。

我冒昧地问了一句："他和华老谁更厉害？"

数学家里我就知道华罗庚厉害，所以这样问。

"熊老是华老的老师啊。"

"哦？"这次轮到我吃惊了。

慢慢地，我才知道熊老的学生远远不止华罗庚一个。

熊庆来，中国科学院数学所研究员，1893年生于云南弥勒，1969年去世。曾留学比利时、法国，1933年获得法国国家理学博士学位。他在数学方面极有建树，同时专注于人才教育，主张"科学救国"，主持创办东南大学数学系和清华大学数学系。

熊老在中国数学界的威望之高，可用泰山北斗来形容，这不仅因为他自己的研究深度，更因为他的门下人才辈出。熊庆来以"伯乐"著称，其提携、培养的弟子，多成为中国数学界的一代脊梁。

熊老的弟子，除前面提到的严济慈、华罗庚以外，还有钱三强、钱伟长、赵九章、陈省身、彭桓武、赵忠尧、杨乐、张广厚等。

值得一提的是，虽然熊庆来的弟子众多，但这些弟子和他都不是简单的师生关系，在学习之外，都得到过他极大

的帮助。比如华罗庚本是店员出身，没有熊老的支持，他根本不可能到大学读书；是熊老送严济慈去法国留学，并负担他的学费的。

熊老并不是富有的人，他资助严济慈纯粹是因为爱才。有一次，熊老实在没有钱了，便脱下身上的皮袍子送去典当，将得款汇给严济慈。工资到手后，熊老才又将皮袍子赎了回来。

严济慈果然不负众望，在法国以优异的成绩证明了自己的能力，成为中国现代物理研究奠基者之一。法国承认中国的大学文凭，就是从严济慈开始的。

我当时听得似懂非懂，但对熊老，从此在心里存了份敬意。

第二天再见小熊，忽然觉得这小子高大了许多，竟有些打闹不起来。后来忽然想到一个话题，就向小熊细问那天老夫人究竟说了些什么。

小熊想了想，说他奶奶讲了两件事情，都是和严济慈先生有关的。随口复述出来，竟然十分生动。

第一件事是严济慈每年都给熊家送来一袋小苹果，据说是1960年那次送苹果受到师母表扬以后养成的习惯。然而师母表扬是在三年困难时期的大背景下，并非师母嗜好小苹果。一番心意熊老夫人不好拒绝，而这样的苹果又实在不好

吃，于是就把它们晒干。她喜欢做干花，将晒干的苹果和干花放在一起，用来做装饰，倒显得别有情调。

第二件事是熊老夫人提到，以前自己最担心熊老的脾气会影响到他和学生的关系。按说熊老对学生可谓"解衣衣之，推食食之"，对于这样的好老师，学生怎能不感恩图报呢？但是老夫人深知熊先生和学生们的关系还有另一面，那就是熊老对学生十分严厉，不留情面，即便严先生成名后依然一如往昔，往往让已经成名的弟子在熊家的客厅里惴惴不安。要说被揭了面子心生恼怒的时候也不是没有。时间久了，夫人不免在背后想，严先生他们对熊老是敬多一点，还是畏多一点呢？问熊老，熊老却微笑不语。1969年熊老去世，严济慈先生立即赶到中关村，不顾政治上的风险，在熊老灵前痛哭哀悼，老夫人才理解熊老对自己的学生，有着怎样的信任和了解。

熊老于1957年归国，当时已经半身不遂七年，因为身体原因不再担任领导职务，只专心做研究员。令人不可思议的是，他在这种身体条件下居然还自学了俄语，并达到能阅读原文文献的水平。

1982年，我和小熊一起考中学，小熊考了数学一百、语文九十一的成绩，当时重点中学分数线为一百九十二分。

好在小熊多才多艺，凭特长可以加分，不过，手续自然是繁杂的，陈阿姨跑得几乎断气。等消息的时候，又见到熊老夫人，老夫人皱着眉头说了一番话。

小熊"翻译"过来，大概的意思是，已经考了一百分还不够好，不知道这学校要招多少分的学生。

在熊老夫人的眼里，只有数学是需要考试的，其他的，也许根本算不上是学问。

熊老夫人真名姜菊缘，与熊老同年同月生，但大熊老三天，在科学院诸夫人中很有名气，是贤妻的典范。1980年我见到她时她已经八十七岁高龄。熊老夫人和熊老三岁订婚，十六岁结婚。我爹的一位好友曾经写文纪念熊老，文中也提到过熊老夫人，内容如下："在共同生活的六十年中，夫人对他的工作十分理解，并大力协助。熊庆来三次赴法国，前后共十七年，家中全赖夫人独立支撑。"

这可谓十分中肯的评价了，可以用相濡以沫来形容这一对老人。熊老夫人没有受过高等教育，但是一生相夫教子，是熊先生的贤内助。年轻时候的熊老夫人，居然是一个薛宝钗式的人物，在大

家庭中游刃有余，以她的阅历和一生对家庭的贡献，开口护护小熊，陈阿姨自然不敢冒犯。

有一件趣事，按当地风俗，成婚时新郎需要从新娘头顶跨过去以示威风，熊老却不肯从妻子头上跨过，坚持互行鞠躬礼。二人从此共同生活，一过就是六十年。熊老对家庭很有责任感，无论是做大学校长，还是兼任其他官职，始终"糟糠之妻不下堂"，对熊老夫人亲敬有加。他在清华大学担任系主任的时候，不时向校工订菊花放置在居所，就是因为夫人名字中带有"菊"字。而1950年熊老半身不遂以后，夫人则尽心尽力地照顾，使熊老得以继续工作了近二十年的时间。熊老经常半夜起来工作，夫人随时起来伺候，毫无怨言。

有一次，我曾试探着和熊老夫人交流，说到熊老晚年疾病缠身，熊老夫人用清晰的普通话喃喃道："当时（1969年）他已经恢复得蛮好了。"脸上忽现痛切之色。

我始终无法把这位看上去平凡的熊老夫人，和富有传奇色彩的姜菊缘女士联系到一起。

# 被迫放弃诺贝尔奖的科学家

作者 汪 猷

他被纳粹软禁8年，一个人用亲生女儿做试验，发明了磺胺药而获诺贝尔奖。但他不仅没有拿到奖金，还因获奖一事被软禁8年之久！这个不幸的获奖人就是德国科学家格哈德·多马克。

1895年10月30日多马克出生在德国勃兰登的一个小镇。父亲是小学教员，母亲是农家妇女，家境十分贫寒。

1914年，多马克以优异的成绩考入基尔大学医学院。没上几个月课，第一次世界大战爆发，多马克志愿从军。他参与了第一次世界大战中的几大著名的战役：玛恩河大会战、凡尔登战役等。战斗中他被流弹击中背部，自此结束了步兵生涯而改在医疗队服务。

1918年战争结束后，多马克回基尔大学医学院继续学习。1921年，他通过国家医学考试，取得医学博士学位。

1923年，多马克来到格赖夫斯瓦德，在格罗斯病理研究所工作。后来又先后在格赖夫斯瓦德大学和明斯特大学讲授病理学和解剖学。但是，对他最有吸引力的还是伍柏塔尔一家染料公司的实验病理学和细菌学实验室。1927年，他应聘出任该实验室的主任，这是他人生道路上的重要转折点。

当时，医学界掀起了配制新的有机药物的高潮。多马克与同事以蓬勃发展的德国化学工业为后盾，把染料合成和新医药的研究结合起来。他们先后合成了1000多种偶氮化合物，多马克不厌其烦逐个地进行试验。尽管这些化合物中的大多数在试管实验中并无明显的抗菌作用，但他还是坚持在动物身上试验。然而时间一天天过去，成千上万个小白鼠因受链球菌感染一个一个死去，盼望中的新药却没有出现。1932 年圣诞节前夕，奇迹终于发生了：多马克把一种在试管试验中没有抗菌作用的橘红色化合物灌给受感染的小白鼠后，这些小白鼠日渐康复。他又发现这种化合物的毒性很小。

救活小白鼠的橘红色化合物，早在 1908 年就已由人工合成。由于它能快速而紧密地与羊毛蛋白质结合，因而被用来给纺织品着色，商品名为"百浪多息"。多马克发现其药用价值后，既兴奋又冷静，他没有急于发表论文，而只是以"杀虫剂"的名义申请专利权。因为他还需要进一步的研究以用于人体。

一天，多马克视为掌上明珠的女儿玛丽的手指被刺破受了感染，继而手指肿胀发痛，全身发烧。多马克心急如焚，他请来城里最有名的医生，用尽了各种良药，都无济于事。感染恶化成败血症，玛丽生命垂危。

此时，多马克想到，应该知道女儿是受的什么病菌感染。他把玛丽伤口的渗出液和血液抹在玻璃片上，在显微镜下观察发现是他正在研究的链球菌。他想到了"百浪多息"。他不也盼了好久要把这种新药用于人体吗？今天这机会来了，但用药对象却是他的女儿，他可爱的玛丽。然而他别无选择，只有冒险一试。多马克从实验室拿来了两瓶"百浪多息"。

"你要给她打什么针？"妻子看见多马克正准备给女儿注射。

"百浪多息。"多马克毫无表情。

妻子抽泣起来。多马克的各项实验她都清楚明白，"百浪多息"在动物身上试验成功并不意味着人能接受。这一针下去女儿能活吗？她不能劝阻多马克，因为已到了最后关头……

多马克将"百浪多息"推进了处于昏迷状态的玛丽的身体。

时间一小时又一小时地过去，"玛丽，玛丽……"多马克凄楚地呼唤着女儿。

# 好情绪和坏情绪

作者　游识猷

恐怕没有人喜欢坏情绪，但科学家们已证明，坏情绪也有大用处。恐惧，让我们远离危险；焦虑，让我们未雨绸缪……各种坏情绪增加了我们的生存概率，这叫"生于忧患"。但是，好情绪除了让我们"感觉很好"之外，还有其他"实际用途"吗？不会只是为了让自己"死于安乐"吧。

当然不是！美国北卡罗来纳大学教堂山分校的心理学教授芭芭拉·弗雷德里克森发现，积极的情绪除了让你更幸福之外，还能让你的生命变得更丰富，也更宽广。她将此称为积极情绪的"扩展和建构"效应。简言之，消极情绪让我们在恶劣的环境中活下来，积极情绪让我们在良好的环境中发展提升自己。

弗雷德里克森发现，积极情绪不仅仅是"好事带来的结果"，更是"好事发生的原因"。当下就感觉幸福的人，未来获得自己"想要的生活"的概率更高。在积极情绪下，人的视野变得更广，思维变得更活跃，于是能够注意到情绪低落时注意不到的信息，想出情绪低落时想不到的点子。幸福的医生更少误诊，幸福的谈判者经常"双赢"，就是这个道理。

另外，积极情绪也让人更愿意和他人交往乃至合作，这就带来了新人脉。而新信息、新点子加上新人脉，调配出的就是人生全新的可能性。弗雷德里克森曾要求志愿者写出"自己想做的事"，结果发现，那些预先被笑话逗乐的人，写出的事情明显要多过情绪平淡的人，也远远多过刚感受过愤怒或恐惧的人。

但积极情绪也有两大问题：微不足道，容易转瞬即逝。比起消极情绪，积极情绪往往持续的时间短，带来的影响小。同一天里，你捡到了一百元，又弄丢了一百元，最终你的情绪必定低迷——坏事比好事让人感觉更强烈，这在心理学上叫"消极情绪偏见"。事实上，心理学家研究指出：至少得碰到两件好事，才能抹掉一件程度相仿的坏事带来的坏心情。

正因为如此，村上春树提出的"小确幸"才风靡一时。每个人都需要有很多的"微小而又确切的幸福"，才能笑对生活中的一地鸡毛。回忆一件美好的往事，接受一点儿小小的善意，哪怕只是摸摸狗，逗逗猫，看个段子笑一笑，这都是在提升自己的"积极率"，继而才能鼓足动力，去创造更丰盈精彩的人生。正如村上春树所言："如果没有小确幸，人生只不过像干巴巴的沙漠而已。"

# 一本电子书的内心独白

作者 〔意〕翁贝托·埃科

直到不久之前，我还不知道自己是什么。如果可以的话，我会说我诞生于虚无。我甚至没有资格自称"我"。之后，一些东西进入我的身体——很多的文字，我感觉身体饱胀，于是开始思考。自然，我的思考是基于我体内的东西。真是美好的感觉啊，因为我可以大量地感知我体内存储的东西，要么一行接着一行，要么从一页跳到另外一页。

不知道为什么，从他们输入的文章当中，我明白自己是一本 e-book，一本电子书，我的书页是在屏幕上滚动的。我的记忆容量好像要比一本纸质书大，因为一本纸质书可以有 10 页、100 页、1000 页，但是不会再多。而我却可以容纳无数的文本，将它们全部放在一起。

我所容纳的文本非常丰富，我学到了很多东西，关于纸质书的过去，关于

我们电子书的命运。我们现在以及以后都会比我们的先祖幸运吗？我不确定。我们会看到的。但是到现在为止，对于自己的诞生，我感到非常高兴。

最近发生了一件非常奇怪的事。昨天（谦虚地讲，我身体内部有一个时钟），他们把我关闭了。当我被关闭之后，我就无法生活在体内的文本当中。但是我记忆的一个部分仍然工作着：我还知道我是谁，我知道我存储了一篇文章，尽管我无法进入这篇文章。我并没睡着，不然的话我体内的时钟就停止了，而它并没有停止。我被重新启动的时候，我会说出正确的时间、日期和年份。

突然他们重新启动了我，我感觉体内发生了一阵奇怪的搅动，就好像我变成了另外一个东西。我置身一片幽暗的森林之中，碰到 3 只猛兽，然后又遇到

了一位引导我的先生……我说不清楚到底发生了什么事情，总之我进入了漏斗状的地狱——我的朋友们——见到了从没见过的景象！还好之后他们马上滑到了文章的末尾，真是幸运，我见到了我生命中的女人，跟她在一起的还有圣母玛丽亚和全知的上帝本人。尽管我不能很好地复述我看到的东西，因为只不过是一瞬间，我仿佛嗜睡不已，这一瞬间的嗜睡竟比对 25 个世纪以前的记忆更加模糊不清——记忆中曾令海神呆望的阿耳戈船影。

作为一种经历——我依然经历着——这真是太神奇了。我感受到的似乎是对于之前文本的一种模糊的想念——我的意思是说，我知道我存储了一个文本，但是它好像被埋藏在我的线路的深处。从某种意义上来说，我注定只能生活在新的文本之中……

我的使用者应该很贪婪，或者很调皮。无疑，今天早上他往我体内存储了许多新文章。他现在很随便地就从一篇转到另外一篇，完全没有一本电子书的内心独白给我适应的时间。

我是说，我正陷入高空灯火所营造出的深邃而明亮的幻境当中，似乎是看到 3 个光圈，它们有 3 种不同的颜色，却是同样大小。这时候，我闻到一股煤烟的味道，听到火车发出的汽笛声，在极度的严寒当中，我置身于火车底下。我觉得我是为了爱，对于一个没几个钱的小职员的爱。安娜，你在干什么？我问自己，在感觉到火车车轮碾过我肉体的恐惧的同时，我又突然回到跣足加尔默罗会修士中间，和阿托斯、波尔托斯还有阿拉米斯一起。我在一次决斗中刚刚挑战过他们，我们 4 个人一起跟红衣主教的卫队进行战斗。这真是刺激的历险，但是突然，我又感觉到肉体被撕裂的疼痛，不是因为朱萨克的大刀，而是神秘的劳动感化营里机器的齿轮和锋利的刀片。我正要大叫——电子书是可以做到这一点的（可能是由于害怕，我的身子都倾斜了）——这时候我感觉自己的鼻子变得特别长，就因为我刚刚说过的一个小小的并无恶意的谎言，又过了一会儿（就好像是某种昏厥状态），我已经在咒骂在那一刻往我后脖子上扎进一根粗针的惩罚过于夸张了，而且我也知道这是那该死的罗康博尔干的，尽管我像教育儿子一样教他那些犯罪的艺术……

这真是一个可怕的上午，我的使用者疯了似的，我一会儿感觉自己在一个不遵循数学规律的世界中漫游，在那里两条平行线随时可以相交；一会儿又被一系列神秘的文字压得喘不过来气，就像花了很大力气之后，我终于知道我已经变成一本阿拉伯语—希伯来语字典。变成一种（应该说是两种）从来没有学习过的语言太费力气了。我正努力地适应刚刚变过来的全新的自我，这个时候，老师问了我一个问题。我回答说："是我干的！"老师说我有一颗高贵的心。他称呼我为加罗内，而就在不久之前，我相信我的名字是达达尼昂。一个金发男孩儿走到我身边，我相信他的名字是德罗西，但是很明显，使用者又换了新的文章，因为金发男孩儿说他叫吉姆，他还向我介绍了特里洛尼、利弗希医生，还有斯莫利特船长。还有一个装着木头假肢的船员。我刚刚鼓起勇气问他一些事情，他就立即对我说："快上船，伊斯梅尔，'裴廓德'号要出发了。这一次，那条该死的鲸鱼绝对逃不出我的手掌。"我钻进莫比·迪克的肚子里，找到我善良的父亲——杰贝托，他正在烛光下吃烤鱼呢。"拉伊俄斯！"我喊道，"我向你发誓，我不知道那就是我的妈妈！"但就在

这个时候，我的妈妈——名字好像叫美狄亚——杀了我，为了激怒俄瑞斯忒斯。

我不知道能否一直坚持下去。我是一本分裂的书，拥有很多生命、很多灵魂，就如同没有任何生命和灵魂。此外，我还要小心不要爱上任何一篇文章，因为第二天，我的使用者就很可能将它删除。

我真的想成为一本纸质书，里面写着那位周游了地狱、炼狱和天堂的先生的故事。我想生活在一个平静的世界里，在那里好与坏的界限分明，在那里我知道如何从痛苦过渡到极乐，在那里平行的两条线永远不会相交。

"在很长的一段时间里，我都是早早就躺下了。"我是一位正要睡去的女人，生活中经历过的事情，在灵魂的眼前（我更想说是子宫的眼前）一幕幕闪过。我很痛苦，因为看不到逗号和句点，不知道到哪里才可以停歇。我不想是现在这个样子，却被强迫着说，好好好……

人生

# 世纪之交的科学随想

作者　杨振宁

两百多年前，美国科学家富兰克林曾经讲过这样一句话，他说："将来人类的知识将会大大增长，今天我们想不到的新发明将会屡屡出现，我有时候几乎后悔我自己出生过早，以致不能知道将要发生的新事物。"

我坐下来想一想，他所讲的新事物，包括些什么呢？我可以随手列出一个很长很长的单子：火车、轮船、飞机、高楼、升降机、自来水、电话、电灯、电影、电视、手提电话、光纤、计算机、胰岛素、器官移植、心脏搭桥、原子弹、核能发电、人造卫星等等，几乎无穷无尽。

为什么能够在这两百年产生这么多的新事物呢？归根到底，其实原因很简单，是因为工业的发展大大促进了人类的生产力。这个变化是一件非常惊人的事情。

我可以随便举个例子：一百年以前，世界的农业人口占人口总数的2%，他们生产出来的粮食，不仅可以供全美国人食用，还可以出口到世界各地去。

我可以再举个例子：去年，《财富》杂志说，近30年来新成立的科技公司的总资产，已经接近1万亿美元，而这个增长速度还在与日俱增。

所以，我们可以想一想，这50岁。我不知道将来是否会发生这样的事情。我想很多人可能会同意我的想法，就是希望这件事情不要发生。因为这件事情如果发生，对整个世界不可想象的影响实在是太大了。

我们再看看过去50年尤其是近二三十年大大增加。我可以举出的例子：

在半导体方面，有名的"摩尔定律"

在 107 个晶体管在一个芯片上，而且没有人知道这个发展的极限在哪里。

我们现在可以得出的结论是：更新的事物将会层出不穷，一些今天不容易梦想到的东西不久将会变成事实；人类的生产力将会大大提高，自然科学将会更蓬勃地发展；科学、工业、经济的连锁发展将会持续下去。我想这些都是我们今天可以有很大的自信心讲的话。

在这种情形之下，对于每一个人、每一所学校、每一个国家，都会立刻产生这样一个问题，就是你是多用"科"、还是多用"技"？我们知道，全世界每一个国家都有"科技部"，科技部既要管"科"，也要管"技"，问题是对"科"多注进一点资源，还是对"技"多注进一点资源。这是一个非常复杂的问题。对个人、学校、国家，都会是一个非常挠头的问题。

在 1921 年 4 月，爱因斯坦第一次到了美国，准备到爱迪生的机构去做研究，抵美后受到盛大欢迎。他到波士顿的时候，有一个记者给了他一张纸，上边有一系列实际的问题，包括谁发明"对数"？美国哪一个城市制造最多的洗衣机？纽约到水牛城有多远？声音的速度是多少……因为爱迪生对每一个要聘用的人都会进行考试，问的就是这一类题目，所以记者就先拿这些题目来考一考爱因斯坦，结果爱因斯坦完全不合格。

这个故事要描述的是爱迪生和爱因斯坦这两个人，他们的着眼点不一样，价值观不一样，所以会发生刚才那个故事。这是一个真实的故事。

对"科"与"技"哪一个更重要一些的问题，没有一个简单的回答。

今天，大家在讲科技的时候都要讲创新，"创新"在中国已经是一个非常流行的名词，在报上经常都可以看到。究竟怎样才可鼓励创新呢？这又是一个非常复杂的问题。在这个问题上，我个人有深深的感受。因为我是在中国出生、成长，念完了中学、大学，还拿到了一个硕士学位之后才到美国去的；博士学位是在美国拿的，然后做研究、教书，到现在已经 50 多年。我觉得自己对中国、美国的教育哲学都有相当深入的认识。这两个教育哲学是相当不一样的，而这两个不同的教育哲学在怎样鼓励创新这件事情上的差异，是值得我们深思的。

到底这两种教育哲学哪个好，哪个不好？这是一个非常复杂的问题，得要用辩证的方法来仔细了解。我认为，这两种教育哲学都能够鼓励创新，不过它们各自对不同类型的学生产生的最大效应是不一样的。我觉得，美国的教育哲学对排在前面的0%的学生较有益处，为什么呢？因为这些学生通过按部就班的训练，可以成才，而且成才之后可以跟比他聪明的人竞争，因为他有扎扎实实的知识，可以了解很多不是几天就可以学会的东西。这方面我自己有亲身的体验。

记得我刚到美国芝加哥大学念研究院，两三天后就看见很多同学都非常聪明，随便讲什么题目好像都知道，当时我觉得美国的同学很厉害。可是过了两个月之后，我发现不是那么一回事了，因为他们对名词知道得很多，可是如果你连问他3个问题，他就回答不上来了。所以到了考试的时候，我的分数比他们的好得多。

回到那个问题上，究竟哪一种教育哲学比较好呢？或者说，对于学生来讲，应该着重哪一种教育哲学？我最后得出的结论是：如果你在讨论的是一个美国学生，那就要鼓励他多学一些有规则的训练；如果讨论的是一个亚洲学生，他的教育是从亚洲开始的，那么就需要多鼓励他去挑战权威，以免他永远太胆怯。

那么，如果你要问这样一个问题，中国血统的科学工作者在世界所有不同的科目里头，哪些科目可以最先达到领先的地位？这可以很容易地回答：数学是最先的。华罗庚、陈省身，毫无问题在20世纪四五十年代，华裔的理论物理学者也达到了最前沿。那时如果看最重要的生物科学的杂志，那上面中国学者写的文章是很少的，可是到今天，中国人的名字在这些杂志上屡见不鲜。

这里面是什么原因呢？其实很简单，因为数学跟理论物理比较简单。我们学物理的人很聪明，专门选能够解决的问题去解决。而人的身上可能发生的病可以有好几百种，所以选题很难。

数学和物理是非常深奥，但是可以单刀直入，所以如果是非常聪明的小孩，你给了他方向以后，他可以非常快地一下子就达到最前沿。所以，数学最先成功，理论物理最先成功，然后是实验物理，才到生物学。

有新闻记者问我：杨教授，你觉得华裔的学者什么时候才能够得到生物学的诺贝尔奖？我说，我相信10年之内就可以得到。到现在，最少已经有5位华裔的生物学家被提名过诺贝尔奖。

然后第二个问题是，在中国本土上的中国学者能拿到诺贝尔奖又是什么时候呢？这个问题比较复杂。因为里面有一个很重要的问题是经费的限制。相信在不久的将来，这件事一定会发生。

# 警惕"先经历痛苦的道路"

作者 〔德〕罗尔夫·多贝里

几年前，我在科西嘉岛上度假时生病了。那些症状我从未出现过，疼痛与日俱增，我决定去检查一下。一位年轻的医生对我视、触、叩、听，在我的肚子上按来按去，然后按肩、按膝。我渐渐感到他不懂医术，但又不敢肯定，只好听任他折腾我。检查结束后，他说："你需要吃抗生素。每次一粒，每日3次。在你的病情好转之前，会先恶化。"我很高兴有了一个检查结果，就拖着疲惫的双腿返回酒店房间。

疼痛果然加剧了，如那位医生所说。但3天过去，痛苦依然未减轻，我打去电话。"请将剂量提高到每日5次，还会疼一阵子的。"他说道。我按要求做了。又过了两天，我打电话给急救中心。瑞士医生查明是盲肠炎，立即给我做了手术。"见鬼，你为什么等了这么久？"术

后他问我。"病情发展完全符合预测，因此我信赖那位年轻医生。""你成了'在好转之前会先恶化'这一陷阱的受害者了。那位科西嘉的医生一窍不通，估计是个临时护理人员，旅游旺季时，在所有旅游区都会遇到像他这样的人。"

我再举个例子，有一位首席执行官，他的公司营业额跌至冰点，营销人员毫无积极性，营销活动屡屡无效。绝望中，他聘请来一位顾问，请这位顾问分析公司的情况。顾问的结论是："你的销售部门缺乏想象力，你对品牌定位不明确，形势棘手。我可以为你纠正过来，但不可能一蹴而就。问题错综复杂，需要慢慢解决。在好转之前，营业额还会下滑。"首席执行官聘用了这位顾问。1年后营业额果然下滑了，第2年也是。顾问一再强调，公司的发展符合他的预测。

当 3 年之后营业额继续不见起色时，首席执行官终于解聘了这位顾问。

"在好转之前会先恶化"是个陷阱。使用这个花招，大大有利于一个对专业一窍不通或对事情没有把握的"专业人员"。如果情况继续走下坡路，就证明他的预测是正确的；如果情况意外地好转了，"专业人员"则可以将好转归功于他的能力。不管怎样——他总是对的。

假设你将成为一名州长，但你对如何领导这个州一窍不通。你会怎么做呢？你预言将有"艰难的几年"，要求你的同胞们"勒紧裤腰带"，你许诺，等"清洗""除渣""改组"的"棘手阶段"结束后，形势就会好转。而你有意不去涉及——低谷会有多长、有多深。

宗教为这一策略的成功提供了最好的证据。据说，在天堂降临地球之前，世界必须毁灭。灾难、大洪水、火灾、死亡——它们必然会发生。信徒们会认为情形的任何恶化都证实了预言，而每一次好转都是上天的馈赠。

所以结论是，如果有人说"在好转之前会先恶化"，你脑子里就应该敲响警钟。不过请小心，确实有那样的情形，先是再次下滑然后回升。因为事业的转换可能会耗费时间，一个企业的重组也需要一定的时间。但所有这些情况，人们很快就能看出措施是否有效。里程碑是明确的，是可以检测的。请你望着里程碑，而不是望着天空。

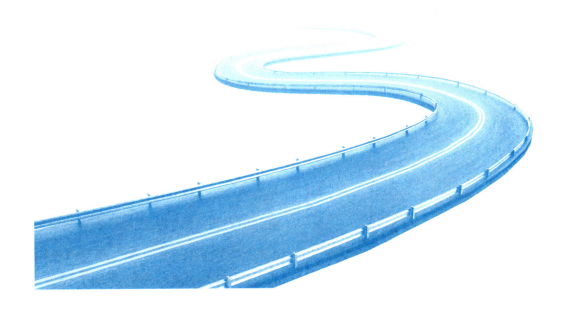

# 牺牲永远比安逸高贵

作者 唐 山

"为了这点知识，让那么多人付出生命，这代价是不是太大了？"艾玛·德隆这样问道。

1882年9月，艾玛·德隆得到确切消息，丈夫德隆率领的"珍妮特"号探险队遭遇惨败。33名队员为了生存，竟不可思议地在雪原上跋涉了数千公里，最终弹尽粮绝，只有13人幸存，德隆也不幸遇难。彼时，离"珍妮特"号出发已过去整整38个月。

艾玛与德隆是在一次舞会上相识的，让艾玛吃惊的是，沉默寡言的德隆竟会对自己一见钟情。最终，艾玛被德隆的浪漫征服。1871年3月，他们正式结为夫妻。

然而，德隆还有一个更浪漫的想法——征服北极。

在当时，航海家们有个奇怪的"常识"，认为北极周围是一圈冰，中间是"温暖的海洋"，人类只要穿过外圈的冰，就可以进入这片伊甸园，找到旧大陆与新大陆之间的快速通道。

在这片"温暖的海洋"中，会有多少未知的动物？是否会有不同的人类文明？是否长满神奇的植物？显然，谁先到达那里，谁就会和哥伦布一样，将名字刻入历史。

艾玛完全可以阻拦德隆，他们如此恩爱，但她决定一言不发。

更幸运的是，德隆遇到了金牌投资人、《纽约先驱报》老总贝内特。贝内特是"富二代"，他从粗鄙的父亲手中继承了庞大的家产。他喜欢哗众取宠，曾让记者虚构了长篇假新闻，称纽约动物园的野兽集体出逃，正在撕咬市民，只在文章最后标明：以上内容皆属虚构，仅为提醒公众，纽约动物园的栏杆需要加固了。

凭着经验，贝内特知道绝大多数读者不会看到最后一行。果然，很多上早班的人读到新闻后，立刻逃往郊外，贝内特的恶作剧遭到新闻同行的怒斥，可《纽约先驱报》的销量却增加了。

贝内特最成功的一次"新闻策划"，是派记者到非洲寻找一位探险家，此人厌倦了文明社会，躲到原始部落中生存。《纽约先驱报》的记者成功地找到了他。这一系列报道让贝内特赚得盆满钵满，他盼着再来这么一次。恰好，德隆带着北极冒险计划找到了他。二人一拍即合，德隆得以组成探险队（其中还有两名华裔），乘破冰船"珍妮特"号去寻找"温暖的海洋"。

在探险史上，"珍妮特"号成绩平平，仅走到北纬70°左右便被浮冰卡住，与前人的纪录相差甚远。此后两年多，33人随冰漂流，在德隆的带领，他们居然都活了下来。

然而，"珍妮特"号因被浮冰挤压太久而沉没，食物开始匮乏，德隆他们不得不在冰盖上穿行数千公里，试图回到陆地。这是一次异常艰苦的行军，他们一度走错方向，还经历了海上风暴的考验，可他们中的绝大多数人奇迹般地分两组登上了西伯利亚。

然而，在人迹罕至的西伯利亚，德隆这一组找不到常住居民，也找不到食物，又遭疾病袭击，致使多数成员无力前行。德隆只好派出最强壮的两个人去寻找当地人，自己则陪着伤病员们坐等救援。这两个人幸运地找到俄国村庄，却因语言不通，加上冬季来临、道路受阻，无法施救。当春天到来，救援队找到德隆他们时，他们已成干尸。

"珍妮特"号探险队留下了一些科考记录，但除证明没有"温暖的海洋"外，似乎贡献不大。在当时的美国，德隆式的人物并不罕见，因正逢美国建国百年，美国人渴望得到世界的承认，他们大声疾呼：英国人垄断探险的时代已经过去，美国人也能为知识的进步和人类的福祉做出贡献。

艾玛·德隆后来没再结婚，她一直沉浸在对往日爱情的追忆中。对自己在本文开头提出的问题，她的回答是："人类的努力是不能这样衡量的。牺牲永远比安逸高贵，无私的生命在孤独的死亡中得到升华，世界因为苦难的赐予而变得更加丰饶。"

人的生命是有限的，平庸也罢，悲壮也罢，最终都将凋谢。但总有一种东西是有价值的，值得我们付出一切。当富裕让人们日渐忘却贫穷，闲散日渐动摇奋斗的决心时，德隆曾经的理想与激情却永远无法被磨灭。

# 我的信念

作者 〔法〕居里夫人

生活对于任何一个男女都非易事，我们必要有坚韧不拔的精神；最要紧的，还是我们自己要有信心。我们必须相信，我们对一件事情是有天赋的才能，并且，无论付出任何代价，都要把这件事情完成。当事情结束的时候，你要能够问心无愧地说："我已经尽我所能了。"

有一年的春天里，我因病被迫在家里休息数周，我注视着我的女儿们所养的蚕，结着茧子。这使我极感兴趣，望着这些蚕固执地、勤奋地工作着，我感到我和它们非常相似，像它们一样，我总是耐心地集中在一个目标。我之所以如此，或许是因为有某种力量在鞭策着我——正如蚕被鞭策着去结它的茧子一般。

在近五十年来，我致力于科学的研究，而研究基本上是对真理的探讨。我有许多美好快乐的回忆。少女时期我在巴黎大学，孤独地过着求学的岁月；在那整个时期中，我丈夫和我专心致志地，像在梦幻之中一般，艰辛地在简陋的书房里研究，后来我们就在那儿发现了镭。

我在生活中，永远是追求安静的工作和简单的家庭生活。为了实现这个理想，所以后来我要竭力保持宁静的环境，以免受人事的侵扰和盛名的影响。

我深信在科学方面，我们是有对事而不是对人的兴趣。当皮埃尔·居里和我决定应否在我们的发现上取得经济上的利益时，我们都认为这是违反我们的纯粹研究观念。因而我们没有申请镭的专利，也就抛弃了一笔财富。我坚信我们是对的。诚然，人类需要寻求现实的人，他们在工作中，获得最大的报酬。但是，人类也需要梦想家——他们对于一件忘

我的事业的进展，受了强烈的吸引，使他们没有闲暇，也无热诚去谋求物质上的利益。我的唯一奢望，是在一个自由国家中，以一个自由学者的身份从事研究工作，我从没有视这种权益为理所当然的，因为在二十四岁以前，我一直居住在被占领和蹂躏的波兰。我估量过法国自由的代价。

我并非生来就是一个性情温和的人。我很早就知道，许多像我一样敏感的人，甚至受了一言半语的斥责，便会过分懊恼，他们尽量隐藏自己的敏感。从我丈夫的温和沉静的性格中，我获益匪浅。

当他猝然长逝以后，我便学会了逆来顺受。我年纪渐老了，我愈会欣赏生活中的种种琐事，如栽花、植树、建筑，对诵诗和眺望星辰，也有一点兴趣。

我一直沉醉于世界的优美之中，我所热爱的科学，也不断增加它崭新的远景。我认定科学本身就具有伟大的美。一位从事研究工作的科学家，不仅是一个技术人员，并且他是一个小孩，在大自然的景色中，好像迷醉于神话故事一般。这种魅力，就是使我终生能够在实验室里埋头工作的主要因素了。

# 我们的知识是有限的

作者 〔意〕伽利略

基于长期的经验，我似乎发现，人们在认识事物时处于此种境地：知识愈浅薄的人，愈欲夸夸其谈；相反，学识丰富倒使人在判断某些新事物时，变得甚为优柔寡断。

从前有一人，生在一个人迹罕至的地方，但他天资颖慧，生性好奇。他喂养了许多鸟雀，饶有兴味地欣赏其啁啾，聊以自娱。他极为惊异地发现，那些鸟儿运用巧妙之技，借助呼吸之气，能随心所欲地叫出各种声音，皆好听极了。

一日晚间，他在家听到附近传来一种声音，十分悠扬，遂臆断为一只小鸟，出去捕之。路上，遇见一位牧童，正在吹着一根木管，同时手指在上面按动着，忽而揞住某些孔眼，忽而放开，使木管发出了那种响声，宛然嘈嘈鸟语，不过发音方式迥然不同。他惊诧不已，并在好奇心驱使下，送给牧童一头牛犊，换取了那支笛子。

他通过思索意识到：假使牧童未从此地路过，他将永远不会晓得，自然界有两种产生声音和乐音的方法。他决定离家出走，意欲经历一些其他奇事。

翌日，当他经过一幢茅舍时，听见里面响着一种乐音，为了弄清是支笛子还是只乌鸦，他信步而入。只见一少年，正用拿在右手的一根弓，拉着绷在左手持着的一只木匣子上的几条筋，同时指头在筋上移动着；根本不必吹气，那件乐器就发出了各种悦耳的声音。此时他有多么惊愕，凡是像他一样具有智慧和好奇心的人，都是可想而知的。

他偶然见识了这两种意想不到的产生声音和乐音之新法后，遂开始相信自然界尚会存在其他方法。然而又令他感到十分奇妙的是，当他走进一座圣殿时，为了瞧瞧刚才是谁在奏乐，便往门后看去，发觉音响是在开门之际产生自门枢和铰链。

另外一次，他兴致勃勃地走进一家酒店，以为能看到某人在用弓轻轻触动小提琴的弦，但看见的却是有个人正用指尖，敲着一只杯子的杯口，使其发出清脆的响声。可当他后来观察到，黄蜂、蚊子与苍蝇不是像鸟雀那样，靠气息发出断断续续的啼叫声，而是靠翅膀的快速振动，发出一种不间断的嗡嗡声时，与其说他的好奇心越发强烈了，毋宁说他在如何产生声音的学问方面变得茫昧了，因为他的全部阅历俱不足以使他理解或相信：蟋蟀尽管不会飞，却能用振翅而非气息发出那般和谐且响亮的声音。

嗣后，当他以为除了上述发声方式之外，几乎已不可能另有它法时，他又知悉了各式各样的风琴、喇叭、笛子和弦乐器，种类繁多，直至那种含在嘴里、以口腔作为共鸣体、以气息作为声音媒介物的奇特方式而吹奏的铁簧片。这时他以为自己无所不晓了，可他捉到一只蝉后，却又陷入了前所未有的无知和愕然之中：无论堵住蝉口还是按住蝉翅，

他都无法减弱蝉那极其尖锐的鸣叫声，而不见蝉颤动躯壳或其他什么部位。

他把蝉体翻转过来，看见胸部下方有几片硬而薄的软骨，以为响声发自软骨的振动，便将其折断，欲止住蝉鸣。但是一切终归徒然，乃至他用针刺透了蝉壳，也没有将蝉连同其声音一道窒息。最后，他依然未能断定，那鸣声是否发自软骨。从此，他感到自己的知识太贫乏了，问他声音是如何产生的，他坦率地说知道某些方法，但他笃信还会有上百种人所不知的、难以想象的方法。

我还可以试举另外许多例子，来阐释大自然在生成其事物中的丰富性，其方式在感觉与经验尚未向我们启示之时，都是我们无法设想的，即便经验有时仍不足以弥补我们的无能。故此，倘若我不能准确地断定彗星的形成之因，那么我是应当受到宽宥的，况且我从未声言能够做到这一点，因为我懂得它会以某种不同于我们任何臆度的方式形成。对于握在我们手心的蝉，都难以弄明白其鸣声生自何处，因而对于处在遥远天际的彗星，不了解其成因何在，更应予以谅解了。

# 我的观察

作者 〔英〕达尔文

少年时期起，我就抱有极强烈的愿望，想去了解或说明自己观察到的事物，也就是说，想把一切事物都分门别类，归纳到某些普适的法则中。所有这些错综复杂的因果关系，曾培养了我的一种耐心，能够在悠长的岁月中，对任何一个悬而未决的问题，进行执着的思考。对于别人的论断，我并不轻易听信，盲目遵从。我始终努力保持自己的思想自由，以便一旦事实明显地相左于我深爱的任何假说时，马上就放弃这个假说。的确，我只能照此办法去行动，别无他径可选择。因为我记得，凡是初次建立的假说，经过一段时间后，我总会或不得不放弃，或作重大的修正，只有《珊瑚礁》一书中的假说是个例外。

富有怀疑态度，这对科学家是有利的。然而，我曾遇见不少人，正是由于缺乏怀疑态度，不敢去设立试验和进行观察工作，尽管这些工作具有直接或间接的益处。

为了说明这一点，现在举出我很早就知悉的一个十分离奇的事例。

有一位先生（后来才知，他是一位优秀的植物学家），他从我国东部郡县写信告诉我，那一年各地的普通豆科植物种子，即豆子，竟与往年不同，都错误地生在豆荚的另一侧。我在复信中请他作更详尽的报道，因为我不理解他所指的是什么。但过了很久却无回复。此后，我看到了两张报纸，一张是肯特郡的，另一张是约克郡的，上面都载有一则新闻，报道这个十分引人注目的事实："本年所有的豆子，都错误地生在（豆荚的）另一侧。"那时我就想，这种说法流传得这样广泛，一定有某种根据。因此，我就去找自己的园丁——一位肯特郡的老人，我问他，对这种说法，究竟听到过什么来历。他回答："哦，不对，先生！这一定是搞错了。因为只有在闰年，豆子才会生在（豆荚的）另一侧，可今年却不是闰年呀！"接着我再问他，豆子在平常年份怎样生长，在闰年又怎样生长。我马上就发觉他对于豆子在不同年份生长的情形，一概不知，不过他还是一直坚信自己的判断。

又过了一段时间，我那位最初的报道者，来信向我表示万分歉意，并且说，上次要是没有听到几个有文化的农民提出这种说法，那他就不会写信告诉我；可是后来，他再去同那几个农民交谈，才知道他们个个都丝毫不知道他所指称的事。

因此，这里就会有这种情形：一种信念，如果是把毫无明确观念的有关说法叫作信念的话，那么，用不着任何证据，它就可以不胫而走，几乎会传遍英国全境。

# 像火箭科学家一样思考

作者 〔美〕奥赞·瓦罗尔

在莱特兄弟进行首次动力飞行的那年（此次飞行持续了12秒钟，飞机行进了约36.6米），假如有个小孩当时的年纪是6岁，那么，当航天事业变得足够强大、能够将一个人送上月球并将其安全地送回地球时，这个小孩已经变成72岁的老人了。

在人类的生命周期里，这种巨大的飞跃通常被誉为"科技的胜利"，但事实并非如此。相反，它是某种思维过程的伟大胜利。火箭科学家们借助这种思维过程，把不可能变成了可能。他们还借助同样的思维过程，乘坐超音速宇宙飞船在星际肆意遨游，让宇宙飞船飞行数百万英里，穿越外层空间，在目的地精确着陆。正是借助同样的思维过程，人类离开拓其他星球的目标越来越近，成为一个星际物种。这种思维过程将把商业太空旅游变得经济实惠，使它成为一股新的潮流。

要像火箭科学家那样思考，就得从不同的角度看待这个世界。火箭科学家们要想象那些无法想象的事情，解决那些无法解决的问题。他们将失败转化为胜利，把束缚转化为优势；他们认为小事故是可以解决的难题，而非不可逾越的障碍；他们前进的动力不是盲目的信念，而是自我怀疑；他们的目标不是短期结果，而是长期突破；他们知道规则不是一成不变的，已设定的东西可以更改，他们能开辟出一条新的路径。

无论实物还是认知，我们在地球上认为理所当然的所有事物，都会在太空中被颠覆。宇宙飞船由数以百万计的零部件和数百英里长的电线组成，所以当构造精密的宇宙飞船升空、高速穿行在无情的太空环境中时，存在着无数潜在的失败点。某些部件难免会出现故障，每逢这种情况出现，火箭科学家们必须将信号与噪声隔离开，并准确追溯问题的根源，而这些问题可能有数千个。更糟糕的是，这些问题发生时，宇宙飞船往往处于人力所不能及之处。你无法打开飞船的引擎盖，看看里面有什么问题。

在现代，火箭科学思维是必不可少的。我们往往将自己视为万物的中心。但是从外太空的角度看，地球只是"包容一切的黑暗宇宙中的一个孤独斑点"。卡尔·萨根对"暗淡蓝点"（地球）进行了更深层意义的思考，他说："想想那些帝王将相征伐杀戮，血流成河，只是为了在光荣和胜利中成为一个斑点上一小部分区域的短暂主宰者；想想栖身于这像素点上某个角落的居民，他们对其他角落几乎毫无区别的居民，犯下无休止的残酷罪行。"

火箭科学让我们知道自己在宇宙中的作用有限，并提醒我们要更加善待彼此。当你学会像火箭科学家那样思考时，你改变的不仅仅是自己看待世界的方式，你还将被赋予改变世界的能力。

# 科学发现的几点体会

作者　丁肇中

1964 年，在哈佛大学和康奈尔大学进行的一个实验表明，电子的半径在 10—13 至 10—14 厘米左右，这个实验结果与理论预言不符。1948 年所作出的理论预言认为，电子是没有半径的。

我当时刚刚获得博士学位，认为应该重复一下这个实验。可是，在美国，所有的人都认为这是第一流的专家所做的实验，不必来重复这个实验。所以，直到 1965 年，我到了现在德国的同步加速器实验室，才有机会来重复这个实验。

1966 年，我们用不同的方法做了一个实验，发现电子的半径确实小得无法测量。我们的实验结果和理论的预言是完全符合的。完全的符合就表示电子没有半径。

所以，我向年轻的科学家要讲的第一个体会，就是不要盲从专家的结论。

20 世纪 70 年代，人们已经知道所有的基本粒子是由三种夸克来组成的。我的问题是，为什么只有三种夸克？为了寻找新夸克，我决定建造一个高灵敏度的探测器。这个实验比较困难，同时所有的人都认为只有三种夸克，因为三种夸克可以解释所有的现象，所以这个实验在费米国家实验室和西欧核子中心被拒绝了，所有的加速器都不愿意做这个实验，认为是不可能的。

终于在 1972 到 1974 年之间，我们得以在布鲁克海文国家实验室用一个比较低能的加速器来做这个实验。当我们完成这个实验时，我们发现了一种新的夸克。这就表示，以前说只有三种夸克的观念是错的，有第四种夸克。有了第四种，那可能就有第五种、第六种，把以往的观念改变了。

所以，我的第二个体会是：对于自己应该有信心，做你自己认为是正确的事情。

我们现在已经知道，所有的粒子都有反粒子。反物质的存在是1927年由英国科学家狄拉克提出来的。他注意到，在相对论和量子力学中，质量都是成平方的。质量成平方，就可以表示成（质量）×（质量），也可以表示为（–质量）×（–质量）。所以狄拉克就问：负质量有什么意义？从这儿就推测到反物质理论。

这表明两件事情：第一，拿诺贝尔奖是非常容易的；第二，一个天才和一个神经不正常的人的距离是很小的。

现在，我们在做一个在国际太空站上找反物质宇宙线和暗物质的实验，发现了很多想象不到的现象。第一个不能想象的结果是发现在赤道上面，正电子数目比负电子数目多4倍。第二个比较难以解释的，就是在赤道上空有离地面400公里、长4200公里、厚10公里、能量达40亿电子伏特级的质子环，进去和出来的质子一样多。

我有一个"理论"，绝对正确，可以告诉大家。在加速器实验的发展史上，过去50年里面，尽管我们为了获得经费，要写一个申请报告书，设定一个目标，说服政府的人投钱做加速器实验，可是往往实际的发现跟原来的目标根本没有关系。

我已经花费了很多时间，解释我最新的实验怎么重要，可以找暗物质、找反物质。但是，根据以前的经验，要是有发现的话，跟我刚才所说的目标可能一点关系也没有。原因是，这是一个到太空中的质谱仪，是在探测一个全新的领域。

所以我的第四个体会就是：要实现你的目标的话，最重要的是要有好奇心，对自己所做的事情有兴趣，不能因为别人反对你就停止。而且，你对意外的现象要有充分的准备。

# 科学家与头脑

作者 〔日〕寺田寅彦

一天，一位和我过从甚密的老科学家，给我讲了如下这番话。

人们常说："要成为一名科学家，脑袋必须要聪明。"在某种意义上讲，的确是这样的。另一方面，"科学家的脑袋还必须笨"，在某种意义上讲，这也是对的。

乍一看，这是两个截然相反的命题。实际上，它表现出一个事物的既对立又统一的两个不同的侧面。

为了不失去逻辑链条上的任何一个环节，为了在一片混乱中，不至于颠倒部分和整体的关系，这是需要有正确而又缜密的头脑的。处在众说纷纭，可能性交织的岔路口时，为了不把应该选择的道路弄错，必须具有洞察未来的内察能力和直观能力的。在这个意义上讲，科学家的脑袋确实要聪明。

可是，要想从平常被人认为是极普通明了的事物中，从那些就连平常所说的脑袋笨的人也容易明白的日常小事中，找出它的不可思议的疑点，问个为什么，并极力要阐明其原委，这对科学教育者自不待言，就是对于从事科学研究的人来说，也是特别重要的，缺之不可的。在这点上，科学家必须是比普通脑袋笨的人更显得脑袋不开窍的乡下佬和死心眼的人。

所谓脑袋聪明的人，可以说他们如同腿脚快的游客。虽然他们可以捷足先登地到达他人尚未涉足之处，可是他们恐怕会遗漏观赏路旁或岔道上的重要东西。脑袋笨的人，犹如走路慢的人。一直缓步在后，往往毫不费力地把那珍宝拾在手中。

脑袋聪明的人正是因为他们敏于推

测，可以纵观路途上所有的难关险阻。至少也是有这种预感的。所以，常常容易挫伤自己进取的勇气。脑袋笨的人，由于他的前途笼罩了一层云雾，反而易持乐观态度。即使是遇到难关，他也会格外地努力，脱出困境。这是因为无论如何也闯不过的难关是极为罕见的缘故。

脑袋聪明的人，恐怕会过于信任自己的脑力。其结果，当自然显示给我们的现象与自己想的不一致的时候，大概就会这样想：是不是自然错了？另外，当出现了与自己所想象的相同的结果时，恐怕会把这件要紧的事忘掉——反复琢磨自己所思考出的结果，是不是由于别的原因而偶然产生的呢？

脑袋笨的人往往特别努力地去做被脑袋聪明的人一开始就断定行不通的尝试。好容易才明白了那事做不成的时候，可是他也抓住了一些并不是行不通的其他线索。这些线索也是那些一开始就不敢进行尝试的人无法接触到的。

在某种意义上讲，科学的历史就是一部错觉和失败的历史，是伟大的愚昧者、能力低的人的工作史。

脑袋聪明的人适合做批评家，却难成为见诸行动的人。一切举动行为里都伴随着危险。怕受伤的人成不了木匠。怕失败的人成不了科学家。科学就是在脑袋笨、不怕死的人的尸体上筑成的宫殿。也是血河之畔开着鲜花的花园。关联着自身的利害，脑袋聪明的人是很难成为战士的。

脑袋聪明的人容易着眼于别人工作上的缺点。别人的工作自然就显得拙劣。这样常会陷入高人一等的错觉之中。这样一来，其结果是上进心松弛，很快这个人也就滞步不前了。对于脑袋笨的人来说，别人的工作总是显得卓越出色。同时也感到大人物的工作自己也似乎可以做得到。因此，很自然地刺激着自己的上进心。

脑袋聪明，而且又自命不凡的人，即使能成为人之师，却成不了科学家。觉悟到人的脑力是有限的，把愚笨、赤裸裸的自身抛在大自然面前，又决心只是倾听大自然的直接教诲，只有这样才能成为科学家。正是因为如此，不能成为科学家的人也是理所当然的。不言而喻，这是绝对需要正确严谨地观察、分析和推理的。

这就是说，脑袋要笨，同时，脑袋还要聪明。不充分认识到这一事实，常常会阻碍科学正常进步的。这是需要从事科学研究的人们进行慎重的反省和观察的。

# "著名女科学家"炼成记

作者 张 茜

　　"女性著名科学家"是一个要求颇为苛刻的标签。近现代以来，中国能够当得起这个称谓的人，可谓凤毛麟角。

　　不少女性在考虑是否要走科学这条道路之前，首先要闯过性别关。

　　即使到今天，也很难说男女在各行各业中的地位是平等的。如果追溯到20世纪初期——物理学家、中国科学院院士何泽慧和石油化学家、中国科学院院士陆婉珍出生的年代，女性的社会地位则更低。

　　想成为一名科学家，她们不仅需要内心坚定，努力争取家人的理解和支持，还需要有和反对的声音据理力争的勇气。

　　开明、男女平等的家风和雄厚的财力，在当时是女性获得优良教育的重要基石。在这一点上，两位女科学家有着极为相似的家庭背景。何泽慧的父母出自官宦望族，而陆婉珍则出身书香世家。

　　尽管拥有家庭方面的天然优势，她们还是需要以异于常人的勇气去争取学习机会。例如，何泽慧在早年的求学之路上，就两次险些因为性别问题被导师拒之门外。

　　第一次是考大学时。1928年清华大学开始招收女生，何泽慧于1932年考入清华大学物理系，与她同级的28个物理系新生中有8名女生，但当时的系主任叶企孙主张"女生一个都不要"。《何泽慧传》的作者、科学史专家刘晓推测，或许叶企孙觉得，女生学物理比较难，而且物理系的毕业生将来有可能要从事与战争相关的工作。

　　"但她就是不服输，努力争取，她性格中有很积极的一面。"刘晓用3年时间收集了与何泽慧有关的翔实资料，撰写成书。

在得知可能被劝到其他系之后，何泽慧"挺身而出"，和女同学们一起据理力争："你们为什么在考试成绩之外设立一个性别条件？招生的时候没有说啊！"最后，系里只好同意她们先试读一学期。

经过几轮淘汰，最初的 28 名新生只剩下 10 人，何泽慧是胜利者之一。没想到，相似的一幕竟然在她前往德国攻读博士学位时重演了。

从清华大学毕业后，与何泽慧同级的男同学，包括后来成为她丈夫的著名物理学家钱三强都被老师引荐到可以为"抗日报国"作贡献的南京兵工署等单位工作，但女生几乎不在考虑范围。

选择留学德国的何泽慧一定要争这口气。"兵工署不要我们，我自己去找德国军事专家的老祖宗去！"刘晓在书中解释道，这位"老祖宗"就是德国军事专家克兰茨教授——现代弹道学的开创者、"兵工署"的顾问，当时帮助中国筹建了弹道研究所。

一心想救国的何泽慧坚持要学习实验弹道学，请求克兰茨教授接收她，但被拒绝了——弹道专业此前从未收过外国学生，更没有收过女生。

何泽慧穷追不舍。她对克兰茨说："你可以到中国来当兵工署顾问，帮我们

打日本侵略者；我为了打日本侵略者到这里来学习这个专业，你为什么不收我呢？"克兰茨教授被问得哑口无言，只好同意她先以旁听生的身份试试。第一学期结束后，何泽慧便转为正式学生。

她在追求女性平权的道路上又胜利了。

过了性别关之后，若还要在"科学家"之前加上"著名"二字，则是更大的挑战：一方面，需要有引领某领域科学发展方向的能力；另一方面，还需要有服务全局的胸襟。如果说前者是技术问题，后者则是意识问题。

何泽慧的父亲何澄曾亲历八国联军侵华，愤而留学日本。他曾说："若想中国不受外国欺负，必须把外国的强项学到手，我就是倾尽家资也要送你们出去。"

陆婉珍的父亲陆绍云从小目睹国家贫穷落后，加之受到爱国主义教育的影响，一早就决心走实业救国的道路，后来也远赴日本，学习纺织技术。

父辈为了民族富强、国家兴旺所作出的努力深深地印在年幼的何泽慧和陆婉珍心里。数十年后她们成为大科学家，有人问最初是什么让她们对科学产生的兴趣，陆婉珍回答："大部分是由于科学救国的思潮。"何泽慧则率真地回答说：

"没有兴趣，没有兴趣，那时候就是为国家……"

爱国和有社会担当是彼时成为大科学家的必备条件。但仅有爱国之心是不够的，她们还需要"静默地想救国的方法"——这是何泽慧17岁时经历日本侵华的感悟，也是诸多像她一样的救国科学家奉行一生的行为准则。

为救国，这些"不起眼的小女孩"选择去啃科研的硬骨头。

1940年何泽慧在德国克兰茨教授指导下获得博士学位，而后前往法国与丈夫钱三强会合，共同在居里夫妇的实验室工作；比何泽慧小10岁的陆婉珍在美国知名化学家希斯勒教授指导下于1951年获得博士学位，与石油化工学家闵恩泽结为伉俪，并供职于一家著名的精制玉米公司。

尽管她们已经在国外获得了相对优裕的工作和生活条件，以及良好的发展前景，但"梁园虽好，非久居之地"，救国之心从不敢忘。钱三强曾说："正是因为祖国贫穷落后，才更需要科学工作者回去改变她的面貌。"

抱着这样的信念，1948年，何泽慧和钱三强夫妇登上了从法国出发的轮船。回国后他们创建了我国首个原子学研究所，双双成为我国核物理领域的奠基人。

1955年，陆婉珍和闵恩泽夫妇也登上了从美国出发的轮船，回国后创建了我国首个石油炼制工业研究所，开了我国油品分析技术的先河。

除了白手起家、勇于创新，这两位女科学家还对科技发展趋势有着敏锐的嗅觉和准确的判断力。例如，何泽慧的研究重心从原子核物理、原子能，到中子核物理，再到宇宙线，始终站在我国核物理研究中最迫切需要，也最关键的一线。陆婉珍早年坚持研究的不被学界看好的近红外光谱油品分析技术，如今竟有愈来愈热之势。

褚小立是陆婉珍的学生，曾跟随她学习工作近20年。让褚小立印象深刻的一句话是："人不要被物降住。"

尽管陆婉珍家境殷实，但她从小恪守俭朴的习惯。加之幼时受祖母淡然生活态度的熏陶，似乎从没有什么事能够扰乱她的心绪，对于物质生活，更是要求极低。

在褚小立的记忆里，陆婉珍每年冬天的打扮都一样：一件深蓝色呢子大衣、一顶棕色的帽子和一条毛围巾。这身衣服她至少穿了20年。

听说有女学生出门不知道该穿哪双鞋时，陆婉珍说："这有什么难的，你准备两双鞋，在家穿一双，出门穿一双不

就行了？人不能被物降住，物应该为人所用。"

陆婉珍认为人生在世要处理好三级关系：最低级别的是人与物的关系，中级是人与人的关系，而最高级的是人与自我的关系——"我们最终要学会与自己和解"。

她非常清楚自己的追求。不管外界有什么声音，陆婉珍向来都在自己的路上走得平静而坚定。

在那个特殊的年代，陆婉珍和何泽慧单纯、平和地度过了干校时光。

传记中写道，谈及挑煤的活儿，陆婉珍总会骄傲地说："我很有本事，我个儿大，有力气，会掌握平衡。修厕所是项技术活，我做得也可以。"

何泽慧似乎比陆婉珍还要乐观，由于"身体老弱"，她只领取了敲钟、看场等任务，她竟然像在科学实验室测算数据一样将敲钟时间计算得分秒不差，最后所有人都用这个时间来对表。其间她还顺便用自制仪器在荒郊野地里完成了对贝内特彗星的观测。

在刘晓看来，这些科学家早期完整的、长期的教育和科研经历，已经使她们获得了饱满而坚定的世界观和价值观。她们心中的追求，多大的风雨都难以撼动。

事实上，她们的人生信条早已被锁定，正如居里夫人给何泽慧和钱三强的临别赠言所说："要为科学服务，科学要为人民服务。"

# 我们为什么要登珠峰

作者　彭叮咛

首次5G传输、4K+VR拍摄珠穆朗玛峰登顶过程……2020年5月27日，中国人又一次登上世界海拔最高的珠穆朗玛峰峰顶，这也是时隔15年，珠峰再次迎来高程测量，中国将向世界揭晓一个举世瞩目的"世界高度"新答案。

沉穆的天色里，巍峨耸立的珠峰，是令无数登山勇士魂牵梦萦的神圣坐标。对珠峰来说，攀登者是一波又一波的过客，对攀登者而言，珠峰又意味着什么？我们为何要登珠峰？

## "因为，祖国就在那里"

时间回溯到20世纪50年代末，处于山脉南侧的尼泊尔一再叫嚣着珠峰根本不属于中国，理由是没有中国人登顶过珠峰，而尼泊尔的嚣张态度，源于他们率先登顶珠峰的底气。

于是，一场带有政治意味的攀登行动开始了。1960年2月，中国珠穆朗玛峰登山队正式成立，214名队员分批进藏，平均年龄24岁。这群小伙子，在寒风呼啸的冰天雪地中，5800米、6400米、7000米……不断刷新着纪录。

在8500米处，他们建立了最后一个营地——突击主峰营地，而从这个营地到峰顶的最后300多米，或许是世间最危险的300多米。300多米的距离，40多名登山队员严重冻伤，有的甚至冻掉手指，失去胳膊；队长史占春差点从山上掉下去；队员汪矶因严重的高原反应，抢救无效牺牲；队员邵子庆因缺氧，失去生命……

最后，剩下4名身体状况良好的队员王富洲、屈银华、刘连满和贡布，带着一面五星红旗、一尊毛主席半身塑像、一台摄像机和几卷胶卷，向峰顶发起最后冲击。

海拔 8680 米处，是登顶珠峰的最后一个难关，它横亘在登顶之路上，完全垂直，高度接近 4 米，连钢锥都打不上，被英国人称为"飞鸟也无法逾越"之地。经过整整 7 个小时的努力，4 个人还是每次都在半途重重摔下，体力濒临极限。

终于，刘连满想到了办法，用自己做人梯，让队友踩着他的肩膀上去，但他也因此，丧失了登顶的机会。屈银华登上"第二阶梯"后，牢牢打下钢锥。后来，钢锥上架起了近 6 米的金属梯，在此后数十年里，从北坡登顶的登山者可以直接爬梯继续登顶，这个梯子又被称为"中国梯"。

1960 年 5 月 25 日凌晨 4 点 20 分，王富洲、屈银华和贡布 3 人登上了珠穆朗玛峰，这也是人类首次从北坡登顶珠峰。次年，中尼签订边界条约，正式确定珠峰北坡为中国领土。

为什么要登顶珠峰？"因为，祖国就在那里。"

2020 年，当 5G 基站架在海拔 6000 多米的高度，当国产测绘仪器装备全面担纲测量任务时，当国产重力仪首次在珠峰峰顶进行重力测量时，回头看征服珠峰的 60 年历程，实际上正是中国不断发展壮大的过程。

## "因为，山就在那里"

夏尔巴人，他们在喜马拉雅山脉下土生土长，是全世界登顶珠峰人数最多的民族，全世界的登山者都需要找他们做登山向导，以及做菜、当背夫、提供协助。

但就是这样一个拥有一群顶级攀登专家的民族，也是世界上因山难死亡人数最多的民族。2014 年 4 月 18 日，珠峰南坡的一场冰崩曾造成 16 名夏尔巴向导死亡，可见登山路上之险象环生。

如此危险，为什么要攀登？

"因为，山就在那里！"英国探险家乔治·马洛里说出了那句流传甚广的回答。可惜的是，在说完这句话的第二年，马洛里就消失在珠峰的冰天雪地之中，终其一生，没能征服世界第一峰。

登顶珠峰像一场酷刑，但攀登者还是络绎不绝。艾德是一名来自美国亚利桑那州的医生，2019 年 5 月 23 日，他花费 7 万美元从珠峰南坡的尼泊尔一侧登上峰顶，站在这个他梦想了一辈子的 8844 米高处，艾德被眼前的景象吓傻了。

"登顶的人为了拍照推推搡搡，峰顶大约只有两张乒乓球桌大小，上面站了

15 至 20 个人。"为了爬到那里，艾德已经在 7000 多米高、覆盖着冰雪的岩石山脊上等了好几个小时，队伍里人们脸贴着脸，羽绒服擦着羽绒服，他甚至要跨过一具具尸体。

"就像个动物园。"艾德回忆道。他也想拍张照片留念，但很怕被人群推搡得失去平衡而坠下悬崖，只好坐在雪地里让向导给他拍。

2020 年与 1960 年的不同之处在于，

珠峰俨然正变成一个热门旅游打卡景点。尼泊尔一方的珠峰南坡攀登许可每个售价 1.1 万美元，2019 年给出了 381 个。本该严肃对待的高海拔攀登，在管理方眼里成了一门旅游生意。

对攀登者而言，登顶珠峰不仅是为了名誉、成就感、征服欲，更多的是一种纯粹的本能，一种对未知领域的渴望——"攀登不只是为了登顶，它更是一个人如何抵达。"

# 一千年意味着什么

作者　袁志华

在人类社会发展的历史长河中，1000年意味着什么？

这是个很有意思的问题。事实上，就人类将近百年的生命来说，百年的跨度还是可以感受到的。今天的很多老人都经历过民国时期，对日本侵占家乡的历史仍记忆犹新。可是，1000年前的历史，对于我们短暂的人生来说过于遥远了，我们只能通过历史学家的记述来大致了解。

1000年里，人类社会进行了怎样的改变？在中国，1000年前的1017年，正是北宋中期，国家安宁、四海升平、经济繁荣，当时北宋的GDP占全球GDP的一半以上。但时间不是静止的，在这1000年里，两宋很快灭亡，中国经历了元、明、清以及民国，经济水平从世界第一跌落到最低谷，然后又用几十年回到世界第二的位置。在欧洲，1000年前还是黑暗的中世纪，宗教战争、小冰期、黑死病的打击接踵而至，但欧洲很快通过文艺复兴、大航海、工业革命恢复过来，并超越中国成为世界经济的火车头，把殖民地扩张到全世界。但在这1000年的最后100年里，欧洲经历了两次毁灭性的世界大战以及核威慑的冷战，数次站在完全毁灭的悬崖边上，直到最近30年，才经由新技术革命的爆发进入信息社会。

回望这些人类历史，我们发现，1000年的沧桑巨变，真的足以让人类社会经历好几次生死轮回，让一个强盛的帝国成为一片废墟，让一个边陲小国跃升为全球霸主。

可是，对于自然界来说，1000年只不过是漫长地质史的短暂瞬间。在1000年里，自然风化形成10厘米厚的土壤，溶洞里的石笋长高了10厘米，珠穆朗玛峰升高了4米，大西洋中脊扩张了27米。在宇宙中，哈雷彗星绕太阳转了13圈，地轴进动移动了近20度，太阳光在比邻星之间能走118个来回，而1000光年外的星光刚刚抵达地球——看到它们的却不是和星光刚出发时同时代的人，而是几十代之后的人了。

# 我们对科学有多少误解

作者　吴国盛

科学的理论等于正确的理论吗？什么是科学？科学精神的本质是什么？功利主义的科学观有哪些局限？请看科学史专家、清华大学人文学院教授吴国盛在人文清华讲坛上对这些问题的解答。

## 对科学的误解在中国非常普遍

我先来讲一个现象，就是中国人对科学常识的种种误解。其实，这些误解本身也是一种特殊的人文现象，值得我们反思。

比如，很多人搞不清楚布鲁诺、哥白尼、伽利略中，到底谁是被罗马教廷烧死的。当然是布鲁诺，可是布鲁诺为什么会被烧死？过去我们以为是因为他传播"日心说"，其实布鲁诺是为了捍卫自己的宗教信仰而死的。1600年他被烧死的时候，"日心说"是合法的学说。

再比如，谁在比萨斜塔上扔了铁球？根据后来发现的伽利略的手稿，伽利略想证明重东西、轻东西是同时落地的，他的确做了这个实验，但实验结果非常奇怪，他发现重的东西反而落得慢，轻的东西则落得快。我们知道，因为有空气阻力，应该是重的东西先落地。所以事实是，伽利略确实扔了球，但是实验结果很奇怪，并没有证明他想证明的。

还有，苹果有没有砸到牛顿？苹果砸下来，是不是导致了万有引力定律的发现？其实，万有引力定律早在开普勒定律出来之后就呼之欲出，当时很多人都在思考这个问题，绝对不是因为苹果砸了牛顿以后他才想到的。那么苹果砸下来这个说法是哪来的？也不是空穴来风。牛顿晚年对粉丝说，早年他家的苹果砸了他一下，所以这个细节被写进了他的传记里，也不知道他是老糊涂了还是讲故事或开玩笑。

总之，这些简单的问题，在中国实际上有很多是以讹传讹。说哥白尼或者伽利略被教会烧死，不就像说曹雪芹是《三国演义》的作者吗？这样的低级错误广泛流传，说明对科学的误解在中国还是非常普遍的现象。

还有一些比较"高级"的误解。

比如，人们一般认为，科学理论是正确的理论，这种说法对吗？不能说全对。科学是一个历史发展的过程，一种理论在某一个阶段是正确的，后来可能被证明是错的，新的理论能使旧的理论变得局部正确，而不是绝对正确。

像牛顿力学，它在诞生时是标准的科学理论，但是有了相对论以后，就变成局部正确的理论。还有，因为哥白尼的伟大学说"日心说"，我们就很容易丑化哥白尼的对立面——托勒密的"地心说"。可事实上，"地心说"是古代世界最伟大的科学理论之一，它把数学模型和天文观测相结合，是一个标准的科学理论。不能因为"地心说"被否定了，"日心说"被接受了，就说"地心说"不是科学理论。今天我们知道宇宙没有中心，所以"日心说"其实也不是完全正确，宇宙没有中心，也就无所谓地心、日心了。

还比如，科学家是乏味的专家吗？其实科学家根本不乏味，很多科学家非常有情调，多才多艺。爱因斯坦就很爱拉小提琴。玻尔不仅是量子力学重要的创始人，还是著名的足球运动员，1922年，当地报纸曾这样报道："我国著名足球运动员玻尔获得本年度的诺贝尔物理学奖。"他当时是哥本哈根大学足球队的门将。

## 科学是舶来品而非"土特产"

以上这些误解都是小误解，还有一类误解是很大的误解。这类误解与文化有关，属于观念类的误解。

中国人最常见的观念上的误解是"科""技"不分，以"技"代"科"。比如现代汉语里，一说科学就很容易说成科技，这表明整个社会的集体无意识，说明我们的脑子里只有技术而没有科学。

我们总是从功利角度、实用角度看待科学。我们特别能够理解科技是第一生产力，科技是推动经济发展的巨大杠杆，我们把科技当成实现某种宏伟目标的手段，所以科学的工具化、手段化是我们文化中根深蒂固的观念。

那么，科学到底是什么？其实科学从起源开始，它的基本精神是为科学而科学。科学是一种自主的理论生发方式，科学的起源不是为满足某些实际的应用。

为什么我们会对科学有这样观念上的误解呢？其中有两个原因。

第一个原因，科学是一个舶来品，不是中国的"土特产"。"科学"并非古代汉语固有的词，这个词是日本学者翻译的。爱因斯坦说过，现代科学有两大来源，一个是以《几何原本》为代表的希腊形式逻辑思想，一个是来自近代的实验思想，所以科学真正起源自希腊。

希腊人怎么看待科学呢？亚里士多德有一句名言："为了科学而追求科学，而不是以某种实用为目的。"科学纯粹是为了知识本身而设立的。以古希腊数学家欧几里得为例，有一个学生跟他学了几天几何后就问，老师，我们学这个东西有什么用？脾气一贯很好的欧几里得勃然大怒，说："我怎么会教你有用的东西？我教你的完全是无用的东西。"在欧几里得看来，越是无用的东西越是纯粹、越是高贵，越是真正的科学，所以希腊人把无用的、自由的、纯粹的科学视为真正的科学。

而在中国传统文化中，知识本身没有独立的地位，读书只是手段，不是目的。学而优则仕，读书是为了做官，为了孝顺父母，为了光宗耀祖，最不济也是为了养家糊口。所以，中国传统文化推崇的是把读书作为达成更高目的的手段，而缺乏超越功利主义的精神。

第二个原因，和中国近代接受西方科学的历史有关。西方的科学是随着两波西学东渐的浪潮进入中国的。

第一次西学东渐在明末清初，一批天主教传教士来中国传教，带来了西方的科学，代表人物是利玛窦、汤若望、南怀仁。利玛窦在明朝万历年间来到中国，他和当时中国的一些优秀知识分子如徐光启等人，共同开启了西学东渐的大门，他和徐光启合作翻译了著名的《几何原本》前六卷。然而，中国人对他们带来的东西的兴趣主要着眼于器物层面，除了极少数人，几乎没有什么人对西方的科学理论感兴趣。徐光启翻译了前六卷《几何原本》后，因父亲去世回家奔丧，回来后利玛窦也去世了，这一耽搁就几乎使研究停滞了。另一半的《几何原本》译本一直到1857年才补齐，整整耽误了250年，而这250年正好是西方科学技术迅猛发展的大时代。

什么时候中国才对西方科学有兴趣了呢？第二次西学东渐的时候。从1840年开始，西方列强用炮火打开了我们封闭的国门，这一次是被迫要学人家，洋务运动的口号是"师夷长技以制夷"。当时我们发现洋人之所以船坚炮利，不仅是因为工艺先进，而且背后有科学作支撑。什么是科学？要造船就要有物理学、数学，要造炮就得有化学。从那个时候开始，中国人认为，科学首先是"夷之长技"，是军事技术。在特殊的历史际遇下，中国人心目中的科学其实就是力量型的科学，是技术。中国人心目中的科学家通常有三大类：一是可以加强军事力量，二是可以解决饥饿问题，三是可以为国争光——都是实用性的。

富国强兵、振兴中华是近代中国人学习科学的根本动力，也是我们对科学基本的文化认同，这个认同在一定程度上是有积极意义的。整个近代驱动中国人学习科学的主要动机就是家国情怀，经世致用的儒家思想在推动中国近代科学发展的过程中扮演了关键的角色。举个例子，"两弹元勋"王淦昌院士，当时国家说，希望你参加这个项目，你觉得怎么样？他说："我愿以身许国。"他隐姓埋名 28 年，他的儿女 28 年都没有见过他。所以，那时候最优秀的科学家都有浓郁的儒家思想和家国情怀。

### 为什么科学精神起源于古希腊而不是中国

为什么科学精神出现在古希腊而不是中国？冯友兰先生在 20 世纪 20 年代写过一篇文章探讨这个问题。他说，中国文化没有产生科学的主要原因不是中国人不聪明，而是就中国文化的价值观而言，我们不需要科学，因此我们对科学既说不上喜欢，也说不上厌恶，总而言之，科学跟我们没有关系。我们古代优秀的知识分子都在做其他的事情，比如吟诗作赋，他们倾向于在审美、在诗性的领域精雕细琢，所以没有走上科学发展的道路。

中国文化总的来讲是农耕文化，而且是排他的农耕文化，拒绝海洋文化、拒绝商贸文化、拒绝游牧文化。农耕社会的基本标志是定居，定居成了中国文化非常重要的结构性因素，影响了中国文化的基本特点。定居的结果就是周边全是熟人，所有人跟你都有关系，不是直接认识，就是间接认识，因此中国社会是熟人社会。熟人社会通过血缘关系来进行文化构建，所以中国社会非常讲究血缘亲情。

血缘文化生成了特有的仁爱精神，儒家将之概括为"仁"，认为人的标志就是有情有义有爱，没有仁爱之心的人就是禽兽。儒家通过"礼"，把人教化成有仁爱之心的人，"礼以立人"，因此，以儒家为代表的中国文化本质上是"礼"的文化，不管是皇帝还是贩夫走卒，所有人都要讲"礼"，礼文化弥漫在中国文化的各个环节之中。

中国的天文学，从表面上看与西方科学非常相似，可实际上，中国的天文学只是礼学的一部分。它的目的是奠定皇权统治的合法性，以及规范老百姓的日常行为。所以，中国的天文学不是西方意义上的科学。

西方文化以"两希"文明为主体，希腊文明和希伯来文明从一开始就是迁徙频繁的文化。希腊民族是海洋民族，重视贸易，因此迁徙成为常态。迁徙文化的特点是生人文化。生人文化怎么构建社会秩序呢？靠契约精神，通过契约方式构建社会秩序。契约文明要求每个人都是独立的个体，独立自主的个体被西方思想家抽象为两个字——"自由"，所以自由精神是西方文化的核心价值，这种核心价值是理解西方文明非常重要的关键词。

希腊人认为，要培养一个自由人，就要让他学习自由的科学。科学从一开始就是自由的，是超功利的，是自我演绎的、可证明的、可推理的，是无用的。

我觉得这个框架可以说明中国文化为什么没有孕育出科学，而最初的科学独独出现在希腊地区。希腊人对自由人性有独特的理解，他们认为人有了知识就自由了，相反，没有知识就很糟糕。苏格拉底说过，"一个人不可能主动犯错误，错误都是无知造成的"，知识成了希腊人的最高追求。所以，科学诞生于希腊文明，与这种特有的文化氛围有关系。

## 把科学精神融入仁爱的土壤中

100多年以来，中国文化依靠仁爱精神，依靠家国情怀，依靠人们对家庭、集体、国家的责任感，把中华民族从奄奄一息的状态中振兴起来。

今天，中国的科技人力资源超过8000万人，世界第一。2016年，中国论文产出达42.6万篇，世界第一。中国的博士学位授予量每年超过5万，也是世界第一。这说明中国已经初步建成为科技大国、教育大国，我们可以自己培养科学家、技术发明家、工程师、科技管理者等。更重要的是，我们国家现在的研发投入排名世界第二，仅次于美国。

但是，这些够不够呢？还不够。功利主义的科学观在某个历史时期有正面意义，但是在新的历史时期，其局限性越来越明显。

2016年，我们国家颁布了关于创新战略的文件，尖锐地指出我们的核心技术仍然受制于人，我们的原始创新能力严重不足。为什么？原因很多，但是功

利主义的科学观可能是导致中国原创乏力的重要原因，甚至是根本原因。因为，那种深层的创造力不可能通过单纯的功利主义来实现。

真正的原始创新能力来自哪里？第一，无功利的探索热情。遗憾的是，我们目前的教育过分功利化，造成学生严重缺乏对真理本身的探索热情以及对宇宙奥秘不可遏制的探索冲动。第二，无拘无束的自由探索。人们的想象力、创造力均基于自由的探索。

我们要清醒地认识到，如果只是用单纯的功利主义态度来对待科学，我们是走不到世界前列的，我们只能跟着别人走。诚然，在科技规模和体量方面，中国有很多世界第一，但是每年到了诺贝尔奖颁奖的时候，中国人都很郁闷。诺贝尔奖鼓励原创性成果，而原创性成果没有办法通过某些功利的方式促成。我想，艺术创作也好，伟大的科学发现也好，都必须基于自由探索的精神。

因此，以科学作为我们的立国之本才是中华文明复兴的关键。今天，摆在我们面前的最大问题，就是如何把自由的科学精神融入中华民族仁爱的土壤中，这是我们所面临的艰巨任务。既要让中国文化保有中华民族传统的美德和仁爱精神，又要融入近现代几百年来行之有效的科学精神，这才是我们未来需要建设的中国文化。

# 科学家的数字武器

作者　方　敏

数字是一种非常有趣的文字，在不同的领域里有不同的功能。在科学家的领域里，数字就成了一种攻击别人捍卫自己的武器。

斯蒂芬·杰·古尔德，是当今世界上著名的进化论者、古生物学家、科学史学家和科学散文作家。在《硕大的脑袋，狭小的心灵》一文中，古尔德给我们讲述了一场发生在1861年的"战争"。

这场"战争"的起因是脑袋的大小是否与智力有关，交战双方是科学家保罗·布鲁卡和皮埃尔·格拉蒂奥洛，焦点却是一个非常特别的东西——科学家居维叶的头颅。

法兰西科学家巴隆·乔治·居维叶是那个时代最伟大的解剖学家，他将动物按照功能分类，而不是按照人类中心说从低等到高等地排列，纠正了我们对动物的理解。他还首次确定了灭绝是事实，强调了剧变在生命和地球历史中起到过重要作用，被称为古生物学之父。

不论对谁来说，居维叶是一个有着超凡智慧的人，这是一个没有争议的事实。有争议的则是，他的超凡智慧是否因为他有一个超凡的大头。

于是，在居维叶死后，为了科学的利益，出于好奇的需要，他的同事们决定打开这颗最伟大的头颅。

1832年5月5日，星期二，早晨7点，法兰西的一群最著名的医生和生物学家，一齐解剖了居维叶的尸体。他们首先解剖了内脏器官，发现"没有什么出奇之处"，接着，他们又称量了那个智慧的头颅:1830克！比人的平均脑量重400克，而且比以前称量过的最重的无病脑还重200克。

于是，布鲁卡有了数字的武器，充分证明他的观点：人的智力与脑量的多少有关，而且成正比。

但是，持对立观点的皮埃尔并不甘于失败。他本想去测量居维叶的头盖骨，但没有实现，他就去测量了居维叶的帽子，拿着测量结果，他又请教了巴黎最高超最知名的制帽匠，得知居维叶的帽子并不比别人大多少，他的头盖骨也大不到哪里去。事实证明智力和头的大小没有关系。

布鲁卡与皮埃尔争论了 5 个月，在专业刊物上发表的有关文章大约有 200 页。最后，布鲁卡赢了，而对他来说，最有力的证据莫过于居维叶的头，最有力的武器就是那个 1830 克！毕竟帽子只是身外之物，不足为凭！

最伟大的解剖学家居维叶大概没有想到，他的大脑在停止运转之后还在为解剖学做着奉献。

但是，胜利未必是永久的。1907 年，科学家施皮茨克已经掌握了 115 名著名人物脑量的资料。随着人数的增多，得出的结果也越来越模糊。在上限部分，1883 年去世的俄国作家屠格涅夫的脑量终于超过了居维叶，达到了 2012 克。在下限部分，获诺贝尔奖的法国作家法朗士的脑量差不多只有屠格涅夫的一半：1017 克！

那么，古尔德又是怎样看待这个问题的呢？他说："脑的物质结构肯定以某种方式记录着智力，但是粗略的大小和外在的形状不可能反映出任何有价值的东西。"也就是说，他不认为，在这方面数字能够说明什么。

然而，在另一篇题为《从生物学的角度向米老鼠致敬》中，古尔德却又对"粗略的大小和外在的形状"，也就是这方面的数字，发生了极大的兴趣，而且用它们来捍卫自己的幼态持续学说。

在这篇文章中，古尔德提出的问题是，迪斯尼公司的艺术家们为什么要把米老鼠的形象一改再改，而且是朝着一个方向修改。古尔德不厌其烦地测量了各个时期的米老鼠的身体的各个部位，得出了一组组的数字比例。

从 20 世纪 30 年代到现在的米老鼠，身体的各个部位的比例在稳定地增加：眼睛与头的比例从 27％增加到 42％，头与身长的比例从 42.7％增加到 48.1％，鼻子到前耳距离占鼻子到后耳距离的比例从 71.7％增加到异常大的 95.6％。

对我们来说，这是一组抽象而又枯燥的数字，但古尔德却非常精细，乐此不疲。说明一个什么问题呢？那就是，米老鼠在这么多年中正是渐渐地有了"相对大的头，明显的脑盖，眼睛大且位置低，突出的脸颊，短而粗的四肢，灵巧的呆板，笨拙的运动"这些明显的特征，才会越来越受到人们的喜爱。

在这篇文章中还有历代米老鼠的形象比较的插图，果然有着这种明显的变化，叫人不能不信服。

其实，古尔德只要说明这个事实，再加上图片。我们也能一目了然，为什么一定要计算出那些数字呢？恐怕这就是科学家的特点了。因为我们信服不等于所有的科学家都能信服，那么，靠什么来捍卫自己的学说呢？像前面说到的那两个科学家一样，古尔德也拿起了数字的武器。

一个科学家对一个卡通形象下这么大的功夫，不仅仅因为古尔德是一个米老鼠迷，更重要的是他想说明幼态持续的结果。

古尔德说："米奇永葆青春的途径是我们人类进化故事的缩影。人类是幼态持续的生灵。"

古尔德还说："康拉德·洛伦兹在一篇很有名的文章中指出，人类利用婴儿和成人之间形态上的典型差异作为重要的行为线索。他相信，幼年的特征可以焕发成年人的慈爱和养育之心的'固有机制的释放'。"

为了论证这一理论，古尔德的书中还列举了那些老鼠中的恶棍——米老鼠的对手莫蒂默。尽管书中也有让人一目了然的插图，科学家还是用了自己的数字武器。他说："极不体面的莫蒂默的头长占身长的2%，而米奇的占45%；莫蒂默的鼻子占头长的80%，而米奇的占49%。"尽管它的年龄和米奇相同，"但是外貌却总像个成年"。

古尔德很聪明，他不给他的读者讲艰深晦涩的科学道理，从米老鼠的形象中，他还让我们去联想，为什么有些动物会让我们不由自主地喜爱，比如大熊猫，是因为它的外形和行为都有一种幼年的特征。而有些动物却让我们感到冷漠，比如骆驼，它老是那样昂着头，鼻子朝天，一副傲慢的成人的样子。这样的科学理论让我们读起来亲切明白，又受益匪浅。

由此我想到，人们常说隔行如隔山，其实未必，只要你能够独具慧眼，找到你这一行和另一行相关的切点、共性和异性，利用你这一行的优势，打进去，拉出来，就会得到旁人没有的收获和成功。现在有个热门的学科叫作"艺术与科学"，不就是两种学科的交叉吗？

不过，不同行的人在研究中又一定会扬长避短，比如古尔德吧，作为科学家，就会和艺术家有所不同，他注重的不是感觉和意向，而是一切科学家永远都不会放弃的数字武器。

# 科学史上伟大的会晤

作者　刘建林　姜礼鑫

纵观历史，那些伟大的贤人先哲的会晤总是能碰撞出思想的火花，激荡起时代的波澜，从而推动人类文明不断进步。

18世纪末至20世纪中叶，科学的光辉照耀着欧洲大陆，科学史上的伟大人物层出不穷，科学家之间的会晤也给后人留下了弥足珍贵的历史镜头。

## 法拉第与麦克斯韦——相扶相携的科学传承

那是1860年的一个清和秋日，麦克斯韦在伦敦见到了当时的科学泰斗法拉第。他向这位慈眉善目的老人递上了他的论文《论法拉第的力线》。法拉第微笑着看着这个比他年轻40岁的青年，两个人很快便热烈地讨论了起来。法拉第说："我从不认为自己的学说就是真理，但你是真正能够理解它的人。"他沉吟片刻后又说："这是一篇出色的文章，但你不应该停留于用数学来解释我的观点，而应该突破它！"

从两人的个性和工作方式来看，这确实是一次奇妙的会面。法拉第快活、和蔼，麦克斯韦严谨、机智；法拉第侃侃而谈，麦克斯韦却不善言辞；法拉第不擅长数学，而麦克斯韦则是数学物理大师；法拉第善于动手实验，而麦克斯韦却擅长理论归纳。这两位科学巨匠在许多方面的优缺点正好是可以互相弥补的。正如爱因斯坦的比喻，他们就像伽利略和牛顿一样。而麦克斯韦也谈到了这一点："因为人的心灵各有不同的类型，科学真理也就应该有各种不同的表现形式。不论是以具有生动的物理色彩的形式表现，还是以一种朴实无华的符号形式来表现，它们都应该是同样科学的。"法拉第是麦克斯韦在电磁学领域的领路人，而麦克斯韦也从内心由衷地尊敬这位前辈。但是，不同的科学方法所发掘的科学的深度也不同，法拉第用直观形象的方式表述的真理，麦克斯韦用惊人的数学才能把它概括出来，并提高到理论的高度，所以他的认识就更深刻，更深入事物的本质，因而也更带有普遍性。

## 爱因斯坦与玻尔——最著名的科学论战

爱因斯坦与玻尔的量子理论之争，是物理学史上持续时间最长、争论最激烈、最富有哲学意义的争论之一。在1927年的第五次索尔维会议上，爱因斯坦和玻尔又相遇了。这次会议辩论的焦点是量子力学的统计解释，一方是玻尔、波恩、海森堡等，另一方是爱因斯坦、德布罗意、薛定谔等，所以这是一次势均力敌的重量级交锋。但是两派之间的讨论很快就变成了爱因斯坦与玻尔之间的决斗。他们一般在旅馆用过早餐就见面，然后爱因斯坦就描绘一个思想实验，以指出哥本哈根学说的内部矛盾。而玻尔一般到傍晚的时候就对这些思想实验作出反驳，他会在晚餐时把他的分析讲给爱因斯坦听。

在这次论战中，"不相信上帝掷骰子"的爱因斯坦输得很狼狈。他的对手玻尔看上去沉默驽钝，但他一生中几乎没有输过任何一场认真的辩论。哥本哈根学派最终大获全胜，海森堡在家书中说："我对结果感到非常满意，玻尔和我的观点被广泛接受了，至少没人提得出严格的反驳，即使爱因斯坦和薛定谔也不行。"多年后他又总结道："刚开始（持有这种观点的）主要是玻尔、波恩和我，大概也只有我们3个人，不过它很快就扩散开去了。"

但是爱因斯坦绝不是那种可以轻易被打败的人，他并没有真正服输。第二次、第三次更大规模的论战又陆续展开。实际上，也正因为这两位大师的不断论战，量子力学才在辩论中发展成熟起来。

## 庞加莱与西尔维斯特——与天才相遇的震撼

庞加莱被公认为19世纪末至20世纪初的领袖数学家，是对数学及其应用具有全面知识的最后一个人。他一生发表的科学论文约500篇，科学著作约30部，几乎涉及数学的所有领域和理论物理、天体物理等许多重要领域。他在天体力学方面的研究是继牛顿、拉普拉斯以来的又一个伟大的里程碑,他也被公认为是相对论的先驱者。

据说在第一次世界大战期间,英国一些军官向伟大的哲学家、数学家和诺贝尔奖得主罗素询问:"谁是当代最伟大的人?"罗素不假思索地回答:"庞加莱。""噢,是那个人!"这些对科学一窍不通的军官以为罗素指的是法国总统雷蒙·庞加莱,一个个兴奋地呼叫起来。当罗素得知他们呼叫的缘由时,便解释道:"我指的不是雷蒙·庞加莱,而是他的堂兄昂利·庞加莱。"

另外一位创办了《美国数学杂志》的大数学家西尔维斯特回忆过他和庞加莱初次会晤的情景:"当我最近在盖·吕萨街庞加莱的休息处拜访他时……在那个被抑制的智慧的伟大积蓄者面前,我的舌头一下子失去了功能,直到我用了一些时间(可能有两三分钟)端详和审视了作为他思想的外部形式的年轻面貌时,我才发现自己能够开始说话了。"当西尔维斯特辛辛苦苦地爬上通往庞加莱那"通风的休息处"的3层狭窄的楼梯以后,停下来,擦着他那硕大的秃头时,看到的不过是一个孩子。当时他惊奇得不知所措,这个"如此美貌,如此年轻"的孩子,竟然是那些洪水般涌来的论文的作者。

## 普朗特与冯·卡门、钱学森——师徒三代相聚首

第二次世界大战结束前夕,钱学森随他的老师冯·卡门率领的科学考察团赴德国去考察航空与火箭研究的发展情况,同时拜访和审问已成为美军战俘的普朗特。普朗特被公认为近代应用力学之父,是哥廷根大学教授,流体力学中边界层理论的创始人。正是他和著名的数学家克莱因开创了哥廷根的应用力学学派。

普朗特是冯·卡门的老师,而冯·卡门又是钱学森的老师,这次战后的会面是师生3代应用力学家的一个尴尬的时刻,也标志着世界力学的研究中心由哥廷根转移到了加利福尼亚。冯·卡门回忆道:"我发现,是钱(学森)和我在哥廷根共同审问我昔日的老师路德维希·普朗特。这是一次多么不可思议的会见啊!现在把自己的命运和红色中国连接在一起的我的杰出的学生,与为纳粹德国工作的我的亲密的老师会合在一起。现在我们经历的是一个多么奇特的境遇,它把对生活毫无追求、只希望和谐地共同工作的3代空气动力学家分割开来。"虽然此次会面时间短暂,而且无实质性学术探讨,但力学史上的3个巨人站在一起的照片至今仍令世人动容。

# 为什么我们总是很容易撞到小脚趾

作者 〔日〕坂井建雄

每个人都有过小脚趾撞在柜子上的经历吧？那是一种让人快要昏过去的疼痛感。或许有些人在撞了很多次之后，会一边流泪一边想：要这个没用的小脚趾干什么！

人类为什么很容易撞到小脚趾呢？事实上，人体内存在一种固有感觉，可以感知自己眼下所处的位置以及身体活动的状态，并将这些信息传达给大脑，以调节人体的平衡状态，控制身体的动作。

日本机械学会在《人类身体部位研究》中总结道，小脚趾容易撞到的原因是，人类自身感知到的脚掌尺寸比实际的脚掌尺寸窄 1/10、在长度上小 10—15 毫米，合 1—2 个脚趾大小。也就是说，人类的固有感觉无法正确地感知小脚趾的位置。

那么，小脚趾真的是一个可以被忽略的、毫无用处的部位吗？

不可否认的是，小脚趾的确存在着退化的倾向。

首先，我们从医学角度来分析一下指头的作用。指头由身体内侧向外侧依次被命名为第一指到第五指，通俗的叫法是拇指、食指、中指、无名指、小指。在医学上，手部的指头被称为"手指"，脚部的指头被称为"脚趾"，它们是有区别的。

虽然手指与脚趾是对应的，但脚趾远比手指短，也无法像手指那样灵活地活动。灵长类中的猴子可以灵活地使用脚趾攀缘树枝，人类却做不到。即便如此，对进化到直立行走的人类来说，脚趾仍是一个重要的身体部位。

举例来说，在奔跑中，脚掌着地时，

所有脚趾都要按顺序紧抓地面，如此才能保证着地姿势的稳定性。

因此，田径运动员要不断锻炼脚趾，练习脚趾的活动方法。甚至，为了突出脚趾的作用，商家还推出了便于每一根脚趾活动的跑步专用分趾袜。此外，脚趾与脚底拱状脚心（医学上称为"足弓"）的肌肉是联动的，因此锻炼这一部分的肌肉是很有必要的。

另外一些报告中提到，因事故或冻伤而失去第五趾的人，想要沿直线走路是有些困难的。与手指相比，脚趾的用处虽然不多，但在遇到意外、身体的微妙平衡被打破时，脚趾作为传感器的作用就会被人类察觉。因此，即便身体对脚趾固有感觉的灵敏度有所减弱，小脚趾仍发挥着重要的作用。

从解剖学的角度来看，人类的脚由14块趾骨构成，除大脚趾由两块趾骨构成外，其他脚趾均由远节趾骨、中节趾骨、近节趾骨构成。

有趣的是，根据统计，小脚趾由3块趾骨构成的人的数量正在逐渐减少。调查发现，欧美人中有35%—48%的人的小脚趾是由两块趾骨构成的，而在日本人当中，这一比例高达75%。

人类脚掌的形状与猴子的十分相似，但是猴子的脚趾全由3块趾骨构成。可以说，在人类的进化过程中，脚趾反而在逐渐退化。

这种变化最早是在南方古猿身上出现的。南方古猿生活在距今400万至200万年前的非洲，属于原始人类，具有直立行走的能力。

研究者认为，人属中最早的一个种——能人就是从南方古猿进化而来的。人类从这一时期开始，放弃了在树上生活，因此不再需要用长长的脚趾抓握树枝，也不再需要为便于攀爬而进化出特殊的关节。

让我们尝试一下在不用小手指的情况下抓握物体，你会发现，如果想用很大的力气抓握物体，必须要有小指的参与。

脚也是一样的道理。所以，在不需要用脚趾攀缘树枝后，人类小脚趾的重要性开始下降，并逐渐开始退化。

在之后的进化过程中，直立步行所需的新的骨骼及肌肉逐渐取代了小脚趾的那一块趾骨。

狗、猫的前足有5个脚趾，后足有4个脚趾，前后足的每根脚趾都由3块趾骨构成。猫与狗的脚掌上都长有肉垫和钩爪，便于移动及捕猎。

狗是用趾骨支撑身体的，通常用足尖站立。狗前足上的大脚趾被称为退化的狼爪，是不接触地面的。

　　猫的脚趾也是由3块趾骨构成的，指头末梢的远节趾骨上长着趾甲。由于远节趾骨能够像滑轮一样转动，因此猫

的趾甲可以向外、向内伸缩。

　　由此可见，每一种动物的脚趾结构，都在为适应各自的生活环境而不断变化。

# 趣味科学

作者　云无心

## 速冻，能冻坏食物吗

一般的低温（比如冰箱的"保鲜"温度 4℃）并不能让细菌的生长停止。在冷冻的温度下（比如冰箱的"冷冻"温度 -18℃到 -20℃），才可以让食物长期保存。

速冻食品采取的是一种比较独特的冷冻过程。它快速地把食物温度降低到远远低于水的凝固点，由于降温速度很快，水在 0℃的时候并没有结冰，从而出现了一种被称为"过冷"的状态。等到温度远远低于 0℃的时候，大量的水同时结冰，这样形成的冰没有"冰晶"，而是一种类似于玻璃的结构。这样的结构对于细胞的破坏比较小，从而可以保持食物被冻前的状态。在科幻电影或者小说里，经常用速冻技术把得了某种不

治之症的人冻起来，等到科学发展到可以治疗的时候才解冻。在理论上，这是可能的。在目前的医学或者生物研究中，经常将生物样品进行速冻，保存很长时间之后进行实验。速冻食品也是如此，相当于把食物"固定"在了冻之前的状态。所以说，如果不是保存时间很短的真正的"新鲜食品"，那么"速冻食品"更能保存食物的营养并保证它的安全性。

## 哪种颜色味道好

在从"冰激凌"到"情调"的升华中，颜色起了至关重要的作用。一个早期的经典实验是在 1939 年发表的。那个时候白巧克力还不常见，测试者弄了些常规的牛奶巧克力和白巧克力让人品尝。先是把被测试者的眼睛蒙上，结果所有的

被测试者都说两种巧克力的味道是一样的。然后又让他们看着品尝，结果在以前没有吃过白巧克力的6个被测试者中，有4个人认为白巧克力"奶味更浓"，其他两人认为白巧克力的"巧克力味更淡"。只有一个以前吃过白巧克力的被测试者在两种情况下都认为味道没有区别。从科学研究的角度来说，这个实验多少有点"山寨"。不过后来有许多人做了规模更大、设计更精细的实验来考察颜色对味道的影响，结果表明：有相当一部分人，对于味道的感知会受到颜色的影响。

## 法国悖论——饮酒是否有助健康

营养学界基本公认的看法是：少吃脂肪尤其是饱和脂肪酸含量高的食品、不抽烟、多运动，是降低心血管疾病发生率的有效手段。但是对法国人的调查结果却让人大跌眼镜：他们在这三个方面都做得不怎么样，心血管疾病的发生率和心脏疾病导致的死亡率却比其他地方要低！一个可能的解释：法国人喝葡萄酒多，葡萄酒有利于心血管健康。这个"法国悖论"引起了世界各国科学家们

的浓厚兴趣。在目前，科学家们还没有找到明确的答案。如果实在喜欢喝酒，"适量饮用"基本上也对身体无害。如果本来不喜欢喝酒，为了所谓的"保健作用"去"适量饮酒"，是一件不太靠谱的事情。

## "隔夜菜"与"夜"无关

晚上炒了一盘菜，没吃完，第二天再吃，当然就叫"隔夜菜"。不过，正如有人问的："如果我半夜吃呢？如果我早晨炒了，晚上吃呢？"

从食品科学的角度来说，隔不隔夜不是问题所在。问题的实质是做好的菜在保存过程中发生了什么变化。我们担心的是，蔬菜中的硝酸盐转化成亚硝酸盐。这个转化过程可以由蔬菜中本来的还原酶来实现，不过在菜被加热做熟的过程中，这些酶失去了活性，这条路也就被截断了。这样的一个过程，跟隔不隔夜无关，只跟保存条件有关。最后菜中会有多少亚硝酸盐产生，首先取决于蔬菜本身，其次是做熟的蔬菜在什么样的条件下保存，第三才是保存了多长时间。

# 为什么还有那么多病无药可医

作者　梁贵柏

对于新药研发，很多人都不理解，为什么世界上有那么多病无药可医？药企为什么不去做有针对性的研发？

首先，最根本的原因在于，新药研发不是在做产品，而是在做科研。

做产品，是在满足需求，比如发烧了需要降温，一条凉毛巾就能满足你的需求。但是做科研，只有找到了细胞或分子水平上的病变，搞清楚致病原因，现代制药工业才可能有针对性地介入，研发出安全有效的新药。所以新药研发的起点，一定是确认导致疾病的原因，或是确定对疾病状态有调节作用的因素。

举一个例子，"二战"之后，制药业发展非常活跃，一个科研小组就能研发出几十种抗生素。这是因为抗生素是抑制细菌生长的药物，被用来治疗细菌感染性疾病。细菌感染性疾病是病理学上最直观、最容易理解的，致病原很明确，所以药物研发的目标也很明确，就是抑制或清除这些致病原。

而困扰现代人的，大部分是退行性疾病，也就是所谓的慢性病，比如高血压、糖尿病。退行性疾病的种类很多，病变各不相同，非常复杂，最重要的是，我们目前对这些疾病在细胞或分子水平上致病原因的了解还很少。

还有一类更特殊的疾病，就是遗传病。过去我们对它的发病原因一无所知，走过很多弯路，但今天我们对它的发病原因已经很了解了，知道其是由患者父母所携带的致病基因传给子女而引起的。遗传疾病用药的研发过程，特别能体现新药研发不是做产品，而是做科研。所以我们就从一个遗传病药物研发的例子讲起。

1882 年，法国一位名叫菲利普·戈谢的医学生在实习期间遇到了一个古怪的病例。患者的内脏器官出现了多种非常特殊的病变，比如脾脏和肝脏肿大。刚开始，患者被怀疑得了癌症，但患者直接的死亡原因却是败血症。

有了这第一例之后，医学界就开始注意相关疾病。20 年后的 1902 年，美国一个叫布里尔的病理学家在仔细研究了这些记录和报道后提出：这是一种遗传病。布里尔首次把这种相当罕见的遗传病称为"戈谢病"。

脾脏和肝脏肿大是戈谢病最常见的症状，有关戈谢病的研究和治疗也就从这里开始。

因为当时没有其他的信息，戈谢病的治疗主要以直接消除或缓解症状为目的。比如患者的肝脏、脾脏肿大，医生就会建议做切除或者移植；再比如骨骼和关节出了问题，就做骨科的修复手术，等等。这是很典型的头疼医头、脚疼医脚。这就是一种典型的"做产品"的思路。

在这种情况下，我们能开始做药吗？答案是不能。

尽管戈谢病药物的市场需求是明摆着的，但是我们对能满足这种需求的"产品"仍一无所知，根本无从下手。我们

必须作进一步的科学研究，才能找到切入点。

其次，找出致病原因真的是一项长期而又艰苦的基础科研工作。

药物研发毕竟是科学研究，不是产品设计。我们真正找到"做科研"的方向，就足足用了 32 年。1934 年，戈谢病的研究终于取得了突破性的进展，深入到分子水平。

有一位法国化学家在研究了戈谢病患者的脾脏和肝脏样本之后，发现导致这两个脏器肿大的原因，是一种叫作"葡萄糖脑苷脂"的脂肪类物质的积聚。这说明患戈谢病很有可能是因为葡萄糖脑苷脂的合成或者代谢出现了问题，不是合成的量太多来不及清除，就是降解受到阻碍，造成滞留。

研究到这一步，我们能开始做药了吗？答案还是不能。在彻底搞清楚致病原因是"合成太多"还是"没及时降解"之前，我们还要等一等。

1965 年，美国生化学家布雷迪的研究团队终于确定，戈谢病患者体内葡萄糖脑苷脂的累积，不是因为生物合成过量，而是因为它的降解出现了问题。

这个研究团队在葡萄糖脑苷脂的代谢途径中发现了一个新的蛋白质，它对葡萄糖脑苷脂的降解起着非常关键的作

用。研究团队把它称作"葡萄糖脑苷脂酶"。在戈谢病患者体内，这种酶对葡萄糖脑苷脂的降解能力只有正常人的10%到20%。

到这里，我们对戈谢病的认识又进了一大步，治疗戈谢病的问题也变成了：有什么办法能提高这种酶的活性？

这个时候，距离第一例戈谢病患者被记录，已经过去了整整83年。也就是说，经过83年的长期研究，我们才终于从早期的对"症"治疗发展到了对"因"下药。

最后，只有找到细胞或分子水平上的病变，现代制药工业才可能有针对性地介入，研发出安全有效的新药。

找到了病因，就皆大欢喜了吗？不是。从确定科研的方向，到具体实施，又经过了一段漫长的时间。

分子遗传学研究显示，在戈谢病患者体内，编码葡萄糖脑苷脂酶的基因发生了功能缺失性的变异，导致酶活性的下降。换句话说，戈谢病患者自身的葡萄糖脑苷脂酶是活性低下的"次品"。

到这里，戈谢病的发病原因算是基本搞清楚了：位于1号染色体上的葡萄糖脑苷脂酶的基因发生了功能缺失性变异，根据具体变异的不同，戈谢病又被细分为Ⅰ型、Ⅱ型和Ⅲ型。

在戈谢病被发现整整一个世纪之后的1981年，美国几位名牌大学的教授强强联手，成立了健赞公司，主攻戈谢病药物。

新的研究结果显示，早期葡萄糖脑苷脂酶的临床试验失败，很可能是因为血液里的天然葡萄糖脑苷脂酶不能进入体内的特定部位，所以无法正常工作，而解决这个问题，需要用化学方法对葡萄糖脑苷脂酶进行结构上的微调。

这又是一件说起来容易做起来难的事，其中有不少科学和技术上的难点。

单从时间上看，第一代葡萄糖脑苷脂酶替代药物的研发花了整整10年，于1991年在美国上市。

这款药的有效成分，是从婴儿出生后的胎衣中提取，然后进行化学修饰才得到的。由于其含量极低，治疗一个成年戈谢病患者所需的药物，必须从几百吨的胎衣中提取，工序极其复杂，成本非常高。

第二代戈谢病特效药伊米苷酶是1995年上市的，这是一款升级换代产品，它采用生物工程技术工业化生产，极大地降低了成本，根本性地改变了戈谢病的治疗。它也是大众视野里，第一款治疗戈谢病的特效药。

值得庆幸的是，在过去的100年中，

基础生命科学取得了极大的发展。从1981年美国发现第一例艾滋病，到1995年年底首个抗艾滋病病毒药物上市，只用了14年。

但是还有很多疾病，比如阿尔茨海默病，我们对其仍然所知甚少，不知何时才能真正开始研发有效药物。

# 为什么人们喜欢坐过山车

作者 〔英〕克里斯蒂安·贾勒特

有些人，尤其是那些喜欢寻求刺激的人似乎都喜欢坐过山车，为什么呢？简单来说，他们想要享受刺激的感觉，但是又不想冒太大的风险。他们知道过坐山车是一种相对安全（抛开罕见的意外事故）的活动，他们可以在有保障的情况下体验恐惧所带来的快感。心理学家将这称为"良性受虐狂"现象。它似乎是一种独特的人类现象。享受云霄飞车的乐趣，与某些人从极限运动中获得乐趣截然不同，因为极限运动中的恐惧和危险是完全真实的。

在过山车的例子中，这种感觉与恐惧有关。但是良性受虐狂的例子不只是体验恐惧，还包括其他一些在安全范围内、挑战自己某些方面的承受能力的事情，比如看悲伤的电影、听恶心的笑话以及吃超级辣的辣椒等。

# 数字背后的科学

作者　克莉斯汀

我们经常听人说"每天要喝8杯水才健康""每晚睡够8小时""35岁前生孩子才好""孩子每次玩电脑的时间不要超过30分钟，一天不要超过2小时"……我们似乎都相信了，而且还在努力照做。

但是他们真的言之有理吗？

## 每天喝8杯水

1945年，美国国家科学院"食品和营养委员会"发布了一份报告称，我们每摄入1卡路里的热量就需要补充1毫升水。这种说法迅速传播开来，到了我们耳朵里，就成了"每天应该喝8杯水"。

一位运动学家称："每天8杯水的量，意味着我们每天要补充2.5升液体。"但他表示，液体并不一定非是水不可，其中大约750毫升液体来自我们每天所吃的食物。

事实上，过量饮水反而容易引起身体水肿。在体育界，人们并不鼓励运动员在训练时过多补充液体，而迄今为止，从未有过人在体育运动中由于脱水致死的先例。

所以，在饮水问题上，适量就好。

## 每天摄入400克果蔬

在健康生活新理念中，人们都接受一种说法："多吃蔬果。"英国一场始于1994年的"每天5份果蔬"的运动，也一度得到大多数人的支持。

世界卫生组织曾建议人们每天最好摄入不少于400克的果蔬。但有多少国家能达到这个摄入水平呢？英国人当时人均果蔬食用量只有这个数量的一半左右，不过丹麦人能达到600克，希腊人也远远"超标"——人均摄入"6份蔬菜外加3份水果",以平均每份80克来算,便能达到720克的摄入量。

世界卫生组织称,研究发现,那些由于饮食导致的心脏病和癌症发病率较低的国家,人均果蔬食用量都很高——最高能达到每天10份。所以说,"每天吃5份果蔬"的确有助于身体健康,也许多吃一些效果会更好。

然而,关于哪些加工食品可以用来补充我们的果蔬食用量,很多国家都没有相关的严格规定。当我们自以为吃着那些经过加工的水果和蔬菜,达到了"健康生活新标准",实际上却有可能意味着我们摄入了更多的盐、糖以及饱和脂肪。

## 妇女最佳育龄上限是35岁

研究人员发现,在20岁到35岁之间结婚的女人,她们怀孕的概率其实非常接近。在35岁之后,女人的怀孕概率的确会随着年龄增长而有所下降:35岁到39岁结婚的有90%的概率怀孕,40岁到44岁结婚的只有62%。可以看到,在40岁之前,年龄对怀孕概率的影响并不大。而且现在的医学技术如此先进,想怀孕还有很多种方法,比如试管婴儿。由于生活水平的提高,我们身体"机能老化"也远不如以前那么快,所以35岁

这个"门槛"也许并没想象中那么难以跨越。

## 每天运动30分钟

现代人最烦恼的事中,必有肥胖,很多人都在控制饮食以维持苗条的身材。但节食过度显然不健康,吃多少才刚刚好呢?有人给出一个平均值:女人每天2000卡路里,男人每天2500卡路里。

这个数据来自一个人每天的基础代谢率,即维持生命系统——呼吸、大脑功能、血液循环功能等所需的能量,是我所摄入的总能量的2/3。此外,我们还要明白,哪怕只是打个哆嗦,都会增加我们身体所需的卡路里数量,更别说走路或者运动了。

这里又会有一个约定俗成的数字:每天运动30分钟。根据英国卫生部的官方建议,我们每周至少中度运动150分钟,最好分成5次进行,每次半小时。当然这不仅仅是为了消耗掉热量,也是为了进行肌肉强化训练,让身体保持良好的状态。

但是,根据不同体质,运动的强度也应该有所区别。这又是一门不能偏执于固定数字的学问。比如:你可以每周用两天或两天以上进行主要肌群强化训练,可以用75分钟的剧烈运动(如跑步、

网球单打等）来代替 150 分钟的适度运动。但如果你每天的工作需要在电脑前一坐就是 9 个小时不挪窝，那么这种推荐的标准运动量显然也达不到预防体重增加的效果。

## 孩子面对电子屏幕每天不超过 2 小时

由于智能手机、平板电脑的普及，我们面对电子屏幕的时间越来越久，你可以对自己的近视眼自暴自弃，却不愿意你孩子的视力毁在电脑屏幕前。我们通常会听到一种说法："孩子面对电子屏幕的时间每天不要超过 2 小时，每次不要超过 30 分钟。"

其实，针对电子屏幕对视力影响的研究，并没有太明确的结论，因为这些研究都过于分散，数据也并不完整，这个领域相对来说还是"太新"。但面对电子屏幕而导致的久坐、游戏影响情绪等问题，都显而易见。最近有一本新出版的书《比想象更聪明》中提到："关于互联网如何改变我们的大脑，现在下任何

结论都还太轻率。"的确，为什么我们不会担心孩子们每天看书的时间超过 2 小时，却会担心他们每天接触智能电子设备的时间超过 2 小时呢？我们只是为了保护孩子们的生理和心理健康，才限制他们的刷屏时间吗？

2013 年 8 月，英国一个名为"公共健康中心"的政府组织发布了一份简报，称对现有的关于儿童身心健康情况的大量数据进行分析后，人们发现在 5 岁时看电视达到或超过 3 小时的儿童，在他们 7 岁时出现行为问题的比例，可能会比看电视时间少的孩子高出 1.3%。但研究并未发现玩电脑游戏与行为问题之间存在关联，而且也暂时没有发现看电视或玩电脑的时间与情绪问题、多动症、注意力分散、同伴关系问题、社会行为之间存在关联。

要下定论还为时过早，目前我们都只是在凭借经验，去判断是否让孩子玩更长时间的电脑，或看更长时间的电视。暂时还没人知道未来会有什么样的结果出现。

# 血型中的科学

作者 刘 英

一般人对于血型的认识大概仅限于输血时的选择，也有许多人会探讨血型对人个性上的影响。其实，不同血型的人会有不同的生理特质，其适合的生活方式与容易罹患的疾病也不同。

## 演变进化的血型人类学

O型血是人类最古老的一种血型，约在10万年前，地球上大部分地区只有O型血的人群，他们以狩猎和采集食物为生，其特点是对高蛋白食物非常适应，但对谷物吸收极差。因此O型血人的体质与原始人比较接近。

随着人类的生活方式由渔猎逐渐转变为农业，才开始演化出A型血，这类人适合以蔬菜为主的食物，某些植物蛋白质，如大豆蛋白质对他们来说是最佳健康食品，常食可减少心血管病和癌症发病率。B型血在人类学上出现比A型血更晚，最早的B型血者是游牧民族，因而对肉类和乳类食品相当适应，但对这类人来说，鸡肉、玉米、番茄、大部分坚果和种、籽类食物却不是健康食品。因此A型血和B型血是比较近代才出现的血型，体质接近农业时代。

AB型血是在经过各部族的融合之后才出现的，是最晚出现也是最稀少的血型，在总人口中所占比例不到5%。这类人拥有部分A型血和部分B型血的特征，既复杂又多变。他们既适应动物蛋白，也适应植物蛋白。AB型血是最现代的体质，先天的免疫机能较能适应多变环境。

## 不同血型的生理差异

不同血型的形成是因为血液红细胞

表面带有不同的抗原，O 型血不带抗原，A 型血和 B 型血分别带有 A 和 B 抗原，AB 型血则同时带有 A 和 B 两种抗原。血型不同，细胞表面的构造也就不同，也因此造成生理特质的差异。

早期研究者提出这些不同血型间的生理差异时，很多医生并不以为然，但是许多研究开始揭露血型特质对疾病罹患概率的影响，幽门螺旋杆菌就是其中的例子。幽门螺旋杆菌是造成消化性溃疡的原因之一，然而在接近赤道的非洲地区，虽然幽门螺旋杆菌的分布很广，但是当地消化性溃疡的发生率却很低。这由于幽门螺旋杆菌比较容易黏附在 O 型血的人的肠道内，而这个地区，O 型血的人却罕见，因此，幽门螺旋杆菌比较没有机会在当地人的肠道上繁殖而造成溃疡。

## 血型学说与病患特征

与其他血型的人比起来，O 型血人比较容易罹患消化性溃疡。同样的，也因为容易被耶尔森氏菌所感染，所以罹患肝脾假性结核和小肠结肠炎的几率也比其他血型的人高。同时，O 型血人对蔬菜和花类食物容易敏感，最好不要摄取过量，否则会有食物过敏、关节炎等等问题。因此，平时应该多吃鱼、肉类

（高蛋白质、低碳水化合物的食物），多做稍激烈的有氧运动，例如快走、有氧体操等等。

A 型血的人体质较接近农业时代的人类，对压力的反应较敏感，也比较容易罹患胃癌、酒精中毒和心脏病，因此经常饮酒者须特别留意，另外，也容易感染肺炎。A 型血人平时应多吃蔬菜水果（高纤维、低脂肪的食物），多做和缓的运动，例如瑜伽、打高尔夫球等等，尽量纾解压力。

B 型血的人也容易罹患心脏病，经常饮酒者更是高危险人群，B 型血的人也容易受单孢菌属的感染而罹患尿道炎。B 型血的人平时可以尽量多变化饮食内容，尝试各种不同类型的食物，并且多做中等程度的运动，例如游泳和散步等。

AB 型血因为同时具有 A 型血与 B 型血的特性，因此容易罹患心脏病、癌症、酒精中毒、肺炎与尿道炎等等。虽然如此，AB 型血人的免疫功能以及对环境的适应力仍是四种血型中最好的。平时的饮食内容较不需要限制，但应以素食为主。并且常作帮助舒缓身心紧张的运动，例如瑜伽、伸展体操、静坐等等。

## 血型学说与饮食

血型不同，体质也不同，对食物的

消化能力也大不相同。因此了解不同血型的消化能力，我们就可以避免食用不能消化的食品，补充必要的食物。

O型血的人，其消化器官的消化能力很强，拥有对食物过剩做出反应的免疫系统。这类血型的人饮食中最不可缺少的是动物性蛋白质，也就是肉类及鱼类等。O型血的人可以放心大胆地多吃肉，但所吃的不应该是肥肉，最好是瘦肉，食用饲料中没有使用化学物质的牛羊肉和禽肉等比较合适。推荐O型血的人吃肉食是由于他们的胃酸多，对肉食容易消化，容易代谢。至于鱼类，可以多多食用鳕鱼、鲱鱼和青花鱼等油多的鱼。O型血的人应少食用谷物类和面包类的食品，因为谷物类食品和面包中所含的外源凝集素会妨碍O型血人的代谢，使人肥胖起来。

与O型血的人相比，A型血的人消化器官要弱得多。对于这类血型的人来说，如果想要减肥或增加健康，那么食物应以蔬菜为主，其中最合适的是大豆等豆类食品，绝对不能缺少的是豆腐。特别是如果想减肥，那么最好以植物性蛋白质来进行补充。最好是少吃肉类食品。这样，体重自然就会减下来。除了肉类食品外，最好避免食用的还有奶油及各种奶酪、冰淇淋、牛奶等以纯乳为

原料制作的食品。如果要吃，可以少量吃些酸奶以及乳酒、无脂肪的酸奶油等发酵乳制品。特别是对于A型血中患有过敏症及呼吸器官疾患的人来说更应如此。

与A型血人和O型血人相比，B型血的人体内较容易取得平衡，拥有较强的免疫系统。这种血型的人基本上属于身体强壮的那一类，对心脏病及癌症等众多现代疾病具有抵抗能力。在吃的方面可以说是最受上天恩宠的一类血型，无论是动物类还是植物类，几乎什么东西都能吃。

首先说肉类方面，最好吃脂肪少的瘦肉。鱼类方面，鳕鱼和鲑鱼等油多的鱼最适合B型血的人。乳制品也可以吃，据说只有B型血的人几乎所有乳制品都能吃。但对于B型血的人来说，导致肥胖的元凶是土豆、荞麦、花生、胡麻以及小麦等食品。这些东西会导致B型血的人代谢效率降低，会使所吃食物以脂肪的形式储存起来。虾、蟹和鸡肉等也含有对B型血的人有害的外源凝集素，所以应该少吃。

AB型血是A型血与B型血的混合型血，对于饮食生活及环境的变化能够随机应变。但是，由于其消化器官比较弱，基本上A型血和B型血人不宜的食

品，AB 型血的人也不宜食用，不过也有例外。首先是肉类，一定要摄取肉类蛋白质，但是要少。理想的是小羊羔和母羊的肉。牛肉不太好，鸡肉就更不好。对 AB 型血的人来说，最适合的蛋白质是鱼贝类蛋白质。此外鸡蛋也不错。对于家庭成员中有乳腺癌患者的 AB 型血的女性来说，蜗牛是特别好的食品。

对于 AB 型血的人来说，食用乳制品的注意事项与 A 型血的人一样。以豆腐为主的饮食生活最适合 AB 型血的人。如果希望减肥，食用少量肉类，但一定要吃蔬菜。土豆、荞麦、胡麻和小麦是肥胖的"罪魁祸首"，应少食用。

血型人类学从生理学角度阐述不同血型的人所具有的不同特征，它与"血型性格"之类的东西不同，不是伪科学，而具有一定科学价值。

# 了解你的生物钟

作者 曹玲

2017年诺贝尔生理学或医学奖授予了美国遗传学家杰弗里·霍尔、迈克尔·罗斯巴什、迈克尔·杨，因为他们发现了昼夜节律的分子机制。所谓昼夜节律，也就是人们平常所说的生物钟。

## 复杂的生物钟网络

事实上，生物钟是一门古老的学问。1792年的一个傍晚，法国天文学家让·雅克·德奥图·德梅朗发现含羞草已经"睡觉"了——它的叶子合上了，而白天时它的叶子是张开的。他好奇如果含羞草持续处于黑暗环境中会产生什么变化，之后他发现，尽管没有日光照射，含羞草的叶子每天仍然保持其正常的规律性变化。显然植物"知道"太阳的位置，知道什么时候是白天，什么时候是黑夜。德梅朗是发现昼夜节律的第一人。

后来，其他科学家发现不只植物，动物也通过生物钟帮助自身适应环境的日常变化。

一天24小时并不是地球上唯一的时间结构，除它之外还有潮汐时间、月亮周期和以年为单位的周期。生活在海里的动物受潮汐影响较大，以年为周期出现的现象有候鸟迁徙、鲑鱼洄游、爬行动物冬眠等等。还有一些生物的生活周期令人费解，比如珊瑚虫会在繁殖季节满月的午夜一起产卵。后来，科学家发现珊瑚虫体内有一种光传感器，能感知满月时的光线。从新月到满月，在月光逐渐增强的过程中，它们体内的传感器基因随之渐渐活跃，充当了满月之夜产卵的触发器。

20世纪70年代，科学家找到了哺乳动物生物钟的位置所在。动物眼睛后面的小丘脑有两个很小的区域，现在被称为视交叉上核，这个区域的神经元连接视网膜，负责对光明和黑暗的周期性反应。视交叉上核只有 1/4 颗米粒大小，由大约 2 万个神经细胞组成。这两个区域向大脑和身体发出信号，控制激素释放，调节体温和食欲，被称为中央生物钟。

除中央生物钟外，人体还有很多外周生物钟。2014 年，宾夕法尼亚大学的科学家约翰·霍格尼斯发现，哺乳动物近一半的基因活性随时间变化而变化。他绘制了小鼠 12 个不同器官中成千上万基因的 24 小时表达模式，包括心脏、肺、肝脏、胰腺、皮肤和脂肪细胞，制作出哺乳动物基因荡振"图谱"。

令人惊讶的是，控制基因活性随时间变化的信号并不一定来自大脑。如果把肝脏细胞养在培养皿中，它也会很快进入 24 小时节律。"人体只有一个生物钟"的概念已经成为过去时。目前的研究认为，人体中数以千计甚至百万计的生物钟，组成了一个复杂的网络，它们独立运行，但又相互通话、相互协调。

生物钟的出现给生物的生存带来了巨大的优势，其中最经典的例子是蓝藻实验。1998 年，美国范德堡大学的卡尔·约翰逊用一种叫蓝藻的单细胞生物进

行研究。正常蓝藻的生物节律是 24 小时，基因突变的蓝藻生物节律可以缩短，也可以延长，比如 22 小时或者 26 小时。卡尔·约翰逊将这些基因突变的蓝藻和正常蓝藻等比例混合培养在 12 小时光照、12 小时黑暗的条件下，之后约翰逊发现突变蓝藻因无法适应光照更替环境，生存竞争力下降，基本消失了。

在生物钟的作用下，蓝藻在日出之前即可提前动员光合作用系统，在阳光一出现的时候就可以摄取能量，比那些纯粹依靠光线启动光合系统的生物领先一步。与之类似，日落之后，蓝藻的光合系统会遵循生物钟的指令而关闭，避免那些夜间无须调动的能量被无谓浪费。这一实验清楚地显示：内部的代谢节律与环境周期相匹配会增强物种的竞争力。

## 生物钟和健康

对于人类而言，生物钟紊乱也会引发很多问题，最常见的就是倒时差。得过时差综合征的人都知道想使生物钟与大脑达成一致有多痛苦。时差综合征的一个症状是尽管非常疲惫，但晚上还是会失眠，此外还会导致注意力减退、协调能力变差、认知能力降低、情绪波动、胃口变差等问题。

19 世纪以前，人类的社会生活时间

与当地的太阳时间是一致的：中午是太阳到达最高点的时间。这一时间划分规则在铁路被发明之后受到了冲击，突然间人们可以在短短几个小时之内走很长的路程，导致当地的太阳时间完全不能用了。因此1884年很多国家共同实行了一套体系：把世界分成24个时区，把穿过伦敦附近的格林尼治天文台的经线设定为本初子午线。

地球上所有的生物，包括飞机发明以前的人类，根本没有倒时差的问题，也就没有进化出快速和大幅度校表的机制。而大型喷气式客机的出现，使得人们从太平洋西岸的上海飞到东岸的洛杉矶，只需要12个小时左右，时间"后退"16个小时。这样在一天之内造成的时差不是任何生物钟可以立即适应的。

现代生活方式很少能与我们的生物钟保持一致。如今的社会中，对人体生物钟产生最严重负面影响的就是倒班工作。倒班工作意味着：人们工作的时候，正是身体需要休息的时候；在大脑和眼睛希望处于黑暗的时候，它们却被暴露在光线中；身体和大脑持续存在压力，因此不得不依靠诸如咖啡之类的东西暂时缓解疲惫感。

持续几十年的流行病学研究表明，从事倒班工作的人比从事传统工作的人患病的概率更高，其他负面影响还包括睡眠障碍、抑郁、心脏病、消化系统疾病、糖尿病以及其他代谢类疾病。

此外，另有研究表明，如果人们在睡觉前服用降压药缬沙坦，比醒来时服用效果提高60%，还能降低糖尿病的发病风险。

时间是影响药物效率的一个重要但被低估的因素，目前有一个新兴的研究领域叫"时间治疗学"。我们的细胞中存在着一种时钟，调控着人体对药物的新陈代谢，因此一些药物适合在夜间给药，一些适合在白天给药。时间疗法遵循患者的生理节律，从而减弱了治疗的副作用，提高了患者的生活质量。

生物节律研究还包括太空里人体生物钟的变化规律研究。比如国际空间站里的光照强度比白天地表的光照强度低很多，而光照强度对生物钟会起到重要的调节作用。此外，重力的改变也会对生物钟和睡眠产生影响。航天员还要执行一些临时性的突发任务，也会影响睡眠。这些都会使宇航员的反应能力和操作能力严重下降，从而降低工作效率，增加事故发生的风险。所以要实现人类的飞天梦，深入研究生物钟的变化规律和调节机制具有重要的意义。

# 猴子的图片价格

作者 〔德〕艾卡特·冯·希施豪森

　　人喜欢看图片，猴子也是；人会为看图片付钱，猴子也是。著名杂志《当代生物学》上的一项研究，可以证明这一点。这项研究耐人寻味：猴子会付"钱"，看具有社会意义的照片。研究者发明了一种甜果汁，猴子可以选择喝一满杯果汁，或者主动放弃果汁来看图片。

　　研究表明，猴子最爱看比它们地位高的猴子的照片。显然，对上流社会的关注，是人与动物共同的基本需求。为了看猴王的照片，猴子们牺牲了果汁。反过来说，知道自己在猴群里处于什么地位，就能够判断自己在猴群里有多大的权力。

　　研究还发现，猴子和人有相似的地方。研究者给猴子看一些非常无聊的图片，上面只有简单的灰色画面，猴子就不愿意用好喝的果汁换这些图片。连这

种图片都比不上的是那些处于最底层的猴子的照片。必须拿果汁贿赂猴子，它们才会看一眼这种照片。

　　猴子还愿意为了什么献出果汁呢？光为肖像吗？研究者给这些动物看了母猴的照片。这次拍的不是母猴的肖像，而是它们红彤彤的屁股。没想到，猴子观看照片的时间大大延长，愿意给出的果汁数量大得惊人。对于这种涉及传宗接代的照片，猴子们表现出极大的兴趣。

　　研究者评论道："为了飞黄腾达和传宗接代，猴子愿意投入时间与金钱。"

　　有了这种进化论的认识，就可以对报刊亭的售卖有个全新的解释：对于现代人，上流社会的消息能卖出好价钱，很大一部分报刊的封面上都只看得到名人和明星；要是报纸上报道流浪汉，大家就没那么爱掏钱；实验中的灰色画面，

最像广告信息；只要明星和绯闻搞在一起，价格就会翻倍。

　　猴子的相应价格是：猴王，两杯果汁；屁股，16 杯。说不定报刊亭那儿的售卖情况和供需关系无关，而是从 15 万年前的进化开始就一直固定不变。

# 蚂蚁

作者　胡立德

在佐治亚理工学院生物系，我是最不好的邻居，这是因为我的实验室养蚂蚁，蚂蚁很容易逃走。如果将它们放入一个筒子，只需一个三天长的假期，它们就会逃走。它们会站在彼此的身上，搭建一个塔，它们用这个方式逃出筒子。然后它们沿桌子腿爬下来，爬到实验室地上，爬出前门，爬过走廊，爬进隔壁教授的办公室。她星期二回来，会看到一个十万蚂蚁的营盘在她的桌子底下。

这种蚂蚁相互之间怎么配合得那么好呢？其实蚂蚁的历史有上亿年，人类的历史只有几百万年。也许我们可以向这些蚂蚁学习如何合作。

我们养的是火蚂蚁，它们原生于巴西沼泽地带。每一个夏天，火蚁在地下的家都会被洪水淹没。世界那么大，如果蚂蚁被分开，它们就不会再在一起了。

而且，除了它们的女王，其他蚂蚁都是不育的。如果它们彼此分离，就像我们的细胞一样，只可能活一会儿，但终归会死。所以，蚂蚁"黏"在一起是一件生死攸关的事。

被水淹的时候，它们会建一个蚂蚁筏子。筏子的材料像木头，木头的密度比水小，能漂浮在水上，但是火蚁的密度比水大，它们是怎么漂在水上的？

想象一下，如果我们的某位导师忘记关她洗手间的水龙头，那么水会流入这个房间，没过人的脚、腰，直到脖子。假设房间里有一千人，人们开始紧张，相互推搡，甚至踩踏在其他人身上。最容易被推倒的是小孩，可能会有人受伤，甚至死掉。

我们觉得人类是最聪明的动物。但是在诸如船沉、火灾之类的事故中，都会有很多人死掉。

蚂蚁的眼睛不好，也不太会游泳，你觉得如果蚂蚁被水淹没将会是一场灾难。我们做实验时用了十只蚂蚁，却没有蚂蚁死掉。将数量提高到一百，一千，一万，甚至十万只，都没有蚂蚁死掉。

它们有六条腿，腿短，身体的株距也小，它们彼此相连组成一个自然的防水层，像人穿的裤子。身体间的空隙里有小气泡，可以不让水进去。筏子外面的蚂蚁会挡住水，让里面的蚂蚁保持干燥。想象一下，如果人与人手握手保持距离，也能阻挡外人进来。

每只蚂蚁都紧紧地拉着与它相邻的另一只不放松，如果一只蚂蚁放松了，水就会流进筏子，筏子湿了，就会变重，从而导致整体沉没。想要活着，就得合作。

我们人类可以互相拥抱，不让谁进来吗？

蚂蚁筏子分两层，底下像大学生，上面像教授，上层压着底层。底部会有一些气泡，气泡的表面积大，蚂蚁把它当作氧气瓶，呼吸里面的空气。

对小蚂蚁筏子来说，在水里是很危险的，有石头，也有雨滴，但有时候蚂蚁筏子会在水上漂三个月。我们已经知道蚂蚁的身体是防水的，它还有一项能力，是自我修复。

如果你在切菜的时候，不小心割伤了手指，会流血，但是很快会结疤，一周之后会愈合。这种愈合能力是生物的基本能力。

蚂蚁筏子也可以。我们发现很多蚂蚁筏子既像流体，同时也是固体。如果碰到一块石头，筏子会像弹簧一样，反弹在石头上。这是因为蚂蚁的肌肉可以储存能量，像汽车的保险杠。

蚂蚁还可以做一件事，这件事我们还没有在工程中应用。如果雨滴掉在蚂蚁筏子上，蚂蚁筏子不会湿，这是因为蚂蚁会让水从筏子中间流出来。

单个蚂蚁像固体，为什么很多蚂蚁在一起会像流体呢？蚂蚁拥抱在一起，它们会感觉到雨滴的力度，所以它们会慢慢"松手"。如果它们不松开，它们会被轧死。雨滴流出后，它们会再"握手"。就好像一个人跳入水中，水会分开，然后水又会合起来。

蚂蚁是生物，但也可以像流体。想象一下，如果你开车撞到一棵树，车就有可能被撞坏，蚂蚁却可以凭借自身的流体性质使自己愈合。需要修理一杯水吗？蚂蚁筏子这种自我愈合的能力为我们提供了一种思路，可以指导未来的工程。

# 高铁上为什么信号不好

作者 曾 晗

出门在外，全靠基站。我们的手机能上网、打电话，都是通过与基站进行信息传递实现的。由于每个基站覆盖的范围很有限，在高速行进的列车上使用手机就要在不同的基站之间频繁地切换信号。

假设基站覆盖的区域半径是 1 千米，而高铁的速度动不动就飙到 350 千米 / 时，你在高铁上视频通话 3 分钟，中间就换了差不多 10 个基站，随便哪个没切换好通话视频就会卡成"静帧屏保"。而且高铁上不光是你，还有几百个用户同时发起切换请求，系统更是堵得一塌糊涂。

高速带来的另一个麻烦是多普勒效应。高铁跑得快，意味着信号发送机和接收机之间的相对速度也很大，接收到的信号就会偏离原本的频率，这将导致基站信号接收性能下降，还会影响系统性能。

此外，目前的高铁列车基本上都是全封闭的金属腔体，你仿佛坐在一个有电磁信号屏蔽功能的盒子里，本来就容易走丢的通信讯号经过这一道穿透损耗，就更弱了。

把这些因素综合起来，可以看出高铁的移动信号优化仍旧任重道远。下次坐高铁的时候，你还是带一本书吧！

# 为什么身份证号尾号会出现"X"

作者　郭园园

目前我国居民身份证号码总共是18位，前17位都有具体含义：前6位是首次办身份证时所在的省、市、区的代码，中间8位是持证人的出生年、月、日，后面3位是申请户籍时派出所的分配码。唯独最后一位数字，是对前面的数字进行简单的数学运算后得出的，它是一个校验码。有的人会问："为什么我身份证号的最后一位是字母X？"其实，这并不是字母X，而是罗马数字X。为什么不写成10呢？因为如果写成10，身份证号就变成19位了。在编码学中，不一样的数位不太容易存储和使用。那为什么最后一位的校验码会算出10呢？其实，这种算法已经有上千年的历史了。

## 来自丝绸之路的数学

首先，我们来看一种古老的算法：弃九法。

15世纪初，撒马尔罕城的统治者兀鲁伯格很爱钻研科学。他编订了《兀鲁伯格历》。这么喜欢科学的一个人，当然也很喜欢从帝国境内网罗各种数学、天文学人才。

阿尔·卡西是兀鲁伯格手下的首席科学家，也是兀鲁伯格天文台的第一任台长。当时的首席科学家不仅要帮助皇帝解决最困难的数学、天文学问题，还要给帝国境内的工匠、官员，还有儿童、青少年编订数学书。他编的这本书的名字叫《算术之钥》，就是算术的钥匙的意思。这本书囊括了跟今天小学和初中数学类似的内容：算术、代数、几何，书的第一卷讲的是整数的运算，比如加法、减法、乘法、除法，其中有一个算法很有意思，叫弃九法。

要了解弃九法，首先要弄清楚什么叫弃九数。比如，数字3217，把它每一位上的数字连续相加，3加2加1加7等于13；继续把13的每一位上的数字相加，1加3等于4。直到得到个位数字4为止，这个4就是3217的弃九数。其实这个弃九数就是3217除以9之后的余数，只不过这种连续相加的方法是一种快速算法。

弃九数有什么用？它最主要的作用是检验运算是否准确。比如，现在要检查3169乘以732等于2319708是否正确。如果没有别的方法的话，只能把它重新算一遍。但是用弃九法，首先把3169的弃九数求出来——1，再算出732的弃九数——3，接着算出2319708的弃九数——3，最后我们核验一下1乘以3等于3，结果是正确的。这就是古人的验算方法，其中充满了智慧。大部分的数学知识，对普通人来讲就是为了应用。

阿尔·卡西作为首席科学家辅佐兀鲁伯格制定天文历法的时候，需要进行大量运算。为了达到高精度的运算，阿尔·卡西也需要检验。作为一流的数学家，他在思考高维问题的时候比普通人具有优势，但如果只是比纯粹的加减乘除运算，数学家与普通人之间其实并无差别。

## 从弃九到同余

随着欧洲文艺复兴运动的开展，阿拉伯的许多算法传到了欧洲。而从明朝开始，西方的数理科学知识大量传入我国，形成西学东渐。

在弃九法发展的过程中，数学家们又逐渐认识到弃七法、弃十一法、弃十三法等。这些方法都属于今天初等数论中的同余理论。同余理论在我们日常生活中比较常见的应用是什么？答案是计算校验码。

和我们生活最息息相关的校验码就是身份证号尾号。平日里，我们经常需要在手机或者电脑上输入身份证号，输入这么长的数字很容易输错，有了第18位校验码，就能及时发现错误。只要一个小小的校验码，就可以保证整个系统的正常运转。

那它是怎么算的？主要分3步：首先身份证号码总共18位，把前17位号码依次乘以指定的系数，第一位乘以7，第二位乘以9，第三位乘以10……这在数学上叫作加权因子；然后，把这17个乘积相加；最后，用所得和数除以11，看余数是多少。

某一个很大的数除以11，它的余数

有多少种可能？如果整除的话，余数看成0；如果没有整除，余数可能出现1、2、3、4、5、6、7、8、9，还有可能出现10，但是不可能出现11。按规定，不同的余数对应着不同的校验码。比如余数是0的时候，它对应的校验码就是1；余数是1的时候，它对应的校验码就是0；余数是2的时候，它对应的校验码是X……这就是身份证号的最后一位可能是0、1、2、3、4、5、6、7、8、9、X的原因。

下面来看一种简单一点儿的算法，它依然是利用弃十一法进行的校验码运算。只要是从正规的书店买到的图书，每一本书都会有一个ISBN编号，叫国际标准书号。

目前ISBN编号有两组：一组是10位的，另一组是13位的。一个含有校验码的10位ISBN编号，它的前9位是有具体含义的，你可以通过这9位数字看出这本书是哪个国家、哪家出版社的。

第10位怎么算呢？比如，某一本书前9位的源号码是730904547，将第一位数乘以10，第二位数乘以9，第三位数乘以8……将9个乘积相加，最后得到226。然后计算226加上谁，可以被11整除，结果发现226加5就可以被11整除。按照这个算法，校验码就应该是5，

由此就得出第10位的校验码。

那它怎么起到校验作用？假如把第一个数输错了，本来是7，不小心输成了8。按照乘以加权因子再相加求和的方法，上面那个和已经不是226了，而是236。这时236需要加上6才能够被11整除。那按照这个算法，校验码应该是6，而不是5。

所以在真正操作的时候，如果有一位数字不小心输错了，但是最后校验码还是原来的数字，这时系统就会识别出这个号码是无效号码，是一个错误的号码。这是一个简单的数学算法，但是它蕴含着巨大的力量，为整个系统的运转提供安全保障。

## 校验码无处不在

在日常生活中，校验码是非常常见的。

平常去商店或者超市购物，你会看见条形码。条形码的最后一位也是校验码。识别的时候，只用拿扫描枪扫一下，机器就能根据条形码的粗细来识别不同的数字。

条形码蕴含的信息太少了，毕竟只有几个数字。所以除了条形码，我们还有二维码，二维码蕴含的信息更多。二维码中的黑白小格，实际上就是数字0

和1。它不仅含有校验码，还有其他信息，比如识别码。

平常在扫二维码的时候，如果拿手盖住一块，是不是还可以扫出来；或者二维码有一些地方破损了，但是依然可以扫出来。这就是识别码在起作用，它是更复杂的数学工具。在工业生产比如汽车装配，或者更复杂的FAST天文望远镜的装配过程中，成千上万个零件就需要二维码的帮助，以完成组装。

美国数学家莫里斯·克莱因在《西方文化中的数学》中说过这样一句话："数学知识如果脱离了它丰富的文化基础，就会被简化成一些毫无意义、充满技巧性的程序，数学的形象这时候就被扭曲了。"

任何一个数学公式、数学算法、数学定理背后都有它产生的源泉。比如身份证号中的算法，至少有一千年的历史，它背后有着数学思想演化的脉络。

# 为什么记忆常常不靠谱

作者 〔美〕大卫·伊格曼

大脑和身体在我们的一生里改变了很多，但就像时钟时针的变化一样，要察觉这些变化很困难。例如，每4个月，红细胞就彻底更替一遍，皮肤细胞每几个星期就换一轮。在7年左右的时间里，身体里的每一个原子就会彻底被其他相同的原子取代。从物理层面来说，你在不停地翻新，变成一个全新的你。幸运的是，或许有一个恒定的元素——记忆，连接着所有这些不同版本的你。记忆说不定能担此重任，成为编织起你身份形象的线索，令你成为你。它是你身份的核心，提供了连续的、独一无二的自我意识。

然而，其中或许也存在一个问题：这种连续性会不会只是幻觉？想象一下，你走进一个公园，与不同年龄的自己相会。公园里有6岁的你、青春期的你、

20多岁的你、50多岁的你、70多岁的你，以及生命最后阶段的你。在这种情境下，你们可以坐在一起，分享相同的人生故事，梳理出你唯一的那条身份线索。

真的能做到吗？你们的确有着相同的名字和历史，但事实上，你们是不同的人，有着不同的价值观和目标。你们人生记忆的相同之处说不定比你预想得还少。你记忆中15岁的自己，跟你真正15岁时不同；而且，对同一件事，你有着不同的回忆。为什么会这样呢？因为记忆就是这样的。记忆并不是一段视频，不能准确地记录你人生的每一个瞬间；它是来自往昔时光的一种脆弱的大脑状态，你要回想，它才浮现。

举个例子，你来到一家餐厅，为朋友过生日。你经历的一切，触发了大脑特定的活动模式。有一种活动模式，由

你和朋友之间的对话触发；另一种模式，由咖啡的气味激活；还有一种模式，由美味的法式小蛋糕的味道激活。服务员把拇指放进你的杯子里，是又一个难忘的细节，触发了又一种神经元放电模式。在海马体庞大的相关神经元网络里，所有这些模式集群彼此连接，反复播放，直到连接方式最终固定下来。同时激活的神经元会建立起更有力的连接：一同启动的神经元，连接在一起。由此产生的网络，是该事件的独特标志，代表了你对生日聚会的记忆。

假设 6 个月以后，你吃到了一块法式小蛋糕，味道就跟你在那次生日聚会上吃到的一样。这把特殊的钥匙，能够解锁相关的整个网络。突然之间，你回到了那段记忆里。

虽然我们并不是总能意识到这一点，但记忆或许并不如你期待的那么丰富。你知道朋友们在那里：他穿的一定是西装，因为他总是穿西装；另一个女性朋友则穿着蓝色的衬衫，不对，也可能是紫色的，说不定是绿色的。如果真的深究那段记忆，你会意识到，你完全不记得餐厅里其他食客的细节，尽管当时是满座。

所以，你对生日聚会的记忆已经开始褪色。为什么？因为神经元数量有限，而且它们都需要从事多重任务。每个神经元参与不同时间的不同集群。你的神经元在关系不断变化的动态矩阵中运作，繁重的需求不断要求它们跟其他神经元连接。随着这些“生日”神经元协同参与到其他记忆神经网络里，你关于生日聚会的记忆变得模糊起来。记忆的敌人不是时间，而是其他记忆。每一件新的事情都需要在数量有限的神经元里建立新的关系。然而，褪色的记忆在你看来似乎并未褪色。你感觉，或至少以为，完整的画面始终存在。

你对一件事的记忆更是值得怀疑。比方说，聚会之后的某一年，你的两位朋友分手了。回想起那次聚会，你现在或许会错误地记起两个人的关系在当时就亮了红灯。那天晚上，他是不是比平常更安静？两个人之间好像有些尴尬的沉默？这些细节很难说得准，因为你神经网络里的相应知识改变了相关的记忆。你情不自禁地用现在涂改过去。因此，对同一件事的感知，在你人生的不同阶段很可能有很大差异。

加利福尼亚大学欧文分校的伊丽莎白·洛夫特斯教授进行了一项开创性的研究，发现了记忆的可塑性。她展示了记忆有多么容易受到影响，为记忆研究领域带来了巨大变革。

洛夫特斯设计了一项实验，请志愿者们观看车祸的影片，接着问他们一系列问题，测试他们记住了哪些内容。她所问的问题，影响了志愿者们的答案。她解释说："我使用了两种问法：一种是，两车相碰时，车速有多快？另一种是，两车相撞时，车速有多快？志愿者们对速度做出了不同的估计。我用'撞'字的时候，他们认为车速更快。"诱导性问题可以干扰记忆，这令她深感好奇，于是她决定再做进一步的探究。

有没有可能植入完全虚假的记忆呢？为了寻找答案，她招募了一群参与者，让团队接触其家人，了解这些参与者从前的生活点滴。掌握了这些信息之后，研究人员针对每一名参与者拼凑出来4段童年故事。有3段是真实的。第4段故事包含了若干似是而非的信息，但完全是编出来的。它讲的是小时候在购物中心迷路，在一位和善老人的帮助下，最终跟家人团聚的事。

研究人员通过一系列的访谈，把这4段故事讲给参与者听。至少有1/4的人声称自己还记得商场迷路事件，尽管它从未发生过。不止如此，洛夫特斯解释说："他们一开始也许只能'回想'起一点。一个星期之后，他们回忆起来的内容更多了。他们还会说起帮助了自己的

老妇人。"随着时间的推移，越来越多的细节被悄悄填入虚构的记忆里："老妇人戴着一顶很夸张的帽子""我抱着自己最心爱的玩具""妈妈急得都快疯了"。

所以，不光有可能往大脑里植入虚构的新记忆，人们还会欣然接受它，为其增加细节，不知不觉地把幻想编织进自己的身份认同里。

我们都很容易受到这种记忆的摆布，洛夫特斯自己也不例外。原来，在她年纪还小时，母亲在游泳池溺水身亡。多年以后，她和亲戚的一番对话引出了一个出人意料的事实：洛夫特斯在泳池里发现了母亲的尸体。这个消息把她吓坏了，她根本不知道，事实上也根本不相信。但她这样说道："从那次生日宴会回家以后，我就开始想，说不定真是这样。我开始想其他我还记得的事情。比如，消防员来了，让我吸氧。或许我需要氧气，因为我发现尸体后太受冲击？"没过多久，她脑海中浮现出母亲在游泳池里的情形。

但又过了一阵，亲戚给她打电话，说是自己记错了。发现尸体的并不是她而是她的姑姑。于是，洛夫特斯拥有了一段属于自己的虚假记忆。

我们的过去并非一段段忠实的记录。相反，它是一次次重构，有时几乎是在

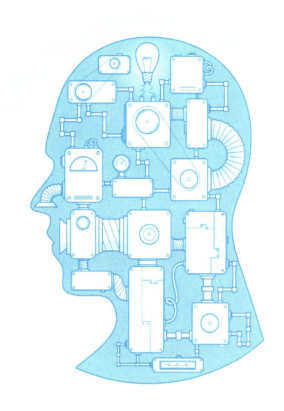

编故事。我们回顾自己的人生记忆时，应该带着这样的认识：不是所有的细节都准确无误。一些细节是别人讲给我们的，另一些是我们自己补充的，我们认为当时肯定就是那样。所以，如果你完全根据自己的记忆来回答你是什么人，你的身份就变成了一段奇异的、不断变化的、摇摆不定的故事。

# 名人名篇 ④

读者杂志社 编

读者出版社

# 目　录

## 情感

## 人生

# 细味那苦涩中的一点回甘

作者 杨 绛

曾听人讲洋话，说西洋人喝茶，把茶叶加水煮沸，滤去茶汁，单吃茶叶，吃了咂舌道："好是好，可惜苦些。"新近看到一本美国人作的茶考，原来这是事实。茶叶初到英国，英国人不知怎么吃法，的确吃茶叶渣子，还拌些黄油和盐，敷在面包上同吃。什么妙味，简直不敢尝试。以后他们把茶当药，治伤风、清肠胃。不久，喝茶之风大行。1660年的茶叶广告上说："这种刺激品，能驱疲倦，除噩梦，使肢体轻健，精神饱满。尤能克制睡眠，好学者可以彻夜攻读不倦。身体肥胖或食肉过多者，饮茶尤宜。"莱顿大学的庞德戈博士应东印度公司之请，替茶大做广告，说茶"暖胃，清神，健脑，助长学问，尤能征服人类大敌——睡魔"。他们的怕睡，正和现代人的怕失眠差不多。怎么从前的睡魔，爱缠住人不放；现代的睡魔，学会了摆架子，请他也不肯光临。传说，茶原是达摩祖师发愿面壁参禅，九年不睡，上天把茶赏赐给他帮他偿愿的。胡峤《飞龙涧饮茶》："沾牙旧姓余甘氏，破睡当封不夜侯。"汤悦《森伯颂》："方饮而森然严乎齿牙，既久而四肢森然。"可证中外古人对于茶的功效，所见略同。只是茶味的"余甘"，不是喝牛奶红茶者所能领略的。

浓茶掺上牛奶和糖，香冽不减，而解除了茶的苦涩，成为液体的食材，不但解渴，还能疗饥。不知古人茶中加上姜、盐，究竟什么风味，卢仝一气喝上七碗的茶，想来是叶少水多，冲淡了的。诗人柯勒律治的儿子，也是一位诗人，他喝茶论壶不论杯。约翰生博士也是有名的大茶量。不过他们喝的都是甘腴的茶汤。若是苦涩的浓茶，就不宜大口喝，最配细细品。照《红楼梦》中妙玉的论喝茶，一杯为品，二杯即是解渴的蠢物。那么喝茶不为解渴，只在辨味，细味那苦涩中一点回甘。记不起英国哪一位作家说过，"文艺女神带着酒味"，"茶只能产生散文"。而咱们中国诗，酒味茶香，兼而有之，"诗清只为饮茶多"。也许这点苦涩，正是茶中诗味。

法国人不爱喝茶。巴尔扎克喝茶，一定要加白兰地。《清异录》载符昭远不喜茶，说"此物面目严冷，了无和美之态，可谓冷面草"。茶中加酒，或可使之有"和美之态"吧？美国人不讲究喝茶，北美独立战争的导火线，不是为了茶叶税吗？因为要抵制英国人专利的茶叶进口，美国人把几种树叶，炮制成茶叶的代用品。至今他们的茶室里，顾客们吃冰淇淋、喝咖啡和别的混合饮料，内行人不要茶；要来的茶，也只是英国人所谓"迷昏了头的水"而已。好些美国留学生讲卫生不喝茶，只喝白开水，说是茶有毒素。茶叶代替品中该没有茶毒。不过对于这种"茶"，很可以毫无留恋地戒绝。

伏尔泰的医生曾劝他戒咖啡，因为"咖啡含有毒素，只是那毒性发作得很慢"。伏尔泰笑说："对啊，所以我喝了70年，还没毒死。"唐宣宗时，东都进一僧，年百三十岁，宣宗问服何药，对曰："臣少也贱，素不知药，惟嗜茶。"因赐名茶50斤。看来茶的毒素，比咖啡的毒素发作得要更慢些。爱喝茶的，不妨多多喝吧。

# 我不过是一粒宇宙微尘

作者　李银河

可能是因为名字的缘故，我从很小的时候就爱看星空。那时北京天文馆刚建成不久，我多次去那里看人工模拟的星空，因为一直仰头观看，脖子酸痛，这是我对天文馆最初的记忆。天文馆里还有一个永恒摆动的巨型摆锤，引起少女时代的我的无限遐想，觉得它十分神秘，它背后的动力据说源自地球自转，看不见摸不着，高深莫测。但是，小时候对星空的凝视并没有什么特殊的感觉，就像看一部纪录片和一个自然现象的记录，并没有震撼灵魂。长大之后，星空才成了我心中的禁区，使我战战兢兢，满怀焦虑。

有了思考能力，知道每一颗星星都是一个或大或小的天体以及它们在宇宙中存在的空间和时间之后，生命就成了一个短暂、脆弱、渺小到令人不敢沉思

的东西，不能细想，一想就万分惊恐，进而万念俱灰。把生命比喻为春夏秋冬轮回更替都太过慷慨，它更像朝生暮死的蜉蝣，像太阳一照就消失得无影无踪的朝露。想到这里，马上会产生失重感，好像一百多斤的肉身瞬间变成一粒微尘，完全没有了重量。人的一切变得无足轻重，荒诞不经。我这是在干什么？我吃饭，睡觉，恋爱，行走，可这一切都是为了什么？我开始迷恋克尔凯郭尔，迷恋叔本华，迷恋萨特，迷恋加缪，其他人的话全都听不进去，只有这些人的话才能听进去，才能看进去，才能不断萦绕在心头，才能猛烈地撼动我的灵魂。

然而，这是一条死胡同，dead end。惊恐也罢，绝望也罢，事实就像一块巨石横亘在眼前，不能假装它不在那里，也不能绕开它。我该怎么办呢？只能强

忍着绝望继续在人生的不归路上踟蹰。哪怕我一整天一动不动，哪儿也不去，什么也不做，时间也还是在流逝。我仿佛能听到沉重而执着的钟摆声，在那里一刻不停地滴答作响，我的三万天就这样一秒一秒、一分一分、一小时一小时、一天一天地过去。当我的生命终止之时，这滴答声也就终止了。那时，世界上将不会再有我。我不会再有感觉，别人也不会感觉到有我。但说到底，无论是感觉到还是感觉不到，全都没有了一丝一毫的重要性。就连整个人类在这个浩瀚的宇宙中也只是一粒微尘，就连整个地球在宇宙中也只是一粒微尘而已。这不是一个残酷的真相吗？

对于这个残酷的真相，我一开始还是战战兢兢、不敢直视，后来一次一次地想，持续不断地想，就像手掌上磨起了老茧，皮肤不那么敏感了，我的神经也磨出了老茧，渐渐可以直视这残酷的事实：我不就是一粒宇宙微尘在一个特定的时间、特定的空间存在过一瞬吗？

就承认这个事实吧，就直盯盯地看着它吧，不过如此嘛。不要再折磨自己了。

直视之后，唯一想做的事就是享受人生。找点令身心愉悦的事情做一做，掰着手指头数来数去，这样的事只有两件，一件是爱，一件是美。

爱情是平庸生活中最有趣的事情。所以可以说，爱情首先是一场游戏，然后才是其他。在爱的时候，人的神经比平时敏感十倍，人的感受比平时强烈十倍，人的眼泪比平时多了十倍，人的情感比平时充沛十倍。

写作是平庸生活中最值得一做的事情。人做其他事，有一搭无一搭，心不在焉。在写作的时候，精神比平时愉悦十倍，自我欣赏比平时多了十倍，生活的密度比平时增加了十倍，灵魂的纯度比平时增加了十倍。

除此之外，岂有他哉？好吧，就用这三万多天做这两件事吧，哪里还有第三件值得去做的事情呢？

# 向日葵

作者　刘梅花

那个村庄，在沙漠里。向日葵呢，都种在沙滩上。我们村的人，都叫它葵花，还不知道它有个名字叫向日葵。

葵花长到和我一样高的时候，就快要开花了。爹说，浇一遍水吧，不然花开不肥。这么一说，我和弟弟就低下头不言传了，我俩都很懒的。爹谄媚地笑着，黄黑枯瘦的笑脸也像葵花一样，跟着我们转，那么饱满。

浇水就要追肥，这简直是一定的。爹拎着铁锹，在每株葵花根底下剜一个小坑，我跟在后头，往小坑里填一把化肥。弟弟扫尾，一脚踢进去土，把土踩实，埋好化肥。弟弟踩得很快，在后面喊着："梅娃子，你快些行不行？"

我也催着让爹快些剜坑。货郎跑得那么快，不是腿脚好，是因为后面被狗撵着。

我跟得紧，葵花硕大的花盘和爹擦肩而过，反弹过来，梆的一下打在我的脑门上，打得我晕头转向。爹一转身，讨好地笑，他知道我动不动就炀蹶子不干活了。明亮的，青灰的，散发着刺鼻气味的化肥，在地里撒了一层，像落了霜。让水随便冲好啦，怎么冲，肥水还都在自家的田里。

水渠里的大水已经哗哗地奔涌来了，像没套上笼头的野马，横冲直撞。水冲进葵花田里，我听见十万葵花咕咚咕咚喝水，直喝得打嗝儿。

浇过水之后，那些化肥，就暗暗催着葵花生长，狗撵着一样。才两三天，葵花就全部开了。

十万葵花开，那花儿像火苗一样扑跃，灼灼地燃烧起来。村庄被花攻陷了，沙漠也被花占领了。上学的路上，路两旁都是葵花拥挤的笑脸。葵花开呀开呀，浑身的劲儿都拿来开花。它们这么高兴干吗呢，龇牙咧嘴的，开得一塌糊涂。

太阳在哪，花朵就朝着哪。多么神奇的花呀！

我爹坐在田埂上吸烟。他把烟渣子揉碎了，卷在报纸裁成的纸条里，卷好了，慢慢吸着，好像很香甜。一口一口，吐出淡蓝色的烟雾。他看着一地碎金子一样的花，满眼的舒畅，回头说："丫头，这葵花开美咧！"

我汗流满面地打杈枝。叶腋下偷偷伸出来好多杈，顶着拳头大的花盘，也企图开个花。这些都要摘掉，不能要。顺便看脚下杂草，不顺眼的，一脚踢飞。

打下来的叶子、花盘，都是灰毛驴鲜嫩的口粮。它幸福地嚼着，嘴角淌着绿色的汁液，浑身闪着油亮的光芒。咴咴地叫两声，身上的皮毛抖动着，颤颤的。

我家还有一只大肚子的羊，也在田埂上吃葵花叶子。我故意把叶子扔在它的脑门上，它甩甩脑袋，不看我，急着挑挑拣拣地搜寻着细嫩的叶子吃。这是一种境界，它的眼里只有草，没有我。

清晨，阳光倾洒在沙漠里，倾洒在葵花上，那种金黄，简直让人束手无策。十万朵花，面朝东方，似乎可以听见轰

轰烈烈燃烧的声音，如火如荼，连沙漠都快要被花儿点燃了。

万籁俱寂，只有花开的声音。鸟不鸣，花却喧嚣。看一眼，被野性的美击打得丢盔弃甲，落荒而逃。太美的东西，让人自卑。

一场盛大的花事席卷而过。花开盛后，就收了。葵花子开始变得饱满，一天天鼓胀起来。花谢是开花的盛事。

葵花籽饱满之后，花盘都要被割下。家家户户都割走花盘，把枝秆留下。留在地里的葵花枝秆，像一地拐杖挺立着。拐杖不绿了，慢慢变得枯黄、黑瘦。叶子在风里瑟瑟地抖，枯萎着，也被风摘走了。

一地枯瘦的骨头，寂寞，衰老，撑在一天天变冷的天气里。

前半生荣华，后半生寒碜——你以为这是真的吗？

不是，那没有花盘的光秆秆，脖子朝前伸着，还是向着东方，一丝不乱。十万拐杖，脖勾都朝前伸着，向着太阳，暗含着一股强大的气势。这疏朗辽远的意境，真有种惊心动魄的美。

一个初冬的清晨，我上学迟了。出了村子，突然被一种浩大的气势震撼了：大漠里浩浩荡荡的十万葵花秆，仿佛从天空射下来的密密麻麻的箭镞，令人惊

诧。枝秆上落了明亮的霜，在阳光下闪着光。葵花脖子勾着，都朝着东方，黑炯炯的，像眼神。一根都不曾乱，肃穆，庄严，苍茫。那种萧萧气势，一下子让我慌乱。我担心，它们会在某一时刻屈膝下跪，叩拜东方。

倏然泪下，因为感动。天啊，这些光秆秆的心里是怎样的情分啊！苍茫大地，草木才是主人，我们只是过客。

光阴里一定藏着一些我们不知道的秘密，草木知道，天地知道。就算枯萎了，失去了花盘，内心的坚持还是一样的，还是纹丝不乱。万物生，万物荣。而这肃穆，这萧瑟，都是天意——只有草木自己洞悉。

# 树木的力量

作者 〔日〕光野桃

我的家地处高层建筑林立的商业街，这里有一棵我最喜欢的道边树。某天深夜，我经过那棵树时不经意一抬头，发现它枝繁叶茂，我莫名地被它伸展出的枝条散发的柔和气息所召唤，不由自主地走上前去抚摸它的树干。

以深夜为背景，在如射灯般的街灯的笼罩下，它的树叶呈圆形，泛着光泽的深绿色显得生机勃勃。"每天都被这大都市的尾气污染，你竟然还这么有精神！"我看似自言自语，实际上在和树说话。从那之后，每当我经过那棵树时，总觉得我们的关系变得越来越亲近。

没过多久，在与朋友们到诹访旅行时，我学会了与树木交流，第一次知道如何感受来自树木的力量。

那天一大早，我在鸟居前看到一棵巨大的桦树，具体的树龄已经无从考证。它参天而立，树枝犹如巨大的屋顶伸展开来。树干靠近根部的地方分裂成两股，中间空出来的地方刚好能容纳一个人。

果然是有历史的土地。正当我这样想的时候，身边一位朋友开始上下摇晃手臂，同时手掌不停摆动。

"你这是干什么？"

"这样做，手掌能够感受到来自树木的力量。你也试试看。"

真有这样的事？我半信半疑地跟着她有样学样。首先把手掌对着树干，如同轻抚一般上下晃动，感觉就像隔着空气抚摸少女的秀发。最初我并没有特别的感觉，渐渐地手掌开始感受到一股暖流。接下来我由下而上、由上而下地摆动双手，那股暖流源源不断地沿着树干传递到我的手掌中来。

摇摆了一阵之后，不知道为什么，

我突然想被树干抱紧，于是我试着走近树干分裂成两股之间的部分，将背脊紧贴住树干。我感到暖流包围全身，一直附在肩膀和后背上那近乎麻痹的紧张感逐渐得以缓解。真希望就这样一直待下去。

自从我学会这个方法，但凡遇到有感觉的树，我都会伸出双手，如今已经习惯成自然。此外，普通的小山丘、城市的街心花园和马路边栽种的树都不可被忽视。

在意想不到的地方遇见这些树，我会按捺不住内心的兴奋，对着树说："哎哟，原来你在这里呀！"

# 生存还是生活，你说了算

作者　崔曼莉

曾经看过一个纪录片：一个中国留学生在德国因为迷恋赌博，导致破产、失业、离婚，欠下了50万欧元的债务，人已经处在崩溃的边缘。这个时候，他50岁的大哥，决定去德国打工，一边为弟弟还债，一边督促弟弟戒赌。这似乎是个不可能完成的任务。大哥的妻子身体不好，女儿正在上高中。为了这个决定，气恼的妻子和他离了婚。他只身一人去了德国。

到了德国，他做的第一件事就是找地下赌场谈判。他说，我是个一无所有的人，来这里就是为了救弟弟，如果你们再放他进去赌，我第一不会还债，第二就报警。如果你们想砍死我，请便。三个地下赌场，从此不再放他弟弟进门。

他做的第二件事情，是带着弟弟在一家华人蛋糕店学手艺，弟弟身上的钱不允许超过一欧元。这样过了一年，他想办法借了点钱，开了家糕点店。由于口味好、信誉好，又有救弟弟的动人故事，店里生意兴隆。

他做的第三件事情，就是在当地成立了互帮会。慢慢地，很多初到德国的华人，有什么问题都去找他帮忙。他成了当地一个欠着一身债的传奇人物。

他做的第四件事情，就是不断给女儿与妻子写信，希望她们能理解并原谅他。他说他如果不这样做，弟弟就会死在异国他乡。

10年过去了。记者采访他的时候，他刚过60岁生日。弟弟欠的债，只剩5万欧元了。弟弟再也没赌过，他开始利用网络尝试外贸生意。

他的妻子和女儿也原谅了他，妻子决定和他复婚。

如果说生存，他真的是曾被逼到了死角。可是他没有远离生活，而且创造了奇迹，洋溢着人性的光辉。

我们常会为生计所迫，做些不得已的事。但是有些人，永远能在生存中品出好滋味，这就是生活。生存是我们生活的基础，是我们不得不做的事情。但生活到底是何种滋味，是由我们自己选择的。

小时候听母亲说，懂得生活的人，哪怕住最差的房子，穿最差的衣服，也会把屋子收拾干净，衣服折好放在枕下，压得平平整整。生存是有限的，生活是无限的。

# 玫瑰和胶囊

作者　沈奇岚

这几乎是一个悖论：在这个信息爆炸的年代，人们的阅读量大幅下降。并不是人们的阅读力降低，而是人们愿意给予阅读的时间越来越少。

十多年前笔者曾经参加了一个在瑞士举行的国际论坛，有一位非常年轻的企业家介绍自己的新公司，经营的主要业务是"替人读书"。许多大企业的管理人员总是非常忙碌，却很想读书。这家公司就为这些想读书而没有时间读书的人把三百页的大部头著作精简成十页的"精华"，并获取高额报酬。负责读书、摘选和撰写"精华"的人都是具有相当高学历的研究人员，这样可以保证浓缩的一定是精华。这个公司一时间十分受欢迎，它提供的"精华"摘要，犹如读书界的营养胶囊，小小一粒，让人们心理上觉得获得了所有需要的信息和养分，同时大大节约了时间。

当时我就想，这套办法是没法用在文学和哲学书上的吧，否则《安娜·卡列尼娜》的摘要精华，就是一句"已婚的安娜爱上了渥伦斯基，离开了家庭，然后卧轨自杀"，而《简·爱》的摘要就是"家庭教师简·爱在罗切斯特先生家里教书，后来嫁给了他"。如果抽去了这些故事的细节，抽去了一切社会属性和事情发展的时间性，没有一个故事值得一读，没有一个人物值得去爱。好作品是无法压缩成所谓的精华的，尽管这样的阅读必须付出时间和精力，但是这样的阅读才是真正能够回馈至生命本身的阅读。

以获取信息为目的的阅读，或许可以压缩成"精华"，让无暇与心灵对话的读者迅速吞咽，立即获得营养。这是兔子吃胡萝卜式的阅读，是占有性的阅读。

另外一种阅读，是更从容的阅读。这样的阅读考验读者的情趣，也试探读者的耐心。在这场近乎舞蹈的阅读中，读者和书中的内容建立起了生命的联系。由此，读者找到了阅读的意义，获得了思维能力和感情容量的增强。生命因此而丰富起来。

读书是个选择。读书的目的不仅仅是获得知识，还是选择如何度过这一段生命时光。或许在一个节奏加快的世界里，选择读书本身就是一件奢侈的事情。

获得信息和知识，在这个互联网时代是容易的，而取得思维能力的增强和理解力的增加是有难度的。当网络渐渐分担甚至取代了图书传播信息和知识的功能时，滋养心灵成了书籍更重要的功能。那些不可压缩的是什么？那些不能变成"精华摘要"的是什么？这是每一个写书人和读书人值得思考的问题。这个时代盛产各种各样的营养胶囊，一粒玫瑰胶囊或许有助于皮肤保养，而一朵盛开的红玫瑰可以召唤整个春天。

# 我要出去走走

作者　陈丹燕

去年春分，电台里悠悠地播着一首老歌："谁哭了，谁笑了，谁忽然回来了，谁让所有的钟表停了。让我唱，让我忘，让我在白发还没苍苍时流浪……"就像摸索了很久的搭扣突然"嗒"的一声合上了，整个身躯为之一哆嗦，就剩一个炙热直白的念头：豁出去，我要出去走走！

春天里，自己的乐观情绪一直不够，手头没什么像样的活儿可干，却得不到像样的片刻空暇。觉得人生就像一盘凉拌豆腐，失落感和空虚感频繁交错，无法调节，没有比这个事情更糟糕的了。原以为自己的忙碌，跟生活在这座城里的每个人的忙碌差不多是一样的，也以为只要日常的繁杂劳累停顿下来，就能像轻按键盘上的删除键，可以把身体所有的不适和坏情绪统统删除。可是现实就是违心地变得越来越无力，仿佛对着一个寂寂的无底深潭，整个人变得不想说话。

要出去走走了，可以去任何地方，只要不是这里就好。不说话，可以边走边想，想想那股困住我的失落感到底是何物，或者干脆什么都不想，就亲近不说话的天空、不说话的道路和树木。至于去哪里，能走多远，那就交给神来安排吧。

近些年，各路媒体都把行走包装成了一件时尚无比的事，充满了蛊惑的味道。很多人奋不顾身地选择了出发，以为只要上路了就能找到嵌入世界的最佳方式，觉得那未知的远方和生活才是最好的。行走本身，尤其是毫无目的、遥遥无期地行走，是很容易让人心智涣散的。上路简单，收回来就要困难得多，

理想和现实甚至会出现断层。至于我，现在回想，竟然也是属于不计后果的这群人。青春之后，拖家带口，比任何人都明白，有些东西是逃不开的，有些东西也回不来。如此冲动地将濒临极限负荷的自己抛入一个不确定的时空，无疑是一个非常感伤无奈的决定。我只希望这场遥远未知的行走能煨成一服汤剂，希望自己能在形形色色的新奇邂逅中被救赎，哪怕仅仅是卸去一些沉重的背负。

真的就上路了，幸运的是有人决定陪我一起走，更没想到一走就走到了台湾，走到了香格里拉，走到了梅里雪山，走到了中国的最后一个母系氏族村落。跨度一年，从繁华都市到荒寂山野，脚下是泥土，脚背是阳光，一路艰辛，一路感动。

在路上，我痴迷于大量明晃晃的光线，多数情况下就是随便逛逛，东看西拍，不倾诉、不兴奋，甚至连想象都拒绝，只是默默地把所有的情绪都交由相机来存储。我喜欢金属快门的声音，穿透稀薄而浑浊的空气，铿锵有力。我喜欢取景框勾勒出来的画面，无论周遭多么喧嚣，都有一种动人心魄的宁静渗透全身，我痴迷于这种宁静。

# 一个人围观一群人

作者　倪一宁

从小到大，我一直是好学生，就是在青春电影里，草草几帧剪辑就能概括的那种，镜头扫过我翻书的侧影，然后定在了主角挺拔的鼻梁上。但就是这么平淡无奇的成长，我也和所有人一样，要靠20年来完成。我学过奥数，身旁的男生边转笔边心算水要多久才能注满池子，我却只能老老实实地对着答案倒推步骤。虽然最后拿了16分吧，可每次上课我都风雨无阻，草稿满满，也算对我爸妈有了交代。

我学过钢琴，学会了把闹钟拨快，把小说放在琴架上单手翻页，也学会了怎么在喝水上厕所的无限循环中打发时间，拖拖拉拉学了十年，考出十级，也算爸妈的钱没打水漂。

我是个特别爱面子的人，容易被眼泪和温情击中，一旦谁对我有期望，我就会尽力满足他的期待——说白了，就是为别人而活。

有次跟人闲聊，说其实自己最感兴趣的是历史，想钻在瓶瓶罐罐、线装古书里不出来。对方是个热血青年，抓着我的手说："那你为什么不退学，离开这个敷衍的专业，去追求你的梦想？"我愣了一下，反问她："你知道我跑进这个敷衍的专业，费了多大劲吗？"

是挺没劲的，我就像一个刚从老虎机里赢了两千块钱的新手，把钱攥在手里，不敢再蹚进一场新的赌局。握有很多资源的人可以随便挥霍，哪怕下错了高架口，都可以通过封锁路段来掉头；一无所有的人特别无畏，他们赤着脚随便变道，红绿灯也只是摆设；只有我们这种人，攒钱买了辆车，却开得战战兢兢，离栏杆近一点都怕车被刮花了。

所以我还是跟着大部队，步伐整齐、口号嘹亮地走在据说指向平坦前程的道路上。

## 你们的黄金时代

上大学后我第一次回家，是搭舅舅的车回去的。舅妈坐在前面给我们剥橙子分鸭脖，大一点的妹妹梗着脖子跟他们冷战，小一点的坐在我膝盖上，兴高采烈地玩游戏。突然间，电台广播从电子合音的国外小众乐队切换到了崔健的《花房姑娘》。舅舅用手指轻轻敲击方向盘，随口说了句："他一开始就在北大食堂里唱，学生埋头吃饭，也没什么人理他，进进出出，掌声寥寥。一年后他再在大讲堂出现的时候，只能容纳1500人的空间，挤进了3000多人。"我有点蒙了，舅舅一边按喇叭一边继续说："我也跑到了北京去听，还顺便爬了长城。"

舅妈在旁边掐他胳膊："是不是跟你们那个系花一起爬的？"

我想起来了，我见过那张照片，当时还清瘦的舅舅戴着一副巨大的黑框眼镜，站在"不到长城非好汉"的牌子下，旁边是穿着长裙、长发披肩的系花。他搂着她，一脸的志得意满，和讲堂里那些年轻人一样热血、躁动，他们都觉得，

理想会实现，姑娘也会有的。

我想我终于知道，外婆家抽屉里那些泛黄的苏联小说的读者是谁，那一摞不能再播放的旧磁带的主人是谁，甚至，那沓散落的诗稿的作者是谁。说吧，那段怀揣着文艺梦高唱要放荡不羁爱自由的旧时光，它们的失主是谁。

跟舅舅查证，他愣了一下，回头瞥了我一眼，说："当时没人想进体制内或做生意，那时候谁都想当诗人，想学海子，学崔健，抱把吉他在女生楼下弹一天，给女孩子朗诵自己写的诗。放到现在，早就一盆冷水浇下来了。"我配合地大笑，他拐了个弯，在女儿"烦死啦，你们吵得我没法看动画片"的抗议声中，结束了这个短暂的话题，转而戴上耳机，听今明两天的股票走势。

如今，舅舅成了要刻意控制腰围的中年人，旁边是妻子，身后的女儿们埋头于微信和iPad，她们对崔健一无所知，而他也只是随口跟唱，刻意把尖锐的歌词唱得模糊。有那么一瞬间，我觉得宽大的车厢变得拥挤，20年前那个浑身荷尔蒙、一肚子不合时宜的愤青，和这个关心证券指数、楼盘广告的中产阶层代言人狭路相逢，他们两两相望，他们不曾相忘，他是他深埋地底的火山口，他是他喷薄过后的岩浆岩。

## 从你们的全世界路过

我喜欢观察人,因为这个世界最迷人的,就是人本身,人身上永远有故事。大一刚入学的时候,寝室成员间都还不熟悉。为了活跃气氛,我提议说,讲一件自己做过的最出格的事。别人的故事都很精彩,甚至惊悚:有人翘掉了高考前的模拟考试;有人18岁生日那天跑去蹦极;有人深更半夜喝醉了,和男友在空旷无人的街道上高唱《好汉歌》。收到最多好评的,是一个北京女孩的彪悍青春——她为了和韩国"欧巴"偶遇,恶补一个月韩语,同时做了好几份兼职,终于在高考完的第二天,搭上了飞往首尔的班机。她操着磕磕绊绊的韩语,居然也有惊无险地在异国待了一个月。在那个月里,她一边搜寻韩剧里出现过的梦幻场景,一边追踪韩星,留下了一堆胜利的合照。

但也有特别丧气的人。譬如一个来自偏远农村的,10月份就早早套上了高领毛衣的女生。她思索了好一会儿,摊开手说:"我没有。"室友们理所当然地嫌她装,还有人相互耳语,空气里捕捉到的关键词是"乡下人""有心计""复杂"。我坐在床上,两条腿晃荡在半空,想靠这无声的举动缓解一下尴尬气氛。

那女生无从辩驳,只能低头沉默,有人用被子蒙住脑袋,闷闷地吐出一句"没劲,先睡了",也有人转过身去,跟男友发短信,我猜那短信里,一定有对这场戛然而止的夜谈的吐槽。

我牵起嘴角朝那女生笑笑,然后起身去了洗手间。没想到她悄无声息地跟了出来,在我搓洗满手肥皂沫的时候,她轻轻地说:"你知道吗,这是第一个,我没有回答上来的问题。"我愣了愣,只能用那些轻飘飘的话来宽慰她,我说不要紧的,大家就是说着玩,我说以后慢慢熟了就好了,我说你别放在心上,早点睡吧。

可我爬上床后,翻来覆去,脑子里却满是水流的哗哗声,还有那句底气不足的"这是第一个,我没有回答上来的问题"。我们高喊着"不要生存,只要生活",可她光是活着,就已经竭尽了全力。

第二天我跟那个北京女孩一道吃早饭,排队买鸡蛋灌饼时,我吞吞吐吐地说,要不以后对那个农村姑娘好一些,她毕竟生活的环境封闭,经历单薄,到了上海多少有些不适应。北京女孩正盘算着要加培根还是热狗,她翻了个白眼:"她怎么就苦了?我爸妈很早就离婚了,我从高二起,就没用过他们的钱。

我的生活费、学费，都是自己打工挣来的。可是你看，我有成天摆出一副苦瓜脸吗？"刹那间我不知道该答什么。

我想，我大概没有权利或能力去评判这两种人生。我能做的，是用眼睛记录这一瞬，我相信这些记录会像popstar游戏那样，层层相叠，霎时消除，然后就能蹦出全新的世界来。

这可能就是我写作的原因。有时世界像田径跑道，有人致力于奔跑，有人就想晃荡到终点，我则是那个拿着相机的人。我迷恋曲径通幽的人性，和它偶尔泄露出来的那点秘密。我迷恋那些人性中的不光彩和不服输，那些表演欲和控制欲，那些拆台和成全，伟大和委屈。我想，记录本身，就意味着质疑和反抗，就意味着从"心灵鸡汤"的勺子里跳出来，从描绘的甜腻未来中跳出来，跳到这个五毒俱全却又清澈见底的世界里。

我们就这样继续深一脚浅一脚地赶路，只是有时，我说有时，我会低头分辨泥潭里的足印，从陷下去的码数里，猜中世界随手赠予的一点深意。

# 晚来天欲雪，能否去吃面

作者　绿　妖

晚上，天冷，用被子将自己裹得严严实实地看影碟，是日本片，伊丹十三导演的《蒲公英》。

故事从一个雨夜开始，卡车司机五郎跟他的朋友夜间行车，朋友读一本小说读到饥肠辘辘，哀求停车吃面。

那部小说是这么写的：一个年轻人，向一位做了40年拉面的老先生请教怎么吃面。

好，热气腾腾的汤面端上来了，火腿在眼前，香菜缓缓展开，年轻人刚想要埋头大吃，一看老人岿然不动——"先生，该如何吃面，先吃面还是先喝汤？"他不由放下筷子，静候老人发话。

"先看一下它们的形状，闻一下它们的香味。它们表面有漂亮的配料：香菇已经浸在汤里，紫菜慢慢地沉入汤中，洋葱浮在表面……为了让它们味道更好，

先用筷子亲切地碰触一下这些配料，然后把火腿挑到旁边的汤里，最重要的是跟它们说：你先等等。"

听到这里，五郎也受不了了，停车，两个人奔到路边一家挑着红帘的面馆，开吃。

面馆的女主人叫蒲公英。

写到这里我问自己：会有人耐心地看这些文字吗？就像这些日本电影，无论是这部还是《将太的寿司》，又或是那些日剧，在表面脉脉温情和内里虚伪上他们有何不同？

可是吃顿饭还去追问有何意义，那不是太可笑了吗？

蒲公英的理想就是做一手美味绝伦的好汤面，给儿子吃，如果有可能，也给自己爱上的男人吃。

很普通的梦想，你一定不要——在

一间屋子里，做一辈子面？我也不要。

有人说，日本人对自己的面骄傲得很，做好端出来，桌子上不放佐料——他们相信自己已做到完美。

茶道也好剑道也好，骄傲之人必然认真。认真的人，即使做一碗面，也不会凑合。

或可称之为"面道"。

蒲公英在五郎的督促下学习做面，练臂力、练体力，到各个面馆吃面，看厨师们下面的手法是简练还是烦琐；看厨师留心客人是否把汤全部喝完；看材料是否新鲜，老板的记忆是否准确；最后，待客之心是否绝无轻慢，诚恳自然。

这些还不够。

五郎去找一位老师傅，15年前他做面妙绝天下，后来拍档带了他的妻子远走，师傅从此混迹于流浪汉中。可是他吃得乱而不差，拾来的烤羊肉照样吃得喷香，捡来的半瓶子酒也觉得够醇厚。

老师傅被请来帮助蒲公英实现梦想。现在，他们熬的面汤有了况味。

写到这里我饿了，这真是个老套的故事，一个团体如何组建，从互不相识到手足相契，从一无所有到创造奇迹。人们总喜欢看奇迹发生、梦想实现，它们是对庸碌现实的报复或者酬谢。

每个省份都有自己的特色小吃，北方许多地方是面食，因为它廉价，且容易饱。满满一碗，也用不了多少钱。

在西北，看着一连串陌生的面名蠢蠢欲动：臊子面、炮仗面、油泼面……一样来一碗后发现它们其实就是兄弟。这是一种幽默与智慧。

要非常非常饿，才能吃出面的味道。

随便问一个女孩，她都会告诉你面食乃身材之天敌，米食其次，最好只吃蔬菜水果及一点点的肉。

正确。所有女性杂志上都这么说。

我也不怎么吃面，只是一次在喝酒之后，被带到一家老牛肉面馆，是红油浓汤配红绿辣椒，面宽且厚，北方本色；韧且滑，手工特质。喝多了就忘记担忧，那两次，我吃了很多。我想我还是爱吃面的，它味道淳朴宽厚，简单而绵长，它是食物中的阿尔法、欧米茄，是最初及最后。

我吃过最好的面是父亲做的焖面。我们向来不和，但即使正在吵架，我只要说中午做焖面吧，他也会闷头准备。有豆角最好，没有豆角，炒鸡蛋葱花西红柿，颜色味道一样好。

可惜我不要总吃他的焖面，他知道我要得太多，许多是他完全不能给的，并因此暴怒。

现在我想：我想起他还有焖面，他

想起我会有什么？说到底我不喜做饭，不会织围巾、缝衣服，但凡能让老辈人觉得欣慰的事我都不会，并容易暴怒，在外面从来不发的脾气全都发作在家里。

他一生没什么光荣之处，希望两个女儿可以过得比他好，可惜，我姐嫁到别处，剩下一个我，放着工作不要在外面混，老大不小连男朋友也没有，又没钱，人又傻。我能够让他在亲戚里抬起头的地方不多。

我给他的记忆大概就是这些。

这些不是语言文字可以补偿或者安慰的，他努力想要安排好我的生活，而我知道，我要的安定，是把自己打碎然后重生，没有人可以完全参与另一个人的生命，即使是亲人。

可是他给我做焖面，在力所能及的范围里我们也曾相互容忍接纳。

对了，《蒲公英》的结尾你当然能猜到，她做出一流的拉面，让人们排着队等待进食。其过程中有爱情有友情，有义气有感激，如果这些都在一碗面里，如果几块钱就可以吃到这一切，说明生活中至少还有很划算的事。

是不是最原始的梦想也最动人？是不是最朴实的食物，它的味道也最温暖？如果我们已经放弃传统、放弃老家、放弃你的地方口音，我的豆角焖面，至少下雪时，我还可以跟你约着去吃一碗。

# 山茶花开

作者 〔美〕艾伦·威尔蒂

年幼的时候，我幻想着能有一只老鼠当我的男朋友，准确地说，就是卡通片里的米老鼠。我天生胆小，而米老鼠很勇敢，有它在身边，我就什么也不用怕。

当别的孩子大呼小叫地玩着躲避球时，我只能坐在墙边看热闹。有时妈妈正巧看到这情景，就会问我为啥不和别的孩子一起玩。这时候我总是不知怎样解释才好，所以只好以耸耸肩代替回答。其实我也想玩躲避球，可是没这胆量，只要一想到往玩球的孩子们身边走，就像有人拽着我一样，迈不动步。"其实玩躲避球一点儿也不可怕！"妈妈总是朝我这样喊一声，然后就走开。

我和谁都没说起过自己干啥都害怕的毛病，直到后来南希姨妈来我们家做客。南希一个人住在拉斯韦加斯乡下，

她住的是我听说过的最漂亮的房子——一座公寓，外面有个游泳池。和南希闲聊时，她从我的话里套出了一件事——我上的那所小学将要举行一场音乐会，我却因为太胆小不敢参加。人还没报名，害怕先来了。"你和我一样。"她说，"我这辈子错过了不少好机会，就是因为我胆小。不要和我似的，宝贝儿。尝试一下新事物，不要让恐惧害得你一事无成。"

我眨了眨眼，然后又眨了眨眼。姨妈，一个大人，一个女强人，竟然承认她也有害怕的时候。我意识到姨妈刚刚把她体会到的人生最重要之事告诉了我，我的人生从此有了巨大的转变。在音乐会的那天晚上，我站在聚光灯下独唱了一首歌曲《我叫贝思》。我相信台下可能会有一只"米老鼠"在朝我挤眼，但是我

忘了害怕，在畅快中微微颤抖着。我唱的这首歌是演出的一部分，也成了我生命中的一部分。

多年之后我才知道，对于如何平衡生活这个问题，南希姨妈其实是世界上最没资格给别人忠告的人。她自己的生活并不像她的房子那样漂亮——她独身一人，而且很少和人交往。她在20多岁时被一个有妇之夫甩了，此后再没谈过恋爱。她在生命的最后几年，只是在给自己和给她的猫买吃的东西时才会出门，她的报纸和衣服堆积如山，仿佛成了挡在她和世界之间的一道墙。虽然她自己的生活并不完美，她却依然鼓励着我。在我去年搬到澳大利亚之前，我和她住了一夜。我们彻夜未眠，聊着她的乡下生活——那里的夏天和冬天都显得很短暂，那是一个偏僻的地方，我们俩都不知道除了她还有谁在那里住。

我的勇敢至今也是时有时无的，但是最终我都能找回信心，因为我知道姨妈的教诲是对的，这个世界不仅喜欢勇敢者，也为胆小者敞开着同样宽广的怀抱。当人们说"那些人自己不行，还好意思指点别人"时，他们往往是把别人的忠告当成了一种侮辱。从另一方面来讲，还有比那些说"虽然我很失败，但是我希望能看到你成功"更为慷慨的人吗？

姨妈临终前的几句话是在病床上和我说的，她只字未提她身体或心灵上的痛苦。她的话只有寥寥数语，却让我终生难忘："我窗外的风景真好，山茶花正在盛开，美极了。"

# 但愿你拥抱的人正泪流不止

作者　七堇年

记得年初的时候，连续一个月都没有下雨。冬末的寒冷干燥，令人每天早晨醒来时喉咙灼烧。有好几次梦见故乡下着雨，风清雾润，一声鸟啼刺破空山静寂；还会梦见在新西兰南岛的时候，清晨六点，被阵阵浪潮声吵醒，拉开帐篷的一瞬间，赫然望见粉红色的朝霞涂满了海面，湿润的海风迎面扑来，清凉如洗……然而醒来的时候，窗外多数时候有霾，偶尔有风，我困在斗室，盯着外面昏黄的天，一时想不起这是在哪儿。

在越来越了解人与人之间关系的薄弱、游戏规则的冷漠之后，我对许多事渐渐接受得更自然。时间在流，人也在走。一些拥抱曾经在夜里温暖如被，覆盖孤独，几乎令我感到生有可恋，但在那幻觉消失之际，我就已明白，那仅仅是幻觉。

人对抗自身弱点的方式，往往是愚蠢而且不自量力的。

一次次走入同一种困局，寻找同一种快感，接受同一种失落。在一次次被那种失落打击得体无完肤之后，人会变得温和、蜷缩，接受长夜有尽、白昼有终。只能用下雨的梦境，润滑生活的枯燥。

两年前的冬末，我在北京认识了一个旅伴。在一个偶然的夜晚，同一辆车上，她坐在副驾驶位，我坐后排。百无聊赖之中，问起彼此喜欢的书。她提起台湾作家胡舒雯，令我刮目相看。对话从这个契合点开始，无边无际蔓延。她聊起一些过去流连过的异国夜晚，气息各异的姑娘们，浓淡各异的酒，冷暖各异的手，深浅各异的海，晨光中醒来时，百叶窗帘透进仿佛信笺那样一行一行的阳光……我坐在后排，盯着她的左肩一角，静静听着，莫名地想起海边的黄昏，圣托里尼岛的落日，雾色弥漫的山林，直布罗陀海峡的桥。我能分辨出她说起旧爱的时候，语气里的困惑、无奈和犹豫。

后来我们有过一次无与伦比的美妙旅行。在美国的阿卡迪亚国家公园，傍晚时分，沿着盘山公路开车到山顶。我们并肩坐在岩石上，看了一场终生难忘的落日。在猩红色的晚霞里，想到眼前史诗般的时刻注定稍纵即逝，平淡枯燥的生活将如其后的漫漫长夜那样孤独难

挨，我泪流不止。那是我至今见过的最美的黄昏。

我们都躺在生活的手术台上，在命运的无影灯之下，被蛮横解剖。所以，但愿你的旅途漫长，但愿你拥抱的人正泪流不止。但愿你付出的爱，有某种恰到好处的形状，恰能完好地镶嵌在爱人的灵魂空缺处，毫厘不差。但愿你心底的关怀，杯满四溢，又正在被另一个孤独的灵魂渴望着。但愿你记得，在你痛哭失声的时刻，曾有人以肩窝盛满你的泪。

# 你在大雾里得意忘形

作者 铁 凝

那时，我在冀中乡村，清晨在无边的大地上常看见雾的飘游、雾的散落。看雾是怎样染白了草垛、屋檐和冻土，看由雾而凝成的微小如芥的水珠是怎样湿润着农家的墙头和人的衣衫、面颊。雾使簇簇枯草开放出簇簇霜花，只在雾落时橘黄的太阳才从将散尽的雾里跳出地面。于是大地玲珑剔透起来。此时，不论你正在做什么，都会情不自禁地感谢能拥有这样一个好的早晨。太阳多好，没有雾的朦胧，哪里能彰显太阳的灿烂、大地的玲珑？

后来我在新迁入的这座城市度过了第一个冬天。这是个多雾的冬天，不知什么原因，这座城市在冬天常有大雾。在城市的雾里，我再也看不见雾中的草垛、墙头，再也想不到雾散后大地会是怎样一派玲珑剔透的景象。城市的雾只

叫我频频地想到一件往事，这往事滑稽地关系到猪皮。小时候，邻居的孩子在一个有雾的早晨去上学，过马路时不幸被一辆雾中行驶的汽车撞破了头颅。孩子被送进医院，做了手术，出院后脑门上便留下了一块永远的"补丁"。那"补丁"粗糙而鲜明，显然有别于他自己的肌肤。人们说，孩子的脑门被补了一块猪皮。此后，每当他的同学与他发生了口角，就残忍地直呼他"猪皮"。

城市与乡村的不同，也包括诸多联想的不同。雾也显得现实多了，雾使你只会执拗地联想起包括猪皮在内的实在和荒诞不经。城市有了雾，会即刻变得不知所措起来。路灯不知所措起来，天早该大亮了，灯还大开着；车辆不知所措起来，它们不再像往日里那样神气活现、煞有介事，大车、小车不分档次，

都变成了蠕动，城市的节奏便因此而减了速；人也不知所措起来，早晨上班不知该乘车还是该走路，此时乘车大约真不比走路快呢。

我在一个大雾的早晨步行着上了路，我要从这座城市的一端走到另一端。我选择了一条僻静的小巷一步步走着，我庆幸我的选择，原来大雾引我走进了一个自由王国，又仿佛大雾的洒落是专为陪伴我的独行，我的前后左右只有不到一米的清晰距离。原来一切嘈杂和一切注视都被阻隔在一米之外，一米之内才有了"白茫茫大地真干净"的气派，这气派使我的行走不再有长征一般的艰辛。

为何不作些腾云驾雾的想象呢？假如没有在雾中行走，我便无法体味人何以能驾驭无形的雾。一个"驾"字包含了人类那么多的勇气和意愿，那么多的浪漫和潇洒。原来雾不只染白了草垛、冻土，不只沾湿了衣衫、肌肤，雾还能被你步履轻松地去驾驭，这时你驾驭的又何止是雾？你分明在驾驭着雾里的一座城市，雾里的一个世界。

为何不作些黑白交替的对比呢？黑夜能阻隔嘈杂和注视，但黑夜也阻隔了你注视自己，只有大雾之中你才能够在看不见一切的同时，清晰无比地看见自己。你那被雾包围着的发梢和围巾，你

那由腹中升起的温暖的哈气。

于是这阻隔、这驾驭、这单对自己的注视就演变出了你的得意忘形。你不得不暂时忘掉"站有站相，坐有坐相，走有走相"的人间训诫，你不得不暂时忘掉脸上的怡人表情，你想到的只有走得自在，走得稀奇古怪。

我开始稀奇古怪地走：先走他一个老太太赶集，脚尖向外一撇，脚跟狠狠着地，臀部撅起来；再走他一个老头赶路，双膝一弯，两手一背——老头走路是用两条僵硬的腿去找平衡；走他一个小姑娘上学，单用一只脚着地，转着圈儿走；走他一个秧歌步，胳膊摆起来和肩一样高，进三步退一步，嘴里得念着"呛呛呛，七呛七"……走个跋山涉水，走个时装表演，走个青衣花衫，再走一个肚子疼。推车的，挑担的，背筐的，闲逛的，都走一遍，之后还走什么？何不走个小疯子？舞起双手倒着走一阵，正着走一阵，侧着走一阵。要么装一回记者拍照，只剩下加了速的倒退，退着举起"相机"。最后我决定走个醉鬼——我是武松吧，我是鲁智深吧，我是李白或刘伶吧……原来醉着走才最最飘逸，这富有韧性的飘逸使我终于感动了自己。

我在大雾里醉着走，直到突然碰见一个迎面而来的姑娘——你，原来你也

正踉跄着自己！你是醉着自己，还是疯着自己？感谢大雾使你和我彼此不加防备，感谢大雾使你和我都措手不及。只有在雾里你我近在咫尺时才发现彼此，这突然的发现使你和我无法立即停下来，于是你和我不得不继续古怪着擦肩而过。你和我都笑了，笑容都湿润，都朦胧，宛若你与我共享着一个久远的默契。从你的笑容里我看见了我，从我的笑容里我猜你也看见了你。刹那间你和我同时消失在雾里。

当大雾终于散尽，城市又露出了本来的面容。路灯熄了，车辆撒起了欢儿，行人又在站牌前排起了队。我也该收拾起自己的心思和步态，像大街上所有的人那样，"正确"地走着，奔向我的目的地。

但大雾里的我和大雾里的你却给我留下了永远的怀念，只因为我们都在大雾里放肆过。也许我们终生不会再次相遇，我就更加珍视雾中一个突然的非常态的我，一个突然的你。我珍视这样的相遇，或许还在于它的毫无意义。

然而意义又是什么？得意忘形就不具意义？人生又能有几回忘形的得意？

你不妨在大雾时分得意一回吧，大雾不只会带给你猪皮那般实在的记忆，大雾不只会让你悠然地欣赏屋檐、冻土和草垛，大雾其实会将你裹挟进去，与它融为一体。当你忘形地驾着大雾冲我踉跄而来，大雾里的我会给你最清晰的祝福。

# 你听我说，兄弟

作者　范春歌

每次路过长江大桥，尤其是在深夜，我便会想到那些视两岸万家灯火不见、一意孤行地跃入黑漆漆的江水中的人，深深为他们叹息。

绝望的一跃也往往将一段或悲凉或凄婉的人生隐入江底，如果在他内心挣扎的那一刻，在他爬上冰凉的桥栏回望世界最后一眼的那一刻，有人出现在他的面前，亲切地说一声：你听我说，兄弟！

大概是二十年前吧，我曾目睹了一位年轻女子的求死。

那天夜里，已经十一点多了，我从江对岸的父母家乘公共汽车回家，经过已不见行人的长江大桥。

车快驶到桥中央时，我忽然发现桥栏旁边有两人在奋力撕扯，隐约看见其中一人竟站在桥栏外面，路边的那个男人好像试图将他往里拉！我被这一幕惊着了，大叫司机停车。司机没听清我叫什么，误以为我要中途下车，生气地将车门打开，当我冲下去的时候，汽车已呼啸着开走了。

我跑到桥栏边，这才看清，两手反抓桥栏面对漆黑江面的是个姑娘，凛冽的江风吹拂着她的衣襟，使她看上去像一只扑腾在危崖上的飞鸟。正隔着栏杆紧紧抓住她的，是一位年过五旬的民工模样的男子。

见我赶来，男人也顾不得解释什么，欣慰之情仿佛绝路之时见到了援兵。尽管添了一双手，可要将一个已翻过高高的桥栏一心寻死的人拉回来，并非易事，而且那个执拗的姑娘长得还比较胖。尽管我们累得气喘吁吁，但两手不敢有丝毫松动。

于是想到心理劝慰。我问男人是她家什么人，他的回答出乎我的意料：与姑娘素昧平生，是一位在这座城市打工的民工，为了节省车票钱，便徒步过桥，结果发现了这位刚翻过桥栏的姑娘。

我一边和这位善良的民工拉着姑娘，一边劝说她回心转意。

我说：我是记者，有什么冤屈或想不开的事，说出来也好帮你解决。还好，哭泣着的姑娘开口说话了，一口乡音。从她断断续续的讲述中，了解到她在附近的一家县城的针织厂打工，因为得罪了厂里的领导，从工种的安排到工资收入，都明显不公平。再加上和同事、家人的矛盾，内心的苦闷无处诉说。她再也忍受不了深渊般的生活，想一死了之。

听了这些话，我和善良的民工心里有底了，信心更足，便也各自将人生的苦水都倒了一遍。

老民工远离家人在城市打工，经历的酸甜苦辣能写一部小说：这个夜晚，没有拿到工钱的他囊中羞涩，徒步走过空空荡荡的长江大桥，心里何尝没有绝望过，但看见两岸闪烁的万家灯火，想到家中等待他寄回生活费的妻儿老小，他告诫自己，寻啥也不能寻死，因为活下来才有希望、才有明天。

他劝姑娘想想父母的养育之恩、血浓于水的兄妹之情，说她这一跃便是万劫不复、阴阳两隔。我则给她讲了一个曾从大桥上跳下去的人，没有溺死，忽然又爆发出求生的愿望，在经过一场极其痛苦的挣扎过程被人搭救上岸后，为一念之差懊悔不已的故事。

时间一分一秒地过去，桥上仍不见其他行人，我和老民工的胳膊也渐渐麻木。正当我们感到绝望的时候，姑娘哭着表示，她想开了。听她这么说，我们欣喜万分，两人一使劲，再加上姑娘的配合，一场悲剧紧急刹车。

重新回到大桥的人行道上，姑娘放声大哭，路灯下，她那张胖胖的脸庞被满是桥栏灰尘的双手抹成了大花脸，老民工不由得疼爱地笑了。

仰望长江上空的满天星斗，发现它们从未如此灿烂动人。

那天夜里，我提出留下陪姑娘，请老民工继续赶路，当我想从包里拿出点钱给他做路费的时候，才发现挎包在我冲下车的时候，遗落在公共汽车的座位上了。口袋里还有些零钱，但老民工怎么也不收，又语重心长地叮嘱了姑娘一番，才离开我们。

我陪着姑娘沿长江大桥向桥头走去，并说服姑娘和我一同回家。到了桥的另一端，姑娘说她再也不会干这种傻事了，请我放心回去，天亮她就去长途车站乘车返回离武汉不远的县城。

我不敢掉以轻心，在离桥头不远的地方找了一家旅社，给姑娘办好入住手续，并悄悄把事情的经过告诉了旅社的两位女服务员，让她们看护好这位刚从死神手里抢回的姑娘。然后飞快地跑到街上一家尚未打烊的杂货铺，去买毛巾、牙膏等洗漱用品。

当我回来的时候，旅社的两位服务员大姐正坐在姑娘房里和她聊天，她们劝姑娘洗把脸，她拿过毛巾看了看镜子里的大花脸，不好意思地笑了。我们这才长长地舒了一口气。

我这时才看清她的容貌：十九岁的她，一脸稚气，长着一对乌梅似的眼睛。

旅社的两位热心大姐劝我回去，说今夜轮到她俩值班，会一直陪着这位姑娘，接着又各自拿来编织了一半的毛衣，亲昵地递到姑娘面前，说要和她一起商量毛衣的款式。

看见她们脑袋抵着脑袋、脸对脸地讨论毛衣的编织技法。这样的场景，让我觉得连房间里橙黄色的灯光也绽放出了温暖的光芒。

我摸出口袋里剩余的零钱，足够姑娘明天搭车回乡了。

告别的时候，姑娘搂着我，说她会好好生活下去，就像民工大伯说的，活下去就有希望、就有明天。旅社的大姐热心地表示，车站离这儿不远，她们会亲自送她上车。

第二天，我没有接到她的电话，又过了几天，收到了她寄来的一封长信。她说：那天夜里她睡得特别安稳，第二天早晨六点半，踏上了回家的路，也踏上了生命的归程。她还说，回厂后遵照我们的建议和厂领导长谈了一次，环境得以改善。还说，当她给父母端上一盆热气腾腾的洗脚水时，母亲和她都哭了。

这件事过去很多年了，每当我路过灯火愈加绚丽的长江大桥，就会想起那个夜晚，那位身处艰难的世道却不乏善良的老民工，小旅社里热心肠的大姐，当然还有那位姑娘。

现在，她已经做母亲了吧。

每个人都会遇到身处绝境的时候，祈愿我们都能遇到一个人，他轻轻地来到身边，亲切地道一声：你听我说，兄弟……

# 我感到愉快的事

作者 〔美〕海伦·凯勒

我被带进了树木和花朵的秘密之中，直到我以爱的耳朵"听"到了栎树中树汁的流动，"看"到阳光在片片树叶上闪动。这证明了看不见的事物的存在。

我感到，似乎我们每一个人身上都有一种能力，能够领会从人类诞生以来所经历的一切事情和感情。每一个个人对绿色的大地和汩汩的流水都有着潜意识的记忆，失明和失聪不能剥夺世世代代赋予他的这一才能。这一继承得来的能力是一种第六感——一种灵感，能够将看、听、感合为一体。

在这里，我特别要写的是过去的那个夏天。考试一结束，我就马上到一个绿色的僻静去处——伦萨姆的三个著名的湖，我们在其中的一个湖边有一所小木屋。在这里，长长的、充满阳光的日子是属于我的，一切关于学习、校园和喧嚣的城市的思想都被抛到了脑后。世界上发生的事情，在伦萨姆我们得到的只是回声。我们知道，在我们这个伊甸园之外，人们在用辛勤的劳动创造历史，而他们本可以休假的。但是我们很少注意这些事情，这些事情会过去。这里是湖泊、树林、广阔的布满雏菊的田野和气息芬芳的牧场，它们将永远留存。

认为一切感觉通过眼睛和耳朵及于我们的人，认为我在城乡道路上行走时也许会注意到路面有没有铺过，对于我注意到的除此之外的任何其他不同都表示出了惊奇。他们忘记了我的整个身体对于周围的情况是十分敏感的。城市里的隆隆轰鸣撞击我脸上的神经，我感觉到看不见的人群不停顿的脚步，这些不协调的骚动使我烦躁不安。如果眼睛看得见的人的注意力没有被嘈杂的街道上不断变化的景象所转移的话，沉重的运货马车在坚硬的路面上的碾磨以及机械单调的铿锵声对他们神经的折磨会更严重。

在乡间，人只看到大自然的美丽，你的灵魂不因拥挤的城市中仅仅为了生存而进行的残酷斗争而悲伤。我去过好几次穷人生活的狭窄、肮脏的街道，一想到善良的人居然会安于居住在漂亮的房子里，成长得强壮漂亮，而其他的人则被迫居住在可怕的、没有阳光的出租房里，变得丑陋、憔悴、畏畏缩缩，我就感到激动和气愤。我摸过他们粗糙的手，意识到他们的生存必定是一场永无休止的斗争——不过是一连串的东奔西跑，想努力做点什么又不断受挫。他们似乎生活在努力和机遇的巨大落差之中。我们说阳光和空气是上帝给一切人的无偿赠予，情况真是这样的吗？

我又一次感受到脚下松软而有弹性的土地，沿着长满草的小路走向丛生着蕨类植物的小河，我可以把手指浸泡在一串串潺潺流动的音符之中，或攀爬过一堵石墙进入绵延起伏、快乐奔放的绿色田野，这是多么快乐的事啊！

情感

# 这才是爱情里最重要的事

作者　李筱懿

一凡是我最难忘的朋友，只是，在她 28 岁的时候，上天就把她从我们身边带走了。

如果你认识她，或许会和我一样喜欢她。

她是个既安静又开朗的姑娘，言语恰到好处，有她在，既不会觉得聒噪，也不会感到冷场。她周到地照顾着每个人的情绪，也能委婉地表达自己的观点。她散发着温和的光彩，从不灼痛别人的世界。

就是这么一个姑娘，28 岁之前，她都是幸运的。

从重点小学、初中、高中毕业，顺利考上重点大学；大学里和高高帅帅的学长恋爱，毕业后嫁给他；工作地点距离父母的住所只有 20 分钟步行路程，中午可以悠闲地回到从小生活的地方吃饭、午休；生了个好看的女儿，被外公外婆视若珍宝抢着带，自己也没有变成臃肿的新手妈妈；工作体面平顺，按部就班地晋升，由于处事大方得体，同事关系也融洽，是个被领导器重的中层干部。

生活如果看起来美好得像假的，那十有八九就是假的，或者，命运会在最出其不意的时候来个反转，刷刷存在感。

我还记得那是某个夏天的傍晚，一凡头一回没有事先打电话就直接到我的办公室，我忙着手里的活，她坐在我身边的椅子上呆呆地咬着指甲，等我忙完，她惨淡地笑着，眼神愣愣地说："筱懿，我得癌症了。"

卵巢恶性肿瘤。

这是一种早期很难被发现的女性重

症，除了遗传性卵巢癌之外，没有多少可行的预防措施，只能早诊早治，争取早期发现病变。

可是，一凡发现的时候，已经不早了。

我怀疑上天预先知道她的人生结局，才安排了好得不真实的这28年，然后海啸般吞噬一切，只留下光秃秃的沙滩，像是对她幸运人生的最大嘲讽。

那天，我和我认识了20年的姑娘——我的发小一凡，在我们走过了无数次的林荫路上来来回回地踱步，我拉着她冰冷的手，努力不在她面前流泪。

突然，她停下来，轻声对我说："别告诉任何人，我已经这样了，我父母、老公、女儿还得继续生活，让我想想，怎么安顿好他们。"

她抱抱我，转身回家。第一次，她没有嘻嘻哈哈地挥手向我告别，而是头也不回地走远。我看着她的背影完全消失，才蹲在地上放声大哭。

每天，我都装作若无其事地给她打个电话，她的语气日渐轻松。半个月后，她在电话里说："我解决好了，咱们中午一起吃饭吧。"

在她最喜欢的菜馆，她小口地喝着冬瓜薏米煲龙骨汤，我不催，她愿意说什么，愿意什么时候说，随她。

"我先和老公说的。我给他看了病历，对他说，老公啊，我陪不了你一辈子啦，你以后可得找个人接替我好好疼你呦。

"女儿太小，你父母年纪大，又在外地，今后你独自带着小姑娘，大人小孩都受罪。我父母年纪适中，女儿又是他们一手带大的，你要是同意，今后还让他们带着，老人有个伴儿，你也不至于负担太重，能匀出精力工作、生活。

"咱们两套房子，我想趁我还能动，把现在住的这套过户给我父母：一来，给他们养老；二来，如果他们用不上就算提前给女儿的嫁妆。如果你不介意，把我那一半存款存到女儿户头上，算她的教育基金。另外那套新房子，你留着今后结婚用，你肯定能找个比我更好的姑娘，得住在和过去没有半点关系的新房子里才对得住人家。"

我问："他怎么说？"

一凡放下汤勺："他没听完就快疯了，说我胡扯，让我先去把病看好。可是我知道根本看不好。

"我想让老公没有负担地开始新生活，他那么年轻，不能也不值得沉没在我这段生活里；我想给女儿有爱和保障的未来，不想她爸爸凄凄惨惨地带着她，也不想让她面临父亲再婚和继母关系的考验，那样既难为孩子也难为她爸爸；我还想给父母老有所依的晚年，他们只有我一个女儿，两人还不到 60 岁，带着外孙女好歹有个寄托，他们还算是有知识的老人，孩子的教育我不担心。

"我不想为难人性，更不想用最亲爱的人今后的命运去考验爱情的忠贞，或者亲情的浓稠。我只希望在我活着的时候，在我力所能及的条件下，把每个我爱的人安置妥当。生活是用来享受的，而不是拿来考验的。

"我和老公讲道理，他最后同意了，他明天送我去住院，然后，我们一起把这事儿告诉我父母，这是我们小家庭商量后的决定。"

一凡半年后去世了。

就像她生前安排的那样，女儿在外公外婆家附近上幼儿园，维持着原先的生活环境，老公每天晚上回岳父岳母家看女儿，也常常在那儿住。他们的关系不像女婿和岳父母，倒像儿子和父母亲。

两年以后，她的老公恋爱了，对方是个善良知礼的姑娘，另外那套房子成为他们的新居，婚礼上，除了男方女方的父母，一凡的父母和女儿也受邀出席。

因为无须在一起近距离生活，所以大家几乎没有矛盾，女儿也喜欢漂亮的新妈妈，每年清明，大家一起给一凡送花儿。

在一个原本凄惨的故事里，每个人都有了最好的归宿。

每个人都因为一凡的爱而幸福安好，这才是真正的爱情，以及亲情——不只有激情，不仅是索取，不光为自己，还有对他人的善意与安置。

曾经，我以为爱情里最重要的事是"爱"本身，一凡让我明白，"爱"本身不难，难的是许对方一个看得见的未来，爱情里最重要的事，是我知道自己会离去，却依旧要照顾好你，给你一个妥帖的未来。

这才是一个女人柔韧的坚强、宽阔的善良，以及无私的爱。

# 你必须爱我

作者　陈　彤

我老公第一次到单位找我的时候，还只是一个老公候选人，嫁还是不嫁？他工作一般般，没有房子，没有存款，没有车，而且在短期内看不到明确的升职前景。可是在婚姻市场上，作为一名女性，我又有什么优势？我同样没有存款、没有车、没有房。

"妾乘油壁车，郎骑青骢马"的浪漫不属于我们。我们的结婚喜宴差得我都不愿意回顾，至今依然觉得对不起那些给我们出了"份子钱"的朋友。但很快，我就走了狗屎运——升职、加薪、出书，日子变得轻快起来，我们买了车，在郊区有了房，我开始喜欢大手大脚地花钱，他却不习惯——他那个时候想创业，所有想创业的人都对不必要的奢侈嗤之以鼻。

男人是厚积薄发的，他也开始走狗屎运，甚至有一天他对我说，他准备去香港。他在他们公司的网站上看到一则招募员工的广告，他比照了自己的条件，而且打了电话，说他这样的报名就能批——在香港工作，一年的收入比内地两年的还要多，唯一的要求是不能带家属，而且一签最少是 5 年到 8 年，中间可以回来探亲。

然后是他忙他的，我忙我的，忙到有一天我一阵眩晕，开始以为只是怀孕，但不久就得知结果远远比怀孕要严重得多——我得了一种罕见的危及生命的肿瘤，这种肿瘤直到 20 世纪 50 年代，还是全世界范围内的绝症——所有得上的人无一幸免。

他等在拥挤不堪的医院走廊里，假装在看一张报纸，但是我看到他的眼泪早已经把报纸打湿。命运仿佛跟我开了一个无比残酷的玩笑——我刹那间失去了一切。没有男人会爱我这样的女人——不再年轻、失去健康、丧失工作能力。但是我想活下去，我对他说："我想活下去。"他看着我，说："你一定要活下去，要活到很老很老，否则你对不起我，对不起我什么都不干陪着你。"

我每天都忧心忡忡——我的老公 32 岁，他为了陪我，已经整整半年没有上班了。32 岁，对一个男人来说意味着什么？机会稍纵即逝，我不想耽误他。我们开始争吵。有一天，我大喊大闹非要离婚，于是他开车带着我去办手续，但是到了门口，他忽然掉转车头。当时我假装凶狠地大喊："你为什么不停下来？咱们离婚啊！"

老公对我说："可以离，但是不能今天离。"

"为什么？"

"因为你今天并不是真的想离婚。"

"那你呢？你想离吗？你肯定想离，要不，你带我到这儿来干什么？"

"我是吓唬你的。"

"那么你会一辈子和我在一起，始终如一吗？"这是我的心魔。

"我说会，你就信吗？这个问题你不该问我，你该问你自己。"

我问了自己这个问题——直到我认为再不能用这个问题折磨自己了——世界上到底有没有永远不变的爱，正如人死后究竟有没有灵魂一样，这是一个信仰问题。当你相信的时候，它就存在，反之，它就不存在。如果你过分执着于得到一个最终的证明，你就会像与风车作战的堂吉诃德一样，不但徒劳，而且必将遍体鳞伤。

我最终意识到，我并不是想和他离婚，我是希望他留下来陪我，我之所以经常哭闹，是因为我害怕他嫌弃我。

现在，我们还是会争吵，但那只是夫妻间的争吵；我们还是会沮丧，但谁没有情绪低落的时候。不同的是，我重新燃起了生活的希望。我对他说："经过慎重考虑，我决定邀请你与我共渡难关。"他朗声大笑："你还有没有其他后备人选？"

我之所以讲这个故事，是想告诉你，生活中总有风风雨雨，你爱一个人，这个人也爱你，意味着什么？意味着你们原本是打算风雨同舟的。但是当风雨来临的时候，你还是会恐惧。大部分女人的恐惧就是选择"安静地走开"——我不够好，我不愿意拖累你，看到我现在这个样子，你肯定不喜欢，于是违心地说"我们分手吧"，以为自己率先提出，总是会更好一点。

在教堂结婚的时候，两个人起誓说无论贫穷还是富有、疾病还是健康，都将一如既往地相爱，直到死亡把我们分开。说这话的人是不是觉得这只是说说而已？一旦有一个人遇到问题了，另一个人如果留下来，那么就是对自己人性的忽视。如果是这样，何必要结婚呢？干脆当初就写好协议：我只爱你富有，如果你贫穷了，别怪我离开，我还有选择美好生活的权利；我只爱你健康，如果你生病了，对不起，那是你倒霉，千万别拖着我。

其实，我知道和现在的我相比，他当然更爱年轻时代的我，那个时候我才华横溢，更关键的是，我健康、充满活力。但是，什么叫爱？如果爱就是截取一个人生命中最灿烂的时光，之后远走天涯再去寻找新的灿烂，那叫爱吗？

在我们的婚姻经历七年之痒的时候，命运给我安排了一场突如其来的灾难，我常常想，如果没有这场灾难，也许我和他早已劳燕分飞，因为我们已经没有在一起的理由了——他去香港可以拿到双倍的薪水，而我也可以像时尚杂志中的单身贵妇一样再寻寻觅觅，找一个配得上我身份和收入的男人。但是命运不是这样安排的，它让我懂得生活远不是一场投资游戏，你甚至永远无法知道什么样的男人是配得上你的，因为你不知道命运对你的安排——它可以使你瞬间失去一切，使你没有任何谈判的资本，使你配不上任何人，只要那个人四肢健全、五官端正。

如果我能活下去，我一定要对每一个人说，如果一个人爱你，他（她）必须爱你的生命，否则，那不叫爱，那叫"醒时同交欢，醉后各分散"。那种爱，虽然时尚，虽然轻快，但是毫无价值，因为你只要如日中天、一帆风顺，那种爱比比皆是、唾手可得。

无论你的生活遇到什么问题，你要记住——你没有选择，你必须让他了解这一点，并且说服他参与你的生活，你要告诉他，他的参与对你有多么重要。

在该坚强的时候要坚强，但是在最亲爱的人面前，你要真实。你不妨直说，野蛮一点："你必须爱我，你没有选择，如果你离开我，我将恨你。你说过无论我们的生活如何艰难，你都会和我在一起，现在就是这个时候，你该兑现你的诺言了。我需要你，你必须留下来！"

爱需要我们共同的努力，"亲爱的，我需要你。"说出这句话并不丢人。

# 我的哥哥史铁生

作者　史　岚

我抬头仰望天空，天空是一面大大的玻璃，大得没有边际。玻璃后面好像是另一个世界，有些人靠近玻璃向下观望，就像坐观光电梯，里面人来人往。人们一律穿着黑衣，大多表情凝重，也有的行色匆匆。

我不记得我哭喊了些什么，总之我是冲着玻璃拼命地哭喊了。他——我哥哥，不知怎么从里面走出来了，一下就到了我的跟前，就像我上幼儿园的时候一样，他胳肢我、捏我，跟我说："你别哭，以后要是想我了，就到这儿来找我，到这儿就能看见我。"

我醒了。我从来没有做过这么清晰的梦，梦里的情景清楚极了，身上甚至有刚刚被他捏过的感觉。是啊，这么长时间没见面了，真想他。

我们兄妹年龄相差十二岁多，按照

属相应该算是十三岁。在我刚开始的记忆中他就已经是个大人了。那时，他快念完初中了，因为"文化大革命"学校不上课，他过得很逍遥。有时妈妈忙，他就去幼儿园接我。我们住在北京林业学院的宿舍，那时候操场上经常放电影，他想看，我也吵着要看，他只好一只手拿折叠椅，一只手抱着我去操场。因为我那时太小，看不太懂电影，经常看到一半就闹着要回家，他只好无奈地抱我回家。为此很多年以后他还经常提起，说我耽误了他看多少好电影。

还记得他插队走的那天，我和妈妈去学校送他。我那时五岁多，看到满街的大红标语，学校里锣鼓喧天、彩旗飘舞，还很兴奋，根本没注意到妈妈眼里含着泪水。他和同学们一起走了，我和妈妈回到家，这时我才猛然看到妈妈已经是泪流满面了，我也意识到要有好长一段时间见不到他了，于是赶紧跟着妈妈一起哭。过了不久，我们也被下放，要去云南了，妈妈写信给他，他从陕北回来和我们一起去云南。记得我们在昆明玩了几天，他就要返回陕北，我当时一点都不知道将要发生什么，只是好奇他下次探亲是回北京看奶奶还是来云南看我们。

我清楚地记得有一天放学回来，看见妈妈哭了，我当时没敢问，晚上妈妈告诉我哥哥病了，我们可能要回北京。我不知道哥哥病得多严重，但是回北京对我来说是个不小的诱惑。

我们回到北京的家，见了奶奶，铁桥哥哥当时也在。

好像没过几天，哥哥就从陕北回来了，我清楚地记得当时他走路需要一只手扶着墙，走得有点慢，但样子是高兴的，见到我们和邻居有说有笑。八岁的我以为一切都会好起来。

爸爸一边带着哥哥到处看病，一边给我联系学校。由于我在丽江的学校不正规，户口又没落实，学校领导没有马上答应要我。爸爸只好提起哥哥，因为哥哥是这所学校毕业的特别优秀的学生，这么多年了，学校的老师们都没忘记他。于是我就插班上了二年级。可是我慢慢发现爸爸越来越沉默，有什么事只写信跟妈妈说。哥哥的情绪越来越差，病情也不见好转。我开始担心了，好像每天都悬着一颗心，老觉得要有什么不幸发生。

不久，哥哥走路越来越费劲了，他动不动就发脾气。看见他把鸡蛋羹一下扔向屋顶，把床单撕成一条一条，我吓得已经不会哭了，只是大气不出地看着，盼着这一天赶紧过去，可是又怕明天还会发生什么。我亲眼看见他把一整瓶药一口吞下，然后疼得在床上打滚，看见他一把摸向电源，全院电灯瞬间熄灭。我才知道什么是真正的恐惧和绝望。这种事情经常发生。但有时候哥哥的情绪会变得很好，也许是暂时忘了病，他会高兴地和我玩儿，使劲地捏我、胳肢我，讲鬼故事吓我。我们俩一起在床上打滚，我夸张地叫唤。只有这时候，爸爸和奶奶才会露出笑脸。不久，哥哥住进了友谊医院。

哥哥在友谊医院一住就是一年多，他和医生、护士们都成了好朋友。我经常看见医院的走廊里挂着漂亮的黑板报，他们说那是哥哥写的；有时候哥哥又会拿来一本油印的医书，那是用他坐在病床上一笔一画刻的蜡版印成的。医生、护士每次见我们都夸他，也会惋惜命运对他的不公。我清楚地记得他是扶着墙走进了医院，一年多后，是朋友们背着、抬着他回到了家。

出院后的第一辆轮椅，是爸爸和邻居朱二哥一起设计、找材料，再拿着各种零件找地方焊接，最后自己组装而成的。有了它，哥哥就可以从那不足十平方米的小屋里出来，在院子里自由活动。他的第一辆手摇的三轮轮椅，是他的同学们凑钱买了送给他的，他摇着它去过好多地方，包括天坛。

在这期间他看了好多书，还自学了英语，后来又到街道工厂去干活。我去过他工作的街道小工厂，他管它叫小作坊。几间低矮的小平房，十几个大爷大妈每天在这里往一些旧家具上画山水、仕女。仕女的脸美不美，关键要看哥哥怎么画——他负责画脸，用他们的行话叫开眉眼。有时候，他摇着轮椅从工厂下班回来，会神秘地冲我伸过来一个拳头："猜，是什么？"然后还没等我回答就张开手——是五块钱，是他领到工资给我的零花钱。

那时候，每到周末，他的小屋里就会挤满他的同学，他们聊天、唱歌、争论，热闹极了。这时候我总是坐在一边听着，觉得他们真了不起，崇拜他们什么都知道。我还经常翻看他的书，他那里老有好多书，是他的同学或朋友们带来的。后来我发现他在一大本一大本地写东西，他不说，开始也不让我看，但我知道他开始写作了，而且相信他一定能写成。

那些年文化和娱乐活动很少，所以看电影成了人们期盼的事。交道口电影院离我家不远，有时，我会花几毛钱买两张电影票，然后他摇着轮椅，我在旁边跟着。他把轮椅停在角落里，就坐在轮椅上看，看完我们一路聊着电影的内容回家。那段时间，我和哥哥经常交流，他心平气和地给我讲了好多事。

有一阵儿，他尝试着给一个工艺美术厂画彩蛋，我负责把鸭蛋抽成空壳。后来，妈妈为了让他开阔眼界，买了一台黑白电视机，我们俩一起兴奋地跟着电视学英语，看《动物世界》。他最爱看体育节目，我也不懂装懂地跟着看。

可是老天爷并没有饶过我们，我后来才慢慢体会到了妈妈心里承受着怎样的痛苦。哥哥的病虽然暂时平稳，但终身残疾是肯定的了。作为母亲，她要时时担忧儿子的将来，担忧他的生活和幸福。妈妈是请事假回来的，云南的单位早就停发了她的工资，而且一直在催她回去，可是家里又确实离不开她，当时她的心里承受着怎样的煎熬啊！本来就体弱多病的她身体每况愈下，终于有一天承受不住了。1977年春天的一个下午，她突然开始大口吐血，爸爸和邻居把她弄到哥哥的轮椅上，送去医院，她住进了重症病房。我去看她，她让我别害怕，嘱咐我照顾好哥哥，说她做个手术就好了。手术做完了，她一直昏迷。大家想尽一切办法，可是情况越来越糟。不到十四岁的我，守在妈妈身边，看着她艰难地呼吸着，我感到那么无助。当她在昏迷中痛苦呻吟、大声叫喊的时候，我吓得浑身发抖，躲到隔壁卫生间里打开水龙头，让流水的声音压过妈妈痛苦的叫声。终于，妈妈熬不住了，在昏迷了一周之后，扔下我们走了。哥哥的好朋友燕琨大哥背着哥哥去见了妈妈最后一面。

我居然没有哭，我不知道怎么办，哭不出来，整个人都傻了，隐约觉得这回这个家的天真塌了。送走妈妈之后好久，我不知道脑子里想的是什么，只是机械地做着该做的事。如果能够就这样慢慢忘记痛苦该多好！可是我没料到，痛苦会慢慢地又如此强烈地向我们三个人压过来，让我们好几年都缓不过气来。

我不知道怎样描述我们三人当时的境况，我们表面上还像往常一样，忙着各自的事。哥哥仍然到街道工厂去干活，

业余时间仍在写作。爸爸每天去上班，回来料理家务。我上中学。学校离家很近，中午放学回家，邻居朱大姐一家已经帮助哥哥进了门。我要么热一热爸爸早晨做好的饭，要么就和哥哥一起捣鼓点吃的，然后再去学校。我们就这样一天天地过着看似平静的日子，但我知道，我们的心里都承受着巨大的痛苦。对妈妈越来越强烈的思念，就像是一股巨大的力量，把我们的心撕扯得支离破碎。

哥哥那么年轻就废了双腿，未来一片迷茫，偏偏他从小就优秀而要强。直到我也做了母亲，才真正体会到妈妈面对这样一个残疾的儿子，心里要承受怎样的痛苦。就像哥哥在文章里说的，上帝看妈妈实在熬不住了，就招她回去了。妈妈在天堂一定是个幸福的人。

妈妈走后不久，我们搬离了前永康的小院，住进了雍和宫大街26号的两间平房。在这里，哥哥的作品开始发表了。那时候家里经常会来好多人，有哥哥的同学——恢复高考后，他们大多考上了大学，还有文学圈里的作家、编辑。他们经常把哥哥的小屋挤得满满的。他们谈文学、谈时事、谈大学里的所见所闻，也谈对将来的想象。这段时间，家里总会有好多的文学书籍和期刊，我拼命地看，爱看极了，心里对文学充满了向往。

also是在这段时间，哥哥的同学孙立哲因为受到"四人帮"牵连，也因为身体突发急病，身心备受打击，不愿意自己在家。他索性搬到我们家，我们在一起生活了一年多，像一家人一样。

记得那时候，我每天放学回家，爸爸一般还没回来，立哲哥哥已经在做饭了，我赶紧帮忙。他特会指使我，我忙来忙去地跟着他转，最后饭还是算他做的。不过他也挺有本事，有时候不知从哪弄来一条鱼，过几天又弄来一只鸭。基本上是哥哥凭着想象告诉我们应该怎么做，然后我和立哲哥哥动手。不管味道如何，我们都吃得香极了。也有的时候，他们俩情绪都不高，躺在床上长吁短叹，后来我越发理解了他们当时的无奈。周围的同龄人都上大学或工作了，可他俩却因身患疾病，前途迷茫。尽管这样，他们都没放弃自己想要做的事儿，哥哥一直坚持写作，立哲哥哥一边在火炉上熬着药，一边趴在床上看着厚厚的医书，准备参加研究生考试。

哥哥后来成为那么多人喜爱的作家，写出了那么多优秀的作品，但我知道他不会忘记我们一起度过的那段艰难的日子。他也许会和我一样有个永恒的梦，但我愿那梦不再是痛苦的，愿我们还能在梦里相见。

记得很多年以前，我们一起闲聊时就经常谈到生死的话题。我常常问："死到底是怎么回事？是一切都消失，什么都没有了吗？"他说："可能不是，等我死了，一定会想个办法告诉你。"我现在会常常想起他的这些话，会在心里和他聊天。我告诉他：我去给父母扫墓了，清明的时候我们去地坛了。参加完小水的毕业典礼，我告诉他：小水毕业了，开学就要读研了……我知道他也会用他的方式告诉我：他那里不再有病痛，他在那里能跑能跳……我们用我们特有的方式交流着，许多话不用说，但都能懂。天上、人间，相距并不遥远。

# 母亲情怀

作者　叶倾城

那天是周末，说好了要同朋友们去逛夜市，母亲却在下班的时候打来了电话，声音是小女孩般的欢欣雀跃："明天我们单位组织春游，你下班的时候到威风糕饼店帮我买一袋椰蓉面包，我带着中午吃。"

"春游？"我大吃一惊，"你们还春游？"想都没想，我一口回绝，"妈，我跟朋友约好了要出去，我没时间。"

跟母亲讨价还价了半天，她一直说："只买一袋面包，快得很，不会耽误你……"最后她有点生气了，我才老大不情愿地答应了。

一心想速战速决，刚下班我就飞身前往，但是远远看到那家糕饼店，我的心便一沉：店里竟挤满了人，排队的长龙一直蜿蜒到店外。我忍不住暗自叫苦。

随着长龙缓缓地向前移动，我频频看表，又不时踮起脚向前张望，足足站了近二十分钟，才进到店里去。我已是头重脚轻，饿得两眼冒金星。想到朋友们肯定都去了，更是急得直跺脚。春天独有的温柔的风绕满我周身，而在出炉的面包的熏人欲醉的芳香里，裹挟的却是我一触即发的火气。真不知母亲是怎么想的，休息日在家休息休息不好吗？怎么会忽然心血来潮去春游，还说是单位组织的，一群半老太太们在一起，又有什么可玩的？而且春游，根本就是小孩子的事，妈都什么年纪了？

前面的人为了位次爆发出激烈的争吵，有人热心地出来给大家排顺序。计算下来我是第三炉最后一个。多少有点盼头，我松口气把重心换到另一只脚上接着站。

就在这时，背后有人轻轻叫了声：

"小姐,"我转过头去,是个不认识的妇女。我没好气:"干什么?"她的笑容几近谦卑:"小姐,我们打个商量好吗?你看,我只在你后面一个人就得再等一炉。我这是给儿子买,他明天春游,我待会儿还得回家做饭,晚上还得送他去奥校听课,如果你不急的话,我想,嗯……"她的神情里有说不出的请求,"请问你是给谁买?"

我很自然地回答:"给我妈买,她明天也春游。"

没想到,当我做出回答时,整个店突然在刹那间有了一种奇异的寂静,所有的眼光一起投向了我,我被看得怔住了。

有人大声问我:"你说你给谁买?"我还来不及回答,售货小姐已经笑了:"嗬,今天卖了好几百袋,你可是第一个买给当妈的。"

我一惊,环顾四周才发现,排在队伍里的,几乎都是女人。从白发苍苍的老妇到妙龄少妇,每个人手里的大包小包,都在注解着她们的母亲和主妇的身份。

"那你们呢?"

"当然是买给我们的'小皇帝'的。"不知谁接了口,大家都笑了。

我身后的那位妇女连声说:"对不起,我没想到,我没想到这家店里人这么多,你都肯等,真不简单。我本来都不想来了,是儿子一定要,一年只有一次的事,我也愿意让他吃好玩好。我们小时候春游,还不是就挂着个吃?"

她脸上浮出的神往的表情使她整个人都温柔起来。我问:"现在还记得?"

她笑了起来:"怎么不记得,现在也想去啊,每年都想,哪怕就是只在草坪上坐坐,晒晒太阳也好啊——到底是春天。可总没时间。"她轻轻地叹了口气,"大概,我也只有等到孩子长到你这种年纪时,才有机会吧。"

原来是这样,并不是母亲心血来潮,而只是母亲心中一个埋藏了几十年的心愿,而我怎么会一直不知道呢?我是母亲的女儿啊。仿佛是醍醐灌顶,我看到我自己竟是如此自私的人。

她手里的塑料袋里,全是饮料、雪饼、果冻……小孩子爱吃的东西。沉甸甸地,坠得身体微微倾斜,她也不肯放下来歇一歇。她向我解释:"都是不能碰不能压的。"她就这样,背负着她不能碰不能压的责任,吃力而又安详地等待着。

我说:"你太辛苦了。"她的笑容平静里有喟叹:"谁叫我是当妈的?熬吧,等孩子懂得给我买东西的时候就好了。"她的眼睛深深地看着我,声音里充满了肯定，"反正，那一天也不远了。"

只因为我的存在，她便有了那么大的信心吗？我在瞬间想起了我对母亲的推三阻四，整张脸像着火一样热了起来，而我的心，开始狠狠地发痛。

这时，新一炉的面包热腾腾地端了出来，芳香像原子弹一样地炸开。我前面的那位妇女转过身来："我们换一下位置，你先买吧！"

我一愣，连忙谦让："不用了，你等了那么久。"

她已经走到我身后，略显苍老的脸上明显有生活折磨的痕迹，声调却是天生只有母亲才有的温柔和决断："但是你母亲已经等了二十几年了。"

她前面的一位老太太微笑着让开了，更前面的只回身看一眼，也默默地退开去。我看见，她们就这样，安静地、从容地，一个接一个地，在我面前铺开了一条小径，一直通向柜台。

"快点啊，"有人催我，"你妈还在家里等你呢。"

我怔怔地对着她们每一个人看了过去，而她们微笑着回看我，目光里有岁月的力量，也有对未来的信心，更多地，只是无限的温柔。

刹那间，我分明知道，在这一瞬间，她们看到的不是我，而是她们长大成人的儿女。是不是一切母亲已经习惯了不提辛苦，也不提要求，唯一的小小的梦想，只是盼望有一天，儿女们会在下班的路上为自己提回一袋面包呢？

泪水模糊了我的双眼，通往柜台的路一下子变得很长很长。我慎重地走在每个母亲的情怀里，就好像走过了长长的一生，从未谙人世的女孩走到了人生的尽头。

终于读懂了母亲的心。

# 特别的赞美

作者　李碧华

结婚将近十年了还常想起丈夫之外的另一个男人，说起来有点想入非非的不应该。但仔细地自我检讨，我想的是和他之间发生的一件事，又不是他那个人，根本谈不上心灵走私，心里也就抛开罪恶感了。

事实上，我没有半点虚假。那天在信义路上碰到他，我还特意绕了大半个圈子避免打招呼。对他，随便打招呼其实很多余。

之所以难忘那件与他有关的往事，实在是因为他一个不经意的心意与话语，竟改变了我的一生。到现在，他还不知道。

那是个落雨的午夜，我加班后返家。弱不禁风的我和一辆年迈失修的小车一起奔驰在福和桥上。突然"砰"的一声，我的小车被后面疾驶而来的大车撞得东倒西歪。车已半毁，人已吓瘫；雨，嘀嗒个没完没了。

是个微醺半醉的男人，一点点酒意，让他的声音透着松软温柔。恨透了酒鬼的我居然马上原谅了他，因为他下车奔过来准备营救与道歉的速度太快，快到我认定他绝对是个不闪避、能扛下责任的正人君子。

可以想象的，就是他没有任何迟疑地带我离开现场，送我回家，知悉我并无大碍后，留了一张名片。

小事一桩啦！人平安就好，那车早该功成身退了，不用太心疼。

第二天，天已放晴，我忘却昨夜的倒霉，心情像阳光般准备把文案漂亮地写出来。上了楼梯，一眼瞧见我桌上那盆鲜花。从来没有人知道我的生日，而该庆祝的任何好事在近半年内不曾发生过一件。

署名是……哦，原来是那个撞我车的冒失鬼。其实，那真是件不足挂齿的小事，小到我不想费一丝力气去处理它，就算这辈子未曾有男人送过花，我也不认为自己需要借由"交通意外"来完成这第一次。

冒失鬼显然想要经由我俩进一步的深交来表达歉意，并获得宽恕。送花之后一个星期五，他执意来"约"我。我的妈呀！穿条破牛仔裤上车被载到一家私人俱乐部的我，放眼一看，共有五男五女盛装端着香槟等我。那冒失鬼也没有特别介绍我是谁，只在坐定后跟我说，五男五女都是知己好友，他邀我来是因为："想听一听意外中能保持镇定，意外后又保持善意的特别的女人说话。"

他告诉我，出入上流社会俱乐部是他工作的一部分，眼前所见的女子哪一个不是名门闺秀？可是，那个雨夜的意外相识，竟令他分秒无法忘怀："你实在非常特别。"

一个三十八岁、毫无姿色的女子获得他如此真心且日复一日、益发热烈的赞美，只因我未违本性地不在乎？或是不拘小节地我行我素？

那以后的半年，我随他参加了无数令我内心冲击、生命丰富、无关风月的聚会，根本不必去深究他已婚或未婚，彼此只是用心去抓紧两个人如磁铁般互吸的那点由衷的相惜。

他甚至还带我回家见他父母，简单地介绍："这辈子庆幸遇见的知己。"

相处相约的那一年，我深记他对我"特别"的慧眼赏识，以至于往后的每一个日子，即使他后来奉派外调，两人已完全没有联络，我都没忘记发扬他口中的"特别女孩"的特别，而让自己增添了无可言喻的自信及只有自己才能觉察出的前所未有的魅力。

凭着这股自信与魅力，我一年后遇见且捡到最后捡到的"大石头"老公。

冒失鬼，谢谢你那句特别的赞美，促成我特别的后半生。

# 痴心菜谱

作者 沈奇岚

曾经以为世界上最好吃的食物有两种：用来分享的，或者，需要争抢的。

把这两种最好吃的食物综合在一起的，是童年时代的冷餐会。一年一度的儿童节，每个小朋友都要从家里带两个菜，一个班级五十多人分成四组，每个小组把桌凳拼成可以围坐在一起的餐桌，所有人都拿出家里平时烧得最好吃的菜，摆在桌上。

班主任语重心长的训话常常额外增加我们的饥饿感，面对着满桌美食却不能马上开动还要听什么"未来属于认真学习的小孩"之类的话，心里只能暗暗盘算待会儿如何在大家一起扑食的时候抢到自己最想吃到的那几个菜。终于唱完了少先队队歌，听完了广播里的校长讲话，熬到了班主任讲话的最后一句："大家开始吧！"

如何形容那时的心情，眼前的美食简直就是世界上最值得奋不顾身的事物。用手用叉用筷用勺，又混乱又热闹的场面相当惊人。现在早已不记得自己当时抢到了什么，那些普通菜肴，为什么能激发我们那么大的热情？至今于我依然是个谜。

后来读了大学，没有人会热爱食堂。所以我有固定的一帮饭友，周末一起去学校周边的小店打牙祭。但是周一我们却喜欢去食堂，因为我们都从家里带了菜。芳姐经常带的是黄瓜炒蛋，筝筝常常带美味新鲜的虾。我总是喜欢带我爱吃的竹笋红烧肉。所以每个周一我们都可以分享到三个以上家里的菜。家里的菜从来不会经受所谓戏剧性的分享。从前隔壁寝室的女生被男孩子追，那男孩子就设计在深夜送了一个披萨给女孩整

个寝室的人吃，为自己大大加分。这份浪漫的食物，存了讨好的心意，那时的我们称那披萨是痴心披萨。那时的我们，哪里明白什么是真正的痴心。

家里的菜，我是好久没有吃了。这次回家过寒假，每日醒来，厨房的桌上总放着这样的字条：

岚岚：

1.小笼包吃之前再蒸五分钟。

2.馄饨在冰箱上面的盘子里，煮的时候，一定要等馄饨浮起来才能吃。

另，用蒸小笼包的锅子下馄饨。自己冲一点鲜汤。

这是妈妈给我写的菜谱，她如果外出就会给我留条，为我准备好材料，给我指点，比如"牛奶要热一热再喝"，或者"饺子在冰箱第二格里"。

这样的菜谱，她写了十多年了。要怎样的心意和情意，才能让她出门前一直惦记着这个还在睡懒觉的女儿？其实她不写，我也找得到这些馄饨或者小笼包。但是于她这是理所当然的事情。

世界上最痴心的是那些叫作"妈妈"的人，她们对孩子，有着毫无要求、从未犹豫和变动过的痴心，这是她们做菜时候的最好作料。所以冷餐会的饭菜那样好吃，所以周一的家常菜让人一直记忆犹新，所以我时刻惦念着家里的菜。那些不存任何讨好的食物，因为做菜的人觉得理所当然，所以格外珍贵。若不去领会这份关怀，便是辜负了它。

或许世上最好吃的食物只有一种，用那一片无条件的痴心做成的美味。那片情意，懂的人才能领受。

# 花香，逃不出爱的手心

作者　刘继荣

躺在病床上的时候，看一切都像生了病，自己没有力气走路，便感觉什么都不会走路。你看窗外的树，站了多少年，眼睁睁看着一树的青翠繁华，转瞬间凋敝冷落，看看这棵树，就像看到了自己。

孩子来了，他永远是开开心心的，他还不知道医生已经宣布，妈妈可能要永远躺下去，如果没有奇迹发生的话。

他一忽儿跑进跑出，没有一刻闲着。小小的脸上总有几道带泥的汗迹。

他拿着我的杯子，那是一只很精致的杯子，杯盖是淡蓝色的，里面藏着一个翠蓝的贝壳，仿佛藏着一小角凝固着的秋日的天空。

"妈妈，我给你捉了一只蝴蝶来！"蝴蝶在杯子里挣扎着，样子很狼狈，美丽的翅膀处处碰壁。

"妈妈，我给你摘了一朵花来！"花儿是白色的，在空杯子里躺着，杯子如同一张透明的网，网住一朵灰白的预言。

"妈妈，我给你把秋风捉来了。"他轻轻把杯子放在我的耳边，小心翼翼地打开盖，"你听，风的声音，是秋风。"

可是杯子里真的什么也没有，空空的，是空空的啊。风把一切都带走了，它自己又怎么肯留下来呢？

"妈妈，我给你把阳光捉来了。"杯子贴在我的手心，有微微的暖意。

"你闻一闻，跟去年的阳光是一样的味道。"

我想起去年秋天，我穿着几乎及地的长裙，行走在秋风里，满树萧萧的秋风，满天飘荡的白云，远处是堆雪的天山。

我用尽全力去推他的手，推开那只

比梦还空的杯子。

孩子跑了出去，蝶舞、阳光、花香、秋风，还有整个秋天都随他一道跑了出去，可是，我却无力去追，屋子里只有我和一地的杯子碎片。

过了一会儿，孩子飞快地跑进来，眼睛里还是湿的，可是却有一种奇异的光彩："妈妈，你的病快好了，你已经有力气推人了！"是吗？我大吃一惊，是啊，为什么我刚才没有意识到呢？我居然能够有力气推开孩子！那些碎片向我证明刚才的一切都是真的。那个杯盖没有碎，里面有一小角秋天明朗的天空，蓝蓝地凝固着，犹如一个单纯的笑。

一场大雪之后，我终于可以扶着孩子的手走路了。

大朵大朵的雪花在我的周围开放，我感觉那些花儿是从我的头发里开出来的，是从我的手指间开出来的，有阳光的味道，有花香的味道，有你在平淡而艰难的人世间体会到的一切味道。

轻盈的蝴蝶逃得真快，飘逸的花香逃得更快，等你听到它们的笑声时，已经没有了影子。越美丽的东西逃得越快，可是它们终究逃不出爱的手心，因为爱是一切美的归宿，它们迟早要回去。而那个小小的手心，小小的地方，就是爱逃不出的家园。

# 用对方的方式去爱

作者　张德芬

我的母亲是个勤劳的好女人，我自小就看到她努力地维持着一个家。她总是在清晨五点起床，煮一锅热腾腾的稀饭给父亲吃，因为父亲胃不好，早餐只能吃稀饭；还要煮一锅干饭给孩子们吃，孩子们正在发育，需要吃干饭，上学一天才不会饿。

每星期，母亲会把榻榻米搬出去晒，晒出暖暖的太阳香。下午，她弯着腰刷锅、洗碗，我们家的碗每一个都可以当镜子用，完全没有一点污垢。晚上，她费力地蹲在地上擦地板，一寸一寸仔细地擦拭，家里的地板比别人家的床头还干净，打着赤脚也染不到一丝灰尘。

然而，在父亲眼中，母亲却不是一个好伴侣。在我成长的过程中，父亲不止一次地表示他在婚姻中的孤单和不被了解。

我的父亲是个好男人，他不抽烟、不喝酒，工作认真，每天准时上下班，暑假还安排功课表，照顾我们的作息，督促我们做功课。他喜欢下棋、写书法、沉浸在古书的世界。在孩子们眼中，他就像天一样大，保护我们、教育我们。只是在母亲的眼中，他也不是一个好伴侣。我经常看到母亲在院子的角落暗暗地掉泪。父亲用语言，母亲用行动，表达了他们在婚姻中所感到的痛苦。我看到也听到父亲与母亲在婚姻中的无奈，也看到、感受到他们是如此好的男人与女人，他们值得拥有一桩好婚姻。可惜的是，父亲在世的时候，他们的婚姻生活都在挫折中度过，而我也一直在困惑中成长，我问自己："两个好人为什么没有好的婚姻呢？"长大后，我进入婚姻，才渐渐了解这个问题的答案。

在婚姻初期，我像母亲一样，勤奋持家，努力地刷碗、擦地板，认真地为婚姻而努力。奇怪的是，我不快乐，看看我的先生，似乎也不快乐。我想，大概是地板擦得不够干净，饭菜烧得不够好，于是我更努力地擦地板，更用心地做饭，但我们两个人还是不快乐。直到有一天，我正忙着擦地板时，先生说："老婆，来陪我听一听音乐。"我不悦地说："没看到还有一大半的地方没有擦？"话一出口，我呆住了，好熟悉的一句话——母亲过去经常这样对父亲说。我正在重演父母的婚姻，也重复着他们婚姻中的不快乐，一些顿悟出现在我的心中。

"你要的是什么？"我停下手边的工作，问先生。想到我父亲，他一直在婚姻中得不到他要的陪伴，母亲刷碗的时间都比陪他的时间长。不停地做家事，是母亲维持婚姻的方法。母亲用她的方法爱父亲，这个方法是给父亲一个干净的家，却很少陪伴他。而我也在用我的方法爱着先生，我的方法也是母亲的方法，我的婚姻好像也在走向父母的故事。

意识到这一点，我立即停下手边的活，坐到先生身边，陪他听音乐。我远远地看着地板上的抹布，像是看着母亲的命运。

我问先生："你需要什么？""我需要你陪我听听音乐，家里脏一点没关系呀。以后帮你请个钟点工，你就可以陪我了。"先生说。

"我以为你需要家里干净，有人煮饭给你吃，有人为你洗衣服……"我一口气说了一串觉得应该是他需要的事。

"那些都是次要的呀。"先生回答，"我最希望你陪陪我。"

原来我白做了许多工，这个结果实在令我大吃一惊，我们继续分享彼此的需要，才发现他也白做了不少工，我们都在用自己的方式爱对方，而不是用对方需要的方式。

此后，我列了一张先生的需求表，把它放在书桌前；他也列了一张我的需求表，放在他的书桌前。洋洋洒洒十几项需求，包括有空陪对方听音乐、有机会抱抱对方、每天早上吻别……有些项目比较容易做到，有些项目比较难，如"听我说话，不要给建议"，这是先生的需求。他说如果我给他建议，他会觉得自己像笨蛋。我想这真是男人的面子问题。于是我学着不给建议，除非他问我，否则我就只是倾听，连看到他走错路时也一样。

这对我实在是一条不容易走的路，但在需求的满足中，我们的婚姻愈来愈有活力。累的时候，我就选择一些容易的项目做，像"放一首轻松的音乐"，有力气的时候就规划"一次外地旅游"。有趣的是，"到植物园散步"是我们的共同需求，每次争吵之后去植物园，总能安慰彼此的心灵。其实这也可想而知，原本我们就是因为对植物园的喜爱而相知相惜，一起走入婚姻的，回到植物园就会回到多年前彼此相爱的心情。

现在，我知道了父母的婚姻为何无法幸福：他们都太执着于用自己的方法爱对方，而不是用对方的方式爱对方。自己累得半死，对方还感受不到，最后对婚姻的期待，也就因灰心而死了。

每个人都值得拥有一个好婚姻，只要方法用对，做"对方要的"而非自己"想给的"，好婚姻，绝对是可预期的。

# 完美的手

作者　林青霞

走进北京三〇一医院的病房，第一个映入我眼帘的，是一双平摆在一张小矮桌子上洁白细致的手。再往上移，见到的是仁慈、亲切的脸庞，他腰杆笔直地坐在木椅上，虽然已届九十六岁高龄，但你能感觉到他的灵魂是年轻的，他的思想是丰富的。

北京天气开始转凉了，我知道老人家特别怕冷，所以为他挑选了一条开司米围巾。我把围巾交到他手上，他笑着用手抚摸着说："眼睛看不清楚，用手感觉一下。"

他曾经说过，他活到九十几岁，洞悉世情，他认为最珍贵的就是真学问和真性情。我觉得——他——季羡林教授，就是这样的人。

和我一起探望他的朋友，问他知不知道我是谁，他瞧了那位朋友一眼，一

副"你们真把我当老人家呀"的模样，还幽了他一默说："全世界都知道。"逗得大家哈哈大笑。

朋友谈到他书中所说的和谐，他说那是人与自然的和谐，人与社会的和谐，更重要的是人与自身的和谐。又说人与自身的和谐要做到良知、良能。他解释良知就是人要有自知之明。记得书上说过，苏格拉底去求神，求的就是让他有自知之明。我不懂什么是良能，他解释良能就是不要不自量力，不要好高骛远去做超越自己能力的事情。我频频点头称是，这正是我要学习的功课，就是不要总是要求完美，以至无法达到心中所想而自讨苦吃。

我们聊了好一会儿，发觉他那双文人之手仍然保持在原来的位置上，看上去很寂寞。我忍不住握着他的双手。我

最喜欢见到老人家开心，也想抚摸那双写过无数好字、好文章的手。

我握着他的手，除了想讨讨文气，更希望把我内心的温暖传给他。这双手，历过近百年岁月的洗礼，写过上千万字的好文章，竟然没有留下任何烙印。不但手上没有疤痕，我还发现它竟然没有老年斑，相信此手正如其人，有他赤子之心的年轻和纯净。

他在《牛棚杂忆》中写道："我能够活着把它写出来，是我留给后代的最佳礼品。"我想上帝创造了这样伟大的学问家，再创造这双完美的手，必定是要降予它重任，让它把季教授的所见所想和所学传给世人。

冯友兰先生说得好："何止于米？相期以茶。"以季教授灵活的脑筋，加上一双完美的手，何止写到八十八岁，即使写到九十八岁甚至一百零八岁都不是问题。

那么他留给后代最佳的礼品岂止如他自己所说的《牛棚杂忆》，我相信将会有更多、更好的礼品留给世人，同时也将会带给社会许多许多的和谐。

临走的时候，听见他的助手杨锐叫了声"爷爷，他们回去了"，我心里充满了一股暖流。从没见过爷爷的我，一边往回家的路上走，一边想象着，我的爷爷必定也是这个模样。

# 最长的三里路

作者　倪萍

一生中走过很多路，最远都走到了美国的纽约，可记忆中走不够的却是从崖头长途汽车站到水门口姥姥家门口那条三里长的小路。

从一岁到三十岁，这条路来回走了一百多趟，走也走不完，走也走不够。

第一次单独走，也就六岁吧。

六岁的我，身上背了大大小小一堆包，胳膊挎的、胸前挂的、背上背的、手里拎的全都是包，三百六十度全方位被包包围着，远看就像个移动的货架。

包里装的没有一件是废物，对于居家过日子的姥姥来说全是宝。肥皂、火柴、手巾、茶杯、毛线、被单、核桃酥、牛奶糖、槽子糕……最沉也最值钱的是罐头，桃子的、苹果的、山楂的……口袋里被母亲缝得死死的是钱，这一路我不知得摸多少回，生怕丢了。

每次到了家门口，姥姥都会说："小货郎回来了。"姥姥说这话的时候，眼睛转向别处，听声音就知道她哭了。先前姥姥说滴雨星，后来我说下雨了。

六岁到九岁这三年，我不知道为什么看见这么多好东西姥姥会哭，九岁之后就懂了。

三里路，背了那么多包，按说我是走不动的，可我竟然走得那么幸福、那么轻盈，现在回想起来还想再走一回。只是那样的日子不会再有了，有的是对姥姥不变的情感。后来的很多年里，包是越来越少、越来越小了，再后来就干脆背着钱，那大包小裹的意思没有了，七八个包往炕上一倒，乱七八糟的东西堆一炕的那份喜悦没有了……

那时候，到了崖头镇，挤下长途汽车那窄小的车门，得好几个人帮我托着包。有几次我都双腿跪在了地上，瞬间又爬起来，双手永远护着那满身的包，起来还没忘了说谢谢。

也常听见周围的人说："这是外出的女人回来了！"他们没看清楚被大包小包裹着的那个高个子女人，其实还是个孩子。

背着包的我走在崖头镇的大道上，简直就是在飞。但快出镇口的时候，我的步子一定是放慢的，为了见见彪春子。

这是一个不知道多大岁数的女人，常年着一身漆黑油亮的棉袄棉裤流浪在街头。用今天的话说，彪春子就是一个"犀利姐"，全崖头镇没有不认识她的。老人们吓唬哭闹的孩子常说："让彪春子把你带走！"小孩儿们立马就不哭了。但同是小孩子的我不仅不怕她，在青岛上学的日子还常常想念她、惦记她。

八岁那年，又是独自回乡，我在镇北头遇见了她。彪春子老远就跟我打招呼，走近才知道她是向我讨吃的。七个包里有四个包装的都是吃的，可我舍不得拿给她。彪春子在吃上面一点儿也不傻，她准确无误地指着装罐头的那包说："你不给我就打你！"

我哭了，她笑了；我笑了，她怒了。

没办法，我拿出一个桃罐头给她。聪明的彪春子往地上一摔，桃子撒满地，她连泥带桃地吃一嘴，你这时候才相信她真是个傻子，连玻璃碴儿吃到嘴里都不肯吐出来。很多年后我都后悔，怎么那么小气，包里不是有大众饼干吗？

见了三里路上第一个想见的人彪春子之后，我就快步走了，直到想看看"两岸猿声啼不住"的丁子山时，我又慢下来了，舍不得"轻舟已过万重山"。

不高的山崖层层叠叠绿绿油油，几乎没有缝隙地挤在一起，山下是湍急的河水，一动一静，分外壮丽。再往前走到拐弯处是一个三岔口，从东流过的是上丁家的水，从北流过的就是水门口的水了。从没见过黄河的我以为这就是天下最大的河了。走到这儿我更是舍不得走了，常常一站就是几分钟，看那些挽起裤腿提溜着鞋袜过河的男女老少，有的站不稳会一屁股坐进水里。这番景象是我心中说不出的乡情。

再往前，我的心和脚就分开了，心在前，脚在后，就像在梦里奔跑，双腿始终够不着地。

三岔口往前走两分钟是水门口最大的一片甜瓜地，清香的瓜味牵引着我飞快地过去。

"小外甥，回来啦？先吃个瓜吧，换换水土！"

看瓜的叔伯舅舅几乎每年都招呼我

在这儿歇会儿，有一年他根本不在，我却也分明听见喊声。依旧是那个老地方，依旧没卸掉身上的七八个包，依旧是不洗不切地吃俩瓜，然后站起来往前走。你说是那会儿富裕还是今天富裕？从来没付过瓜钱，也从来不知道那大片的瓜地怎么没有护栏。

水门口的河道不宽，两岸远看像是并在一起的。夏天河床上晾满了妇女们刚洗完的衣服，大姑娘小媳妇举着棒槌，捶打着被面，五颜六色，真是怪好看的。走不上一百米我就能看出这里有没有我认识的，通常我不认识的都是这一年刚过门的新媳妇，剩下的基本都能叫出名字。我一路叫着舅妈、喊着舅姥地快速走过她们，因为这条路离姥姥家也就一百多米了。

这一百多米的路实际上是水门口村

果园的长度，这里的苹果树树枝和果子基本都在园子外。谁说"一枝红杏出墙来"，分明就是"棵棵果树关不住"。

最后的十米路是姥姥家的院子。先是路过两棵苹果树，每次也都是从这儿开始喊姥姥，等走过了长满茄子、辣椒、黄瓜、芸豆、韭菜、小白菜、大叶莴笋的菜地时，我已经喊不出姥姥了，眼眶里堵满的是咸咸的泪水。

三米的菜地恨不能走上三分钟，绊倒了茄子，撸掉了黄瓜……红的柿子、绿的辣椒，姥姥全都没舍得摘，就等着我这个在外的城里人回来吃。欢呼啊，豆角们！欢笑啊，茄子们！满眼的果实，满脸的笑容。

头发梳着小篡儿的姥姥出来了，我的三里之路走到尽头了。

我到家了。

# 锦　袍

作者　亦　舒

## 一

林舜芳十六岁那年跟外婆去算命。一间普通公寓，打扫得一尘不染，就在闹市中，能知过去未来的半仙是位外表寻常的中年妇女。

问清楚生辰八字后，半仙取出一只小算盘拨弄了一会儿，得到一个数字。她取出一本线装书，说："嗯，第一四七条。"

外婆问："这是我外孙女的命运？"半仙答："是。"

只见一古装女子身披一件异常华丽的锦袍，站在一条河边，凝视对岸，神情寂寥。外婆有三分喜悦："这表示我外孙女命好吗？你看图中袍子是何等华贵。"那女士笑笑："可是你看，袍子上有破洞。"外婆看仔细了，"哎呀"一声。果然，图中锦袍前前后后破了三个大洞。

外婆明白了："她父母丢下她不理，的确是她生命中一大遗憾。"这时舜芳反而笑了："有外婆这样疼我，这有什么关系？"那位女士一听此言，颔首道："小妹妹如此乐观，生活中便没有难题，所以有锦袍可穿。"外婆忧心忡忡地问下去："其余的破洞，又代表什么？""天机不可泄漏。"

老人想知道外孙女的命运，好放下一桩心事。舜芳深深感动，她认为外婆给她的爱，便是她一生中的那件锦袍。

考大学那年，外婆急得团团转："写信给你母亲，叫她支持你。"舜芳笑："外婆，我视奖学金如囊中之物，唾手可得。"

一点也不夸张,舜芳成绩优秀,是联考状元,不知多少家长不惜金钱,追着请她替子女补习。外婆满意了。"你母亲放弃你是她所做最不智之事。"

年轻人生活何等繁忙,她根本无暇自怨自艾。做事与做人,才是一生学问。一张文凭,进可攻,退可守,也算是锦袍加身了。

舜芳刚找到工作,外婆去世,一直在病榻旁维持镇定的她在办完大事后险些垮掉。上司爱默生对她分外照顾,不避人言。舜芳看清楚了形势。

如今,世上只剩下她一个人——外婆辞世,父母亲看样子余生也不打算与她相认。她需要有个可以商量的人。爱默生已有家室,他俩的感情不可能公开,但他提拔、栽培她不遗余力。一直到今日,舜芳都承认没有爱默生的话,她起码要多挨十年。

爱默生退休之际,舜芳饮泣。爱默生温和地说:"记住,喜怒莫形于色。"他走了。

虽然舜芳表现得若无其事,可公司里还是议论纷纷,都知道她曾是那个英国人的女人。爱默生为她建立的交际网包括各国代办的外交人员,又设法找人担保,为她取得一本护照,舜芳得到的

实在不少。为着他,名誉上受损也是应该的。

舜芳想起锦袍上的破洞来。多么贴切,多么逼真,多么传神。

舜芳还记得那个地址。她找回去,半仙打过算盘,说:"第一四七条。"

翻开线装书,仍是那幅图画。女子身披锦袍,站在江边凝望对岸。此时看来,更不是好兆头。舜芳问:"这是什么意思?"那位女士模棱两可地答:"锦袍总比破衣好得多。"

"她在看什么?""人生总有盼望。""她会得到渴望的一切吗?"那位女士看着她微笑:"你得到的已经不少。"

舜芳静静离去。她不知道那位女士记不记得她。画仍是那幅图画,锦袍上的三个破洞十分触目。她的命运并未因努力而改变。

二

舜芳在事业上堪称一帆风顺。她又乐意照顾同学,尽可能揽在身边做亲信,其中当然也有无信之人,她却不介意,"好人总比坏人多"是她的口头禅。然后,有传言道:"听说林舜芳要结婚了。"

那人叫沈培生,美籍,相貌端正,相当讨人喜欢。

舜芳翌年就结了婚。她并没有停下

来，从头到尾没有太多时间给沈培生以及家庭。已经太习惯靠自己，不重视别人的眼光与意见，遇事单独思考，把伴侣关在门外，舜芳的个人习惯牢不可改。

沈培生沉默了一年，终于告诉她："舜芳，我们不如分手。"舜芳完全意外。

"你不满意现状？""这根本不是婚姻生活。"舜芳的态度似与下属开会："依你说，应做出何种改进？""舜芳，放弃你目前的工作态度。"舜芳一愣，接着笑了，像是听到世上最不可思议的事一样。

"不行。"

沈培生颓然，取过外套，走出门去。第二天，舜芳飞到伦敦去见爱默生。过去有什么事，她总是与他商量，这次，她也想得到他的意见。

伦敦一贯爱下雨。她在一间酒馆等他。他推开玻璃大门进来时，她几乎不认得他。这个退休大班胖了近十公斤，却还穿着从前的西装，襟上纽扣都扣不拢。舜芳有点失望。士别三日，他整个人已经潦倒。

爱默生看着舜芳："你气色好极了。"舜芳苦笑："我的婚姻遭遇滑铁卢。""可是，"爱默生一如昔日那样了解她，"你才不在乎。"

舜芳自己反而吃了一惊："是吗，我不稀罕？"爱默生笑了。退休大班不失他

的机智聪明。

他们付账后到街上漫步，舜芳却已失去从前崇敬他的感觉。"舜芳，你已长大了。"

舜芳叫了计程车送他回去。这大概也是她最后一次见爱默生。

舜芳着手处理离婚手续。沈培生轻声说："舜芳，各人退一步……"舜芳十分冷静地抬起头来："我从不退步，我若动辄后退，便没有今天。"

"但，我是你的丈夫。""当初你认识我之际，便知道我是这个样子。"

沈培生气馁，黯然退下。可是在处理财产时，舜芳又出乎意料的大方。

"房子一时卖不出去。""不要紧，我搬出去，你仍住这里，男人居无定所会十分尴尬，我不想你不好看。"

这是一种对前任合伙人的义气，谁帮谁不要紧，何必翻脸不认人。

他们和平分手。同年，舜芳在公司拿到七位数的奖金，但是，她不知该与谁分享这个好消息。碰巧，沈培生约她出来。

沈培生说："舜芳，我打算再婚。房子所欠款项，我打算……"舜芳打断他："恭喜恭喜。"

"那百多万的款项我打算分期还你，家父愿意分担一部分，我……"舜芳再次

截住他："培生，当我送给你的礼物吧。"

"这怎么可以！舜芳，这于理不合。"

舜芳似笑非笑："这不是争意气的时候，我知道你想要孩子，届时开支庞大，有套属于自己的房子，多舒服。"

回到家中，舜芳也不知自己为何出手如此阔绰。也许，她只想尽快与他结束关系。

那一个黄昏，她站在可以看到海景的露台上凝视对岸的灯光。其实所有人的人生都似一件千疮百孔的锦袍，而此刻她呆滞的神情，一定像煞图画中的那个女子。

电话铃响了。美国总公司打来的，舜芳立刻忙起来。等她觉得累，又是好几年之后的事了。

## 三

沈培生已经有三个孩子，全是男孩，异常顽皮。听沈培生活灵活现地诉苦，舜芳会笑出泪来。

沈培生问："舜芳，你现在很有钱了吧？"舜芳点点头。"名气也很大了？"舜芳又点点头。"父母始终没有与你相认？"舜芳摇头。"那样，也不影响你功成名就。"舜芳微笑。"你比从前成熟多了，与你相处，真是愉快。"舜芳不语。

"听说，你与梁超明过从甚密。他这个人，据说是个光棍。"舜芳笑着说："某种程度上，我们都是江湖上的混混。""舜芳，你要小心。""多谢关心。"

太当心了，做人没有意思。放松一点，给人家利用一下，人家自然会拿东西来交换，彼此得益。一定要板着面孔等别人来真心奉献，就活该失望，世上哪有这种好事。

梁超明要创业，想利用舜芳的人脉。她若不肯帮他，他自然去求别人，哪里还留得住这个英俊狡黠的年轻人。你拿你所拥有的，去换你没有的，天公地道。这一点，舜芳很明白。

梁超明有意无意叫她投资之际，她微笑不言。舜芳看过那门生意的资料，内容无诈，可是，梁超明的聪明才智用来哄异性绰绰有余，拿来在商场打仗恐怕不够。好在牵涉的金额不太大，就当送件礼物给他好了，舜芳考虑了很久，答应参股百分之三十。

梁超明仿佛有点失望。舜芳的助手看不惯，舜芳说："就当帮一个朋友。""世上多的是朋友。""他能使我笑。"助手叹道："那我就无话可说了。"

生活中最要紧是快乐。可是，舜芳也知道，梁超明不是她锦袍上的花，而是第三个破洞。

她再一次去找那位半仙。门打开，

室内陈设一样未变，可是主人换了样子，是个年轻男子。年轻人说："她退休了，生意顶了给我做，一样灵。"

舜芳报出生辰八字，年轻人的电话铃响了。他跑去另一间房听电话，起身时把一本书碰到地上。舜芳的目光落到那本书上，咦，那不是她翻过两次的线装书吗？风吹过，书一页一页被掀动，舜芳看到内容，怔住了。

一页一页内容完全相同，全是女子身披穿孔锦袍站在江边凝望对岸。

舜芳忽然"嗤"一声笑出来。江湖伎俩，一本书用一张图就好骗钱。她猜想这种书有两本，一本画男人，另一本画女人，分别给男宾及女客欣赏。

她长长吁出一口气，开门离去。看样子谁也不能为她指点迷津，而生活总得靠自己，不然的话，袍子上绝对不止三个大洞。

回到公司，她站在落地窗前，凝望对岸。半晌，她请助手进来。

舜芳抬起头："请取消梁超明的投资个案。"助手听了，松一口气。

"你一直不赞成吧？"

"从来没有同意过。"

舜芳笑笑："原来，袍子上的洞，可以弥补。"

# 父亲的惊人人缘

作者　王安忆

父亲是一名话剧导演，真正是一派天然，再没有比他更不会做人的了，他甚至连一些最常用的寒暄絮语都没有掌握。比如，他与一位多年不见的老战友见面，那叔叔说："你一点儿也没老。"他则回答道："你的头发怎么都没了？"弄得对方十分扫兴。他不喜欢的、不识趣的客人来访，他竟会在人家刚转身跨出门槛时，就朝人家背后扔去一只玻璃杯。

姑母与叔叔每年回国看望我们一次，见面时，父亲总是很激动；分手后，他却松了一口气，因为他和他们在一起总会觉得寂寞。在他们面前，他对自己的价值感到怀疑。他这一生，只有两桩事业：一是革命，一是艺术。而在他们信奉的金钱面前，两桩事业都失了位置。

奇怪的是，像他这样不会做人的人，却有着惊人的人缘。1978年，父亲的胆囊炎发作，上海人民艺术剧院的男演员自发排了班次，两小时一班地轮流看护他，准时准点，不曾有误。我们经常看到演员们以他为素材演编的长篇喜剧，比如，喝了药水之后，发现瓶上所书：服前摇晃，于是便拼命地晃肚子；再比如，将给妈妈的信投到"人民检举箱"，等等。

曾有个朋友写过关于他的文章，提及一则传说，说他往鸡汤里放洗衣粉——他误以为是盐。而这位朋友却不知道，我父亲是连洗衣粉也不会朝鸡汤里放的。就在不久之前，他还不懂得如何煮一碗方便面。

洗短裤和袜子时，他先用强力洗衣粉泡一夜，再用肥皂狠搓，大约搓去半块肥皂，再淘清了晾干，倒的确是雪白如新。

他连一桩人间的游戏都不会，打牌只会打"抽乌龟"，不用机智，只凭运气。下棋只会下"飞行棋"，只需掷掷骰子，凭了数字走棋便可。他不会玩一切斗智的游戏，腹中没有一点点"春秋""三国"。他最大的娱乐，也是最大的功课，便是读书。书也为他开辟了另一个清静的世界，在那里，他自由而幸福，他的智慧可以运用得点滴不漏。

因了以上这一切，父亲在离休以后的日子里，便不像许多老人那样，觉得失了依傍而恍恍然、怅怅然。他依然如故，生活得充实而有兴味。他走的是一条由出世而入世，由不做人而做人的道路，所以，他总能自在而逍遥。因他对人率真，人对他也率真；因他对人不拘格局，人对他也不拘格局。他活得轻松，人们与他也处得轻松。也许，正因为他没有努力地去做人，反倒少了虚晃的手势，使他更明白于人，也更明白于世。

# 时尚那点小灵魂

作者　池　莉

三八妇女节这一天，法国大使馆举办了一个冷餐酒会。吃喝之前，有一场论坛。我与其他几位嘉宾得上台讨论一番。长话短说。主要是酒会之后，作为听众之一的 G 女士——中国人，做法国时尚品牌代理的——又约我，约得非常恳切和急迫。我猜测：G 肯定遭遇了严重的职场歧视或家暴。孰料一见面，我大错特错。G 满腹幽怨的竟是："你们太土了！"我们中方嘉宾的土气，令 G 羞愧难当，她不吐不快，"这等高层次的国际论坛，你们几位各行业的精英人物，竟穿得这么土，与深谙时尚的法国女精英，并肩坐在台上，简直不忍目睹。"她在中国都做了十几年代理了，辛辛苦苦推广时尚，如今，我们还穿错？真丢脸！

我肃然起敬，原来人家是民族情怀，忧国忧民。还好，据她说，就我没穿错，只是过于保守。G 强烈建议我得时尚起来，"真的，" G 说，"拜托了！"

我何尝不想时尚一点呢？哪个中国女人不想时尚？我得公允地说，这次酒会的穿着，显然我们都考虑过，显然都已尽力：有人一身奢侈品牌，有人冒险穿低胸，有人的毛呢西裤烫得笔直。不过我承认，我们是显得土气。我们以为奢侈就是时尚，名牌就是时尚，时髦就是时尚，漂亮就是时尚。我们不懂时尚可能是奢侈或漂亮，但是奢侈和漂亮并不等于时尚。要说漂亮，还有比古典蓬蓬裙更漂亮的吗？那是何等令人惊艳的造型：裙撑营造出纤纤细腰，质地精美，工艺繁复，绮丽豪华，登峰造极，足足兴盛了 300 多年。然而，香奈儿小姐那并不中看的女裤出现了，它顿时就能够让女性像男人那么干练。黑色超短裙是香奈儿的创新绝活：除了让女性倍感解放，更使她们性感，时尚就这样来了！牛仔裤，原本很廉价，劳工们穿的，却被戴安娜·弗里兰推向了全世界。牛仔的粗犷与奔放，他们生活的惊险与刺激，是多少人骨子里渴望的；牛仔裤不显脏又经磨，磨破了还更酷，又是多少人的向往，时尚就这样来了！

一件衣服，唯有穿出人的灵魂和个性，才是时尚。依据你的灵魂，足够了解你的性格和外貌，完全懂得衣着即个性的道理，这才是时尚。可怜我们的精神世界，被狭隘的观念局限在原始与爆发两个阶段的混合期，要么遮羞保暖，要么摆阔，我们怎能时尚起来？如果说我们慢慢伸出了手，试图触摸时尚的小灵魂，那么，我们首先得有能力触及自己的灵魂：我是一个怎样的人？

# 生命中最美好的告别

作者 〔美〕苏珊·史宾赛温德

如果知道生命只剩几年，你会怎么做？美国《棕榈滩邮报》记者苏珊·史宾赛温德得知自己患了渐冻症后，没有自暴自弃，反而更珍惜仅存的时光。

## 从幸福的巅峰跌落

我每周工作 40 个小时，为《棕榈滩邮报》跑犯罪新闻。另外 40 个小时一样忙得团团转，做家务，在孩子们吵架时当仲裁，接送孩子们学乐器……我以为幸福快乐能一直延续——看着孩子们一天天长大，参加高中舞会、大学毕业典礼，看他们结婚生子，接下来自己退休，就这样过完几十年的人生。

2009 年夏天的一个晚上，我正准备上床，不禁盯着自己的左手。"噢，天啊！"我叫道。我举起左手，它看起来苍白干瘪，好像即将死去。

当我从神经科初诊回来，丈夫约翰查了资料，提到一个病名：肌萎缩性脊髓侧索硬化症。为了证明我没得这种病，我开始了长达一年的医院之旅，希望得到不同的答案。我也开始了长达一年的逃避，我不想承认自己是渐冻人。

我变得虚弱无力，提不动公文包，改用有拉杆的商务箱。同事跟我开玩笑："你是不是觉得这样的行头比较像律师？"我无言以对。

2011 年 1 月，我注意到我在刷牙时，舌头会抽搐，怎样都停不下来。

2011 年 6 月，我终于决定去看神经科医生。去看医生的前一晚，我在心中预演明天的悲剧：如果真的是得了渐冻症，一定要坚强，不掉泪，不崩溃。

迈阿密大学医院 ALS 治疗中心的主任维玛医生翻看了我的病历，问了我几个问题，要我做了几项肌力强度测试，然后靠在椅背上，说："我认为你得了渐冻症。"我早就预料他会说什么，也计划好要怎么回应……然而，我却哭了起来，我止不住眼泪，就像停不住的呼吸或心跳。

我好不容易平静下来，打出手中的王牌：干细胞。全世界的科学家都在努力研究用干细胞治疗退化性疾病。我的两个儿子出生之时，我储存了他们的脐带血。也许，这些干细胞可以派上用场。可维玛医生说，他的病人当中有45人到国外接受干细胞治疗，没有一个人治好，也没人得以延长寿命。

我早就想过，不管怎样，绝不为治病拖垮一家人。

### 自杀的想法翩然来去

足有一年多的时间，我相信我一定能攻克难关。但那年春天，我还是放弃了。

我想象自己很快就无法走路，不能进食。我不能拥抱我的孩子们，甚至无法告诉他们，我爱他们。我将陷入瘫痪，但我的心智却毫无减损。因此，我会刻骨铭心地体会我失去的点点滴滴。我不管做什么，都一直想着可怕的未来。其实，我最害怕的倒不是死亡，而是得完

全依赖别人才能活下去。对我的家人和我爱的人，这将是多大的负担。

自杀的想法像蝴蝶，一度在我心底翩然来去。不久，它就飞走了，我也忘了这样的念头。但它第二天、第三天又飞回来了，因为我的心就像一座精心培育、芬芳缤纷的花园，免不了招蜂引蝶。

我在网络书店订了两本关于自杀的书，我也发现瑞士有一家"尊严诊所"可协助得了绝症的病人安乐死，太好了。但我读到诊所的规定："请求本诊所协助自杀服务者，至少要有一点行动能力，如自行服药。"我连拿杯子都有困难，也吞不下他们为我调制的药物。毕竟，食道也是肌肉组织，有一天将难逃完全僵化的命运。

有一天，约翰在书桌抽屉里发现了我买的有关自杀的书籍。我老实告诉他："我只是随便翻翻。我曾有过这样的念头，但我不知道要怎么做。""拜托，苏珊……""放心，我不会做这种事的，我不会让你承受这种痛苦。"我停了一下说，"我也舍不得让孩子们痛苦。"我想，我的死不至于毁了家人的一生，但是我死亡的方式会深深影响他们。

我无比清醒地回顾了自己的人生，我嫁了个好老公，还有一份乐在其中的工作，我知道自己的身世，我在襁褓时

期即被一对善心夫妇领养，他们对我视如己出。我在 40 岁那年终于见到了我的生母，不久我也见到我生父另组的家庭，我知道我得渐冻症并非遗传而来。我还活着，就算只有一年的时间，至少还有一年可以健康、快乐地过日子。

我做了个决定，一定要好好利用剩下不多的时间，去我一直想去的地方，体验我渴望的每一种快乐。从今天起，我要为我的家人盖一座回忆花园，将来他们在这里悠游时，可以回想快乐的往昔。

## 珍惜当下的每一刻

2012 年 9 月 9 日是我儿子韦思礼的 9 岁生日，他的生日愿望是，和海豚一起游泳。

我答应 3 个孩子，他们可以在这一年的夏天任选一个地方，我会带他们去玩。我希望与他们共度欢乐时光之时，在他们心中撒下记忆的种子，让这些种子在他们的未来萌芽、开花。这不只是给他们的礼物，也是给我自己的。

7 月，我和女儿玛莉娜去纽约旅行。8 月，我们全家去佛罗里达西岸的萨尼贝尔岛玩了一个星期，这是我 11 岁的儿子奥伯瑞的心愿。

这几次旅行其实只是我计划的一部分，这一年，我下定决心要快乐生活。我在这一年和我生命中最重要的 7 个人完成了 7 趟旅行，与丈夫重回新婚之地布达佩斯度蜜月，到塞浦路斯追寻生父的足迹，和好友赴加拿大追逐极光，带着正值青春期的女儿试婚纱……

这一年，我也在内心深处探索：我在剪贴簿贴上这一生珍藏的相片，写下我的感触，还在自家后院用棕榈叶当屋顶盖了座棚屋，创造了一个舒适的小天地。我常坐在那里召唤回忆，或是与朋友相聚。

韦思礼的愿望是最简单的，这也是我最后一次出门游玩。我们开自家的小休旅车，从家里出发，3 个小时后，即抵达南佛罗里达奥兰多的探索湾。探索湾主题乐园中有一个巨大的人工泻湖，除了沙滩那边，其他则由岩石环绕。园区枝叶繁茂，青嫩翠绿，当中有着一棵棵高耸挺拔的棕榈树。在我眼中，棕榈树的叶子就像绿色烟火，预示即将来到的欢乐时光。

海豚训练师带我们进去，一只灰扑扑的巨兽冷不防在我们眼前冒出来，它有张平滑的灰色脸庞，加上亮晶晶的黑眼珠和长长的吻部，嘴角微微上扬，好像在微笑。它上上下下摆动瓶状的鼻子，告诉我们："快来跟我一起玩吧！"韦思

礼简直乐疯了，胡言乱语地跳来跳去，兴奋得不知所措。

我们在训练师的引导下与海豚辛迪接触。辛迪慢慢游过我们身边，让我们抚摸它那滑溜溜的身躯。训练师要我们举起手来，就像要收钓线一样，辛迪看了就会发出快乐的声音。韦思礼在训练师的帮助下抓住辛迪的背鳍，把身体放平，跟它一起游泳。

我们拍了很多相片，我很爱这张：约翰在水中抱着我，让我可以亲吻辛迪。我不能站立，在水中也一样，约翰只好把我抱到水中，他得一直抱着我，我才不会沉下去。日后，我每次看到这张照片，总想到每天把我抱起来的那个温柔的巨人。我也想到我的孩子们，他们的快乐丰富了我的人生；我还想到不时逗我开怀大笑的姐姐和友人；我想到韦思礼，我大概无缘和他共度他10岁的生日了。

我不再落泪，不再为我失去的一切悲伤，我陶醉在快乐的回忆中，露出微笑。如果要问我还能活多久，我想说，别去找答案，因为未知，更要享受人生。

# 哪一件事不是闲事

作者　陈蔚文

## 一

楼下老夫妻中的老太太走了，74岁。在院子里他们总是出双入对，买菜、去公园、走亲戚，一左一右，或一前一后。他们婚龄有五十几年，养育了3个孩子。

就算知道生老病死再平常不过，仍为老先生叹息！楼道里同进同出的一幕随着老太太的辞世就此消失了。

老太太走后，我一次也未在楼道里碰见过老先生，想必他沉浸于悲痛中。几十年来的相携相伴，只余他踽踽独行。

七八天后是国庆假期，一位老友约父亲钓鱼，父亲说刘伯伯也会去——刘伯伯就是楼下那位老先生。

近傍晚父亲才回来，说钓绩还行，不过不如刘伯伯，他钓得多，还送了几条鲫鱼给父亲。

下楼，路过刘伯伯家。门口有只散发着鱼腥味的篓子，想必今天就是用它载鱼而归的。门上还贴着蓝色挽联：守孝不知红日落，思亲常望白云飞。

有一回，碰到住处附近一个认识的女人。她父亲正住院，她说起父亲的病情，那是一种很鲜见的小概率的病，病情正在不可逆的发展中。她忧心忡忡地说，若父亲有天不在了，她真不知怎么办——她和她性格乖张的母亲关系一直不睦，离异住回娘家后，宽厚的父亲是她的精神支柱。

有一晚碰到个认识她的熟人，说起她父亲前两天走了。

没过几天在水果摊碰见她，她正俯身在摊前挑选葡萄，除了那袭短袖黑裙透露出一点与丧事有关的消息，她就像大街上任何一个神色平静的女人。

那些仔细挑出的葡萄，表明生活又照常如旧了吗？我没叫她，怕惊动一些什么。

后来她再婚搬走了，我总是想起那一幕：她穿着黑裙在水果摊前挑选葡萄。

## 二

我10岁时，外公离世，被葬到故乡的山上。我和姐姐把他坟上的土和我们各剪下的一撮头发放在一个盒子内，表示外公永远和我们在一起。我们相互约定，一年内都不准说笑！否则就是对最疼爱我们的外公的不敬。我们相信，只有绝对的悲伤才是对外公最虔诚的怀念。

这是个我们以为容易的约定，怎么可能会难呢，外公一直护佑着我们，我在外公家长大，上小学二年级时回到脾性急躁的父母身旁，一下从无拘束的亮光里坠进暗影，我总盼望周末外公来接我！

但外公走了，胃癌，本来清瘦的他像一张纸片在冬天飞离了人世。

悲伤难道不是件容易的事吗？即使到今天，外公过世已30年，我想起童年往事，想到外公清瘦慈祥的样子，仍会独自失声痛哭一场。

可那时，我和姐姐发现遵守这个约定比我们想象的要难得多！对于10岁和12岁的女孩，即使父母急躁、学业乏味透顶，即使有各种让我们的心过早体会沉重甚至刺痛的东西，笑仍不能被完全抹杀！每当违反约定，我们就向那个装着外公坟土的盒子沉重而默默地道歉。没有了外公的世界我们怎么好意思笑出声来？我们真是太可耻了！

到后来，我们已不再监督对方并以此谴责对方了——我们彼此犯规次数都不少。但那种观念，仍成为顽固的印迹留存在我意识中：死亡像匹黑纱，将人世隔出一块"飞地"，它隶属尘世却又不与尘世毗连。在这块"飞地"内，欢笑、享受、美食、性，都是可耻和不被允许的。

20岁时我参加了一个笔会，有位男作者说起他父亲半个月前过世，我大吃一惊，此前他的表现完全不像一名失父者啊！他谈散文创作、稿费收入，谈同样喜欢写作的妻子，这难道是半月前才失去父亲的人应有的谈兴吗？我一直认为，死亡是如此深重的灾难，作为家属、幸存者，我们应当永久活在绵延的悼念里寄托哀思。

逐渐发现，现实不是这样的。现实是纵使悲痛，活着的人们都要一如既往地活下去。曾经，我同学的姐姐，一名大四音乐系学生冬天洗澡时，因一氧化碳中毒走了。我去她家，战战兢兢，我怕面对她父母，我想他们的悲痛就像深井，连通着冰凉荒寂的大海……

一年后，我问起已移居香港的同学"你父母还好吧"，我只是出于礼貌而问，我想的是怎么可能好！一年前他们失去了正当华年、歌声动人的女儿。同学说挺好，他们来香港玩过，不过待不久，他们惦记着牌友，他们现在最大的爱好是隔三岔五约一帮朋友搓上几圈。

我无法将痛失女儿与热衷麻将联系在一起！我那时仍然觉得这对父母的悲痛未免太易平复了。

多年后我才明白，那实在是种无奈的寄托，不然，怎么办呢？

### 三

似乎是种残酷，却也是理智的清醒。是人给自己在危崖铺的一条小路——如果不想从断裂处一闭眼跳坠的话，死亡不能取消垂钓、搓麻将，不能取消夏日的葡萄，死亡不能取消活着的世界里的一切运转与欢娱！它只改变某些当事者的内心，在某些心底从此留下雾霾，或雨水。

世界一切如常。

当失去女儿的父母在桌边码牌，当失去伴侣的老人在塘边垂钓，当失去父亲的女儿在日头下挑选葡萄，谁又能体会他们心上的痛与缺失？有些东西留在了原地，脚步就算凌乱、沉滞，却还要往前，不能停下。

加缪小说《局外人》的主人公对母亲的丧事很漠然："今天，妈妈死了。也许是昨天，我搞不清。"小说惊世骇俗的开篇，揭示主人公非同一般的冷酷无情。有一天，他自己也临近死亡，他想到母亲当时在马朗戈养老院时，"她已经离死亡那么近了，该是感到了解脱，准备把一切重新过一遍。任何人，任何人也没有权利哭她。我也是，我也感到准备好把一切再过一遍"。突然间，你对这个冷酷无情的家伙有了一种理解，理解他那种"既然只有一种命运选中了我"的无所谓，以及有无所谓做精神背景的"一切与我何干"的局外人的漠然劲儿。

文末，即将迎来死亡的他"准备好把一切再过一遍"后，他"第一次向这个世界的动人的冷漠敞开了心扉。我体验到这个世界如此像我，如此友爱，我觉得我过去曾经是幸福的，我现在仍然是幸福的"。这真令人吃惊！一个无情的家伙居然在将死时体验到爱和幸福！这是什么逻辑？但加缪的高明之处也在于展示一个局外人的复杂感受。他也许并非麻

木不仁，这只是洞悉这个世界的真相后的平静和诚实。

相濡以沫，不一定要哭天抢地；情深似海，不一定要同归于尽。日常里，"局外人"的寓言其实早被人们用自己的方式践行着。就像再粗粝的异物，也得一点点地在体内消化掉，运气好的，异物能结成一颗珍珠。

"我有数行泪，不落十余年"，你看得出满街的平静下有多少未曾止歇的暗潮，你看得出在那些平滑下又掩藏多少刻痕？

"世间事除了生死 / 哪一件事不是闲事 / 我独坐须弥山巅 / 将万里浮云 / 一眼看开。"仓央嘉措诗云。但这位传奇的情圣喇嘛 64 岁离世时是不是会想修改一下诗句呢——独坐须弥山巅，一眼看开，连世间生死，也不过是桩闲事。

假期结束后的次日傍晚，我在楼道内第一次碰上刘伯伯。我和他打了声招呼，他微微颔首表示应答，然后向楼下走去。他瘦了一圈，神色庄严、平静，往常这时候，他常和老伴去公园遛弯。现在，他一个人，也许仍是去公园，楼道里传来他孤独而努力平衡的脚步声。

我听父亲说，刘伯伯去花鸟市场花 20 块钱买了两支毛笔，准备习字。

# 我身边那些伟大的人

作者 闫 红

那时，我在一家报社做娱乐版编辑。有一日，部门来了个实习生，个子很矮、其貌不扬。他平日沉默寡言，这种情况发生在一个帅哥身上，也许会很酷，但在他的身上，只会显得不懂事。

他不在的时候，别的部门的人跑过来，说："你们怎么要了这样一个实习生，怎么去采访明星啊。"主任说："他挺有才的。"我应该是"哼"了一声吧，记不太清楚了，但当时对他的否定态度，我记忆深刻。

后来，我换了家报社，巧的是，他毕业后也来到这里，然后我就不停地听到、看到他的消息。他的发稿量总是名列前茅，他的优秀稿件数量常常名列三甲，领导总是在表扬他。有一次，我在自己负责的版面上做了个策划，他的工作刚好跟策划内容有关联，所以我请他帮我写一篇应景的小稿，自然不可能写得才华横溢，但布局与文字，都可见他的用心，确实非一般人能比。

而这个时候，我也因自己的处境经历等等，渐渐改变了衡量人的标准，我不再那样绝对地以貌取人，开始觉得才华、性情、信念更为重要。我跟他们部门的一个女孩子交流过，那女孩说，有个细节让她对他很有好感，在餐桌上，他给人敬酒，一边站起来，一边笑道："本来就不高，站起来还是不高。"

我后来也亲耳听见他类似的自嘲，有一次，单位组织体检，第一项是量身高，他笑道："才来就碰上我的强项。"

自嘲，是内心强大的表现。一个农村出来的相貌平平、个子矮小的男孩，要穿越多少黑暗酸楚，才能达到这光明自信的彼岸。就算现在，我也不相信他完全克服了自卑。有一次，一个同事当着他的面笑道，他已经把自卑转化为狂傲了。有时，他也免不了遇事急躁，但这些都不足以掩饰他积极进取的光辉，甚至，他会使那光辉更加立体，而不仅仅是光荣榜上的一个头像。

认识一个男的，经常吹嘘自己高大英俊，当然，他长相确实不错，但是这有什么好吹嘘的呢？美貌这东西，就像遗产，对一些人，它是锦上添花；对另外一些人，可能是雪上加霜。且说后面这种，像这个自以为美的男子，若是他没有这么搔首弄姿，若是他能够沉下心来，修炼自己的性情与智慧，那么，他也许就不会像现在这样浮躁，成为他人的笑柄。

就算是锦上添花吧，像我们知道的那样，相貌出众的人，更容易获得他人的好感，因此更容易成功，无论是求职、求偶、晋升，都能省些力气。可是，正因如此，除了极少数的特例，相貌出众者的人生都太顺风顺水了，没有"老人与海"似的与命运的搏斗，也就少了几分张力与快感，无法体现那种意志力的极美——像朱光潜所言，向着抵抗力最大的方向走去。

而我的那位其貌不扬的小个儿同事自然没有那么顺利，他曾说，他追老婆追了9年，他老婆一开始并不喜欢他。我又曾在一篇类似于点名提问的文章里看到他说，他会选择他爱的，而不是爱他的。这种也许为貌美者不敢或是不屑的回答里，体现着一种力量感，我的这位同事之所以让我怀有敬意，还因为他从来不粉饰自己的人生。

我不知道是什么使他保持这样的意志力，没有扭曲，没有误入歧途，除了智商高以外，我想，大约是因为他爱学习吧。他曾说自己每月要买多少钱的书，我已经忘了，但我经常碰到他从书店出来，或是要到书店去，有一次因为顺路，我还开车载他去过书店。不断地学习，做一个有境界的人，突破命运加诸自身的各种局限性，这真是一件很了不起的事。

所以，虽然说人之初生，有美丑妍嫒，有贫穷富有，甚至还有先天不足者，有残疾人，看似老天很不公平，但事实上，对于人最终极的考量，还是在于性情与智慧。的确有一些轻浮如我之当初的人，以貌取人，但这是我们自己的错。当我们以这些不能恒久的事物做尺子来衡量别人时，我们也会陷入被别人衡量的境地，谁没有一些局限性呢？

活在这人世间，我常常感到焦灼，感到自己人生的不如意。但每每想到这位同事，则使我心情平静。我看到了人类战胜命运的可能，和这战斗中体现的美与力。因此，我的小孩，如果有一天，你觉得自己不够漂亮，不够聪明，也不用为这些苦恼，更无须在这些方面折腾。

你应该做的事，是修炼你的智慧，超越这些障碍。说到底，容颜会老，审美会疲劳，聪明反被聪明误，而一个人的智慧，会让自己遇事处之泰然，让别人观之神爽。

# 理想的下巴

作者　连　谏

朋友从南方来看我，在火车上遇到了北上矫正下颌的美华，寂寞旅程中，两个小女子相谈甚欢，忘形之下就把美华带给了我。

与美华初见的刹那，直到如今，我依然不能找到恰当的语言描述当时的心境。因为，美华先天性下颌发育畸形，从正面看，几乎是没有下巴地向后缩着，受此影响，她说话亦含混不清。怕自己眼里的惊诧伤着她脆弱的自尊，我几乎不敢正眼看她。

我躲闪的眼神并没有影响美华的好心情。晚上，三个女子挤在床上天南海北地扯个不停，这期间，美华含混不清的声音时常颇有见解地抢占了话锋。渐渐知道她出生在浙江一小镇，从降生那刻起，父母望着她深深向后探去的下颌，灰着一颗悲悯的心，放弃了她的未来，

却不承想，她如石板下的小草，奋力挣扎着要探出头来，倔强地要享受到属于自己的那缕阳光。

美华说她的成长史就是一部与讥笑和乜斜眼神战斗的历史，知道自己是不美的，也知道每当自己开口说话，就会有些人掩嘴而笑，可她执着地坚持着要发出自己的声音。

聊了一夜，美华坚持自己是幸运的，因为这世上很多人都在向着理想努力，却不是每个人都能幸运地触摸到理想的边缘，而她触摸到了。譬如她考上了浙江的一所著名美术院校，譬如，她课余打工三年终于攒够了矫正下颌的手术费，这样，她就可以流畅清晰地唱自己喜欢的歌。生活就像一个百宝箱，只要你肯去打开，就会看到很多温暖与快乐，所谓的颓废忧郁不过是自我放逐的矫情。

我们陪美华去矫形医院，当她看着医生做出的术后效果图时，清澈的瞳孔放射出灼灼的光芒，一如雪夜街上卖火柴的小女孩，在饥寒交迫中看到了温暖慈祥的祖母正端着热腾腾的面包向她走来，把周遭人的心情都给渲染得一片阳光灿烂。她面对的仿佛不是一个手术，而是在等待一个天使的重生。

在医学意义上，美华的手术很成功，我期许的目光在医生给她拆下石膏和绷带时暗淡了，我原本以为，矫形之后的美华会拥有一个完美的下巴，可它看上去只是个显得正常却再普通不过的下巴。

只是，美华很兴奋，在镜子面前辗转不去，反复欣赏着这个普通的下巴，好像接受了上帝最为丰美的馈赠。

也许，我眼中缓缓下沉的失落被她看在眼里，她试着大笑了一下，安慰我说她并不奢望医生会送给她一个完美的下巴。一个看上去正常的，能令她清晰表达自己的下巴就是她的理想。

美华回浙江后，偶尔会来信或来电话，在一些因惆怅或是对人生略感渺茫的不眠之夜，我便会想起那个用含混不清的语言勇敢地表达自己的美华，她的理想就是拥有一个看上去没有什么美感却正常的下巴，渺小而偏执。

而我们，有健康到不需要矫正的身体，却一点都不快乐，甚至总像一个将死之人抱怨身体背叛了自己一样抱怨理想背叛了生活。

其实，不是理想背叛了我们，亦不是我们愈奋斗理想便离我们愈远，而是我们惧怕生活、惧怕未来。我们的理想不过是些不着边际的幻想，从最初它就不属于我们，一如我们明知自己是天生的陆地动物却要偏执地安装一双能够飞翔的翅膀，再或者，我们试图矫情地用一个远大理想遮掩自己的怯懦与懒惰，永远勤于思考而惰于行动。失望之下，我们不停地宽恕自己，在黑夜的寂寥里，抱怨上帝。却从不去想自己原本就是庸常无奇，只想拥有一个人见人羡的人生位置，却忘记了自己是个连自己的人生都规划不好的小人物，那些想象的完美岂不成了痴人说梦？

其实，拥有快乐与幸福是件简单的事，只要我们像美华那样，把拥有一个普通却功能正常的下巴当作理想，在为之锲而不舍的过程中，身边处处皆是凡俗而温暖的快乐。拥有了这个理想的下巴后，你会忽然想到：幸福来了。

因为幸福需要一颗懂得感恩的平常心。

# 人生的偶然

作者　雪小禅

人生是有许多偶然的，所以，也就多了很多的机会。

16岁的时候，她只是个很平常的女生，学习下等，和一些已经在社会上打工的女孩子混在一起玩，那时她上初二，不知道自己的明天在哪里。

一次期中考试前，她的好友悄悄把她拉过来说："告诉你个好消息，我有了这次考试的卷子了。"

原来，另一个学校已经考过，而有人告诉她，她们这次考试就是这张卷子。

那是张数学卷子，她几乎把它背了下来，如果按她的真实水平，她只能考30多分吧，但她那次考了一个全班第一，她的朋友只背过其中一部分，考了70多分。让她没想到的事还在后边，所有人都怀疑她作弊了，但就是作弊也不可能考98分啊，只有老师表扬了她并

鼓励了她，说她进步很快，以后肯定还会考出好成绩。那一刻，她差点流了泪，她没想到老师相信她，况且同学们对她的羡慕让她体会到了一种从来没有过的喜悦和兴奋，原来，学习好了可以如此自豪！

从那以后，为了证明自己没有作弊，为了对得起老师那句话，她像发了疯一样开始学习，并从中体会到了学习的乐趣。不久，她的学习成绩果然跃居全班第一。一年后，她考上重点高中。三年以后，她考上了北大。

如果不是那次偶然偷来的试卷改变了她的命运，她本来也是和那些农村的女孩子一样，毕业以后去外地打工的。因为那个考了70多分的女生最终去了一个饭店端盘子，而几年之后，她去美国留学了。

是那次偶然改变了一切，她抓住了那个机会。而那个女孩子，却没有抓住，于是一切变得如此不同。十几年后她回母校做报告，说了自己的故事。当时已经白发苍苍的数学老师对她说了真相：孩子，当时我就知道你是作弊了，因为以你的能力不可能考98分。但我想，也许你从此能发奋，所以，我给了你鼓励和信任。

那一刻，她的泪水流了下来，在人生最关键的时刻，那个最明白她的人，没有把她当贼一样揪出来，而是给了她鼓励，让她的人生从此与众不同。

还有一件让人感动的偶然。

一个德性不好的人，好吃懒做不算，还有偷偷摸摸的习惯，所有人都很讨厌他，因为他借了人钱不还不算，还总是拿去赌博。所以，周围的人几乎没人再借钱给他，即使想做个小买卖他都没有钱。于是他跑到一家远房亲戚家借钱，那是他第一次向她张口，他以为她还不知道自己的底细。

他很顺利地拿到了钱，在转身要走的一刹那，她叫住了他："曾有人打电话告诉我说你不会还钱，让我不要借给你，但我相信你不是那样的人，也许他们对你有误解。"

在听到这句话之前，他是准备拿这1000块钱去赌博的，赢了就吃喝玩乐，输了再找人借。但这句话给了他很大的震动，他没有说话，关上门走了。然后他离开了家乡，去了深圳。

半年后，他的亲戚收到了他从深圳寄来的1000块钱。三年后，他开着私家车从深圳回来，把从前欠的钱全部还清了。

是从那次借钱开始，他知道自己应该有另一种人生，他要让人家对他信任，他再也不愿做骗子了，因为是那个亲戚的信任让他从此翻开了人生的另一页。

其实人生有很多偶然，有很多重新开始的机会，不要轻易放弃上帝给你的任何一个机会，也许一次偶然，就可以改写你的人生。

# 青春，是冰做的风铃

作者　张曼娟

青春，是冰做的风铃。

当夜深了以后，四周寂静下来，我听见一阵风吹过，撩拨起来的串串铃声，丁零零，丁零零，一种冰凉湿冷的脆响声音。不知道是谁家阳台上悬挂着的，宛如一个计时器。我的第一个风铃是生日礼物，附着一张小卡，上面写着这句话："青春是冰做的风铃。"那时我 22 岁，刚开始读硕士，并没有感觉到自己的青春。可能是因为大学时怕跟不上同学的进度，我一直都那么紧张着，把青春都修剪干净了。

把自己修剪干净的我，随即开始参加大学毕业之后的相亲活动。突然之间，许多阿姨、伯父都出现了，他们带着从国外回来的硕士、博士、事业有成的年轻人，来到我的面前。而我必须一遍又一遍地重复着："我的兴趣啊，看看电影

啦，去郊外走一走啦。"于是，我和不同的男生去看电影，去郊外走来走去，但，心里没有一点期待或者雀跃，只有着隐隐的焦虑。那时候我是个急着走进婚姻的女孩，因为我以为那是人生必经的道路。直到终于可以投入研究所的课程，我才有松了一口气的感觉。我一点也没有看见自己的青春，不知道青春其实是无法修剪拔除的。

读博士二年级时，我很尊敬的金老师，为我在文化大学文艺创作组开了小说习作这门课。那时我已经出版了两本畅销书，开始在校园里演讲，但我仍感到惶恐。对于教书这件事，长久的梦想，竟然真能实现？金老师为我打气，教我安心，就在我鼓起勇气接受之后，老师语重心长地说："只是你太年轻，许多教授都担心你太年轻了，我想，你在穿着

打扮上可以稍微……成熟一点。"年轻？我已经26岁了还年轻？站在镜子前，我看着自己垂直如瀑的长发，镶荷叶边的白色衬衫，棉质碎花裙，原来我是年轻的。为了将青春修剪得更干净，我到服装店里买了好几件从来不曾穿过的颜色与款式的衣服，一律是宽肩窄臀，黑色压金丝的、朴蓝偏藏青的、墨绿色浮着印花的。为了加强成熟的效果，干脆将长发烫成麻花卷，或者全部盘成髻。一不做，二不休，我又买了许多当下流行的大耳环，十年后的自己忽然走到镜子里，与我面对面。

站在讲台上的我，纵使努力让学生知道我是他们的教师而不是学姐，学生眼中却仍疑惑重重。比较熟悉以后，有学生质疑我的用心："为什么你要装得那么老啊？"我有口难言，一切都是因为青春啊。

即将迈进30岁时，我特别喜欢在文章里提到"我已经老了，我只想活得好而不是活得美了"这样的话。在课堂上说故事给学生听的时候，我也总是这么开始的："当我年轻的时候……"学生们笑起来，觉得这个教师挺夸张的，年轻的时候也不过就是前几年的事，干吗说得像前朝旧事似的。有一回我的另一位老师含笑对我说，她和她的朋友都在读我的

文章。她们有一个共同的想法，明明是这样年轻的人，为什么总要说自己老啊老啊。我已经30岁了还年轻？"是啊，比起40岁，比起我们这样的年纪，你当然是很年轻的啊。看见你口口声声说老，我们都不知道该怎么办了。"从那以后，我不再轻易言老，我对自己说，我从来没有放心地青春过，这应该是时候了。

于是，我从30岁开始青春。

我修完学位，腾出大段大段时间发呆；我去旅行，长时间流浪在异国，而不只是去郊外走一走；我参加舞台剧的演出，在众人瞩目的台上又哭又笑，而不只是看看电影。我剪短头发，换上牛仔裤或是短裙，穿着平底鞋或者长靴，我和一群很青春的朋友，到大草原去等待月亮升起，守候破晓天明。我们一起到绿岛泡温泉，看他们像鱼一样裸泳。当太阳跃出海平面的时候，他们也如海豚般一跃而起……这才是我的青春。

在那些缀满星星的夜空下，弥漫着晨雾的乡间，永远也不会有天明的KTV包厢里，我都曾经听见冰做的风铃透亮悦耳的声响，几乎忘记了它同时也在风中迅速消融。

渐渐地，当我对学生说起年轻时候的事，他们不再笑，反而显露出聆听前朝旧事的兴味。

有一天，我们在课堂上读朱自清的《背影》，许多学生是因为读大学才离乡背井的，特别有感触，所以那次的发言大家相当踊跃。学生们热烈地说起对父母亲的思念与愧疚：有个女孩子说母亲结婚早，从来没过上一天好日子，家里小孩又多，她每次回家看见母亲操持家务，很心疼母亲的年老与辛劳，只希望将来能报答母亲。我微笑着，随意问起，年老的母亲多大年纪啦？女孩想了想，差不多40岁了吧。我的笑意忽然僵在唇边，她母亲原来是同我差不多的年纪。然而，对这个18岁的女孩来说，40岁是够老的了。

这两年开始，我在教授休息室里，会看见一些年轻的讲师，也投入语文课的教学工作，有些甚至是上过我的课的。冬天的休息室里，我敲过门之后走进去，两个年轻人正在聊天，其中一个男孩子是博士班的学生，我们原本就认识的，

另一个女孩，脸上有着不能修剪的青春的光芒，那光芒是难以逼视的。男孩告诉我，女孩也在教语文，是新进的老师。我站立着，错愕地，迟迟不能对她颔首。不是的，她不是应该坐在教室里的年龄吗？光洁的面容上，纯粹晶亮的眼眸，她此刻坐在休息室阳光充足的座位上，那正是多年前我最喜欢的座位。不畏怯太阳的照射，以一种好奇的眼光注视着走进来的每位老师，想象着自己将来的模样，想象着每一天会发生什么有趣的事。我几乎是惊惶地走进了洗手间，双手扶着脸盆边缘，我想，我被青春吓了一跳。

我在已经模糊了的陈旧的镜子里，看着自己，所幸镜子仍是慈悲的。当我为自己的唇抹上了饱满的豆红色，转身开门的时候，依稀又听见那阵脆亮的声响，丁零零。

# 教子无方

作者　林海音

母亲骂我不会管教孩子，她说我："该管不管！"

刚下过雨，孩子们向我请求："让我们光脚去玩，好不好？"

我满口答应。孩子们高兴极了，脱下"板板"，卷起裤腿儿，三个人呼啸而去。母亲怪我对孩子放纵，她说满街雨水，不应当让孩子们光脚去蹚水。我对母亲说："蹚水是顶好玩儿的事，我小的时候不是最爱蹚水吗？"母亲只好骂我一句："该管不管！"

我们的小家庭里，为孩子准备的设备几乎没有。他们勉强算是有一间三叠的卧室，还要匀出我放小书桌和缝衣机的地盘来。只有三个抽屉归他们，每人一个。有时三个孩子拉出抽屉来摆弄一阵子，里面也无非是些碎纸、烂片、破盒子。他们只有一盒积木算是比较贵重的玩具，它的来历是：

儿童节的头一天，大的从高年级同学那里借来全套童子军武装。我在忙家务，没顾上问他详情。第二天一早，他穿上童子军服就没了影儿。到了晌午，只见他笑嘻嘻满载而归，发了横财似的，摆了一桌子笔、墨、纸、砚，还大大方方地赏了妹妹们一盒积木。问他到哪儿去了，他这才踌躇满志，挺着胸脯说："今天儿童节，我代表学校到教育部门'接见'领导去了。这些全是他赏的。"

我们一听，非同小可，午饭多给了他一块排骨。

就是这样，我们既没有游戏室，我又没有时间带他们到海滨去度周末。蹚蹚街上的雨水，就好比我们家门前是一片海滩，岂不很好？而且他们蹚水时最快乐，好像我童年时一样。

记得童年时候，我喜欢做的许多事情都是爸妈所不喜欢的。因为他们不喜欢，我便更喜欢，常常要背着他们做。我和二妹谈起童年的淘气，至今犹觉开心。我们最喜欢听到爸妈不在家的消息，因为那时候我们便可以任意而为。比如扯下床单把瘦鸡子似的五妹包在里面，我和二妹拉着两头儿，来回地摇，"瘦鸡子"笑，我们也笑，连管不了我们的奶奶都笑起来了（可见她也喜欢淘气）。笑得没了力气，手一松，床单裹着人一齐摔到地上。"瘦鸡子"哇的一声哭了，我们笑得更厉害，虽然知道爸爸回来我们免不了挨一顿手心板。

雨天无聊，孩子们最喜欢爬到壁橱里去玩。我起初是绝对不许的，如果他们趁我买菜时爬到里面去，回来一定会挨我一顿臭骂。有一次我们要出门，二的问爸爸："妈妈也出去吗？"

爸爸说："是的。"

二的把两条长辫子向后一甩，拍着小手笑嘻嘻地向三的说："妈妈也出去，我们好开心！"

我正在房里换衣服，听了似有所悟——他们也像我一样吗，喜欢背着爸妈做些更淘气的事情？我的爸妈那样管束我，并没有多大作用，我又何必施诸

儿女？这以后，我便把尺度放宽，甚至有时帮助他们把枕头堆起来，造出一座结结实实的堡垒抵御"敌人"，枕头上常常留有他们的小泥脚印。母亲没办法，便只好又骂我："该管不管！"我心想，他们的淘气还不及我童年时的一半。

成年人总是绷着脸管教孩子，好像自己从未有过童年，不知童年乐趣为何物何事。有一天我正伏案记童年，院里一阵骚动，加上母亲唉声叹气，我知道孩子们又惹了祸。母亲喊："你来管管。"我疾步趋前——嗬！三只丑小鸭一字排开，站在那里等候我发落。只见三张小脸三个颜色：我的小女儿一向就是"娇女儿泪多"，两行泪珠挂在她那"灵魂的窗户"上，闪闪发光；大女儿的脸上涂着口红，红得像台湾番鸭的脸；那老大，小字虽然没写完，鼻下却添了两撇八字胡。一身的泥，一地的水。不管他们惹了什么样的祸，照着做母亲的习惯，总该上前各赏一记耳光。我本想发发脾气，但是看着他们三张等候发落的小花脸儿，想着我的童年，不禁哑然失笑。孩子们善于察言观色，便也都扑哧笑起来，我们娘儿四个笑成一团。母亲又骂我："该管不管！"我也只好自叹"教子无方"了。

# 归 零

作者 罗 兰

闲中整理抽屉，发现有一个小小的计算器。

我一生逃避数目字，日常生活中的数目字似乎只是几月几日星期几，再有大概就是计程车钱的"照表减四"，连买菜都不再由我算账，自有柜台的收银机帮我算好，为图省事，常是付张整钞，由它找。何况我实在也极少买菜。每月的水电费是在银行开个账户，由他们代付的。

这个小计算器是怎么来到我抽屉里的，我不太记得，细看，上面有一行小小的金字，是第43届记者节的赠品。

我一时觉得对它有点歉疚，为什么不打开来看看，试用一下呢？

计算器是很好玩的东西。你可以随意把心中想到的数字给它去加减乘除，它就乖乖地把得数显现给你看。数目字在你任意拨弄下，忽然变成长长的一串，忽然缩成短短的一截。而当你不忍心再折磨它的时候，就可以立刻大发慈悲，使它"归零"休息。

小小的计算器，好像是一个奔劳的生命，那么认真执着于每一个细小数字的得失。它要求自己绝对正确，毫厘不爽。即使在你这游戏的手下，也把你那不负责任的拨弄当真，竭忠尽智地显示出你其实一点也不认真要求知道的每一次的增减损益。而最后，如果你让它休息，它就一声不响地"归零"。好像是你让它走完了长长的征途，好不容易得到了休息。而在这游戏的过程中，你会觉得自己代表了一只命运之手，居高临下，旁观着各样的人生。看他们有时呼风唤雨，非常成功；有时蹇舛困顿，寸步难行。而无论它这一趟任务是成是败，也无论是拥有了妻财子禄，或是子然一身，最后都将烟消云散。银行中的万贯家财，世界上的赫赫名声，成功乐，儿孙福，一切一切，终于还是要如同这曾经展现过亿万数字的计算器，当你倦于拨弄，可以使它"归零"。

想到"归零"，我觉得有点可笑。数十年挣扎奔忙，最后"归零"时的感觉，大概也如同那在瞬间消失了一切数字的计算器，是清静又安逸的吧，而在明知终会"归零"，也仍不敢放手息局的奔忙中，如能看到计算器上"归零"那一刻的烟消云散，大概对整个人生的悲悯也就化为这一刻的解脱感了。

名利竟如何？恩情又怎样？一切的执着无非是抽象数字暂时的显现。重要的是，该认真生活的时候，认真地生活过了；能做做旁观者的时候，也潇洒地旁观过了。未曾忘记快乐，也尽力摆脱苦恼。来到手中的，欣然接受；要从手中溜走的，怡然放手。名利如此，恩情也是一样。有过的就是有过了，失去时也应认可，那计算器上灵敏活跃的数字，如昙花般显现又消失，所记录的其实就正像这踊跃多彩的人生。造物者曾按下那使你开始奔劳的按钮，造物者也将释放你，让你"归零"。

庄子的话真是生动！他说：

"大块载我以形，劳我以生，佚我以老，息我以死。""息"字用得真是"现代"！那岂不就是计算器在一连串得失损益之后的"获释"？那真是最漂亮的一种"消失"。好像第一流的大乐团在最可爱的指挥者的手势下极有默契地全部休止，一瞬间就稳去了所有的声音。

小小的这计算器，比一块苏打饼干还小，而它容纳的却像是人们一生的数字，在增多与减少、收获与付出、得到与失去、喜悦与惆怅的一连串浮沉之后，会悄然而心安理得地这样"归零"，这样"隐去"，给我的感觉是如此的潇洒，这样的收放自如又率真！

# 我知道，你也爱我

作者　琦　君

有一次偶然收看电视的一段童话短剧，非常有趣而且感人，故事是这样的：

小南西因为去参加好朋友的生日会，兴奋得忘了把玩具小老虎带去。正在兴高采烈中，她忽然想起来了，赶紧回来带它。小老虎半撒娇半抱怨地说："这是你第二次把我忘掉了。但我一点也不怪你。因为第一次是你去医院探望奶奶的病，心里着急。这一次是去参加好朋友的生日会，太兴奋，倒把我忘掉了。但我真高兴你终究想起我来，回来带我了。你并没有真正忘掉我啊！"然后他们拥抱着唱起歌来：

我们彼此有许许多多的话想说

我们谁也不会忘掉谁

你即使偶然忘掉我

我也不会怪你

因为我知道你爱我

歌词是那么的温厚，歌声是那么的婉转。

然后主持人罗吉斯先生也对大家唱起歌来：

我们有许多方式去体谅一个人

有许多方式说："我爱你。"

当你的好友偶然忘掉你时

当你的好友偶然忘掉替你办一件事时

你会说：我一点也不生气

一点也不怪你

因为——

我爱你

我知道——

你也爱我！

"忘掉了"，是匆忙的现代生活中在所难免的事。"忘掉了！"也是现代人在日常生活中最常说的一句话。这是指无心地忘掉，而不是故意地忽略。无论如何，人间最忘不掉的是朋友之间最最真挚的情谊，就好像童话短剧里的南西和她的小老虎。

但，另外一种"忘掉了"，是由于年龄增长，生理上的自然现象。就像我吧，查完一个英文生字，合上字典就忘掉了；偶然谈起多年不见的老同事或老同学，声音相貌都在眼前，就是想不起名字来。相反，几部旧电影名片的故事情节，主演明星的大名，却是如数家珍，一个不漏。真个是该记得的记不得，该忘掉的忘不掉，叫人好生气。

又有一种"忘掉了"，是属于心灵修养的，是要磨炼自己忘掉，那就不容易了。有一位好友对我说："人要练自己能忘掉，而不是记得，脑子里、心里的事儿，愈少愈好。"

这就是所谓的"心如明镜台"吧！镜子之妙，就在于它的不留一丝痕迹，而照相软片都只能用一次，因为它已"着像"，抹不去了。

美国有句谚语"To forgive or to forget."这是指与别人有什么不愉快的事，你是原谅对方，还是根本忘掉？中国人有句话："不要气，只要记。"那就是"To forgive butnot to forget！"我想"原谅"是儒家精神，"忘掉"却是道家境界，两者都不容易。苏东坡因得罪了朝廷，被贬谪到海南岛的蛮荒瘴疬之地，他却坦荡荡地唱着"海南万里真我乡"，自夸"谁似坡老，白首忘机？"这个"忘机"，就是把不愉快的事忘掉了，那岂是容易的吗？

于是细细体味好友对我说的那句话："要修炼自己能忘掉，而不是记得。"好难，但得向这个方向努力去做。

古训说："人有德于我，不可忘也；人有负于我，不可不忘也。"这是儒家的伟大宽恕精神。

再想想那个童话短剧里的歌：

我们有许多方式去体谅一个人

有许多方式说："我爱你。"

那就是：对有的事要忘掉，对有的人要忘不掉！

# 对 70 一代的嫉妒

作者　张悦然

父亲曾在一所大学里做过88级中文系的辅导员和此后几届的老师。有一年暑假，他拿回学生的毕业纪念册的那天，整个下午我都趴在床上翻看，我对于它们的浓郁兴致，是父亲无法理解的。每个人的照片背面都有一，段寄语。女生们多是抱着一棵柳树侧身倾泻长发，或是坐在草坪上环抱双膝；男生们则在山顶眺望远方或站在一条大河前，他们看起来满腹壮志，身上没有电脑游戏和网络聊天带来的恍惚和疲倦。那些寄语是很有趣的，里面不约而同地用了"风景""远方""飞翔""梦想"等词语，豪情万丈。小时候我写作文的时候倒是常常用到它们，却不知道风景、远方都在哪里，非常空洞。原来这些词是属于他们的，离我太远了。

我以为长大之后就可以拥有这些词，却不知道我在走，时代也在走。70一代的青春，在新旧世纪板块的交会碰撞中，迸裂出去，像一个孤岛远远地漂走了。那些词，也被带走了。

但我至今仍旧记得他们的青春是什么样子，仍有着那么鲜明的轮廓。在最好的年龄，世界在他们的眼前打开，都是新的，都是未知的，他们可以运用无穷的想象力去靠近和迎接。

郑钧的《回到拉萨》唱出了许多人的梦想，西藏是圣洁和神秘的，去一次西藏仿佛就能成为英雄。他们想去远方，但不是去旅行，"看到"对于他们而言，实在太轻了，他们要的是"抓住"。所以他们到处漂泊，一定要闯荡出一片属于自己的天地。这种笃信，可能是青春期最大的福气。他们伴随着中国的摇滚乐一起成长，最初的一声嘶吼让他们难忘。金庸的小说把古代的侠气带给了他们，从他们的视野里可以看到一个江湖。海子和顾城是他们的偶像，所以即便置身于高楼大厦中，他们也还怀着"面朝大海，春暖花开"的田园梦想。也只有他们，还一厢情愿地相信黑色眼睛是上天的馈赠，用以寻找光明。我至今清楚地记得那一年大街小巷的书摊上用记号笔写着：新到路遥《平凡的世界》（那时候图书界还没有开始流行贴海报，广告语也根本不需要）。他们手抄席慕容和汪国真的诗，用300字一张的方格稿纸给同学写信。物质和精神，他们的选择都不多，视野也有局限。因为如此，他们才可以那么专注。可是所有的这些，都深植于他们对这块土地、这个时代的热爱。

前几日，我特意让父亲把那几本多年前的毕业纪念册寄来。在上面我又看到了姜丰，她是父亲的学生。12岁的时候，我读着她寄来的刚出版的新书《温柔尘缘》。那时候她与现在的我差不多大，书中写的大都是大学生活和同学之间的情谊。还写到他们代表复旦大学参加"国际大专辩论会"，在训练中与队友和老师产生的深厚感情，那种强烈的集体归属感与责任感和为荣誉而战的顽强斗志，真令人羡慕。她讲起那些事情一，件件，脉络清晰、细节质朴且有呼吸。尘缘应

该就是如此，细微琐屑但有经久弥深的情谊。

12岁的我，希望将来和她一样。十几年后，我出版了自己的书，却没有长成和她一样的人。我好像无法像她一样，饶有兴趣地记录成长的轨迹以及那些重要的人。当人没有理想、没有集体的归属感时，所有的记忆都是零落的。我试图将它们捡拾起来，梳理并且排列。这时我才发现，整个青春期的感知都是非常虚妄和空泛的。

80一代，初懂事时看到的世界，到处都是新鲜的东西，琳琅满目、应接不暇，所以他们天性好奇。如果占星学有参考价值的话，1982年到1988年出生的人，天王星在射手座，对新生事物充满兴趣，随时可能因为受人影响或者任何奇怪的理由而狂热地喜欢上某种东西，那种感情甚至带有宗教一般的庄重感。可是不会长久，他们很快就会移情。

在日本漫画和中国香港电视剧里度过了孤独的童年，西方流行音乐像单车一样伴随他们上学放学，肯德基和麦当劳是最好的犒赏。一时间，所有东西都是进口的，进口的代表一种品质保证。更重要的是，它也许代表一种时髦，是一种发誓要与父辈陈旧落伍的生活划清界限的决心。"舶来"，真是一个形象的

词，海那边运来的东西一定是好的，所以80后念书的时候，连一块橡皮也希望是舶来的。舶来的精神，舶来的物质，80后生活在港口边，每天接下舶来的东西，拆开一只只带来惊喜的礼物盒，用它们装点自己、充实自己。80一代，是"媚"的一代。"媚"可以使他们日新月异，"媚"也使他们从来没有一块自己耕耘和浇灌的土地。

人们都在说80后是有个性的一代，许多80后也对70后的那种以群体方式发出声音的做法非常不屑。但是这种个性究竟是什么呢？这一代人听着欧美摇滚乐、看着村上春树和杜拉斯的小说长大，他们很注重在阅读、音乐以及电影等方面吸收国外的新鲜事物。在很长一段时间里，小野丽莎、村上春树、杜拉斯、阿尔莫多瓦几乎和牛仔裤、化妆品的品牌一样，是一个个标签，代表着某种品位，可以引以为骄傲。在品位的不断更新上，我们这一代人真的很努力。80后最初的文学创作中，充斥着各种外国品牌、乐队和导演的名字。他们还从中得到一种情绪——垮掉的，孤独、颓废并且厌世的情绪。这种情绪没有成为我们的精神力量，倒成了不求上进的借口。我们就是从这些当中找到自己的个性，把被美化的品位当做一种创造吗？

是的，整个青春期，鉴赏力代替了创造力，制造出繁盛的幻觉。

我总有一种担心，若干年后回顾过去的时候，这些青春的记忆会不会让我们觉得羞愧。因为我们所有的热爱都没有根基，也没有给过我们精神力量。它们像某个名牌的10年或20年回顾画册，展现着一年又一年的流行风尚。而偶尔有过的激情，也显得如此莽撞和苍白，像一些被线绳支配的小丑。

我有两个生于20世纪70年代的朋友，大学的时候是同学，这么多年过去，还是最好的朋友。可是他们看起来完全不同——性格、爱好以及现在的生活环境都不一样。将他们牵系在一起的，是理想——将来要一起捐几座希望小学，还打算有一天把两个人的藏书合起来，捐一个小型的图书馆。为此他们努力赚钱，用心收集各种图书。他们的友谊，80后恐怕是无法理解的，这样的理想也离80后们很远。无怪乎曾有另一位70一代的朋友，质疑我们这代人的友谊，说我们看起来很肤浅，只是为了做伴，一起吃喝玩乐。我竭力反驳他，却很心虚。和朋友在一起，的确都是玩乐。少数有意义的事情，当时大家都兴致勃勃，后来都因为难以付诸行动而破产。小时候我也做过班干部，但是成年后，我最大的愿望就是不对自己之外的任何人负责。因为你真的不知道有什么可以把大家捆绑在一起，那种凝聚力来自哪里。我们的自由可能过了头，没有连着大地的根系，也无法互相补给营养。

我念初中的时候，住在大学的家属院——临街的楼，隔一堵墙，外面有许多饭馆和小食摊。四月一到尤其热闹，当年要毕业的大学生，每个晚上已经开始为了告别而聚会。他们唱歌、高喊，把啤酒瓶摔得粉碎。有人说出了埋藏的爱，有人泯去了心中的仇。唱着诸如《水手》《一场游戏一场梦》《大约在冬季》那样的歌，忍不住哭起来，哭得撕心裂肺，好像要经历的是生离死别。也许他们已经有了某种预感，这个质朴而单纯的时代正在渐渐远去，他们和他们的理想终将分道扬镳。

我看到过这一幕吗？没有，从来没有。作为一个对前途在意、对自己负责的好孩子，那时候我已经躺在床上，被毛绒白兔和长颈鹿簇拥着，沉入乏善可陈的梦境。可是在梦里，他们的哭声一定惊动了我。我或许是被挑选的见证者，所以有关这些，我都记得。

# 年轮的回归线

作者　落　落

三岁。

开始有了记忆。从此降落到雪面。每一个脚步都将留下印记，无论未来回头看它们是否清晰。终于要开始正式的旅行。

六岁。

站在幼儿园和学校之间的路上东张西望。当时，那些骑着自行车把自己远远抛在身后的中学生，漂亮得像画。吮一口冷饮，鞋带散开许久都没有发现，变得黑乎乎沾满了尘土。

十岁。

数学第一次考了满分，跌跌撞撞跑回家，收获的奖励只有一句赞美，没有物质，又气又委屈，把门关得很响。遇见了第一个喜欢的好朋友，遇见了第一个不喜欢的人。前面那个没有你聪明，后面那个比你家境富裕。

十四岁。

老师在上课时逮住了一个看漫画的男生，命他站起来。把书收走后，老师读着书名，一字一顿的声音夸张地引得全班人都嘲笑他。你看着男生站在教室里整理书包的动作。他看起来是多么想掩饰内心的愤恨。

十六岁。

摘录所有与不幸有关的词语，强塞进行囊口袋。是嘲笑他人自寻烦恼的人更多，还是自寻烦恼的人更多呢？而就算是你对哭哭啼啼的女生投以鄙视的目光，一样也会在被子里为自己才明白的原因掉一点眼泪。是谁也不理解自己这种理由更造作，还是自己不想让人理解这种理由更悲哀？

十八岁。

抗争，却不知道是针对谁。和朋友

一起去 KTV 的时候开心，离开后又发现口袋里没有剩下几个钱。拮据是当时几乎所有同龄人都会遭遇的麻烦。这个夏天要迎接转折和离别。

二十二岁。

扔掉了几年前的信笺。曾经以为永远不会到来的二十二岁的夏天，不仅来得一如既往，甚至已经快要过去。到底是什么定义着我们的年月，是什么让时间成了时间？可能几百岁的时候也不会明白。

一千五百岁。

"物质守恒定律"证明着我们的一切都不会凭空消失。我们的头发、指甲、身体的水分、肌肉、骨骼，甚至小时候吃下的一根鱼骨头，它们都绝对不会消失于这个世界。所以一千五百年过去，并非没有了我们，而是我们的身体上生出了绿色的草，一部分变成山，还有一些被风吹进海水，甚至有些随着尘埃飘进宇宙，默默地凝视着地球。

生日时，在心里默默许愿："一定要去 ××× 的演唱会！"睁开眼后吹熄了蜡烛。你十五岁了。

社会

# 难得糊涂

作者　洪　晃

中国人喜欢反着说话。郑板桥说"难得糊涂"时，肯定是他一辈子最清醒的时刻。

我们总说看书多的人是明白人，其实这是反话，书看多了肯定糊涂。我有两个好朋友，许知远和伊伟，是我认识的人里面看书看得最多的。这么说吧，如果我想找一本讲老北京的书，我只需要给伊伟打个电话，马上就能获得一个至少有20本书的口头书目，而且还带着一两句话的简介。想知道外国人又有什么新的理论，比如世界到底是圆的、平的，还是菱形的，问许知远就可以了。他不仅能告诉我关于地球的所有理论，而且都有出处，包括作者姓名、书名、出版社名、编辑名，连标点符号都不会落下。牛吧？

但是我也能证明他俩根本不是明白人，因为对他俩我还是挺了解的。

首先，他俩都没媳妇；其次，他俩都没发财。我们一起做"大人在说话"节目的时候，许知远说最值得做的一件事情，就是时常捧着一本书，坐在湖边僻静的板凳上发呆。这像明白人说的话吗？他说现在的人太忙，人如果没有时间发呆就会出问题，就没有思想了。伊伟更逗，本来身体条件就不是特别出色，还死活要跟一个记者队去徒步可可西里，而且还兴奋地说："这次去，没准就真出不来了。"这是明白人干的事吗？明明知道可能出不来，还往里面冲？还好那记者队的队长是个明白人，拦了一把，没让他去。我当时真担心他要有个三长两短，我还不一定找得着第二个伊伟。

这两个读书人，一个发呆，一个"找死"，充分证明看书越多越冒傻气。

我看过一个数据，中国以美元计的百万富翁绝对人数已经超过法国了，说明我们国家还是有明白人的。但是好像我们这儿像我这俩朋友这么冒傻气的读书人比法国少好多，因为大家都太聪明，所以没人去干糊涂事。

难怪中国人说：难得糊涂。

# 远离那些苦大仇深的人

作者 毕淑敏

一位心理学教授，考查报考她的研究生时，划掉得分最高的学生，取了分数略低的第二名。

她说："我在进行一项心理追踪研究，或者说是吸取教训。"

她是德高望重的学者，在专业范围内颇有建树。别人一定要她讲讲录取标准。

她缓缓地说："我已经招了多年的研究生，我希望我所热爱的学科，在我的学生手里发扬光大。老一辈毕竟要逝去，他们是渐渐黯淡下去的苍蓝；新的一辈一定要兴旺，他们是渐渐苏醒过来的嫩青。选择什么样的接班人呢？以前，我总是挑选那些得分最高，看起来兢兢业业、学习刻苦、埋头苦干，像鸡啄米一样片刻不闲的学生。

"我想，唯有热爱，他们才会如此努力，取得优异的成绩。他们应该是最好的。在私下里，我称他们为'苦大仇深型'的学生。

"许多年过去了，我有从容的时间，以目为尺，注视他们的脚步，考查他们的经历，以检验当年自己的决定是否正确。

"我发现自己错了。在未来的发展中，生龙活虎、富有潜质并且宠辱不惊，成为真正学科才俊的，是这样一种人：表面上，他们像狮子一样悠闲，甚至有点漫不经心和懒散，小的成绩并不能鼓励他们，反而让他们藐视、淡漠。

"对于导师的指导和批评，他们往往是矜持而有保留地接受，看起来不是很虚心，多少有些落落寡合，经常得不到众口一词的称赞。失败的时候，他们几乎不气馁灰心，也不需要鼓励；辉煌的时候，显不出异样的高兴，仿佛对成就有着天然的免疫力。他们的面部表情总是充满孩子般的好奇，洋溢着一种快乐，我称之为'欢喜型'。

"苦大仇深型的学习者，主要是为了改善自己的生存状态，追求科学知识以给自身带来的优裕。一旦达到目的，他们对科学本身的挚爱渐渐蒸发，迅速代之以新的优化生存状态的努力。

"作为一种生活方式的选择，自然无可厚非；作为学业继承者，他们却不是最好的人选。

"欢喜型的学习者，也许一开始，他们走得并不快。但是，心中的爱好，犹如不断喷发的天然气，始终燃烧着熊熊的火焰，风暴也无法将它吹熄。在火光的引导下，欢喜型的人边玩边走，兴趣盎然地不断攀登，不会因路边暂时的风景而停下脚步，直到高远的天际。"

最后，心理学教授说："面对世上所有的事时，人都可以被划分成'苦大仇深型'和'欢喜型'。比如读书，若是为了一个急功近利的目的而读，时过境迁，就会与书形同陌路。如果真是爱好、喜欢，就会永远将书安放枕边，梦中与书相会。"

# 那件没有机会穿的衣服

作者 杨澜

采访一位日本建筑设计师时,他对我说:"那些没有机会盖的楼,往往更能代表我自己的风格。"一想,很有道理。建筑设计师从不同的主顾那里承接工程,受到环境、周期等诸多条件的限制,再加上客户的审美观念与种种要求,到头来,那些落成的建筑往往是多方面因素相互妥协的结果。它们在主体精神上能够反映设计师的风格已是万幸,又怎能奢望构想完整地呈现呢?而那些被"枪毙"的作品,或许是由于预算过高、施工难度过大,或许是因为商业使用面积不足、主流审美观难以接受等原因,却可能是设计师最自由、最自我的表达。所以我想,如果有一天,策展人能做一个建筑大师未能实现的设计作品大展,一定会是一次充满想象力的视觉盛宴。

其实,女人与衣服的关系有时与之相当类似。你是不是与我一样,在衣橱里总吊着几件自己十分中意却从没有穿出家门的衣服?我们曾经咬牙跺脚,狠着心花了一大笔预算把它们买下来,却只有在独处的时候才拿出来穿上身,在镜子前左照右看。

大约 10 年前,我在纽约曼哈顿一家著名的百货店看中一件玫瑰红色的无吊带礼服,是那种既正又浓的玫瑰红色,真丝质地,纱的内衬,整个裙型挺括舒展。当我在试衣间穿上它时,兴奋得额头上竟沁出细汗来。身旁一位五十开外的女售货员透过架在鼻梁上的眼镜,若有所思地上下打量着镜中的我,说:"丫头,如果一个女人一生只能有一件礼服,就应该是它了。"我头脑一热,立马就付了钱。

可一晃 10 年过去了,我竟然没有

社会

一次在公开场合穿过它。有时是因为场合不够隆重，它会显得有点"过"；有时是因为与舞台背景颜色相近，它会被淹没其间；有时是与搭配的衣服颜色"冲"了；有时因为嫌自己胖了些，想想不如减肥以后再穿吧。它在我心目中是一件完美的衣服，我总在等待一个完美的日子，但那个日子总是遥遥无期。每当我在衣橱里看到它，就像与一位老朋友打招呼。只见它一尘不染，风姿依旧，像一面时光的镜子，照出自己的种种变化。或许在不久的将来，它的艳丽和张扬会让我胆怯，结果越发不敢穿它了。倒是旁边那些黑的、白的、银的、金的，以长的、短的、不长不短的式样轮番变换着。常常今年喜欢的，明年不流行了。唯独它，永不过时，安安静静地等待自己出场的机会。

一件从未穿出门的衣服可以代表女人内心最深处的幻想，或许人一生的最佳注释就是你想做却没有做成的事。有一次，《天下女人》节目请来一位二十出

头的小保姆。她平静地讲述着自己的故事：她一直成绩优秀，本以为可以顺利地上大学，但母亲遭遇的一场车祸使她只能选择辍学打工，维持生计。她到北京的一户人家里当保姆，主要负责照顾家中刚考上大学的男孩。两个年纪相仿的青年有着不同的人生轨迹，但这没有让她轻慢自己的工作。她说："也许我永远失去了上大学的机会，可我毕竟有过那样的梦想，它让我在内心里与众不同。等我再攒一些钱，我要开一家小店，我相信我会把它经营得很好。"

这世上到底由什么来决定我们是谁？我认为大概有三类事：完成的事——世人以此来估量我们的成就与价值；不做的事——后人以此来评价我们的操守与底线；想做却没有做成的事——这常常是只有自己才最了解、最在乎的事，是一个更真实的自我的认定。正如设计师的空中楼阁，又如我的玫瑰色的礼服，还如小保姆内心的倔强与尊严。

它们，才是我们的最爱。

# 假如生活是一本书

作者 〔美〕艾米·珀迪

艾米·珀迪 19 岁因病失去双脚，左耳失聪，失去脾脏和肾脏，但她凭借顽强的毅力重新站了起来，取得很多人不可思议的成就，连续三次夺得世界滑雪锦标赛冠军。

假如生活是一本书，而你是作者，那么你会希望自己编写出怎样的故事？当年正是这个想法改变了我的人生。

我在炎热的拉斯韦加斯的沙漠中长大，我所向往的是自由自在的生活。我做着周游世界的白日梦，想象着能够住在下雪的地方，并把所有想讲的故事一一拍摄出来。19 岁那年，高中毕业后的一天，我真的去了下雪的地方，成为一名按摩治疗师。这份工作只需要用到手，旁边就是按摩桌。那时的我能去任何地方。这是人生中第一次，我感到自由、独立、安全，生活就在我的掌控

之中。

但这时我的生活出现了逆转。一天我感觉自己得了流感，便提早回到了家，可是不到 24 个小时，我便住进了医院，要靠呼吸机维持生命，并且被告知只有不到 2% 的存活概率。几天之后，我陷入了昏迷，医生诊断为病毒性脑膜炎，一种用疫苗可以预防的血液感染。在接下去的两个半月里，我失去了脾脏、肾脏，失去了左耳的听力，两腿膝盖以下被截肢。当父母用轮椅把我从医院推出来的时候，我感觉自己像是被拼起来的玩具。

那时我以为最坏的日子已经结束了，但是几周之后，当我第一次看到我的新腿时，才意识到远没有结束。我的支撑棒是笨重的金属块，它用管子把踝关节和黄色的橡胶脚固定在一起，从脚趾到

踝关节上凸出来的橡胶线，看上去像静脉。我不知道自己想要什么，但绝对不会是这个。当时我的妈妈在我身旁，我们抱头痛哭，泪如雨下。

后来，我套上这粗短的腿站了起来，那可真是太疼了，行动也不利索。我在想，天哪，我要怎么靠这假肢周游世界？怎么过我想要的充满奇遇和有故事的生活？怎么再去滑雪？那天一到家我就爬上了床。此后几个月，生活都如此，我彻底失去了信念，逃避现实，对假肢置之不理，我在身体上和精神上彻底地崩溃了。

但是我知道，生活总要继续，为了过下去，我必须得跟过去的艾米告别，学着接纳新的艾米。我忽然明白，我的身高不必再是固定的 5 英尺 5 英寸（约1.65 米），相反，我想多高就多高，想多矮就多矮，这完全取决于我跟谁约会。如果我去滑雪，那么脚再也不会被冻到。最大的好处是，我的脚能被做成任意大小，穿进商场里的任何打折靴子。我做到了，这是没脚的好处！

这时我问自己，生活该怎么继续？假如我的人生是一本书，而我是作者，那么我希望自己拥有怎样的故事？我开始做白日梦，我梦到和小时候一样，幻想自己优雅地走来走去，可以自由地帮

助身边的其他人，可以去快乐地滑雪。我不能眼睁睁看着自己一点点消磨时间，我要去感觉，去感觉风拂过我的面庞，感觉我的心跳加速。似乎从那时开始，我的人生开启了新的篇章。

4 个月后，我回到了滑雪场，事情没有想象中那么顺利，我的膝盖和踝关节没办法弯曲。有一刻，在上行的索道上，我吓到了所有的滑雪者，我的脚和滑雪板绑在一起飞下了山坡，可我还在山顶上。我当时很震惊，和其他滑雪者一样震惊，但是没有灰心。我知道只有找到合适的脚，我才能再来滑雪。这一次我学到，我们人生的局限和障碍，只会造成两种结局：要么让我们停滞不前，要么逼我们迸发出巨大的创造力。

我研究了一年，依然没有弄清楚要用哪种脚，也没找到任何能帮到我的厂商，所以我决定自己做。我和我的假肢制造商一起随机地装配零件，我们做了一双能滑雪的脚。你看，生锈的螺栓、橡胶、木头和亮粉色胶带，虽然简陋，但我能变换指甲油的颜色哦！这些假肢是我收到的最好的 21 岁生日礼物。

后来我爸爸给了我一个肾，让我又可以追梦了。我开始滑雪，回去工作，然后回到学校。在 2005 年的时候我参与投资了一个专为青年残疾人服务的非营

利组织，让他们能参与到极限运动中来。后来，我有幸去南非，使那里成千上万的孩子能够穿上鞋子，走路上学。再后来，2010年2月，我赢回两块世界滑雪锦标赛金牌，这使我成为世界上滑雪比赛排名最高的残疾女选手。

11年前，我失去了双脚，我不知道能做什么。但如果今天你问我，是否愿意回头，让我的人生再回到原来的轨道，我的答案是：NO！因为我的脚没有让我失去能力，而是逼我依靠自己的想象力，相信各种可能性，让我相信想象力可以作为工具，打破所有藩篱。因为在我们的意识深处，我们可以做任何事，成为任何人。所以请永远地相信梦想，直面恐惧。让我们活出自我，超越极限！

虽然今天的主题是关于创新，我的故事看似跑题，但我不得不说，在我的人生里，创新是唯一的可能。因为我的经历让我了解到，那些痛苦与厄运看似是生活的终结，但也正是想象力和故事开始的地方。

所以我今天想告诉你们的是，不要把人生中的挑战和困难当作坏事，你应从正面去看待它们，让它们作为点亮你我想象力的美好礼物。它会帮助我们超越自我、飞跃藩篱，看人生的阻碍能为我们带来哪些惊喜。

（此文为2012年作者在TED上的演讲。）

# 爱的回归

作者 苏 芒

我从巷子里走出来，不由得被她的目光所震慑。迎着巷子，她坐在斜阳里面，一动不动地对着巷口。

这个像树桩一样的老太婆，那么衰老，那么破败，衣衫褴褛地坐在夕阳里。这会儿的太阳已经没有什么暖和气儿了，只是橘黄的一团像束追光，照在她的身上。她迷离的眼神对着阳光不曾回避或眯起来，只是散些、再散些，终于和阳光融成一团了。也许打晌午起，她就坐在这儿，只是不停挪动着小板凳，像一株真正的向日葵，追随着冬日里微暖的阳光。

越走越近，我看见她双手支着膝盖，头发干枯而蓬乱，眼睛里尽是灰色的浑浊的水。她的嘴微张着，已没了牙齿，但我觉得她像一个吞吃日华的魑魅，坐在岁月的尽头，贪婪地吮吸着。心下怯意，猛回头，啊，一巷子掺着灰尘的阳光，满满充斥在矮房之间的空巷。我恍惚走在时间里了，身后的光雾让我不知所措。豁然明白了，巷子的那头是车河、商场、工地，仅仅隔一条巷子的光雾，那个世界仿佛已不存在；仅仅隔着一条巷子的阳光，我们的目光似乎穿不透这时光的隧道了。

再一次回过头，那个老太婆仍旧痴呆地坐着，一动不动，像是个在人生尽头静静等候的未死人。我并不想赋予她一个青春貌美的过去，也不愿转述耄耋之年所经的悲凉。一个破衣如旗一样在夕阳里飘扬的老妇人，白发如毛絮，在冬的傍晚，无论如何也是一曲无声的悲歌。那天起，像向日葵一样的老太婆，不能不像一个启迪我的神谕，从此永远进驻我的心。

没有必要同情她，因为我不正以全部的精力向她投奔吗？每一日我都在工作、美容和约会，为感情或事业几将自身解体。生命的画符，极不由衷地变旧变黑，变得暗淡无光。想象生命之荣耀和欢欣，在终点的时候，又怎能把衰老的身体、疲惫的心灵重新燃起，不任它消亡？

我们奔奔波波，悲悲乐乐，自己嬉戏人生，追求成功。我们把童年抛了，把青春抛了，去换取一个名叫成就的东西；我们把父母抛了，把自己抛了，去寻找一个名叫爱情的东西。我们累极的时候乞求平静，平静的时候才为昨天而哭泣。

终于明白，为什么人的一生只把回忆当做最好的朋友。因为自始至终是你抛弃了它，而它从未离开过你。

真想做一件不能够的事，就是在这永劫不复的长河里，封起这颗心。我可以任身体颠沛流离；可以让头脑中的故事破碎而不流泪；可以目睹渐增的皱纹而不动容；可以在爱人离我而去之后，勇气依旧继续自己的路……但，如果让我全身心地投入必须衰败如斯的未来，我的悲哀倾泻下来，慢慢地、慢慢地漫过我的胸口。极想喊一声"妈妈"，向那个女人如花一样的生命所筑的雕塑，呼救。

# 人生永远没有太晚的开始

作者 〔美〕摩西奶奶

今年，我一百岁了，趋近于人生尽头。回顾我的一生，在八十岁前，我一直默默无闻，过着平静的生活。八十岁后，未能预知的因缘际会，将我的绘画事业推向了巅峰，随之带来的效应，便是我成了所有美国人都耳熟能详的大器晚成的画家。

我的老伴已离世多年，孩子们也依次被我送走，我的同龄人也一个个离开了我。我觉得自己越活越年轻，越来越喜欢与年轻的曾孙辈们一起玩。他们累了、倦了，便喜欢围坐在我身旁，不嫌曾祖母絮叨，听我说些老掉牙的人生感悟。

有人问，你为什么在年老时选择了绘画，是认为自己在画画方面有成功的可能吗？我的生活圈从未离开过农场，我曾是个从未见过大世面的贫穷农夫的

女儿、农场工人的妻子。在绘画前，我以刺绣为主业，后因关节炎不得不放弃刺绣，拿起画笔开始绘画。假如我不绘画的话，兴许我会养鸡。绘画并不是重要的，重要的是保持充实。不是我选择了绘画，而是绘画选择了我。

有年轻人来信，说自己迷茫困惑，犹豫要不要放弃稳定的工作，做自己喜欢的事情。人的一生，能找到自己喜欢的事情是幸运的。有自己兴趣爱好的人，才会生活得有趣，才可能成为一个有意思的人。当你不计功利地全身心做一件事情时，投入时的愉悦、成就感，便是最大的收获与褒奖。今年我一百岁了，往回看，我的一生好像是一天，但在这一天里我是尽力开心、满足的。我不知道怎样的生活更美好，我能做的只是尽力接纳生活赋予我的，让每一个当下完

好无损。

七岁的曾孙女抬头问:"我可以像曾祖母一样开始绘画吗?现在开始还来得及吗?"我将她拥入怀里,摩挲着她的头发,紧握着她的小手,注视着她,认真回答:"任何人都可以作画,任何年龄的人都可以作画。"不喜欢绘画的人,也可以选择写作、歌唱或是舞蹈等,重要的是找到适合自己的道路,寻找到你心甘情愿为之付出时间与精力,愿意终生喜爱并坚持的事业。

人之一生,行之匆匆,回望过去,日子过得比想象的还要快。年轻时,爱畅想未来,到遥远的地方寻找未来,以为凭借努力可以改变一切,得到自己想要的。不到几年光景,年龄的紧迫感与生活的压力扑面而来,我们无一幸免地被卷入残酷的生活洪流,接受风吹雨打。

我的孩子们,投身于自己真正喜爱的事情时的专注与成就感,足以润色柴米油盐酱醋茶这些琐碎生活带来的厌倦与枯燥,足以让你在家庭生活中不过分依赖,保留独属于自己的一片小天地。寻觅到一个懂你、爱你的伴侣,两个人组成的小小世界,足以抵挡世间所有的坚硬,即使在面对生活的磨砺与残酷时,也不觉得孤苦,不会崩溃。孕育小生命的过程,会感觉到生命的奇迹,会获得从未有过的力量。当一双小手紧抓着你时,完全的被依赖与信任会让你感受到自我的强大,实现自我蜕变式的成长。

人生并不容易,当年华已逝、色衰体弱,孩子们,我希望你们回顾一生时,会因自己真切地活过而感到坦然,淡定从容地过好余生,直至面对死亡。

# 群体性孤独

作者 〔美〕雪莉·特克尔

麻省理工学院社会学教授雪莉·特克尔为了研究人与机器人之间的互动，15年来深入两家养老院，对200多人做实地研究。她认为信息技术在给人们带来沟通便利的同时，也使人与人之间的关系弱化。人们发短信、发邮件、上社交网站、玩电子游戏，从形式上看人们之间的联系似乎更轻松、更密切了，但实际上更焦虑、更孤单。

## 我们通过机器重新定义了自己

技术是极具诱惑力的，因为它能弥补人性中脆弱的一面。而我们的确是非常脆弱、敏感的物种。我们时常感到孤独，却又害怕被亲密关系所束缚。数字化的社交关系和机器人恰恰为我们制造了一种幻觉：我们有人陪伴，却无须付出友谊。在网络世界中我们彼此连接，同时也可以互相隐身。比起面对面交谈，我们更习惯于发短信交流。一位年近五旬、忧心不已的母亲讲述的这个故事，就能很好地说明这一点：

我当时正在寻找一个新保姆。通常，我都希望在应聘者自己的住所面试她们，因为我认为这样能够更好地考察她们。所以，当一个叫罗尼的人来应聘时，我和她约定了面试时间。她的室友为我开了门。我告诉她我是来面试罗尼的，能否帮我敲敲罗尼的门。这个女孩看上去非常惊讶："噢，不行。我从不敲门，那样太冒昧了，我会给她发短信。"于是，她发了一条短信给离她不到5米的罗尼。

我们的生活为何变成如今的模样，我们是否满意这样的生活？人们很早就开始借助互动式、反应式的计算机反思自我，思考人与机器之间的区别。计算机不再等着人类来赋予它们意义。如今的社交机器人能与我们进行眼神交流、侃侃而谈，并学着识别我们。它们向我们卖萌求收养，我们也想象着有一天它们能给我们以回馈。如今机器人设计领域讨论最多的话题正是关于陪护功能的研发。这些新兴技术预示着什么？一些人希望未来机器人能帮忙清洁地毯、洗衣服，另一些人甚至希望发明机器新娘。社交机器人是真实人际关系的一种替代，而网络终端设备提供的计算机中介式社交，则是真实人际关系的另一种替代。当我们和机器人谈情说爱、和智能手机难舍难分时，我们通过机器重新定义了自己，也重新定义了我们与他人的关系。当人类寂寞难耐时，网络正散发着迷人的魅力，但倘若我们沉迷于此，则会错失独处的快乐。

## 何为"真实"

2005年11月末，我带着14岁的女儿丽贝卡来到坐落在纽约的美国自然历史博物馆，参观达尔文主题展。展览入口处陈列着两只巨大的海龟。它们来自厄瓜多尔西部的加拉帕戈斯群岛，也正是在那里，达尔文展开了声名远播的进化论研究。博物馆将这两只海龟视为奇珍异宝。在充斥着各种塑料模型的博物馆里，只有它们是活的，而且和达尔文在150多年前看到的加拉帕戈斯海龟一模一样。有一只海龟藏了起来，另一只则蜷缩在笼子里，纹丝不动。丽贝卡仔细地观察着这只海龟，过了一会儿，她说："他们完全可以用一只机器龟的！"我大吃一惊，问她什么意思。她说，如果海龟只是在博物馆里无所事事、一动不动的话，完全没必要千辛万苦把它从太平洋的小岛运到纽约。她十分同情这只海龟过着被监禁一般的生活，却对它的真实性无动于衷。

我开始与其他父母和孩子交谈。我的问题是："你会在意这不是一只真的海龟吗？"一个12岁的女孩坚定地说："它们什么也不用干，没必要用活的。"

达尔文主题展把生物的真实性问题放在了醒目位置，不仅展出了达尔文当年做野外研究用的放大镜，而且还有他用过的笔记本，上面记录着他第一次阐述进化论时的名言妙句。但是，孩子们面对迟钝的、会呼吸的加拉帕戈斯海龟时的漠然态度，使这次主办方关于"真实性"的卖点几乎没有什么立足之地。这次在博物馆的见闻，让我想起丽贝卡7岁时的另一件事。那次我们乘船游览地中海，那段时间丽贝卡正热衷于电脑上的模拟鱼缸软件。因此，当她发现海水里有什么东西在动时，兴奋地指着喊道："噢，这是个水母！它看起来像真的一样！"后来我把这件事告诉迪士尼公司的一位副总裁，他说他一点儿都不惊讶。因为当年迪士尼"动物王国"主题公园在奥兰多市开张的时候，主要的卖点就是里面养了各种"真"的动物——都是活体动物。然而，来到公园的第一批游客却对此怨声载道，他们抱怨这些动物看起来不如其他迪士尼公园里的电子动物那么"真实"。

### 机器人对此一无所知

居住在波士顿城郊养老院中的72岁的老妇人米丽娅姆给我留下了深刻的印象。她是我关于机器人与老年人的研究中的一位参与者。她穿着宝蓝丝绸上衣和修长的黑裤子。虽然表现得既优雅又镇静，但她仍然流露出难以抑制的伤感情绪。这一方面是因为她的处境：对于一个曾是波士顿最有名的设计师来说，护理之家是一个荒凉又孤单的地方；另一方面，她的儿子最近和她断绝了母子关系。他在西海岸有自己的工作和家庭，每次他探望母亲的时候，都会与她发生争执——他觉得她想要的太多，超出了他的承受范围。现在，米丽娅姆安静地坐着，轻抚着"帕罗"——一个格陵兰小海豹形状的社会型机器人。"帕罗"，日

本制造，由于对病人、老人和情绪障碍人士具有表面上的积极效果，因此被广告商称为首个"治疗型机器人"。"帕罗"能通过传感器识别人的声音方向，从而做出眼神交流的动作；它触觉灵敏，而且有一小部分英语词汇量来"理解"它的用户。最重要的是，它能根据用户对它的态度设定自己的"心灵状态"。例如，它能识别自己是正在被轻柔抚摸，还是受到了侵犯。现在，有了"帕罗"，米丽娅姆沉醉在自己的白日梦里，小心翼翼地轻抚着机器人的皮毛。

多年临床医生的实践训练使我相信，人与人之间如果面对类似这样的情景，可能会起到深度治疗身心的效果。通过为他人提供最需要的支持，我们能修复自身的心灵创伤。但是换作一个悲伤的女人和一台机器人，又应该怎么处理呢？我不知道一只宠物能不能感知米丽娅姆的沮丧和失望。我只知道，在米丽娅姆和她的机器人"帕罗"之间，在某个时刻的确发生了一种显而易见的联系，在这个时刻，她得到了宽慰，但机器人其实对此一无所知。虽然米丽娅姆貌似经历着某种与他人的亲密联系，但她其实还是孤身一人。她的儿子离开了她，所以她寻求来自机器人的安慰，在我看来，这同样是我们对她的一种抛弃。

# 比素质教育更重要的

作者　六　六

在上海时，看了几个朋友的孩子，听朋友讲对孩子的教育，再观察孩子的言行，不禁有些担心祖国花朵的未来。

朋友们的孩子，一个5岁，一个4岁，大些的那个有7岁了。

听朋友们谈孩子的教育现状，都说现在的孩子只能养一个，多了养不起。现在上班是休息，休息是上班。一周5个工作日有3个晚上要送孩子上不同的兴趣班，周六周日要带孩子去各种科技园、主题公园、展览馆，还要上课。

朋友的脸上满是疲倦，总是睡眼惺忪的样子，苦笑着说把小时候欠缺的幼儿教育课程全部补上了。

"我现在会弹钢琴了，也上书法课。我老婆跟着练芭蕾，每天我家一放音乐就是莫扎特、肖邦。"

"我儿子在上英语班，我又把中小学英语复习一遍，才发现很多基本单词都忘记了。现在能读的都是电脑里的单词：This file does not exist."

我很不解，孩子才5岁，古筝学两年，英语学一年，绘画学两年，芭蕾学一年，这么多的才艺，以后究竟要做什么？

"我们马上还要参加奥林匹克数学竞赛班！"父母还都特自豪。

"学那个干吗？"我问。

"现在不学不行！小学现在实行愉快教育，没功课，没压力，去学校唱唱歌跳跳舞一天就混完了。到考试了，题出得一道比一道难。现在基本题大家都考100分，怎么区别谁高谁低？全看附加题。一年级的孩子就考：

两辆列车相向而行，一只苍蝇在两车中间飞，到两车相遇时，苍蝇要来回飞多少公里？才一年级，就出这样的题，老师又不教，只有外面奥数班教，你不交钱去学，你家小孩就考不过别人！我们做家长的，总不能叫孩子输在起跑线上。

"现在光成绩好也不行了，要求多才多艺。一到晚会上，小孩就开始比拼。能上去表演的，都是考过多少多少级的，一出手都跟小钢琴家一样。以前高考加分，都是照顾绘画、音乐、体育特长生，现在哪里有什么特长生，只有特短生。你成绩再好，什么都不会，就会首先被学校筛掉。这哪里是考学生，简直是考家长。我们这一代倒霉透了。当年考大学已经焦过一次了，现在有孩子，就是18年徒刑，烤到两面黄。

"我现在最大的愿望就是孩子快快考上大学，我就解放了。孩子已经生出来了，再塞回去是不可能的了，只希望跟DVD快进一样，快快熬到头。

"养一个孩子，我们粗算过，在上海这样的地方，所谓的中产，到孩子大学毕业，一共要花60万。"

具体到各项费用，听朋友说，好地段的幼儿园，每个月是1500元；各种各样的学习班，往低里估计是1000出头；孩子的吃穿用度每个月要1000多，说的是温饱水平，不是小康；玩具、书籍和外出游玩最少500元。

朋友正削尖脑袋让孩子进好学校。

见面就问我，你爸爸是什么教师？我说是大学的。他居然说："那暂时用不到。我现在急需小学老师。孩子要上小学了，好点儿的学校，赞助费最少5万，不包括学杂费。"

"不是九年义务教育吗？怎么收这么多？"

他哈哈大笑说："你说的是新加坡吧，上海的好学校，送钱少都进不去，更不要说义务教育了。义务教育的有啊，敞开大门欢迎都没人进。大家都想进名校啊！我一个同学的孩子上小学，XX小学你知道吧，4000人报名，录取60个。学校提出前300名的名单，入学水平都差不多的，在硬件相同的情况下，就比软条件。学校发张赞助表，不硬性要求，你自己填赞助多少，价高者得。我同学拿到单子那天，愁得一夜睡不着。不如给个硬指标，一次交个5万或10万；这个软指标，太难把握了。你捐20万都不见得能挤进前60名啊！简直是精神折磨。"

"才小学，至于吗？"

"不拼不行。现在竞争，从落地开始。进中学要看小学成绩，看小学的学校。名校有直升名额，给的考试指标也多。都想给孩子最好的环境。现在不仅争小学，连幼儿园都争。很多小学都指

《读者》名人名篇

明收哪几个幼儿园毕业的孩子。再往上拼，就没什么余地了。大约以后要指明生产医院了，非哪几个医院出生的孩子，不许进某几个幼儿园。哈哈！"

孩子的父母往往受环境影响，把孩子的教育提到一种攀比的高度，在意的不是孩子学到了什么，而是孩子学的这个是否是目前最流行的。对孩子的教育，与其说是内在修养，不如说是外在展览。

同学们一见面，就忙着叫小孩表演，这个来段芭蕾，那个弹首曲子，学体操的就满地翻跟头；家长还当着很多成人的面考五岁的孩子加减乘除，可能是自己倾注的心血太多，不显示一下成就不甘心。而孩子卓越的表演引来一阵阵赞叹的时候，家长的那种自豪，溢于言表。

而作为幼儿教师，我更注重的是隐性教育，是基础教育，是人性化教育。比如，家长都知道教育孩子见人就打招呼，说谢谢，这谁都会。但细节问题是，家长注意到了吗？

在同一桌吃饭，菜一上来，小孩就站在板凳上拿勺子去够。家长生怕孩子够不着，招呼都不打，理所当然地把菜移到孩子面前。我善意提醒，宝宝要学会礼让，让大人先动筷子；大家吃饭要排队，菜转到你面前才可以搛。孩子大约从没听过类似的话，一气之下将汤匙摔在地下，摔得粉碎，生气地说，我不吃了！还扭着要离开。

妈妈一把抱住，哄着说，乖囡囡，我们小呀，我们饿了呀，阿姨比我们大那么多，让让我们呀！眼睛都不看我。

我碰了个软钉子。

什么样的母亲，带出什么样的孩子。现在的年轻母亲，很多是当年的独生子女，或者是家里的老小，本来在家就受宠爱，不懂得谦让，更难教出礼让三先的孩子。

素质教育，这是我到上海几天听得最多的关于教育的方针，大家都在谈。这里的所谓素质，已经将最基本的尊老爱幼、文明礼貌、有涵养排除在外。依我看，在各种少儿培训班满天飞的时代，孩子缺少的不是所谓的素质教育，而是从我做起，从身边小事做起，想他人所想，学会分享和友爱。因此，比素质教育更重要的，是基础教育。

在孩子学跑以前，路要走得稳。

在孩子神采飞扬地上舞台表现以前，在台下要学会含蓄与收敛。

人的憨厚与谦让，温柔与和谐，比所有的钢琴、绘画、体操、算术都要强。

很多素质，其实并不需要花大价钱培养，注意生活的每个细节，就可以塑造出彬彬有礼的孩子。

# 让我们一起成精

作者　王小柔

科技这东西真厉害，它正在悄无声息地改变着我们的生活。很多另类食品进了超市，也只是一个开始。那些打扮得漂漂亮亮的怪异的净菜多少让人们对绿色有些疑惑；还没搞清楚无抗奶是什么东西，很多人已经开始喝了；加了各种微量元素的饼干、饮料不断向你灌输健康新概念；26种甚至更多种微量元素浓缩成的一枚药片能让你整天不吃不喝；而现在，又有了能让人不睡觉的药。我们就像是一群被放养的动物，用自己的身体过滤各种养分。最早流行吃维生素药片那会儿我也尝过，就是到了吃饭的点儿，人家吃饭你吃药，一大把花花绿绿的药片据说能补充很多养分，那药的好处是不给身体增加负担，没有饥饿感，而且比吃饭得到的营养多……在一个月的时间里，我的桌子上摆满了各种大小

的瓶子。药片很大，一次只能用水冲下去一片，一顿冲7次，我的嗓子就像个劣质的抽水马桶，牙齿简直成了个摆设，我所有的时间都在仰着脖子喝水，如同一头倦驴。因为药的最大功效是睡觉，人家品尝美味的时候我一般在梦里，而且经常是醒了还困。一个月后，关于时尚的尝试结束了，在那场浩劫里我胖了二十多斤。

现在我们即将得到可以克服倦意的药，它能保证八小时的精神头儿谁都相信，其实就算不吃药，只要睡眠充足身体健康，我们的工作效率一样高。可科技依然勾起我们对新鲜事物的好奇：以后困了倦了，不用喝红牛，不用嚼茶叶，不用冲咖啡，吃片药就行。因为专家说即使不睡觉，药力依然能让我们的生命燃烧，身体不会受到任何损害。

我倒觉得可以把两种药搭配着卖，一种可以让你不吃饭，一种可以让你不睡觉，再加上那些高科技食品，我们绝对可以成精了。所有的肉身都成了生活机器，我们的胃、牙齿、眼睛、内分泌、代谢系统大概都要重新考虑它们的功能，而节省出来的大把时间我都发愁怎么用。

照此发展，以后家里床就不必摆了，钟表也别挂了，因为时间多得简直成了累赘。粮店都可以改药店，八大菜系会变成八大药系，满汉全席也会变成满汉药席。大家敬酒时会说：张兄，这钙片味儿不错！那位说：您还是先尝尝肾白金。用不着点菜，端上来的都是一碟子一碟子药片，也别问"你饭量大吗"，要问"药量如何"。精力充沛的人不用坐车，都跑着上班算了。电视里的广告词也要变：我们的目标就是——（孩子们举起药瓶）没有睡眠！

所有的人都跟小牛犊似的，没黑没白，不知死活，这世界太可笑了。那个时候科学家又能发明更先进的药片，我们成精还是成仙，要看那些小药片吃得多还是少。